Os historiadores

VÉRONIQUE SALES
(org.)

Os historiadores

Tradução
Christiane Gradvohl Colas

editora unesp

Título original: *Les historiens*

Fundação Editora da UNESP (FEU)
Praça da Sé, 108
01001-900 – São Paulo – SP
Tel.: (0xx11) 3242-7171
Fax: (0xx11) 3242-7172
www.editoraunesp.com.br
www.livrariaunesp.com.br
feu@editora.unesp.br

CIP – BRASIL. Catalogação na fonte
Sindicato Nacional dos Editores de Livros, RJ

H58

Os historiadores / Véronique Sales (org.); [tradução Christiane Gradvohl Colas]. – São Paulo: Editora Unesp, 2011.

432p.

Tradução de: Les historiens
ISBN 978-85-393-0097-6

1. Historiadores. 2. Historiografia. I. Sales, Véronique.

11-1303. CDD: 907.2
CDU: 82-94

Editora afiliada:

Asociación de Editoriales Universitarias de América Latina y el Caribe

Associação Brasileira de Editoras Universitárias

Sumário

Apresentação

Com este livro, nós buscamos homenagear os historiadores – franceses ou não – mais marcantes do século passado e do anterior, a saber, da época na qual, aproximadamente, a História começou a se constituir e a se representar como ciência. Isto é, aqueles historiadores que, de um modo ou de outro, após sua passagem pela disciplina, deixaram o campo desta diferente do que era quando eles o abordaram, mesmo se depois, hoje ou num futuro próximo, suas obras venham a ser contestadas, aperfeiçoadas, desdobradas por outros.

Fazê-los falar, circunscrever o que eles nos deixaram, incitar o leitor deste trabalho a ler ou reler os deles, seria também explicar o que é ou foi sua atividade mais concreta, o ofício de historiador (para retomar a expressão de Marc Bloch), esse artesanato que tem a ver, ao mesmo tempo, com a criação literária e a pesquisa de vocação positivista, a visão imaginativa e a modesta decifração das fontes.

Sem dúvida, cada itinerário é único – e é isso que faz a riqueza desse livro – mas também exemplar, no que revela da inscrição de um indivíduo em uma época, de resposta a seus questionamentos, a suas exigências, e de uma vontade, talvez ilusória, mas certamente necessária, de se liberar, de estabelecer, entre as épocas precisamente, as representações, as culturas e as realidades cotidianas, correspondências que nos permitem, simplesmente, ler o passado.

O historiador, então, revela de seu tempo tanto quanto experimenta ressuscitar ou recriar o de outro, tal como o adivinha e sonha: cada historiador fala de si mesmo tanto quanto daquele povo de mortos cujo arauto Michelet desejava ser, tentando construir, para eles e para nós, uma "cidade comum", partindo do princípio de que ali se falaria uma linguagem comum, que tudo o que desapareceu é inteligível, que nós podemos ali entrar por inteiro, tornar-nos finalmente, pela magia do livro de História, os contemporâneos de todos os que vieram antes de nós.

Apesar disso, nosso objetivo não era provar que a História é apenas subjetiva e evolutiva, que a obra de um historiador começa onde termina a que a precedeu, e da qual nada restará. Ao contrário, o que tentamos mostrar aqui é que entre as obras há também correspondência, acumulação, edificação, tudo consolidado pela pátina do tempo.

Seremos criticados evidentemente por termos lembrado apenas os nomes que aqui figuram, excluindo todos os outros – crítica que tem fundamento. Mas este livro não poderia ser uma enciclopédia; ao contrário, seu objetivo é deixar desenvolver-se o propósito, o discurso do método de cada um dos autores apresentados. Nossa escolha foi consequentemente muito seletiva, e algumas exclusões foram muito dolorosas. Mas nada impede que se imagine um segundo volume, e um terceiro...

Nossos agradecimentos vão para os autores que aceitaram curvar-se às pressões e às dificuldades desse exercício, isto é, de testemunhar uma cumplicidade, sem cair na apologia. E toda nossa gratidão, por sua benevolência, sua disponibilidade e seus conselhos muito úteis, a Patrick Boucheron, Philippe Salvadori e Maurice Sartre.

Véronique Sales

Jules Michelet

É preciso fazer falar os silêncios da História, essas terríveis pausas em que ela não diz mais nada.

Em sua recente biografia de Michelet, Viallaneix[1] organiza a matéria em três tempos: "Jules", "Jules Michelet" e finalmente "Michelet". Quando vivo, o historiador já era daqueles cujo prenome tornara-se inútil: "Michelet", como "Voltaire" ou "Hugo", é uma instituição, quase um substantivo comum. Um *lugar de memória* da França do século XIX, mesmo que a obra dirigida por Pierre Nora[2] tenha preferido lembrar Augustin Thierry, Lavisse ou Vidal de La Blache. Apesar de frequentar muito pouco seus escritos, o público instruído sabe de modo mais ou menos confuso que Michelet é um daqueles cuja obra forjou o sentimento de pertencimento à França e fez da Revolução o acontecimento principal na história dessa pátria. O historiador é desses pais poderosos, impetuosos, que tentam se equilibrar no profetismo do ano 1848,[3] que, de certo modo, tranquilizam-se ao fim da vida e cujos bustos parecem vigiar o de Marianne.[4] O monumento Michelet, no entanto, nunca foi relegado a um museu qualquer de glórias descartadas, ainda que sua estatura oficial pudesse fazê-lo correr esse risco. Quando o clássico parece enfraquecer-se, o criador ressurge, desconcerta,

1 Villaneix, *Michelet, les travaux et les jours.*

2 Aqui o autor se refere a Nora, *Les lieux de mémoire.*

3 No original *quarante-huitard*, referência às Revoluções de 1848 que eclodiram na França e em várias nações europeias. (N. T.)

4 Trata-se da figura alegórica que simboliza a República francesa. (N. T.)

fascina. Michelet é ao mesmo tempo uma visão e uma língua. Um homem capaz de ouvir a voz da França (assim como sua heroína preferida, Joana d'Arc, também a ouviu), e que a trata com intimidade, da mesma maneira que ele trata os mortos. Dramaturgo e taumaturgo do passado, subjetivo ao extremo, mas o pai de certa ideia de história da França e de sua Revolução. De sua obra, produzida na violenta beleza das palavras e no teatro da humanidade, não saberíamos muito dizer o quanto envelheceu. Escreve-se História dessa maneira, desde que Gabriel Monod ou Fustel de Coulanges sucederam o velho mago? Ao mesmo tempo, não teria ele muitas coisas a nos dizer, esse homem que, imaginamos, forjava suas frases em um palanque, como Flaubert, e que não temeu confessar que a História é uma questão de desejo e de piedade, uma "ciência" cuja perturbadora matéria é a morte?

O trauma revolucionário e a cura da História

A França dos anos 1815-1860 conheceu uma excepcional geração de historiadores: Thierry, Mignet, Guizot, Thiers, Michelet e Quinet, para citar apenas os principais.[5] Eles formam duplamente uma geração. Todos nasceram em um intervalo curto, de 1787 (Guizot) a 1803 (Quinet) – Michelet é de 1798. Destacaremos sobretudo que eles chegaram à idade adulta no fim do tumulto napoleônico, e bem depois de uma Revolução que apenas seus pais conheceram (e na qual até chegaram a perder a vida, como o pai de Guizot). A França teve ali uma experiência histórica sem precedentes, da utopia à violência extrema, da glória europeia à morte em massa. Em 1815, uma espécie de silêncio recai sobre o país que falava como um trovão ao mundo: o ex-soldado da Europa repara, "restaura" suas forças; Chauvin[6] volta ao lar, retoma o arado. Mas o estrondo apenas se deslocara: ei-lo transformado em rumor entre os meios-soldos[7] que assombram os campos, em "história oral" para Michelet que se vangloriava com justiça de recorrer a essa fonte. A epopeia parlamentar ou guerreira, que tornou de-

5 Cf. Walch, *Les maîtres de l'histoire 1815-1850.*

6 Nicolas Chauvin teria sido um soldado do exército de Napoleão Bonaparte; exageradamente patriota, seu nome deu origem ao termo "chauvinismo". (N. T.)

7 Nome pelo qual ficaram conhecidos os oficiais do Império francês postos na reserva durante a Restauração. (N. T.)

serta a vida da nação, esgueira-se nos livros de uma geração sem futuro, mas toda inflada de um passado ardente, doloroso e superexcitante. Os filhos da revogação do Édito de Nantes tinham-se abandonado ao profetismo; os do nazismo passariam ao terrorismo de extrema esquerda: nos dois casos, tratava-se de transcender a insuportável traição dos pais e de se superar a violência da História – opondo-lhe uma outra forma de violência. Os jovens da década de 1820 encontram-se em uma postura semelhante: eles vão dar livre curso em seus livros à História que não tiveram o tempo de viver, e que Viena e as Tulherias lhes impedem dali em diante. Em busca das duas ideias que fascinaram o país ao longo de 25 anos: a Revolução e a nação (povo ou pátria). A França: Guizot, Sismondi, Augustin e Amédée Thierry, Michelet por ela se interessam. A Revolução: exceto Thierry e Guizot, cada um desses grandes historiadores dedicou-lhe uma obra, quase sempre uma saga. E podemos acrescentar a essa lista vários grandes sucessos da época, a *Histoire parlementaire de la Révolution française*... [História parlamentar da Revolução Francesa...], de Buchez e Roux (a partir de 1833), *Révolution française: histoire de dix ans* [Revolução Francesa: história de dez anos], de Louis Blanc (a partir de 1841), ou a *Histoire des girondins* [História dos girondinos], de Lamartine (1847).

> A história da Revolução foi escrita somente por seus contemporâneos. É tempo de escritores da geração atual e ligados à Revolução apenas pelo interesse comum da justiça e da liberdade tornarem-se enfim os historiadores dessa época memorável,

escreveu Thiers em 1823[8] ao produzir o primeiro dos seis volumes de sua *História da Revolução Francesa*. Michelet inscreveu-se em uma sociedade que a História viva parece ter abandonado (apesar do "bis" dos Três Gloriosos[9] em julho de 1830), mas que justamente o desejo de História a toma por completo. Tal é o peso literário da *epopeia* revolucionária napoleônica: ela suscita um Michelet, um Hugo, um Balzac, três homens de *depois*. Michelet poderia ter sido um poeta, Lamartine veio muito bem à História,

8 Thiers apud Gauchet, *Philosophie des sciences historiques*, p.128.

9 Em 27, 28 e 29 de julho de 1830, Paris vive três dias de insurreição popular (qualificados pelos autores românticos como "Três Gloriosos") ao fim dos quais Charles X vê-se forçado a abdicar do trono em favor de seu primo, o duque de Orléans, futuro Louis-Philippe. (N. T.)

Hugo produziu uma *Légende des siècles* [A lenda dos séculos] – ali onde a grande obra de Michelet poderia intitular-se "A lenda da França através dos séculos". Ao criticá-lo por ser em princípio um escritor, Taine, no fim das contas, talvez não tenha visto a verdadeira natureza dos anos 1815-1848: a França encontrava-se então na sequência de alguma guerra de Troia ou médica, o tempo era o dos aedos e dos dramaturgos, não dos especialistas de gabinete. Próximo de Michelet, dez anos mais novo, poeta e *além disso* historiador dos camisardos e dos cátaros,[10] Napoléon Peyrat bem disse, justamente sobre o mestre:

> A História é a epopeia das eras civilizadas, como a epopeia é a História dos tempos bárbaros. A História é a grande poesia de nosso século, a verdadeira musa da França moderna. Que ficções igualariam jamais a majestade de nossos anais! Após a Revolução e as guerras do Império, que transformaram tão profundamente a velha Europa, nós vimos surgir, como para contar esses maravilhosos acontecimentos, uma escola de jovens historiadores.[11]

Da História de Michelet, escreve Taine à mesma época: "talvez, em cinquenta anos, quando quisermos defini-la, diremos que ela é a epopeia lírica da França". O crítico acrescenta: "Dizem que há atualmente três poetas na França [Musset, Lamartine e Hugo]: esse [Michelet] é o quarto e sua prosa, pela arte e pelo gênio, vale os versos dos outros".[12] A zombaria não escapou a Michelet: se Taine admite que ele escreve como pinta Delacroix ou desenha Doré, é para melhor fustigar seu "lirismo divinatório", seu "tom de alucinação mental" etc. O historiador escreveu sobre a Espanha que ela é "como um touro ferido que se perfuraria com seus próprios chifres"? Taine questiona se é possível conceber um touro que se fira dessa maneira![13] Questão um pouco fútil, em que surge o mal-entendido sempre vivo, talvez fecundo, sobre a obra de um historiador que é primeiramente um corpo a corpo sensual, frequentemente erótico, com a língua, as cores e os sons.

10 Camisardos eram os militantes huguenotes do sudeste da França que organizaram uma insurreição armada contra a perseguição religiosa empreendida por Luís XIV. Os cátaros integravam um movimento herege fundado no início do século XII, no sudoeste da França. (N. T.)

11 Primeiras linhas de Peyrat, *Histoire de France au XVIe siècle*, p.232.

12 Os artigos de Taine sobre Michelet foram publicados em 1855 e 1856 na *Revue de l'Instruction Publique*, e foram reeditados nos *Essais de critique et d'histoire*, p.97-154.

13 Ibid., p.124.

Michelet não parou, pois, de insistir em seu mergulho nos arquivos, em sua prática de um solitário e modesto ofício. É a outra obsessão do discurso interminável que ele sustém sobre seus livros: a duração, a continuidade. Acreditamos tanto mais quanto a argumentação se estende definitivamente em um de seus mais belos textos, no ocaso da sua obra, o célebre "Prefácio de 1869" para *Histoire de France*. De maneira, diríamos, bem gaullista, Michelet faz nascer a França em suas primeiras linhas ("Entrevi a França. Ela tinha crônicas, e não uma história"),[14] e a abandona ao fim do texto. Do nascimento ao adeus, uma vida: a do historiador, a de seu tema, evidentemente confundidas. "A França sou eu": sem dúvida, procurando bem, encontraríamos a frase em Michelet. Essa visada total dirigida à obra é uma reconstrução *a posteriori*, assim como um Balzac não encontrou senão o princípio da *Comédia Humana* ao longo do caminho. Ficção da autobiografia: Michelet teria saltado de Luis XI à Revolução, da década de 1840, para melhor se medir, como forças centuplicadas, à Renascença,[15] a partir de 1855.[16] Isso é desdenhar das incertezas de uma obra, das solicitações da atualidade, das reviravoltas pelas quais podemos chegar a negar uma parte do que escrevemos, como mostrou Lucien Febvre. Foi bem-estabelecido, especialmente por Arthur Mitzman,[17] que houve pelo menos "dois" Michelet – o que não deixa de fazer pensar na metamorfose ainda mais abrupta de um Hugo, que passou do monarquismo da juventude ao estatuto de divindade tutelar da República e de suas escolas. Mas podemos admitir em Michelet que o ficcional do "Prefácio de 1869" procura bem menos nivelar os eventuais sobressaltos de sua biografia que concluir e retocar essa maiêutica da nação França e de seu povo através das eras, quaisquer que tenham sido os lapsos e as trevas, os balbucios da consciência de si, de Renascimento em Reforma, de Reforma em Revolução.

O "primeiro" Michelet cresceu à sombra benfazeja de Cousin e sobretudo de Guizot. Ele cumula os cargos mais lisonjeiros para uma jovem carreira de professor: um posto na École Normale em 1827, a direção da seção histórica dos Archives Nationales em 1830, a suplência de Guizot na Sorbonne em 1834, e, no mesmo ano de 1838, aos 40 anos, a dupla eleição ao

14 Michelet, *La cité des vivants et des morts*, p.395.

15 Jules Michelet cunhou em *Histoire de France* o termo *renaissance* para se referir "à descoberta do mundo e do homem" durante o século XVI.

16 Ibid., p.417.

17 Mitzman, *Michelet ou la subversion du passé*.

Collège de France e à Academia de Ciências Morais e Políticas. Ele é também – o que não deixa de surpreender um pouco – o preceptor nomeado da Corte em história, primeiro no reinado Carlos X (sua neta, a princesa de Berry), e depois no de Louis-Philippe (as filhas do rei).[18] Sua obra, já diversa e original, inclui traduções e adaptações (Vico, Luther, Creuzer), como o fazem à sua maneira Cousin ou Quinet; manuais do curso secundário; uma *Introduction à l'histoire universelle* [Introdução à história universal] que oscila entre a Filosofia da História e uma história das civilizações *à la* Guizot, mas não deixa de colocar a França no centro da Europa, como Fichte fizera com a Alemanha em 1807; e os primeiros volumes de *Histoire de la France*. A obra não apresenta nada que não seja aceitável por Guizot e pelos doutrinários, ou pela monarquia orleanista. Isso vai até a exaltação da Idade Média, do gótico e do próprio cristianismo. Este pode mudar de vestimenta, mas sucumbir, jamais: "Ele se transformará para continuar a viver", escreve o historiador em 1833.[19] A Igreja é uma "paixão de pedra":[20] temos a impressão de ler Chateaubriand em *O gênio do cristianismo*. Lucien Febvre, no entanto, mostrou que essas páginas foram pura e simplesmente eliminadas da terceira edição, em 1861, e das seguintes. Pelo próprio autor, que aparentemente não hesita de modo algum em descer aos pequenos detalhes: ali onde escrevera em 1833 "A Igreja era então o *verdadeiro* domicílio do povo", ele suprime "verdadeiro" em 1861.[21] O historiador, habituado aos anos 1900, julga reconhecer o que chamamos de "raspagem laica", o apagamento da referência a Deus nas *Fábulas* de La Fontaine ou em *Le Tour de la France par deux enfants* [Viagem de duas crianças pela França].[22] Michelet evidentemente não censuraria seu texto por oportunismo: para exaltar – ou mesmo inventar – o momento "Renascença", ele precisa forjar uma Idade Média em negativo[23] e, portanto, expurgar seu próprio texto até a retratação feroz de 1869, "quando revi minha Idade Média, esse soberbo mar de tolices, uma hilaridade violenta me tomou", em face dos "deuses estourados" e dos "reis corruptos".[24]

---

18 Michelet renuncia a esse título somente em 1845.

19 Versão mais antiga do capítulo 8 do Livro 4 de Michelet, *Histoire de la France*.

20 Ibid., p.710-711.

21 Febvre, *Michelet et la Renaissance*, p.233.

22 Livro de G. Bruno (pseudônimo de Augustine Fouillée) publicado em 1877, que foi adotado pelas escolas secundárias na França durante a Terceira República e utilizado até os anos 1950.

23 Febvre, op. cit., p.226-227.

24 Michelet, Préface de 1868. In: *La cité des vivants et des morts*, p.417.

O que aconteceu? Uma mutação característica não apenas da obra de Michelet, mas de toda sua geração: o retorno da questão religiosa ao primeiro plano,[25] com uma virulência que corre o risco de ferir, através da aversão ao clericalismo, até o cristianismo. Há a querela dos jesuítas, que une Michelet e Quinet em seus cursos e em um livro retumbante (*Des jésuites* [Os jesuítas]). Há a publicação de *Du prêtre, de la femme, de la famille* [O padre, a mulher, a família] e depois de *O povo*. Há, até as vésperas de fevereiro de 1848, o trio de professores (Quinet, Michelet e Mickiewicz) que as nacionalidades da Europa estudantil vêm avidamente ouvir, e cujos cursos no Collège de France, ou ainda a suspensão destes ou a mera ameaça disso, são tanto quanto acontecimentos políticos. Há, em 1847, a entrada na história da Revolução Francesa, quando a urgência política atravessa o curso natural da elaboração cronológica da nação França.[26] As catedrais mudam repentinamente. "A França superior como dogma e como lenda. A França é uma religião", título de um dos últimos capítulos de *O povo*, sem dúvida o canto patriótico mais estupendo, se não o mais inquietante, da literatura francesa. Já o capítulo seguinte fala da "fé da Revolução". Menos exaltado que um Mickiewicz, é verdade, menos radical que um Quinet – ele não irá combater na Itália, como o primeiro, nem se refugiar em Bruxelas ou Veytaux, como o segundo –, Michelet então ingressou inteiramente, como mestre inconteste, no tempo dos profetas caro a Paul Bénichou.[27] Ele se dedica à literatura pedagógica e militante,[28] incorpora esse romantismo do ano de 1848 que uma derrota tão absoluta recompensaria já antes do 2 de Dezembro[29] (a suspensão do curso no Collège de France se dá em março de 1851, a destituição, um ano depois). Seu anticlericalismo visa aos jesuítas, como é tão frequente, e a esta confissão das mulheres para os padres, que iria por muito tempo privar as francesas do direito de voto. Ele visa,

25 "A questão religiosa é o fundo de toda política real, como de toda história e toda filosofia", carta de 1843 a Lamartine apud Villaneix, op. cit., p.265.

26 Michelet interrompe em 1847 a escrita de *Histoire de France* e passa a redigir *História da Revolução Francesa*.

27 Bénichou, *Le temps des prophètes*.

28 Entre os anos 1851-1854 Michelet escreve diversos ensaios da "Légende d'or de la démocratie" como Pologne et Russie, Madame Rosetti, Les martyrs de la Russie, Les femmes de la révolution e Légendes démocratiques du Nord.

29 Referência ao golpe de Estado de 2 de dezembro de 1851 que permitiu a Luís Bonaparte, então presidente da República francesa, permanecer no poder. (N. T.)

regressivamente, às repressões exercidas pela Igreja ao longo dos séculos, e principalmente contra os mártires protestantes, da Noite de São Bartolomeu à Guerra dos Camisardos. E também o apoio que ela traz ao Segundo Império, convento e caserna, "monumentos gêmeos", dominando as grandes cidades:[30] é novamente a questão religiosa. O "Michelet" que a Terceira República anticlerical transformará em pai fundador dá o melhor de si, na agitação do Collège de France e em seguida no exílio interno, em Nantes e Paris. É exatamente aquele que a memória nacional conservou até nossos dias, não o primeiro, discípulo de Vico e protegido de Guizot, nem o "terceiro", que deixa a história política por uma série de divagações naturalistas em torno de *L'insecte* [O inseto], *La mer* [O mar] ou *La montagne* [A montanha]. Esse tropismo naturalista não impediu de recobrir uma dupla significação: está em consonância estreita com a história intelectual da época, e traduz, no plano francês, esse atordoante silêncio republicano que durou quase até o fim do Segundo Império.

O Michelet de nossas memórias construiu-se, sobretudo, em torno da *História da Revolução Francesa*, que foi um exercício obrigatório para a esquerda até Jean Jaurès. Contudo, a Revolução de Michelet não é um bloco, ela não foi uma unanimidade na esquerda de seu tempo. Seu grande prefácio de 1868, escrito *a posteriori*, ataca duramente Louis Blanc. Quinet, por sua vez, também é visado, mas sem ser nomeado, tão forte a amizade permanece entre os dois homens, e dolorosa a brecha surgida entre eles, na década de 1860, a respeito dos laços entre Revolução e religião. Em *Le christianisme et la Révolution française*, já 1845, e depois em *La Révolution*, em 1865, Quinet lamenta que a Revolução não tenha aproveitado a oportunidade de levar a França a se tornar protestante, a fim de liberá-la da *forma* e da educação católicas, visíveis mesmo no Terror anticristão. Vão lamento, segundo Michelet. "Respondo: ela teria abdicado. Ela não adotaria nenhuma Igreja. Por quê? É que ela própria já era uma Igreja."[31] A nuança que os separa, escreve a Quinet, "não é menos que o cristianismo que você

---

30 Michelet, Préface de 1868. In: *La cité des vivants et des morts*, p.356.

31 Ibid., p.360. Michelet retoma a fórmula empregada em sua carta a Quinet de 8 de maio de 1866: "Também não aceito 'que o catolicismo só poderia ser vencido por alguma outra forma cristã', nem que 'uma alma cristã se vença mais facilmente que uma alma estoica'. A Revolução 'não pode se apoiar em nenhuma Igreja', mas por quê? Por que ela mesma era uma". Quinet, *Cinquante ans d'amitié, Michelet-Quinet*, p.301.

conserva, que eu suprimo. A espessura do cristianismo, nada mais, nada menos".[32] Tal supressão explica também o desacordo com Louis Blanc, expresso numa fórmula surpreendentemente parecida:

> Uma coisa nos separa bem mais que parece, uma coisa profunda. Somos de duas religiões. Ele [Blanc] é meio cristão, à maneira de Rousseau e de Robespierre. [...] Ele estudou em Rodez, na terra dos Bonald, dos Frayssinous, que nos deu tantos padres. Em sua democracia, ele é autoritário.[33]

Reconhecemos aqui, precisamente, um retrato à maneira de Quinet dessa Revolução alimentada, a contragosto, pela intolerância católica. E o diagnóstico que Michelet propõe do fracasso revolucionário é parecido ao de Quinet: "A Revolução não era nada sem a revolução religiosa".[34] "Ela devia mostrar que sua negação de uma religião arbitrária de favor para os eleitos contém *a afirmação da religião de justiça igual para todos.* [...] Ela fechou por um tempo a igreja e não criou o templo."[35]

Onde se situa, então, Michelet nessa questão religiosa da Revolução? Retomemos suas fórmulas, tão claras, ou tão opacas: a França é uma religião (*O povo*, 1846), a Revolução é uma Igreja (Préface de 1868). Contrariamente aos séculos em que a pessoa humana foi esmagada "sob a roda do carro dos falsos deuses", o "erro generoso" de 1793 consistiu em "fazer do homem um deus", em colocar a própria vítima sobre o altar. O belo momento dessa religião, seu ágape e sua *comunhão*, é evidentemente a Festa da Federação em 1790, com esse povo subitamente reunido que se põe em movimento, como no tempo das Cruzadas, em direção à "Jerusalém dos corações, a santa unidade fraterna".[36] Ainda que lamente a imperfeição de uma ideia, ainda que desconfiado, Michelet revela algo muito diferente de um Quinet fascinado pelo ressurgimento invertido do espírito católico: ele desvenda o caráter sacro das ideologias contemporâneas, a parte reli-

---

32 Ibid., p.325. Cf. também ibid., p.313.

33 Michelet, Papisme socialiste. In: *La cité des vivants et des morts*, p.365-364.

34 Id., *Histoire de la Révolution française*, t.2, p.622-31 (livro 14, cap.1). Para aproximar de Quinet, *Une révolution politique et sociale sans une révolution religieuse*.

35 "A relação do homem com Deus e do homem com a natureza, a religião, a propriedade, deviam constituir-se sobre um dogma novo e forte, ou a Revolução deveria preparar-se para perecer." Id., *Histoire de la Révolution française*, p.623-24 [grifos do autor].

36 Id., Préface de 1868, p.360; *Histoire de la Révolution française*, I, p.306.

giosa que elas comportam, por mimetismo ou substituição, no momento mesmo em que festejam a morte de Deus. O espectador do século XX e de suas liturgias totalitárias reconhece aqui uma visão fecunda, que abre o caminho para as análises do fascismo e do nazismo.[37] Ainda mais que, contrariamente ao que se pensa às vezes de Michelet, sua visão é ferozmente, desesperadamente crítica: no fim de seu livro, em agosto de 1853, Michelet vangloriava-se de ter sido o primeiro a escrever uma história republicana da Revolução – revisionista, diríamos. Ele chegava até a reconhecer seu arrependimento, se não remorso, por ter julgado com demasiada severidade os homens de 1793 e 1794:[38] tal é o preço que o sonho político paga à crítica do historiador. Em 1869, o prefácio especialmente escrito para o livro X da *Histoire de la Révolution Française* intitula-se "O tirano" e visa a inquisição jacobina e a mania das reencarnações (depois de Robespierre, Bonaparte). Mais complexa do que contêm os manuais da Terceira República, a História revolucionária de Michelet pode ser lida por outros herdeiros, como lembra François Furet[39] adiantando que sua análise da "máquina" jacobina o aproxima mais de um Augustin Cochin que de um Alphonse Aulard.

Antígona historiadora: o homem que amava os mortos

Ao lado do rumor épico, outra companhia cercou a juventude de Michelet e de sua geração: a morte. "Nunca a Morte teve tantos triunfos no mundo", escreve em 1872 a respeito do Império e da "fatalidade bárbara e assassina" de um século que se abre com três milhões de mortos.[40] Seria esse massacre que teria feito da França pós-1815, despertada de seu "pesadelo da guerra universal",[41] um país *doente da guerra*, retomando uma expressão de Maurice Agulhon para um outro pós-guerra, de 1918 a 1939?[42] E quem teria atraído a tal ponto Michelet para a morte, os mortos, como ele não cessou de dizer em uma definição fúnebre, mas magnífica do traba-

37 Gentile, *Le religioni della politica*.
38 Michelet, *Histoire de la Révolution française*, II, p.991.
39 Furet, *La Révolution en débat*, p.63-71.
40 Michelet, Préface à *Histoire du XIXème siècle*. In: *La cité des vivants...*, p.444, 447.
41 Ibid.
42 Agulhon, *La République*, I.

lho do historiador? Ou seria, por outro lado, o culto romântico dos mortos vencidos, tal como Walter Scott, tão difundido na França a partir de 1817, introduziu em *Old Mortality* [Eterna mortalidade], romance familiar tanto a Béranger como a Henri Martin? Michelet, que pretende ter vivido, ou, no mínimo, descreve-se como filho do povo,[43] pronto a trapacear sobre a realidade pequeno-burguesa das ascendências paterna e materna,[44] adotou fortemente a postura de companheiro devoto dos mortos, reclamando-os como uma Antígona moderna. Ele não é o único: o já mencionado Napoléon Peyrac para os cátaros, ou mais adiante, no mesmo século, Ernest Denis para os hussitas e a Boêmia vencida do pós-1621, trabalharam da mesma maneira por minorias ou nações vencidas.

> E é para perpetuar-lhes a lembrança que se perde, que, filho devoto, venho, fronte baixa e coração soluçante, levar de volta seus distraídos descendentes ao pé de suas sepulturas,

escreve Peyrat[45] diante das Cevenas ou de Montségur.[46] Michelet não clama nada diferente, porém pela França e pela humanidade inteira, fascinado pela massa de mortos que as compõe, como um famoso Auguste Comte. Mais ainda, obcecado pelo risco do esquecimento, essa segunda morte sem apelação, ele começa a gravar seus nomes nas tábuas de sua *Histoire de la France* como outros os teriam inscrito em um registro de batismos póstumos para garantir-lhes uma vida eterna. O historiador, como grande sacerdote ou juiz, interroga-se sobre o assunto, afirma Claude Lefort;[47] como magistrado, especifica Olivier Remaud,[48] preocupa-se em conceder a cada um seu lugar na memória. O "guardião dos túmulos", "tutor e protetor dos mortos"[49] proclama uma ambição total, a mesma que sabemos ter sido a de um Balzac da década de 1830 com a *Comédia humana*. Encontramos aqui

---

43 "Nasci povo, tinha o povo no coração." Michelet, *Nos fils*.

44 Michelet, À M. Edgar Quinet. In: *Le peuple* (1846), p.64-65, e as considerações de Mitzman, op. cit., p.26-28.

45 Peyrat, *Histoire des pasteurs du désert depuis la révocation de l'Édit de Nantes jusqu'à la Révolution française*, I, p.90.

46 Regiões onde viveram os huguenotes e os cátaros, respectivamente. (N. T.)

47 Lefort, Préface. In: Michelet, *La cité des vivants*..., p.58-64.

48 Remaud, *Michelet, la magistrature de l'Histoire*.

49 Michelet, Préface au tome II de *Histoire du XIXe siècle*. In: *La cité des vivants*..., p.454.

a vocação quase crística do historiador: ele é o homem da "ressurreição da vida integral" (1869), aquele que luta contra a morte – senso contra a sua em primeiríssimo lugar, de que a morte dos outros nada mais é que advertência e a preparação. "Posto que finalmente tudo deve morrer, comecemos por amar os mortos. [...] Amar os mortos é uma imortalidade", diz Michelet em 1839.[50] Três anos depois, quando então Pauline está morta e que a senhora Daumesnil agoniza, a meditação de Michelet parece abraçar velhas angústias sobre os mortos errantes, que vêm perturbar os vivos para cobrar o que lhes é devido, e que apenas o historiador poderia mandar de volta, finalmente em paz, para seus túmulos definitivos.

> O historiador [...] vê com frequência em seus sonhos uma multidão que chora e se lamenta, a multidão dos que não têm o bastante, que desejariam reviver. Essa multidão é todo o mundo, a humanidade. Amanhã nós o seremos. Homens de 100 anos, nações de 2 mil anos, bebês mortos ainda lactantes, todos eles dizem que quase não viveram, que mal começavam [...] que, se tivessem tido o tempo de se reconhecer e se preparar, teriam talvez aceitado seu destino, que teriam parado de errar assim em torno de nós. [...] Mas não é apenas uma urna e lágrimas que esses mortos nos reclamam. [...] É-lhes necessário um Édipo para lhes explicar seus próprios enigmas, cujo sentido eles não tiveram, para lhes ensinar o que queriam dizer suas palavras, seus atos, que eles não compreenderam. [...] É preciso mais, é preciso ouvir as palavras que nunca foram ditas, que ficaram no fundo dos corações (vasculhem os seus, elas ali estão). É preciso fazer falar os silêncios da História, essas terríveis pausas, em que ela não diz mais nada e que são justamente seus acentos mais trágicos. Somente então os mortos se resignam ao sepulcro. Eles começam a compreender seu destino, a ali reconduzir as dilacerantes dissonâncias a uma harmonia mais suave [...]. Os espectros se acalmam e se apaziguam; deixam fechar novamente seus caixões. Eles se vão, acalentados por mãos amigas, adormecem e retomam seus sonhos. Urna preciosa dos tempos passados, os pontífices da História a portam e a transmitem, com que piedade, com que ternos cuidados! (ninguém o sabe, além deles mesmos), como se carregassem as cinzas de seu pai e de seu filho. Mas não são eles mesmos?[51]

---

50 Id., *Journal*, t.I, p.289.

51 Ibid., p.377-79.

Meditação macabra de um homem cuja mulher amada é devorada pelo câncer? Mas um quarto de século depois, no "Préface a Histoire de France", Michelet, voltando à obra de uma vida, fala novamente, abertamente, dos mortos, da vocação[52] e da tarefa do historiador. Conhecemos essa confissão, mais romântica que natural, e que soa como um verso de Musset: "Eu tinha uma bela doença que entristeceu minha juventude, mas bem própria ao historiador. Eu amava a morte".[53] O visitante do Père-Lachaise e depois do bairro da Bièvre com seus cemitérios de convento, prossegue:

> Levava uma vida que o mundo poderia chamar "enterrada", tendo por sociedade apenas a do passado e por amigos os povos sepultados. [...] Pelo sotaque eles pensavam que eu era um dos seus. O dom que São Luis pede e não obtém, eu consegui: "o dom das lágrimas". Dom poderoso, muito fecundo. Todos aqueles que eu pranteei, povos e deuses, reviviam. Essa magia ingênua tinha uma eficácia de evocação quase infalível.[54]

O historiador acabava de relembrar, no ano anterior, para os atores da Revolução, dos quais tinha se tornado familiar, "ter encontrado algumas vezes o marcador na página em que Chaumette ou algum outro colocara no último dia".[55] As vozes, as sombras, a morte, o eu, as lágrimas, a piedosa ternura, a solidão: há aqui toda a postura do herói ou do gênio, até mesmo do poeta maldito. Michelet não cessou de dizer publicamente "eu" com um orgulho, uma paixão, uma sensualidade de si, que fazem dele um autêntico romântico,[56] ao passo que descreve sua vida como a de um rato de biblioteca. É verdade que, para ele, o arquivo e o cemitério são lugares quase intercambiáveis: em um como no outro, ele não cessou de ouvir o pipilar dos mortos, e de se fazer seu pastor e barqueiro.

---

52 No sentido literal: "Nas galerias solitárias dos Arquivos onde perambulei vinte anos, nesse profundo silêncio, murmúrios entretanto vinham a meus ouvidos. Os sofrimentos longínquos de tantas almas sufocadas nessas velhas eras queixavam-se em voz baixa". Michelet, Préface de 1868. In: *La cité des vivants*, p.414.

53 Ibid., p.404.

54 Ibid.

55 Ibid., p.362.

56 "Eu iria aqui e lá, obstinado e ávido; aspirava, escrevia essa alma trágica do passado", ibid., p.363; "Essa alma de então, selvagem, carnal e violenta, cruel e terna, furiosa", ibid., p.411.

Podemos recusar tal concepção da História; não aprendemos, em nossos manuais de historiografia, que os sucessores de Michelet, a geração chamada "positivista", de infeliz epíteto, tomaram o contrapé de uma História por demais literária e egotista? Surpreende-nos, *in petto*, que o modelo dessa geração, Gabriel Monod, tenha sido um tão fiel comentador do pensamento do mestre colocado num pedestal, porém abandonado. O amor confessado de Michelet pela morte remete os historiadores, no entanto, a essa parte raramente elucidada daquilo que os criou: não têm eles, mais que outros, uma relação particular com a morte (dos outros e de si), com a memória e com o esquecimento, com a herança e a dívida? Abramos os *Essais d'ego-histoire*: dois textos ali se chamam "O filho da morta" e "A sombra da guerra". "Sou historiador porque sou o filho da morta e o mistério do tempo me assombra desde a infância", começa Pierre Chaunu. E Raoul Giradet, criança "embalado na sombra da Guerra":

> O tempo de minha infância foi aquele em que os monumentos aos mortos ainda estavam novos. Quanto aos mortos em si, permaneciam sempre estranhamente presentes.[57]

Muitos historiadores não são filhos da morta ou de mortos, quer se trate de um trauma íntimo, ou de uma catástrofe coletiva, derrota, exílio, Terror, Primeira Guerra Mundial, Holocausto? Arthur Mitzman[58] ou Claude Lefort[59] o sugeriram: herdeiros atordoados do "século dos extremos", nós temos como melhor compreender essa familiaridade com os mortos, da qual a obra de Michelet alimentou-se do começo ao fim. Se não houvesse essa ambição de construir tal "cidade comum entre os vivos e os mortos", e de restituir essas "justiças da História", segundo duas fórmulas de Michelet pouco antes de sua morte,[60] haveria realmente historiadores, no orgulho e no brilho de sua missão? Pudor ou ingenuidade, a profissão fez da objeti-

57 Nora, op. cit., p.61, 138-41. O sonho de infância de Chanu consistia em fazer recuar a morte, "arrancando-lhe a memória oculta dos que haviam, para além do véu do começo, balizado o espaço-tempo de minha infância", p.69.

58 Mitzman, *Michelet, historien*, p.101.

59 Lefort, op. cit, p.64.

60 Michelet, Préface au tome II de *Histoire du XIXe siècle*; Des justices de l'histoire. In: *La cité des vivants*, p.453-464.

vidade e da distância sua regra. A modernidade de Michelet está em ter ousado colocar-se em cena e tratar com intimidade o passado. Talvez os novos procedimentos de avaliação dos historiadores franceses os conduzirão a ousar fazer essa mesma aposta incômoda.[61]

Atenção, todavia, ao contrassenso que se pode cometer hoje, com o muito desbotado "dever de memória": trata-se realmente de História, no sentido em que o gesto vem do presente, do trabalho do historiador, e não resulta absolutamente de algum ditado dos mortos, como se o solo que o sustenta e o ar que ele respira estivessem envenenados pela acumulação de cadáveres, segundo a tese de Eugène-Melchior de Vogüé em um belo romance reacionário, *Les morts qui parlent* [Os mortos que falam]. O procedimento do historiador é uma evocação, uma ressurreição, para usar as palavras de Michelet; uma invenção, um *reconhecimento* livremente assumido. O autor de *Histoire de la France* teve razão quando disse ter sido ele que "fez" a França, no sentido que a "colocou primeiro como uma pessoa".[62] Há ainda mais, quando ele ousa afirmar: "Meu livro me criou. Eu é que fui obra dele. Esse filho fez seu pai".[63] Tal declaração quase sibilina, que soa como um manifesto proustiano, toca direto no essencial: "o autor" sabe muito bem que o historiador tem dois corpos e que apenas sobrevive, que é "genuíno", o corpo de papel da obra, do "Michelet" das bibliografias e das avenidas. Pode ser criticado por ter ido muito além da subjetividade e por reconhecer que o gênero histórico liga-se primeiro à escrita. O gosto pelos mortos, o gosto pelas palavras.

Outra crítica a Michelet: ele teria feito uma História política demais, factual demais, a mesma que a Escola dos Annales condenaram, a despeito do interesse que Lucien Febvre demonstrou por Michelet. Analisemos melhor, porém. Ouçamos o próprio autor. Ao redor de 1855, numa carta a Taine, que acabara de "bombardeá-lo" de elogios como *escritor*, relembra que tratou da história do banco a respeito da Reforma, do orçamento de Filipe II sobre a guerra de religião, e que a eleição de Carlos V, tratada politicamente por Mignet, fora abordada, por ele, *financeiramente* (grifo de Michelet).[64] Na hora do balanço:

61 Cf. a memória frequentemente chamada de "ego-história" que acompanha os processos de habilitação à orientação para a pesquisa, e pode incitar a um exercício de elucidação de si.

62 Michelet, Préface de 1868. In: *La cité des vivants*, p.406.

63 Ibid., p.400.

64 Michelet apud Barthes, *Michelet par lui-même*, p.89.

fazia-se quase que apenas história política, os atos do governo, um pouco de instituições. Não se levava em conta o que acompanha, explica, fundamenta em parte essa história política, as circunstâncias sociais, econômicas, industriais, da literatura e da ideia.[65]

E acrescenta, sobre o terceiro tomo de sua *Histoire de la France* (1837):

Esse volume, novo e forte, tirando a História sobretudo da *Revolução econômica,* o advento do ouro, do judeu e de Satã (rei dos tesouros escondidos). Ele marca fortemente o caráter bem *mercantil* da época. Como a Inglaterra e a Flandres foram unidas pela lã e pelo têxtil, como a Inglaterra bebera a Flandres, dela se impregnara. [grifos de Michelet][66]

Há algo de braudeliano nessa visão ampla das trocas, nesse primado reconhecido do corpo econômico das coisas. Michelet não começou sua história da França como Braudel a do Mediterrâneo, por um *quadro geográfico*?[67] Suas férias de verão foram durante muito tempo consagradas à exploração minuciosa da França e dos países vizinhos. Na Inglaterra, em 1834, como em Saint-Étienne em 1839, ou Sotteville em 1842, ele observa a Revolução Industrial, sua classe operária, seu "maquinismo", o tédio que ela causa nos novos trabalhadores, como farão pouco após um Villermé – que Michelet não deixará de ler – ou um Marx. Ele julga "seca" a escola filosófica (Guizot?), "superficial" a pitoresca (Thierry?): "Ela nada diz da vida interior. Também não fala da arte, nem do direito, nem da religião, nem mesmo da geografia, que era mais do que tudo necessária ao seu ponto de vista".[68] Visita, anota, utiliza em seus livros. Ele é atento tanto às paisagens seculares quanto às modificações vestimentárias mais recentes:

Toda mulher usava antigamente um vestido azul ou preto que ela conservava dez anos sem lavar, por medo que se desfizesse em farrapos. Hoje, seu marido, pobre operário, com a paga de um dia de trabalho, veste-a com uma roupa

65 Id., Préface de 1868. In: *La cité des vivants,* p.410.
66 Ibid.
67 Cf. Michelet, *Histoire de France,* livro III.
68 Id. apud Villanneix, op. cit., p.144.

de flores. Toda essa população de mulheres que apresenta em nossos passeios uma deslumbrante íris de mil cores, há pouco estava de luto.[69]

Após Braudel, Corbin? História total, história sensível? Ele se interessa pelo pão, pala carne, pelo café, pelo tabaco. É claro, a história relato, a história política o arrebatam. Mas é algo diferente, entretanto, dos manuais de Lavisse ou Seignobos. Há em Michelet uma curiosidade, uma esquisitice insólita, uma gulodice quase erótica da história como carne, sangue e sexo. Remetamos aqui ao livro surpreendente de Roland Barthes,[70] que se ocupou de dissecar Michelet como este havia feito com os séculos.

Que historiador pode pretender durar, se não tiver sido um escritor?

O que resta de Michelet, um século e meio após *O povo* ou *O renascimento*? Como qualquer monumento, qualquer lugar de memória, ele teve direito a seu manual oficial, a sua lenda, a suas revisitações às vezes iconoclastas, a seus momentos de purgatório também. Duas jovens viúvas assumiram um cuidado possessivo de sua memória. Passemos sobre Athénaïs Mialaret, difícil e indelicada vigia. A outra viúva, a França republicana, apressou-se a fazer Michelet ascender ao posto de monstro sagrado, como Hugo. Os centenários do nascimento dos dois homens, em 1898 e em 1902, são celebrados no Panteão, ao passo que Quinet teve direito somente ao anfiteatro da Sorbonne, em 1903. Para Michelet, foi escolhido a data de 13 de julho, para que a cerimônia mergulhe no clima da festa nacional. O ministro Léon Bourgeois mandou distribuir nas escolas uma coletânea de trechos de *História da Revolução Francesa*. Na arqueologia e na genealogia oficiais da República,[71] Michelet junta-se assim à *Enciclopedia*, a Voltaire e a Rousseau, aos homens da Revolução e a Hugo. Eis o preceptor das princesas de Orléans transformado em Pai da República. Com os riscos que deve

69 Id., op. cit., p.97.

70 Barthes, op. cit.

71 E de seus adversários: Maurras fala de "furiosa continuidade feita por Michelet às agitações da sensibilidade de Rousseau". Maurras, *Dictionnaire politique et critique*, IV, p.52.

assumir todo historiador do regime: os ataques da direita como da esquerda. Na extrema direita, eles partem de Pierre Laserre[72] e principalmente de Maurras, inesgotável e venenoso, por vezes delicioso, sobre os mestres do pensamento do regime detestado. Aos quatro cultos reconhecidos, a República teria acrescentado o de Michelet, cujo "procedimento mais familiar consiste em elevar à dignidade de Deus cada rudimento de uma ideia geral que passa a seu alcance. [...] Um após o outro: a Vida, o Homem, o Amor, o Direito, a Justiça, o Povo, a Revolução".[73]

Porém, tais ataques só fazem reforçar a estátua republicana: lê-se Michelet como se saúda o laico, em face dos laudatórios de Fustel de Coulanges e da raiz católica da pátria. Mais podem ser os esquecimentos, as indolências ou as ironias de leitura. Pierre Nora zombou desses herdeiros cuja voz estremece ou vibra à invocação do Pai, antes de citar tal frase "digna do fim de um banquete da Terceira República".[74] Esse texto data do início da década de 1970, é verdade, num momento em que a República parecia bem fora de moda e em que Michelet quase não era mais reeditado, salvo pelo que as gerações anteriores teriam considerado satélites da grande obra, *A feiticeira* ou *O povo*: perigoso estatuto do clássico. Michelet pôde ser – ainda é, em parte – um nome, um ícone, e não mais esse núcleo que reanima cada curiosidade de leitura. De Taine a Barthes, é a seu estilo, até mesmo a seus fantasmas, que ele parecia voltar a salvar uma obra e seu autor. Que historiador pode pretende durar um pouco, se não tiver sido também um autêntico escritor? Entretanto, há algo mais em Michelet que um historiador-para-escritores. Aos olhos de Arthur Mitzman, sua crítica da lógica industrial,[75] seu ecologismo pioneiro, sua busca de harmonia entre a sociedade e a natureza, tão fortemente afirmados nos livros dos anos 1856-1868, fazem dele, como eco a nossas inquietações ante o caminhar do mundo, nosso contemporâneo.[76] Este texto insistiu sobre a sensibilidade de Michelet à presença do religioso na sociedade moderna, a despeito da secularização, e à presença dos mortos,

72 Cf. Lasserre, *Le romantisme français*.

73 Maurras, *Trois idées politiques*. In: *Oeuvres capitales*, tomo II, p.72.

74 Nora, Le troisième homme, p.56.

75 Cf. sua colocação em paralelo das fábricas inglesas e das casernas francesas, no início do século XIX, sob o nome de "enrégimentation". Michelet, Préface à *Histoire du XIXe siècle*, p.446.

76 Mitzman, *Michelet ou la subversion du passé*.

ao passo que a mesma sociedade os exila metodicamente: assim o falecido historiador oficial teria ido na contracorrente com mais frequência do que se acreditava.

Não passam de duas hipóteses de leitura: sabe-se que o próprio de uma obra viva é suscitá-las, pela sedução que opera ou pela resistência que opõe. Sigamos por um momento outra pista: um historiador do nacionalismo estaria no direito de achar em Michelet o homem da "invenção da França", e talvez o agitador de ideias temerárias, quando se trata de denunciar a Inglaterra ou de exaltar uma pátria sem igual na história do mundo. A *História da França* evoca, guardadas as devidas proporções (a França não era uma "nacionalidade" emergente no século XIX), as histórias monumentais de um Palacky para os tchecos, de um Smiciklas para os croatas e mesmo de um Pirenne para os belgas. Tais livros fazem a unidade de uma nação, porque extraem literalmente uma continuidade através da desordem dos séculos, antes de se tornarem uma espécie de lugar *comum*, decisivo, da memória coletiva. Devemos sem dúvida reconhecer a Michelet uma grande responsabilidade, quer a julguemos positiva ou negativa, na fabricação de uma França da qual Péguy, os *poilus*[77] de 1914, De Gaulle e muitos resistentes, foram os herdeiros. Ao mesmo tempo – e é aqui que o historiador continua a nos interessar, não por seu conteúdo, mas por seu método –, seus textos mais ardentemente nacionalistas podem ser relidos hoje, "contra sua vontade", como odes a uma síntese europeia. "Trata-se, entretanto, de uma das grandezas da França que, em todas as fronteiras, ela tenha províncias que misturam ao gênio nacional algo do gênio estrangeiro."[78] Sabemos que a França fez-se italiana no século XVI, inglesa ao fim do XVIII. Em compensação, no XVII, o nosso, ela afrancesa outras nações. Ação, reação; absorção, reabsorção, eis o movimento alternativo de um verdadeiro organismo."[79] Michelet visa a França, podemos ler a Europa ao perceber, nessa história, o momento em que ela "inventa" a França, desprende-se da clausura autista que funda o nacionalismo e faz o elogio do permeável, da mestiçagem, do recíproco. Trata-se de nos lembrar que a Europa não é somente uma cons-

77 Literalmente "peludo". Apelido pelo qual ficaram conhecidos os soldados franceses durante a Primeira Guerra. (N. T.)

78 Michelet, *Oeuvres complètes*, t.4, p.382.

79 Id., Introduction à l'histoire universelle. In: *La cité*..., p.126.

trução presente e um projeto futuro, mas que é também uma história, uma continuidade, entre atritos e fusões, que espera o historiador capaz de um dia escrever: "Eu avistei a Europa. Ela tinha crônicas, e não uma história". Então essa frase do "Tableau de la France" poderá ser retomada, sem nenhuma mudança, ou quase:

> A fatalidade dos lugares foi vencida, o homem escapou à tirania das circunstâncias materiais. O francês do Norte provou o Sul, animou-se em seu sol, o meridional tomou algo da tenacidade, da seriedade, da reflexão do Norte. A sociedade, a liberdade, domaram a natureza, a História apagou a Geografia. Nessa transformação maravilhosa, o espírito triunfou sobre a matéria, o geral sobre o particular, e a ideia sobre o real.[80]

Bem antes de Renan e da República, Michelet nos ensinou que uma nação não é um dado abstrato, mas uma construção;[81] e que os mortos não são nossos senhores, nem mesmo nossos pais sempre, mas companheiros que têm ainda necessidade que lhes ofereçamos um sentido a seu destino, atenção à sua voz. O tumulto da História, ao qual Michelet sobrepujou ao dar seu talento, pode chegar então a uma forma de apaziguamento, de que as sociedades tanto necessitam, entre os riscos opostos do excesso de esquecimento e do excedente de memória.

Patrick Cabanel

Obras de Jules Michelet

MICHELET, Jules. *La cité des vivants et des morts:* préfaces et introductions. Paris: Belin, 2002.

______. *Cours au Collège de France.* Paris: Gallimard, 1995.

______. *Les femmes de la révolution.* Paris: Adolphe Delahays, 1854.

______. *Histoire de France.* Paris: Hachette: 1833.

80 Ibid., p.384. O Tableau de la France professado na École Normale, em maio de 1832, dizia de maneira semelhante: "A França é a mistura da Europa", "um assunto tão variado quanto a Europa, posto que a Europa contribuiu para formar a França". Id., *Leçons inédites de l'École Normale,* p.97.

81 "A França não é uma raça como a Alemanha: é uma nação." Id., Introduction à l'histoire universelle. In: *La cité des vivants,* p.133.

MICHELET, Jules. *Histoire de la Révolution Française*. Paris: Gallimard, 1952. [Ed. Port.: *História da Revolução Francesa*. Lisboa: Europa-América, 1990.]

______. *Introduction à l'histoire universelle*. Paris: Hachette, 1834.

______. *L'insecte*. Paris: Hachette, 1867.

______. *Joanne d'Arc*. Paris: Gallimard, 1974. [Ed. Bras.: *Joana d'Arc*. São Paulo: Imaginário, 1995.]

______. *Journal*. Tomo I. Paris: Gallimard, 1959.

______. *Leçons inédites de l'École Normale*. Paris: le Cerf, 1987.

______. *Légendes démocratiques du Nord*. Paris: Garnier Flammarion, 1854.

______. Madame Rousett: révolution valaque de 1848. *Le Siècle*, 12-14 jul. 1853.

______. *La mer*. Paris: Michel Lévy frères, 1875.

______. *La montagne*. Paris: A Lacroix, 1868.

______. *Le Moyen Âge*: livres I à XVII de l'histoire de France. Paris: Laffont, 1998.

______. *Œuvres complètes*. Paris: Flammarion, 1974.

______. *Le peuple*. Paris: Champs Flammarion, 1974. [Ed. Bras.: *O povo*. São Paulo: Martins Fontes, 1988.]

______. *Pologne et Russie: légende de Kosciuszko*. Paris: Librarie Nouvelle, 1852.

______. *Du prêtre, de la femme, de la famille*. Paris: Hachette, 1845.

______. *Renaissance et Reforme*: Histoire de France au XVI siècle. Paris: Laffont, 1998.

______; QUINET, Edgar. *Des jésuites*. Paris: Hachette et Paulin, 1843.

Trabalhos sobre Jules Michelet

BARTHES, Roland. *Michelet par lui-même*. Paris: Seuil, 1954.

BENICHOU, Pierre. *Le temps des prophètes: doctrines de l'âge romantique*. Paris: Gallimard, 1977.

FAUQUET, Éric. *Michelet ou la glorie du professeur d'histoire*. Paris: Le Cerf, 1990.

FEBVRE, Lucien. *Michelet et la Renaissance*. Paris: Flammarion, 1992.

Gauchet, Marcel. *Philosophie des sciences historiques: le moment romantique*. Paris: Seuil, 2002.

MITZMAN, Arthur. *Michelet, historian*: rebirth and romanticism 19th Century France. Yale: New haven, Yale University Press, 1990.

______. *Michelet ou la subversion du passé*: quatre leçons au Collège de France. Paris: La Boutique de L'Histoire, 1999.

PETITIER, Paula. *La géographie de Michelet*: territoire et modèles naturels dans les premières oeuvres de Michelet. Paris: L'Harmattan, 1997

REMAUD, Olivier. *Michelet, la magistrature de l'Histoire*. Paris: Michalon, 1998.

VIALLANEIX, Paul. *Michelet, les travaux et les jours 1798-1874*. Paris: Gallimard, 1998.

WALCH, Jean. *Les maîtres de l'histoire 1815-1850*: Augustin Thierry, Mignet, Guizot, Thiers, Michelet, Edgar Quinet. Genève: Slaktine, 1986.

Alexis de Tocqueville

Uma única revolução, sempre a mesma, que nossos pais viram começar e que nós não veremos terminar.

Tocqueville, historiador? A questão não é óbvia. O próprio Tocqueville, na introdução a *O Antigo Regime e a Revolução*, escrevia: "o livro que publico nesse momento não é uma história da Revolução – história que foi feita com brilho demais para que eu sonhe em refazê-la –, é um estudo sobre essa Revolução". No entanto, mesmo que ele censure, é por esse livro que Tocqueville atinge o grau de historiador. Por sua vez, é esse livro que oferece chaves de leitura a seus outros escritos e permite considerar como um todo a obra de um escritor difícil de se classificar: ao mesmo tempo intelectual engajado, sociólogo, filósofo e, se não filósofo da História, historiador. A obra de Tocqueville, redescoberta há meio século, faz dele, segundo André Burguière, um dos maiores historiadores do século XIX.

Uma experiência norte-americana

É verdade que Tocqueville nasce em um século no qual o estatuto de historiador ainda não é claramente definido. Desde a juventude, porém, o rapaz da aristocracia normanda, nascido em Paris em 29 de julho de 1805, filho de um antigo imigrante que se tornará governador [*préfet*] sob a Restauração, em seguida par de França, interessa-se pela História. Ele lê então a *Histoire de la Révolution française* [História da Revolução Francesa] que

Thiers publica em dez volumes entre 1823 e 1827, obra cuja influência foi considerável para toda uma geração, pois esta, escrita no calor dos acontecimentos, beneficiava-se dos relatos dos sobreviventes daquela época movimentada. Com ela, sem dúvida, Tocqueville tomou gosto pelo que ainda não se chamava "história imediata", e sua sede de compreender o tempo presente.

Mas é pelos estudos de direito que ele pretende conquistar uma posição e somente após ter conseguido seu diploma e obtido um cargo de magistrado no tribunal de Versalhes em 1827, que ele escolhe assistir às aulas de François Guizot na Sorbonne. Este reina como mestre sobre a História. Guizot é titular de uma cátedra na Sorbonne desde 1810 e se interessa mais particularmente pela civilização europeia. De Guizot, Tocqueville aprenderá duas lições fundamentais: o estudo sobre a longa duração e a análise comparativa da evolução das sociedades. Mas Guizot é também a alma da oposição liberal ao regime de Carlos X e Tocqueville segue as atividades políticas do clube jacobino "Aide-toi, le ciel t'aidera" [Ajude-se que o céu lhe ajudará], animado por Guizot. Entretanto, ele não aplaude a queda da monarquia dos Bourbons e, ainda que liberal na alma, lamenta esse desfecho. A Revolução de Julho oferece, todavia, a ocasião de abandonar a carreira da magistratura para se lançar na aventura da escrita. Tocqueville torna-se o observador de uma sociedade cujo funcionamento procura entender mergulhando seu olhar no passado.

Sua primeira grande obra, a que lhe garante uma notoriedade imediata, chama-se *A democracia na América*, publicada em 1835. Tocqueville fizera, quatro anos antes, uma viagem aos Estados Unidos, em companhia de seu amigo Gustave de Beaumont, oficialmente para elaborar um relatório sobre o sistema carcerário norte-americano, mas na verdade para escapar ao clima político então reinante na França. Ao longo dos oito meses de sua estadia, ele acumulou informações, já com a ideia de escrever um livro em que descreveria as instituições dos Estados Unidos e permitiria responder à questão: por que a democracia, cujo progresso ele acompanha na Europa, enraizou-se nos Estados Unidos economizando uma revolução? Às observações de campo, coletadas em sua estadia norte-americana, acrescenta as numerosas notas tomadas por ele ou por seus colaboradores em dezenas de livros e artigos sobre os Estados Unidos. Nesse ponto, *A democracia* ultrapassa em muito o relato de impressões de viagem.

O livro não é concebido como uma obra histórica. No entanto, quando inicia sua reflexão sobre os Estados Unidos, é para a Idade Média francesa que Tocqueville volta seu olhar, como que para melhor avaliar o caminho percorrido entre o momento em que a França "estava repartida entre um pequeno número de famílias" e aquele em que o poder passou às mãos dos cidadãos. Esse movimento em direção à igualdade de condições que vê se aproximar progressivamente o nobre e o proletário está no âmago da reflexão de Tocqueville. Essa interrogação que veio à tona no momento da Revolução de Julho e depois tomou corpo nos Estados Unidos, na descoberta de uma sociedade democrática, assombra-o de verdade. Ela será um dos *leitmotiv* de sua obra. O paradoxo quer, entretanto, que ele deixe para mais tarde o estudo histórico desse movimento que tendeu à destruição da feudalidade na Europa para se consagrar primeiramente ao estudo dos Estados Unidos, uma democracia sem passado, talvez mesmo sem história.

"Entre os objetos novos que, durante minha estadia nos Estados Unidos, chamaram minha atenção, nenhum me saltou tanto aos olhos quanto a igualdade de condições." É com essas palavras que Tocqueville abre *A democracia na América* antes de se prender a um estudo metódico das instituições norte-americanas e de sua prática, sempre com a preocupação, ainda que implícita, de comparar a situação dos Estados Unidos com o Estado da França. Para Tocqueville, a igualdade de condições, quer dizer, a democracia social, só pode conduzir à igualdade política; é a evolução natural do processo democrático. Esse processo estava concluído nos Estados Unidos, mas não na França. Ora, se a democracia funciona nos Estados Unidos, observa ele, é porque lá a soberania do povo é efetiva, porque existem também barreiras contra a tentação tirânica. Essas barreiras são ao mesmo tempo a liberdade de associação, a liberdade comunal, mas também a força da opinião pública. Ele mostra ainda como a religião, independente dos poderes públicos, tornou-se um elemento essencial da democracia norte-americana, pois, aceita por todos, não como dogma, mas como uma opinião em comum, ela fixa as leis e os costumes da democracia. Trata-se ainda de um ponto que opõe os Estados Unidos à França, onde a Revolução produziu-se em grande parte contra a religião.

A experiência norte-americana é válida aos olhos de Tocqueville porque ilustra a maneira pela qual os norte-americanos puderam fazer coexistir a igualdade de condições e a liberdade. Mais uma vez, ele manifesta grande discrição sobre a questão da escravatura, escamoteada em sua obra. Todavia, o segundo tomo de *A democracia*, publicado em 1840, permite-lhe analisar melhor os efeitos da democracia sobre os costumes e a sociedade norte-americanas. Entre os dois volumes, Tocqueville viajou para a Inglaterra e descobriu que aquele país também estava tomado pelo movimento de democratização. E quanto mais ele mergulha nas profundezas da sociedade norte-americana, mais descobre os efeitos da igualdade de condições sem deixar de avaliar o perigo que espreita as democracias, imaginando, nesse caso, a tentação do individualismo, que carrega em si o perigo embrionário da tirania, visto que os indivíduos isolados estariam tentados a se entregar a um poder autoritário. Mas Tocqueville não perde a esperança em seus contemporâneos e, no momento em que ele próprio entra no combate político, dirige-lhes essa mensagem, que encerra *A democracia*: "as nações de nossos dias não fariam com que as condições não sejam iguais em seu interior; mas depende delas que a igualdade as conduza à servidão ou à liberdade, à luz ou à barbárie, à prosperidade ou à miséria". Dizer que Tocqueville não propõe uma visão linear, ainda menos providencial, da História é pouco. Resta aos homens modelar uma democracia que alia a igualdade e a liberdade.

A Revolução não era necessária, ela era inevitável

Apesar de escrita vinte anos antes, *A democracia na América* ilumina amplamente o projeto contido na obra principal de Tocqueville, *O Antigo Regime e a Revolução*. Como vimos, ele não para de pensar na França quando reflete sobre a situação norte-americana. Além disso, mal acabava o primeiro volume de *A democracia* quando se engaja na redação de um estudo sobre *Estado social e político da França antes e depois de 1789*, lançado em 1836, no qual já está presente a temática central de *O Antigo Regime*, a saber, o processo que conduz à igualdade de condições começara na França bem antes da Revolução: "A nação francesa havia abandonado, antes de todas as outras, e mais completamente que todas as outras, o sistema de fracionamento e de individualidade feudal da Idade Média". A Revolução apenas deu os últimos retoques a esse movimento. Mas essa constatação não basta para o autor, que tenta compreender como o sistema feudal se desfez na França e por que a Revolução se desencadeou no país.

É sob a Segunda República que o projeto desse livro toma forma, quando Tocqueville acaba de empreender a redação de *Lembranças de 1848*. Da mesma forma que a Revolução de 1830 estivera na origem de *A democracia*, a experiência da Revolução de 1848 incita-o a debruçar-se sobre as causas do movimento revolucionário na França. Ele agora está engajado duplamente no debate político, como observador, mas também como ator. A partir da Monarquia de Julho, ele havia de fato saboreado o engajamento político, elegendo-se deputado de Valognes, na Mancha em 1839 sem, no entanto, abandonar sua independência de espírito. Gravita ao fim da Monarquia de Julho nas fileiras da esquerda liberal, sem deixar de se comprometer notadamente em favor da abolição da escravidão. Espectador inquieto da Revolução de Fevereiro de 1848, compartilha as ideias dos republicanos moderados, beneficia-se da retomada de interesse por *A democracia* que o faz aparecer como um espírito premonitório. Elege-se para a Assembleia Constituinte em abril e desempenha um importante papel na preparação da Constituição de 4 de novembro de 1848 como membro da comissão encarregada de redigi-la. Sua experiência com as instituições norte-americanas incita-o então a defender a eleição do presidente da República por sufrágio universal, desde que em dois turnos, como nos Estados Unidos. Ele insiste, além disso, em que o presidente não seja reelegível e defende o princípio do bicameralismo. Porém, não é apoiado. Por sua parte, vota em dezembro de 1848 em Cavaignac. Homem visionário no seio de uma República que se tornara conservadora, ele aceita participar do governo como ministro das Relações Exteriores de junho a outubro de 1849.

Em seguida, após deixar o governo, mas ainda deputado pela Mancha, ele inicia a redação de *Lembranças*, em que pretende relatar os acontecimentos que testemunhou desde o início da Revolução de 1848. Ele reivindica então sua dupla competência de homem de letras e homem político, de captar, segundo ele, a profundidade dos acontecimentos e medir o peso dos acidentes na evolução da humanidade:

> Odeio esses sistemas absolutos, que fazem depender todos os acontecimentos da História de grandes causas iniciais ligadas umas às outras por uma corrente fatal, e que suprimem, por assim dizer, os homens da história do gênero humano. Eu os acho estreitos em sua pretensa grandeza e falsos sob seu ar de verdade matemática.

Ora, a seus olhos, a Revolução de Fevereiro é ao mesmo tempo o produto de causas profundas, mas também de acidentes "e que seria tão superficial fazê-la decorrer necessariamente das primeiras quanto atribuí-la unicamente aos segundos".

Entretanto, para Tocqueville, a Revolução de 1848 é bem um dos avatares da Revolução que começou em 1789, "pois há apenas uma única", escreve ele, "revolução, sempre a mesma através de acasos diversos, que nossos pais viram começar e que, seguindo toda verossimilhança, não veremos terminar". Os dias de junho de 1848 haviam apostado fazer renascer a época do Terror. O golpe de Estado de 2 de dezembro de 1851 fez reviver a tomada de poder de Bonaparte no dia seguinte ao 18 Brumário. Tocqueville, que combateu o golpe de Estado de Luís Bonaparte, antes de se retirar da vida política, busca então entender as razões desse eterno recomeço, e se põe a trabalhar lançando-se na redação do que viria a ser *O Antigo Regime e a Revolução*.

Se a ideia dessa pesquisa sobre as origens da Revolução remonta aos anos 1840, ela se delimita de fato a partir de 1852, quando Tocqueville começa a compreender as origens do 18 Brumário e o nascimento do bonapartismo. As preocupações contemporâneas contribuem naturalmente para essa interrogação, ainda mais que as análises formuladas em *A democracia* o tinham conduzido a esquadrinhar as imperfeições da democracia, particularmente sob a forma da tirania da maioria. O sucesso de um regime que se apoia sobre os votos de 7 milhões de eleitores, chamados por plebiscito em dezembro de 1851, parece confirmar essa análise. Mas como compreender o 18 Brumário sem voltar à Revolução, e mesmo ao período que a precedeu? Tocqueville vai insensivelmente do estudo das condições em que a Revolução foi interrompida à análise de suas causas profundas. É todo o intento de *O Antigo Regime e a Revolução*. Ele abandona assim, ao menos provisoriamente, a história do Consulado e do Império, sobre a qual Thiers concluíra, por sua vez, um relato que, sem apagar os aspectos sombrios de Napoleão I, tende, todavia, a enaltecer sua ação em relação à de seu sobrinho. O projeto de Tocqueville é diferente: ele procura compreender a longo prazo de onde vem a tentação do cesarismo na França, mas se desinteressa pelas condições próprias à sua emergência.

De fato, há muito tempo, ele intui que a igualdade de condições que vira em ação nos Estados Unidos impôs-se progressivamente na França ao longo dos séculos que precederam a Revolução. Falta-lhe prová-lo por um estudo rigoroso e uma pesquisa histórica que recorra ao âmago das fontes. "Vi os subterrâneos do século XIV", escreve ele, mas sobretudo examina com precisão as atas das assembleias de Estado da França do século XVIII assim como os cadernos de queixas[1] de 1789. Verdadeiro trabalho de historiador, *O Antigo Regime e a Revolução* desconsidera, por outro lado, a discussão sobre os trabalhos anteriores consagrados à Revolução e a suas origens, mesmo que o autor tenha um conhecimento claro disso. Ele se recusa a entrar em qualquer debate ideológico sobre a natureza da Revolução, mas, sobretudo, porque sua análise difere em muito de seus predecessores quando ele se recusa a ver na Revolução uma ruptura, ou mesmo um evento fundador, para considerá-la um derradeiro espasmo.

Dois argumentos principais avançaram no apoio a essa tese. Para começar, Tocqueville quer demonstrar que a igualdade de condições fora atingida na França no fim do Antigo Regime, no desfecho de um processo de vários séculos que contribuíra para destruir a feudalidade, antes mesmo da Noite de 4 de agosto. Em seguida, ele demonstra que a centralização, descrita como uma das principais aquisições da Revolução e do Império, preexistia a 1789. Esta é a ocasião para ele elogiar o intendente, considerado peça essencial na engrenagem da monarquia. "Ele é o agente único, na província, de todas as vontades do governo." Da mesma maneira, as reformas em matéria de justiça ou de recrutamento militar tinham sido preparadas pelo Antigo Regime. A Revolução, explica Tocqueville, contentou-se então em destruir as instituições tornadas obsoletas, mas não teve escolha a não ser reintroduzir as mais recentes.

> A revolução democrática, que destruiu tantas das instituições do Antigo Regime, devia então consolidar esta, e a centralização encontrava tão naturalmente seu lugar na sociedade que essa revolução formara, que pôde facilmente tomá-la por uma de suas obras.

Mas Tocqueville vê outros sinais do enfraquecimento da feudalidade, por exemplo, no fato de que a separação entre os três estados cessara de

1 No original, *Cahiers de Doléances*. A expressão refere-se aos registros, cujo uso remonta ao século XV, nos quais cada ordem das assembleias encarregadas de eleger deputados para os Estados Gerais anotavam as reclamações e as petições da população endereçadas ao rei. (N. E.)

existir, com nobres e burgueses formando um grupo de privilegiados, separados entre si, e cada um deles separados dos camponeses. Assim, a destruição da sociedade feudal tradicional conduzira à constituição de uma nação heterogênea na qual nenhum laço subsistia entre cada um dos grupos. O abalo do edifício social é um dos elementos explicativos da Revolução. Mas então, se as transformações da sociedade e do Estado já estavam tão avançadas, por que ela ocorreu?

A Revolução é fruto de um encontro entre, de um lado, um povo que chegara ao estágio da igualdade de condições, mas que continuava privado dos meios de expressão política desde que a monarquia absoluta deixara de reunir os Estados Gerais e, de outro, um grupo de escritores e de filósofos que a partir de meados do século XVIII elaboram novos sistemas de governo sem que eles mesmos tenham parte no poder. Desse encontro emerge uma forte exigência de reformas políticas fundada sobre o princípio da democracia social, quando a liberdade tem poucas raízes no país. Dessa distorção, nasce o despotismo depois de uma Revolução que privilegiou as reformas à exigência de liberdade. A sociedade francesa não teve o tempo, de fato, como a sociedade norte-americana, de construir o tecido social baseado no exercício das liberdades comunais, de associação ou de imprensa, que permitia aos Estados Unidos o bom exercício da democracia. Na França, a impossibilidade de conciliar a igualdade de condições e a liberdade levou ao despotismo de um só, Robespierre, depois Bonaparte, despotismo inscrito na continuidade do absolutismo monárquico. Tocqueville não esquece que, a partir de 1789, se a igualdade de condições ainda progrediu, em contrapartida a liberdade continuou sob jugo. Entretanto, escreve, "confesso então que ao estudar nossa antiga sociedade em cada uma de suas partes, nunca perdi completamente de vista a nova".

Tocqueville minimiza assim o papel de ruptura desempenhado por 1789. Ao mesmo tempo que aplaude o sopro de liberdade que varre então a França, reconhece que a Revolução não era necessária, visto que o movimento de decomposição da sociedade do Antigo Regime estava em marcha, na França e no resto da Europa. Nesse ponto, ele se distingue nitidamente de Guizot, que considerava a Revolução um "mal necessário" para se alcançar as liberdades. Por outro lado, era inevitável, no sentido de que é o resultado de um movimento de base encadeado havia muitos anos. "Penso que a partir desse momento, a revolução radical, que confundiria em uma mesma condenação tudo o que o Antigo Regime continha de pior e o que guardava de melhor, era doravante inevitável." Ao arrastar tudo em sua passagem, apagando o passado, destruiu também as instituições positivas, levando Tocqueville a escrever: "Um príncipe absolutista teria sido um inovador menos perigoso". Porém, a aspiração à liberdade era então a mais forte, e ele é obrigado a saudar esse entusiasmo por ela cujos benefícios exalta: "É o prazer de poder falar, agir, respirar sem coerção, sob o governo unicamente de Deus e das leis".

Tocqueville também põe novamente em questão a ideia de uma revolução da miséria, relembrando que, de um lado, a França jamais fora tão próspera quanto nos últimos anos do século XVIII e, de outro, que no interior do campesinato, os mais ricos agricultores, principalmente os de Ilha da França, foram pioneiros nas reivindicações liberais quando as reformas já estavam bem avançadas, enquanto os mais pobres do Oeste logo iriam engajar-se na luta contra a República. Mas se o abalo foi possível é precisamente porque o sistema do Antigo Regime começara a rachar. E Tocqueville insiste no peso da opinião pública, cujo papel era já decisivo sob o reinado de Luís XVI. Mas ao dar ouvidos a essa opinião, ao iniciar as reformas, o soberano provoca o choque final: "Acontece frequentemente que um povo, o qual suportara sem queixas as leis mais esmagadoras, rejeitá-las com violência logo que se tornam mais suaves". Assim, a Revolução tornou-se possível porque a nobreza, separada das "classes médias", isto é, da burguesia, mas também do povo, tornou-se uma casta cujos privilégios aparecem agora como insuportáveis para as outras classes. Além disso, o reforço da centralização em detrimento das liberdades locais favoreceu a aspiração às reformas, mas explica também que a revolução parisiense, sozinha, tenha levado tudo. De fato, a ausência de qualquer corpo político no país não permitiu canalizar uma opinião pública em pleno renascimento, deixando aos unicamente filósofos o cuidado de orientá-la para a Revolução. Nessa análise, retomada no último capítulo do livro, desponta a condenação da radicalização da Revolução, atribuída ao espírito de sistema dos filósofos. Tocqueville não deixa de admirar 1789,

> tempo de inexperiência sem dúvida, mas de generosidade, de entusiasmo, de virilidade e de grandeza, tempo de imortal memória, para o qual se voltarão com admiração e respeito os olhares dos homens, quando os que a viram e nós mesmos tivermos desaparecido de há muito.

1789-1989

Quando é publicado *O Antigo Regime e a Revolução*, o Segundo Império está no apogeu. O ano de 1856 é de fato marcado pela vitória de Napoleão III na Crimeia e pelo nascimento do príncipe imperial que enraíza a dinastia no país. O público do livro de Tocqueville, publicado por Lévy, não foi menos considerável para uma obra desse tipo. Mais de 8 mil exemplares foram vendidos em dois anos – no total, mais de 23 mil se escoaram até 1900. A obra de Tocqueville foi portanto mais lida que a *História da Revolução Francesa* de Michelet. É verdade que a imprensa liberal, privada de tribuna política, não perdeu a oportunidade de tornar conhecido um livro que virou uma das referências da oposição ao regime. A Académie Française, de que Tocqueville era membro desde 1841, passou a ser um dos bastiões do liberalismo, fazendo eco à obra. No entanto, mesmo entre os adversários do Império, o livro não foi unânime. Assim, grande número de republicanos indigna-se ao ver a Revolução considerada filha do Antigo Regime. Contudo, Tocqueville tem o mérito de relançar o debate sobre as origens da Revolução, e, em consequência, sobre sua natureza intrínseca. Ao opor dois tempos na Revolução (o breve momento de explosão da liberdade no verão de 1789 e a década de deriva despótica que o sucede), ele se choca com os republicanos que consideravam não ser possível cindir a Revolução em pedaços – pelo menos até que Quinet, por sua vez, questione sobre o fracasso da República e sobre a natureza do jacobinismo. Nessa altura, Quinet cruza com o livro de Tocqueville, que ele menosprezara no lançamento, para, a partir de 1862, finalmente retomá-lo e comentá-lo em profundidade quando ele próprio conclui *La Révolution* [A Revolução], publicado em 1865. É evidente que os dois historiadores diferem em suas análises da democracia, assim como em suas leituras de 1789, mas seus pontos de vista aproximam-se na análise de 1793 e do Terror como a reinstalação da centralização monárquica no âmago da Revolução. Na esquerda republicana, está aberto dali em diante o debate sobre a natureza do jacobinismo. O próprio Tocqueville não teve tempo para publicar a segunda parte de sua obra, consagrada à Revolução, mas as notas que deixou sobre o assunto permitem entrever sua profunda rejeição ao regime do Terror.

Morto em 1859, no momento em que o regime imperial se engaja na aventura italiana, Tocqueville torna-se, nos anos 1860, uma das referências do "partido liberal", que vê nele o arauto das liberdades locais, de associação ou de imprensa, o acusador da centralização administrativa que, em 1865, os redatores do Programa de Nancy condenam ao reclamar pela descentralização. Até 1875 e a redação das leis constitucionais, largamente inspiradas pelos projetos formulados por pensadores liberais nos anos 1860, de Victor de Broglie a Edouard Laboulaye, as ideias de Tocqueville são retomadas. Elas encontram também um retransmissor na recém-fundada (1872) École Libre des Sciences Politiques, que adota de imediato Tocqueville como um de seus autores de referência. Depois, a chegada da República e dos republicanos, logo seguida pela comemoração do centenário da Revolução, em 1889, relega a análise histórica de Tocqueville, em benefício de uma visão mais maniqueísta dessa história, opondo os apoiadores da contrarrevolução aos que consideram que a Revolução forma um bloco, segundo os termos de Clémenceau. Apenas Taine, que publica em 1889 *Les origines de la France contemporaine* [As origens da França contemporânea], une-se a Tocqueville, porém, sem abraçar completamente sua visão dos acontecimentos.

Tocqueville historiador cai em relativo esquecimento que explica, ao mesmo tempo, o triunfo de uma história republicana da História da Revolução – é a época em que Aulard é escolhido para a nova cátedra de História da Revolução Francesa na Sorbonne (1886) e em que Jaurès lança sua *Histoire socialiste de la Révolution française* –, mas também o triunfo da história universitária e positivista, baseada no recurso sistemático às fontes e no uso de abundantes referências. Essa maneira de escrever a História invalida por um tempo a abordagem tocquevilliana, cuja obra é remetida, na melhor das hipóteses, à categoria dos ensaios de filosofia histórica. Ainda continua a ser lido por suas análises sobre a história dos camponeses. Porém, considerado um historiador do político, não foi poupado, nos anos 1930, pelo sucesso da Escola dos Annales, apesar de, quarenta anos depois, quando sua obra é redescoberta, Fernand Braudel escrever, em um prefácio às *Lembranças*, que Tocqueville "situa-se sem dificuldade do lado da chamada Escola dos Annales"; ele o contrapõe a Michelet, "este mais romântico, mais revolucionário, aquele mais obstinado a pesar os prós e os contras, a emanar linhas mestras, a manobrar as massas tomadas em bloco". Esse julgamento formulado em 1978 mostra a que ponto a percepção de Tocqueville mudou em meio século.

As consequências da Segunda Guerra Mundial deram nova vida ao pensamento de Tocqueville. Nesta época, começa a ser publicada a edição de suas obras completas por Gallimard, sob direção de J.-P. Mayer. Mas, sobretudo, as reedições de seus textos principais, *A democracia na América* e *O Antigo Regime e a Revolução*, não param de se multiplicar, a ponto de atingir várias centenas de milhares de exemplares. No âmago da Guerra Fria, é primeiramente o autor de *A democracia* o revisitado, e é a dimensão sociológica de sua obra que é redescoberta, em particular por Raymond Aron. Ante os totalitarismos, as reflexões de Tocqueville sobre a democracia e suas práticas retomam toda sua pertinência. A crise do comunismo nos anos 1980 conduz a uma retomada de interesse pelo pensamento de Tocqueville, em particular pela história do liberalismo político em geral. Porém, mais ainda, é sua filosofia da história que é reinventada. Redescobre-se um pensamento que vai ao encontro da visão marxista – então dominante – da História.

Em particular, o debate renasce entre os historiadores da Revolução, principalmente a partir dos anos 1960, quando é lançado o livro de François Furet e Denis Richet, *La Révolution française*, cujo capítulo sobre a França de Luís XVI deve muito a Tocqueville – primeiro nome citado como referência –, assim como alimenta o texto seguinte sobre "a revolução das ordens", sendo esses dois capítulos da lavra de François Furet. Dez anos mais tarde, Furet e Richet, na introdução à reedição da obra – duramente criticada pelos historiadores marxistas da Revolução – referem-se novamente a Tocqueville como um dos raros grandes historiadores que foram buscar as raízes da Revolução antes do século XVIII. Porém, Tocqueville também é chamado a socorrer os adversários de Furet e Richet. Na sua crítica ao livro destes, Albert Soboul lembra que Tocqueville, "com sua penetração costumeira, havia marcado a necessidade da Revolução", todavia superinterpretando o pensamento do autor, que considerava que ela não foi um evento fortuito, mas a obra de dez gerações de homens. Esse duplo apelo a Tocqueville revela a complexidade de uma obra e a dificuldade de sua interpretação. No mesmo momento, François Furet explicita seu interesse pela obra de Tocqueville em um estudo publicado nas miscelâneas de estudos oferecidas a Raymond Aron. Esse texto é retomado em um dos trabalhos teóricos fundamentais de Furet, *Pensar a Revolução Francesa*, que se abre pela confissão da dívida contraída com Tocqueville e Augustin Cochin. Assim, Furet contribui a revivificar o pensamento de Tocqueville sobre a Revolução, ao reconhecer no autor de *O Antigo Regime* um precursor da História-problema. O que ele conserva não é tanto o relato dos acontecimentos que conduziram a 1789, mas as questões levantadas por Tocqueville sobre as origens da Revolução, o papel das classes sociais em seu desencadeamento, ou ainda sobre as causas do que Furet chama "a derrapagem" da Revolução. Trata-se, enfim, da retomada da interpretação do momento revolucionário, pois além da análise da Revolução como origem da França contemporânea, Tocqueville nos convida a avaliar as permanências do Antigo Regime no mundo contemporâneo.

Quando conclui *O Antigo Regime e a Revolução*, ele considera que o processo revolucionário está ainda em curso. A seus olhos, a democracia só será realmente conquistada quando forem alcançadas, ao mesmo tempo, a igualdade de condições e a liberdade, sendo que esta última continuava a faltar. Prolongando essa análise, François Furet pode considerar que a Revolução terminou tão logo no início dos anos 1880, a síntese da liberdade e da igualdade estava concluída. Mas, de sua parte, J.-P. Mayer, grande especialista em Tocqueville, cujas obras editou, afirmava, em um posfácio à edição das *Lembranças*, que o processo revolucionário, iniciado em 1789, continuava inconcluso em 1976. Por essa razão, é compreensível que Tocqueville tenha estado no coração da comemoração do bicentenário da Revolução Francesa e ainda melhor que tenha visto no ano de 1989 a implosão da Cortina de Ferro. A pertinência das análises de Tocqueville sobre a inelutável marcha da História em direção à síntese entre democracia e liberdade, ao escolher deliberadamente enfatizar o sopro de liberdade que invadira o país em 1789 em detrimento dos anos 1793-94, sobre os quais se fez silêncio, não poderia ser mais bem-elucidada que pelos acontecimentos que sacudiam o Leste Europeu naquele ano em que se comemorava na França a Revolução.

Jacques-Olivier Boudon

Obras de Alexis de Tocqueville

TOCQUEVILLE, Alexis de. *De la Démocratie en Amérique*; *Souvenirs*; *L'Ancien Régime et la Révolution*. Paris: Robert Laffont, 1986.

______. *Œuvres complètes*. Paris: Gallimard, 1951.

______. *Œuvres*. Paris: Gallimard, 1991 e 1992.

[______. *O Antigo Regime e a Revolução*. São Paulo: Martins Fontes, 2009.]

[______. *A democracia na América*. São Paulo: Martins Fontes, 2000.]

TOCQUEVILLE, Alexis de. Estado social e político da França antes e depois de 1789. In: *Igualdade social e liberdade política*. São Paulo: Nerman, 1988.]

[______. *Lembranças de 1848*: as jornadas revolucionárias de Paris. São Paulo: Companhia das Letras, 1991.]

Trabalhos sobre Alexis de Tocqueville

BURGIERE, André (org.). Tocqueville. In: *Dictionnaires des sciences contemporaines*. Paris: PUF, 1986, p.666-70.

FURET, François. *Penser la Révolution*. Paris: Gallimard, 1978. [Ed. Port.: *Pensar a Revolução Francesa*. Lisboa: edições 70, 1988.]

______. *La gauche et la révolution au milieu du XIXème siècle*. Edgar Quinet et la question du Jacobinisme 1865-1870. Paris: Hachette, 1986.

______. Tocqueville. In: FURET, F.; OZOUF, M. (orgs.). *Dictionnaire critique de la Révolution Française*. Paris: Flammarion, 1988, p.1072-1083. [Ed. Bras.: *Dicionário crítico da Revolução Francesa*. Rio de Janeiro: Nova Fronteira, 1989.]

JARDIN, André. *Alexis de Tocqueville 1805-1859*. Paris: Hachette, 1984.

LAMBERTI, Jean-Claude. *Tocqueville et les deux démocraties*. Paris: PUF, 1983.

MANENT, Pierre. *Tocqueville et la nature de la démocratie*. Paris: Fayard, 1993.

MELONIO, Françoise. *Tocqueville et les français*. Paris: Aubier, 1993.

Karl Marx

A História nada faz, é o homem, real e vivo, que tudo faz.

Poderia surpreender que, em uma galeria de retratos de historiadores de ontem e de hoje, façamos questão de reservar um lugar para Marx. Ele foi um historiador, no sentido estrito da palavra? Diferentemente de Engels, que não se recusa a produzir afrescos históricos do passado, ou na longa duração (*A guerra dos camponeses alemães*, *A origem da família, da propriedade privada e do Estado*), Marx só abordou *stricto sensu* a história a que chamamos imediata, em ensaios por vezes reunidos posteriormente e que refletem sua atividade de jornalista, analisando ao vivo os acontecimentos de que participara: *A luta de classes na França*; *O Dezoito Brumário de Luís Bonaparte*. Documentos preciosos, como temas de aplicação de uma grade de análise já constituída e, nessa qualidade, exemplos de uma maneira inédita de escrever a História. Mas isso não bastará para inscrevê-lo no círculo fechado dos historiadores profissionais.

É evidente que a relação de Marx com a História não se limita a esse nível. Na gigantesca obra que nos deixou, a História é onipresente e nos dá a chave de uma reflexão que ela fundamenta do começo ao fim. O próprio Marx rapidamente o proclamou: ao substituir a filosofia idealista abstrata pela História, ele construiu seu sistema, ancorado sobre a práxis e as relações dos homens com a natureza e com os outros homens. Dizer que a História o interessa é pouco: ele a pratica assiduamente, e o estudo relativamente recente de seus manuscritos, de sua correspondência e de suas notas revela a extensão de sua cultura. Ele leu e analisou criticamente os historiadores de seu tempo, conheceu as produções da escola francesa de Thiers a Michelet. Sustentou sua reflexão à luz dos acontecimentos do passado recente: a Revolução Francesa foi para ele uma referência maior, antes que outros eventos, de 1830 a 1848, sobretudo a Comuna de Paris, o levassem a fortalecer e mesmo a revisar suas posições. Marx, grande testemunha de seu tempo durante meio século, é uma testemunha comprometida, que viveu a História esforçando-se em compreendê-la. Reinseri-lo em seu contexto é seguir as etapas de uma descoberta progressiva.

Trier 1818 – Londres 1883

Biógrafos e exegetas foram levados, ao tomar distanciamento, a contestar, até prova em contrário, o perfil monolítico que prevalecera por tanto tempo. Houve vários Marx como se descobre ao seguir as etapas de sua trajetória intelectual? Redescobrimos o jovem Marx, de antes dos anos 1840, e o debate entre os partidários da continuidade e os da ruptura permanece aberto. Debate que convoca, ao longo de diversos quadros, a evocar as etapas de uma vida feita de experiências sucessivas.

O contexto inicial nos apresenta Marx em seu meio familiar e geográfico. Ele nasce em Trier em 1818, naquelas dependências renanas da Prússia, onde a rigidez do sistema não apaga o traço e a lembrança dos episódios da Revolução e do Império. Marx pertence a uma família endinheirada de judeus emancipados. Seu pai é um jurista esclarecido, convertido *pro forma* a um "protestantismo à la Lessing", e o rapaz não será perturbado por preconceitos religiosos. Noivo de Jenny von Westphalen, de rica família que havia prosperado sob o Império, ele se casará somente sete anos depois, e nem por isso integrará às fileiras de uma carreira de ilustres. Seguiu estudos de direito em Bonn, dos quais logo, porém, se afastou. Outras solicitações o atraem: frequentou, a partir de 1837, os círculos dos jovens hegelianos, que, mantendo o método dialético do mestre, recusavam seu sistema – triunfo da ideia, a serviço da ordem dominante. É nesse meio engajado o movimento liberal que ele frequentou o Doktorclub, conheceu Rutenberg, editor da *Gazeta Renana*, mas também Bruno Bauer, que professa o ateísmo do alto de uma cátedra de teologia. Ele o seguiu a Bonn e, na esperança de obter uma cadeira de professor ao lado dele, defendeu, na Universidade de Iena, em 1841, uma tese sobre a filosofia natural de Demócrito e de Epicuro.

Quando – com Bauer expulso de Bonn – a esperança de obter uma cadeira se esvanece, Marx mantém distância dessas primeiras influências, e polemiza tanto com Bauer quanto com Feuerbach, cujos limites havia percebido. Redator da *Gazeta Renana*, órgão da oposição liberal, que será proibida em 1843, separa-se do grupo dos Freien, os jovens hegelianos cujo momento havia passado. Em Paris, inicia a vida de proscrito que dali em diante será a sua, na dificuldade financeira e às vezes na miséria. É ali que, colaborando com Ruge nos *Anais franco-alemães*, tem contato com os meios socialistas franceses que então tomavam impulso. Mas frequenta em particular os grupos de operários alemães, eles também proscritos, que se encontram na Liga dos Justos, sob a direção de Weitling, adepto de um socialismo que ele logo qualificará de utópico.

Essa experiência coincide para Marx com uma nova etapa de sua trajetória ideológica: assim como havia recusado nos anos anteriores a filosofia neo-hegeliana, ele irá, dali em diante, ao constatar a impotência da Alemanha adormecida para levar a termo uma revolução política, chamar a uma revolução radical, "total", isto é, social, a partir da nova força cujo advento anuncia: o proletariado. Engaja-se na ação revolucionária, em que militou até ser expulso de Paris em 1845. Ele a prosseguirá quando de uma nova estadia, durante a crise de 1848. Nesse meio tempo, em 1842 e, principalmente, em 1844, conhece Friedrich Engels: o encontro com aquele que se tornará seu amigo e que o ajudará a sobreviver, abriu-lhe perspectivas novas sobre a situação da classe trabalhadora na Inglaterra ao tempo do capitalismo selvagem. É em colaboração com Engels que ele acerta contas, em um trabalho, com seus antigos companheiros de rota, Bruno Bauer e os Freien.

Marx debruça-se sobre a economia política e acumula notas e reflexões, que permaneceram inéditas e constituíram os *Manuscritos econômico-filosóficos*, publicado postumamente. É nesse contexto particularmente fértil, mas também no emaranhado confuso dos anos de 1844 a 1848, que Marx e Engels sentiram a exigência de uma clarificação necessária e de uma exposição dos princípios de sua ação. Os sistemas socialistas ou já comunistas então proliferavam: na França os projetos neobabouvistas reuniram, sob incitação de Buonarotti, uma parte do movimento republicano; saint-simonistas e fourieristas, de Victor Considérant a Pierre Leroux, prosseguiram seus caminhos; Cabet, apóstolo de um comunismo que se realizaria por meios pacíficos, perde-se na mística; em 1840, em seu livro *O que é a propriedade?*, Proudhon lançou o *slogan*: "a propriedade é roubo"; a Alemanha permanece sob a influência da corrente reformista e idealista de Weitling, enquanto na Inglaterra o movimento cartista desperta. Uma necessidade de organização faz-se sentir no âmago do conflito entre reformistas e partidários da via revolucionária. Marx traz ali sua contribuição em vários toques sucessivos: em *Sobre a questão judaica*, afronta o problema do Estado como produto de um sistema social e não como encarnação da razão, engajado a substituir as "armas da crítica pela crítica das armas". Com Friedrich Engels, passa em revista as diferentes correntes de ontem e de hoje, de Feuerbach (pai fundador, em reação a Hegel de um materialismo que se prende à teoria sem culminar sobre a ação) a Proudhon e suas armadilhas: tal crítica ocorre em *A ideologia alemã*, texto complexo concluído em 1846 e que, por falta de editor, ficará jogado às traças – ele não será impresso antes de 1931. Mas sob incitação da Liga dos Justos, transferida para Londres, decide preparar uma exposição teórica que dá origem aos *Princípios do comunismo*, primeira versão do *Manifesto do Partido Comunista*, cuja encomenda recebeu, com Engels, no segundo congresso da Liga, tornada entrementes Liga dos Comunistas. O texto é publicado em fevereiro de 1848 em Londres.

Sem antecipar a análise que apresentaremos mais adiante, destaquemos o alcance histórico do *Manifesto* como expressão não definitiva, mas estruturada, dos princípios do materialismo histórico e de sua natureza científica, e de um programa para a ação. Ação à qual Marx é confrontado de Colônia a Paris, durante os episódios da Revolução de 1848. Expulso da França em 1849, fixa-se em Londres, que, dali em diante, será seu ancoradouro até sua morte em 1883, enfrentando condições precárias de vida: subsiste da atividade de jornalista, redigindo crônicas de política internacional para a imprensa anglo-saxônica. Ele não renunciou, entretanto, às atividades de organização, na efêmera Sociedade Universal dos Comunistas Revolucionários, em 1850, e na Liga dos Comunistas, desfeita em 1852. Se Marx é reservado em relação a projetos conspiratórios dos quais Blanqui é o obstinado propagador, também denuncia o socialismo reformista de Lassalle na Alemanha, como o qual rompe em 1862. O nascimento da Associação Internacional dos Trabalhadores (mais tarde conhecida como a Primeira

Internacional) deixa-o atento em relação tanto aos mutualistas proudhonianos como à corrente anarquista encabeçada por Bakunin. Confrontado em 1870 ao problema da guerra por ocasião de conflito franco-prussiano, sua hostilidade a Napoleão III custa-lhe a denúncia, pela opinião francesa, de ser um agente da Prússia: não era o caso e Marx se mostra observador atento dos acontecimentos na França, em especial da Comuna de Paris – para ele uma surpresa –, que apoia e cujo estudo enriquece sua reflexão, substituindo o precedente da revolução burguesa de 1789, experimento da sociedade comunista do futuro. As lições do fracasso são aprendidas: não é pela simples conquista do poder político que se operará a passagem à sociedade futura. A teoria da ditadura do proletariado encontra-se ali reforçada. Ele formulará tais exigências na *Crítica ao programa de Gotha* do partido socialista alemão de Bebel e Liebknecht.

A Primeira Internacional não sobreviveu muito às dissensões surgidas em 1870: o Congresso de Haia em 1872 foi dominado pelo conflito aberto entre os marxistas e os anarquistas em torno de Bakunin que, excluídos, fizeram secessão. Em 1873, a Internacional agonizante transferira, com o aval de Marx, sua sede para Nova York, onde morreu de vez. Nessa fase de regressão do movimento revolucionário, Marx podia apenas constatar o atoleiro reformista do socialismo alemão, compensado modestamente pelo nascimento de correntes marxistas na Inglaterra, em torno de Hyndermann, na França, em torno de Jules Guesde. Porém, novas esperanças surgiam na Rússia, capazes de suscitar mais interrogações, em um país onde o proletariado industrial permanecia fraco e o peso do campesinato esmagador. Que perspectivas revolucionárias apresentaria?

Durante aqueles trinta anos passados em Londres, se Marx assim tomou parte ativamente em ações de organização do movimento socialista revolucionário, entretanto, o que o entusiasma é a redação e o ajuste de seu aporte teórico. Ao longo desse período, ele retirou os ensinamentos dos episódios da história recente em *O Dezoito Brumário de Luís Bonaparte* (1852-1855) e em *A luta de classes na França* (1850-1859) sem, no entanto, deixar de lado o aprofundamento dos fundamentos de sua *Crítica à economia política* (1859). Mas é a redação da grande obra, *O capital*, balanço e testamento de sua atividade, que constitui sua principal contribuição: obra colossal, corrigida incessantemente, de que apenas o primeiro tomo foi publicado em vida, em 1867. Engels publicou, baseado nos documentos póstumos, os tomos 2 e 3 em 1885 e 1894. As bases da doutrina marxista foram assim colocadas tardiamente, e, como vimos, faltava publicar incontáveis originais para completar esse itinerário e dele captar todas as inflexões.

A História como retorno ao real

Esse apanhado geral da vida de Marx preparou-nos para entender sua "doutrina" como uma elaboração progressiva, uma construção cujas etapas levam a distinguir uma primeira sequência, até 1845, durante a qual o jovem Marx se alimenta dos aportes da filosofia de seu tempo e depois se desliga firmemente e, durante os anos da maturidade, a afirmação reforçada pela práxis de um corpo de doutrina constituída, ainda que incessantemente enriquecida e por vezes remanejada. Não ignoramos que essa dicotomia é por demais simplificadora, apagando inflexões que os especialistas destacaram (a reconsideração de Hegel em 1856), mas para clareza da exposição, vamos nos ater a ela.

Pois é, antes de tudo, se opondo a algo que Marx formula as primeiras bases fundamentais de seu sistema: ele se desligou, como afirmava, da filosofia idealista abstrata para descobrir na História os princípios de um retorno ao real e à ação concreta. É inicialmente a filosofia de Hegel que domina o pensamento alemão das primeiras décadas do século XIX, e estabelece o triunfo do Espírito: "O que é racional é real e o que é real é racional". Hegel estabeleceu as bases do raciocínio dialético, a conciliação dos contrários, e Marx assimila esse legado. Porém, a leitura de Hegel, ao fazer da realidade prussiana a realização definitiva da ideia, era contestada pela corrente dos jovens hegelianos liberais, para os quais a ideia exigia uma transformação radical do real. Foi esse círculo que, como vimos, Marx frequentou a partir de 1837 com Bauer e Rutenberg, quando conheceu a obra de Max Stirner, sua doutrina anarquista do individualismo, e Feuerbach, autor de *A essência do cristianismo* (1841), proclamando: "Verdade é a vida e não o pensamento que fica no papel". Desses contatos, o que fica de importante para Marx é a atenção dada às formas de alienação, entre as quais a religiosa é o exemplo. Mas ao se referir à consciência de si (Bauer) ou ao conceito de humanidade (Feuerbach), esses teóricos permanecem presos ao idealismo e à ilusão da consciência, o que os impede de chegar ao real e à prática.

É opondo-se a essas correntes que Marx encontra seu caminho: para começar, contra Hegel, sobre quem escreverá:

> Meu método dialético não difere do método hegeliano somente quanto ao fundamento. Ele é seu contrário direto. Para Hegel, o processo do pensamento, que mesmo sob o nome de ideia ele transforma em assunto autônomo, é o criador da realidade, de que é apenas o fenômeno externo. Para mim, o mundo das ideias é apenas o mundo material transposto e traduzido no espírito humano.[1]

Dessa forma, formula as bases do materialismo dialético e histórico.

Mas ele não poupou os jovens hegelianos "críticos", por sua atitude que apenas remete, no fim das contas, a outros postulados abstratos. Foram eles os alvos de Marx em *A sagrada família* (1841) e mais tarde na *Ideologia alemã* (1846), criticando-lhes por caírem na teologia e assim comprometerem definitivamente a filosofia. Em suas *Teses sobre Feuerbach* (1845), criticará esse filósofo – a quem reconhece o mérito de ter instaurado a "crítica humanista e naturalista positiva", trazendo-a de volta à realidade – por ter permanecido na abstração sem captar a significação da atividade revolucionária prática. Tendo assim traçado seu caminho e seu objetivo, uma ciência do homem como sujeito da História, submetido, certo, ao processo de alienação, mas susceptível por sua atividade objetiva livre de afrontar os determinismos (que se ligam ao peso da infraestrutura), ela o inscreve na práxis, fazendo dele por essência um ser social. E a vocação verdadeira do filósofo é orientar a transformação do mundo pela práxis. O fundamento da aventura humana, fora de qualquer transcendência, deve ser buscado na dupla relação dos homens com a natureza, e dos homens entre si mesmos. É o homem que aparece determinante no estabelecimento da infraestrutura e da superestrutura, a primeira regendo as relações econômicas e sociais. Ela própria se origina da combinação das forças produtivas e das relações de produção, constituindo a cada época o modo de produção.

Em última instância, é o modo de produção que determina as representações coletivas tais como se inscrevem através das instituições políticas, o Estado, a religião e, mais amplamente, a ideia ou as ilusões dos homens so-

---

1 Marx, *O capital*, prefácio.

bre sua existência. A passagem à superestrutrura opera-se pelo viés da *ideologia*, até agora suporte da alienação, sob suas diferentes formas das quais a religião é apenas uma expressão particular.

Quer dizer que esse determinismo que remete ao econômico seria a negação de toda liberdade dos homens, trancados na fatalidade de um processo natural? Marx recusa qualquer fatalidade que remetesse, como em Montesquieu ou outros, aos condicionamentos naturais (o clima, as aptidões) ou a um progresso da ideia abstrata: "A História nada faz [...] é antes o homem, real e vivo, que tudo faz", a História nada mais é que a atividade do homem perseguindo seus próprios fins.

O combate é regido pela luta de classes em que dominantes e dominados a cada época se enfrentam; pelos primeiros, detentores dos meios de produção que lhes permitem ser senhores do trabalho dos outros e de lhes tomar o produto, portanto, pela propriedade privada dos meios de produção. Dessa forma explicam-se as fases da História que fizeram passar da escravidão antiga ao feudalismo baseado na servidão, e mais tarde ao capitalismo a partir do século XVIII. A cada uma dessas etapas se produzem a eclosão e, em seguida, o definhamento de um sistema que provém das contradições no qual ele está encerrado, fazendo de seus atores seus próprios coveiros. Mas também surge uma classe que tomando a dianteira coloca-se como detentora do universal, e impõe com sua dominação, seus valores e seu sistema de poder: é assim que a burguesia capitalista pôde, a partir da Revolução Francesa, fazer prevalecer sua ideologia e sua hegemonia. Ilusão, sem dúvida, no âmbito de um universo regido pela alienação, mesmo no caso em que mudança resulta, em cada etapa, da disparidade entre forças de produção e relações de produção. É isso que explica os limites das revoluções do passado. Para Marx, a análise do capitalismo, do nascimento ao futuro declínio, baseia-se em uma economia política cuja elaboração ocupou lugar crescente em sua reflexão, tanto na crítica aos sistemas propostos pelo liberalismo e anteriormente, quanto naquela aos projetos socialistas "utópicos": uns e outros ambicionam oferecer uma solução universal, quando na verdade apenas refletem um dado momento histórico.

Os *Manuscritos econômico-filosóficos*, de 1844, revelam o interesse de Marx já então pela economia política, de que ele também dá uma ideia em 1849 em *Trabalho assalariado e capital*. Mas é no conjunto monumental dos três livros do *Capital* que é preciso pesquisar a expressão mais elaborada de sua doutrina econômica. Análise tornada árdua pela complexidade de um procedimento que não evita as repetições aparentes ao menos entre os dois primeiros livros e o terceiro. Pode-se, simplificando, dali extrair pelo menos as noções-chave que neles se exprimem.

O livro 1, intitulado "Processo de produção do capital", desenvolve uma teoria do valor: de troca e de uso, papel da moeda no âmbito da economia mercantil – que não se confunde necessariamente com a economia capitalista. Marx expõe aqui a realidade da exploração da mão de obra operária pela compra da força de trabalho tratada como mercadoria e pela retenção da mais-valia gerada pelo trabalho. Descreve a situação do proletário em termos de pauperização e de superpopulação.

O livro 2, "Processo de circulação do capital", opõe-se à ilusão monetarista dos economistas de seu tempo, que vislumbram o capital unicamente como capital dinheiro, de que fazem a expressão mais elaborada do valor pela produção de uma mais-valia monetária.

O livro 3, que retoma resumidamente o "Processo de conjunto da produção capitalista", inscreve a totalidade do processo de produção e seu movimento de conjunto na História. Expõe-se a dinâmica histórica ao fim da qual se operará a destruição do sistema capitalista, em função das próprias leis de seu desenvolvimento: leis de diminuição da taxa de lucro médio, gerando a concentração capitalista, e consequentemente a pauperização e as crises em seu ciclo de aparição.

Mas já no livro 1, no movimento da produção capitalista, Marx havia abordado a dupla gênese do proletariado e do capitalismo. Partindo do valor para chegar à mais-valia, que é o objetivo essencial do capitalismo, ele mostrou como esta provém da força de trabalho, comprada como mercadoria, de trabalhadores desprovidos de qualquer outro recurso, e que constituem o proletariado. A necessidade de aumentar a mais-valia levou à socialização, depois à divisão do trabalho ("meio refinado e civilizado da exploração") no âmbito da manufatura. A passagem à grande indústria que acentua a separação entre trabalho manual e intelectual, marginalizando ainda mais os proletários, e a constituição do "exército de reserva" de um proletariado sem trabalho, devem levar a uma subversão violenta. Mas é também por um movimento de destruição autodinâmica que o capitalismo está ameaçado a partir de seu interior: a impossibilidade de conservar seu capital sem aumentá-lo, impondo a ampliação das empresas, e a redução do emprego para comprimir a retribuição da força de trabalho, trazem em si os embriões da subversão.

Que lugar essa economia política ocupa no conjunto da filosofia marxista, e como se insere no sistema da alienação? O problema foi discutido: o próprio Marx, em sua *Crítica à economia política* ofereceu uma resposta:

> Na produção social de sua vida, os homens entram em relações determinadas, necessárias, independente de sua vontade. As relações de produção correspondem à história das forças produtivas. O conjunto dessas relações de produção constitui a estrutura econômica da sociedade, base real sobre a qual se ergue uma superestrutura jurídica e política, e à qual correspondem formas sociais determinadas. Não é a consciência dos homens que determina seu ser, é, ao contrário, seu ser social que determina sua consciência.

Porém, Marx permanece discreto sobre a crise geral do capitalismo (é Stalin que generalizará o conceito), apesar de evocá-la no livro 2 de *O capital*, pois é da revolução, ou seja, da mobilização geral dos proletários que ele espera o abalo definitivo que levará a outro tipo de sociedade. É a mensagem histórica que, com Engels, ele passou no *Manifesto* de 1845: "Proletários de todos os países, uni-vos".

Esse conceito de revolução merece uma explicação. Marx conheceu e meditou sobre as revoluções anteriores, especialmente a francesa, mas essas revoluções políticas nas quais uma classe se reveste da quimera de representar a sociedade – em 1789, a burguesia – operavam ainda sob o signo da alienação. A originalidade da futura revolução prende-se ao estatuto original do proletariado, do próprio fato de ele representar "a decomposição da sociedade como classe particular", o que o torna apto a "manifestar ativamente a negação universal que sofre passivamente". Assim o movimento proletário é "o movimento autônomo da imensa maioria" que levará a termo a passagem para uma sociedade sem classes.

Essa mutação se operará pela força, instaurando a ditadura do proletariado concebida como etapa transitória, mas necessária, em que o Estado proletário se organizará como classe dirigente. À luz da experiência da Comuna de Paris, Marx esboça as modalidades de medidas práticas fundamentais na *Crítica ao programa de Gotha*, mas o *Manifesto* já listava as urgências sob dez rubricas:

1. Expropriação da propriedade latifundiária e emprego da renda para as despesas de Estado. 2. Imposto fortemente progressivo. 3. Abolição da herança. 4. Confisco dos bens de emigrados e rebeldes. 5. Centralização do crédito pelo Estado. 6. Centralização estatal de todos os meios de transportes. 7. Multiplicação das fábricas nacionais. 8. Trabalho obrigatório para todos. 9. Combinação entre agricultura e indústria. 10. Educação pública e gratuita de todas as crianças.

A instauração de uma sociedade socialista embasada na abolição da propriedade privada ainda não é a realização do comunismo que se estabelecerá verdadeiramente apenas quando o estado dos meios de produção permitir enfim a aplicação do princípio: "A cada um segundo suas capacidades, a cada um segundo suas necessidades".

Mas se o proletariado cumpre assim o "ato decisivo da História", e se a perspectiva do comunismo traz a "solução do enigma da História resolvida que ali culmina", pode-se falar de fim da História? Marx não pensa assim, ele que estima que haverá ainda um desenvolvimento histórico, o que supõe a possibilidade de novas alienações, mesmo se arriscando a remeter a evolução anterior a uma "pré-História".

A revolução proletária, levando ao desaparecimento de todas as alienações pretende-se uma criação do homem por si mesmo, e, a esse título, tem a pretensão de fundar um novo humanismo. O marxismo nasceu: não nos cabe aqui evocar sua evolução, suas reformulações na História, em termos nos quais o pai fundador teria sem dúvida muita dificuldade para se reconhecer. O que permanece é que a História mostrou, se não sua capacidade operativa, no mínimo sua importância durável como suporte de reflexão e de análise.

Venturas e desventuras de Marx

Acompanhar as venturas e as desventuras de Marx e do marxismo desde o fim do século XIX, ainda que nos limitássemos ao campo da ciência histórica para avaliar o que subsiste de vivo atualmente, não é tarefa fácil.

Um primeiro obstáculo reside no desconhecimento prolongado da realidade e da globalidade dos escritos de Marx: um conhecimento limitado durante muito tempo, à exceção de um círculo restrito de alguns textos canônicos, dos quais o *Manifesto* constituía com muita frequência a única referência ou quase – o que apagava a riqueza das inflexões de seu pensamento. Se Engels, executor testamentário, publicou os livros 2 e 3 de *O Capital* e se também apresentou ou introduziu outros textos de referência – *A ideologia alemã*, entre outros –, não foi sem deixar ali sua marca, alterando por vezes o pensamento do amigo. Entretanto, no decorrer do século XX, descobriram-se e publicaram-se importantes inéditos. Assim, em 1931, os originais, a correspondência e os escritos de Marx em seu período de maturação foram incluídos na grande edição geral das obras de Marx e Engels, publicada pelo Instituto Marx Engels de Moscou. E outras edições, na Alemanha, contribuíram para completar um *corpus* dali em diante mais bem conhecido. Esse paciente trabalho, ainda em curso, ajudou a operar um retorno a Marx em que os especialistas – marxistas ou marxólogos, como se preferir – decifram a progressão de um pensamento que nada tem de monolítico.

Mas, sem dúvida, o segundo obstáculo, paradoxal apenas na aparência, reside na posteridade do marxismo através dos desenvolvimentos do movimento revolucionário e de seus porta-vozes desde o fim do século XIX. O marxismo, ao longo dos debates e das polêmicas da social-democracia alemã, assim como dos embates teóricos na Rússia, foi criticado pelo revisionismo de Bernstein, reformulado por Lenin, e, após sua morte, por Stalin. Não vamos explicar essa posteridade aqui, mas é certo que a formulação de uma teoria transformada em dogma oficial e apresentada como verdade científica teve um impacto empobrecedor sobre a historiografia soviética, e bem mais além na vulgata difundida pelo mundo. O termo "marxismo vulgar", que usamos e do qual às vezes abusamos para designar essa leitura pobre e reducionista não deve iludir. É um conhecimento elementar que teve um impacto às vezes considerável pelo mundo.

Se nos voltarmos, restringindo o campo, para o círculo dos historiadores, o exemplo da França a partir do fim do século XIX revela uma penetração no início limitada no contexto de impermeabilidade de um meio acadêmico ou universitário majoritariamente conservador e onde a escola positivista dominante obstinava-se no âmbito de uma história política factual. Todavia, há exceções célebres a esse quadro: Jean Jaurès nos primeiros anos do século passado escreve sua *Histoire socialiste de la Révolution française* [História socialista da Revolução Francesa] à tripla luz de – diz ele – Michelet, Marx e Plutarco, associando ao relato a intuição do historiador romântico, mas recorrendo a Marx na atenção dedicada às dimensões econômicas e, mais ainda, sociais da história das massas em revolução. Ele faz escola, ou, antes, reflete uma corrente historiográfica promissora, nesse campo da história da Revolução Francesa, então muito dinâmica, onde a herança "jacobina" de uma historiografia republicana de esquerda vai se mostrar particularmente receptiva ao marxismo. Isso pode ser confirmado, se pularmos uma etapa, por um historiador como Albert Mathiez, que até sua morte, em 1931, será um dos mestres dessa corrente, que evolui de uma abordagem ainda política até levar em consideração o *Mouvement social et vie chère sous la Terreur* [Movimento social e carestia da vida no Terror] após a Primeira Guerra. Engajado politicamente, Mathiez tem, no entanto, um conhecimento apenas limitado do marxismo, como ilustração do movimento social e da luta de classes. Poderíamos dizer o mesmo de seu sucessor nessa linhagem, George Lefebvre, historiador do campesinato, mas também do que já poderíamos chamar de mentalidade revolucionária. Ele também adota, como afirmou, uma atitude ao mesmo tempo receptiva e independente em relação a qualquer dogmatismo.

George Lefebvre colaborou, pelo menos marginalmente, com a corrente nascida no entreguerras em torno da revista dos *Annales*, que em seguida transformou-se em *Annales d'Histoire Économique et Sociale*, fundada e animada por historiadores como Marc Bloch e Lucien Febvre. É por meio dessa corrente que podemos perceber a influência indireta do marxismo em uma visão renovada que, recusando a herança do positivismo e da história "batalha" ou "factual", trouxe um espírito inovador: levar em conta, a longo prazo, um estudo das massas anônimas a partir dos fatores cujas rubricas a revista listava: economia, sociedades, civilizações.

Não forcemos a mão transcrevendo infraestrutura e superestrutura: nem Marc Bloch nem Lucien Febvre são historiadores marxistas, mas os *Annales* contribuíram, na fase mais brilhante de sua história, com a abertura, discutida e depois aceita, para a história econômica e, em seguida, social. Essa atitude nada tem de ortodoxo, e não exclui as reservas: ela abre em toda liberdade seus novos domínios, e os marxistas "puros", ainda bem pouco numerosos, denunciam então as tentações do economismo em um dos fundadores da escola francesa de história econômica, Ernest Labrousse, na atenção que ele dá às curvas dos preços e dos salários, e mesmo à crise em sua tese sobre *La crise de l'économie française à la veille de la Révolution* [A crise da economia francesa nas vésperas da Revolução]. Mas o continuador direto, e sem dúvida mais brilhante da linhagem, Fernand Braudel intitulará ainda uma de suas sínteses magistrais, em 1967, Civilização material, economia e capitalismo, que faz da vida econômica "o estágio superior privilegiado da vida cotidiana... e que se emana como um conjunto de regras de necessidades quase naturais".

Ao abrir os caminhos do que se designará a partir dos anos 1960 como a "Nova História", os *Annales* refletiriam a influência do marxismo na disciplina histórica, ou, antes, carregariam sua morte? Em paralelo, a historiografia soviética, vivaz nos primeiros anos do regime, entorpeceu-se, encerrada em um discurso dogmático e repetitivo. E no mundo anglo-saxão, outros discursos, outros modelos inspirados na ideologia liberal desenvolveram-se, adotando uma atitude crítica.

Esse bloqueio da historiografia marxista, entretanto, não contaminava completamente os que, na França, na Itália, ou em outros lugares, invocavam-lhe o aval, de perto ou de longe. A conjuntura dos tempos que se seguiram à Segunda Guerra Mundial, a atenção dada à URSS, para muitos o país do socialismo real, explicam a importância do debate em torno do marxismo nos anos 1950.

Na França, emergiam os historiadores que invocavam o marxismo. Eles tinham sido poucos antes da guerra, marginalizados pela instituição ou absorvidos pelas tarefas da militância. Mas Albert Soboul, no campo da história da Revolução, Jean Bruhat, no do movimento operário, para citar apenas alguns, desenvolveram um discurso que, sem escapar às vezes de formulações estreitamente classistas no registro do que chamamos conversa pra boi dormir,[2] sabiam se destacar dos esquemas empobrecidos da época jdanoviana e da dialética ortodoxa, "cultura burguesa/cultura proletária". A "descoberta" naqueles anos dos escritos de Gramsci, introduzindo uma leitura renovada dos temas do marxismo, foi uma das manifestações desse despertar. E grandes debates, sobre a transição do feudalismo ao capitalismo, sobre o modo de produção asiático, no momento em que o eurocentrismo era questionado novamente pelas perturbações mundiais da desco-

2 No original, *langue de bois*. Esse termo refere-se particularmente a um tipo de discurso político, no qual, sem dizer nada ou distorcendo os fatos, procura-se fazê-lo soar bem aos ouvidos dos interlocutores. (N. E.)

lonização, revelaram então a vitalidade da historiografia marxista. Nos anos 1970, Louis Althusser rejuvenescia a abordagem marxista das ideologias, ao remetê-las à infraestrutura econômica como o "todo sobredeterminante" que as condiciona.

Isso não progredia sem polêmicas: quando Albert Soboul produziu sua tese magistral sobre *Les sans-culottes parisiens en l'an II* [Os sans-cullottes parisienses no ano II], destacando a realidade complexa desse grupo, foi objeto de vivas críticas à sua heterodoxia da parte de "jovens turcos" que se chamavam François Furet, Annie Kriegel ou Emmanuel Le Roy Ladurie, prontos, aliás, para denunciar o "economismo" e a inspiração social-democrata de Ernest Labrousse.

Poderíamos dizer que a reviravolta de 1956, início da desestalinização, mas primeiro grande sintoma da crise do modelo do socialismo real, em suas consequências sobre os intelectuais franceses, desencadeou a crise da historiografia marxista? Certamente a tornou mais visível. Mas a crítica ao marxismo não a havia esperado, longe disso, mesmo se, para a clareza da exposição, não a tenhamos evocado antes. Não estivera ausente dos debates do pré-guerra, levada por economistas como Vilfredo Pareto, Alfred Marshal, ou Schumpeter, contestando a teoria marxista do valor. Havia se ampliado no pós-guerra com a denúncia da nova ortodoxia do comunismo stalinista contemporâneo, desse modo, em Merleau-Ponty, em *Humanismo e terror*, a partir de 1942.

Jean-Paul Sartre, no transcorrer de sua evolução, tomara parte no debate. O conhecimento mais preciso dos escritos de Marx levara a operar a distinção entre o pensamento autêntico, em sua fluidez, e as derivas dogmáticas leninista e mais ainda stalinista. Mas o próprio Marx não foi poupado, remetido à sua historicidade de teórico de uma época, a da construção do capitalismo industrial e do impulso conjunto de um proletariado operário cujas transformações e mesmo seu esvaziamento eram destacados. Marx, contestado em nome da História e da Sociologia, pelo primado do econômico e da infraestrutura, como defensor de uma causalidade unívoca (o que a leitura atenta de sua obra remete muito mais ao esquematismo vulgar) encontrava-se sob o fogo da crítica de Raymon Aron, denunciando *Le grand schisme* [A grande cisão] do pensamento, como da corrente personalista de Emmanuel Mounier, ainda que continuasse objeto de uma curiosidade atenta, conforme revela na reflexão cristã a análise aprofundada do jesuíta

Jean-Yves Calvier (1946). Mas o foco sobre a crise anunciada do socialismo real precipitou e radicalizou a crítica ao marxismo como expressão teórica do totalitarismo: por exemplo, para J. Talmon em suas *Origins of Totalitarian Democracy* [Origens da democracia totalitária].

Tanto e tão bem que em 1978, quando Guy Bois, representante de uma nova geração de historiadores marxistas, participa de uma síntese programática sobre *La Nouvelle Histoire* [A Nova História], propõe um discurso de defesa, reconhecendo de pronto o impacto catastrófico do stalinismo, do qual os historiadores ocidentais se liberam com dificuldade na historiografia dos países socialistas, recoberta de dogmatismo, com raras exceções. Bois conclui destacando que, na corrente da Nova História, o marxismo autêntico, por sua ambição de construir uma história total, deve manter seu lugar. Para tanto, ele se refere à constatação de sua influência indireta, apoiando-se na afirmação de Jean Bouvier:

> É na qualidade de método de análise unindo Economia e História que o marxismo influenciou a ciência histórica na França [...]. Muitos fazem marxismo (ou um pouco de marxismo) de algum modo, sem o saber e em graus bastante variados.

Reportando-se aos precedentes de Marc Bloch ou Ernest Labrousse, Guy Bois recorre ao exemplo de Jacques Le Goff ou Georges Duby, que não poderíamos classificar entre os inconscientes defensores de uma história total: o primeiro oferecendo em *A civilização do Ocidente medieval* um sistema coerente, reflexo de uma "ideologia econômica original"; o segundo adotando em sua contribuição em *Faire de l'histoire* [Fazer história] o conceito althusseriano de uma ideologia ressituada em um conjunto que engloba as estruturas materiais e as relações de classe. Apesar disso, para Georges Duby, que se justificou, eles não representam o fator sobredeterminante que invocava Althusser.

Mas Guy Bois não para aqui: ele invoca a contribuição de pesquisadores que reivindicam o marxismo na abertura dos novos campos da História, citando Régine Robin no domínio da aplicação da Linguística à História, Michel Vovelle como pioneiro da história das mentalidades, em sua abordagem das representações coletivas frente à morte, ou Maurice Godelier em sua leitura marxista da Antropologia.

Essa defesa não se faz sem reservas ou advertências, acompanhadas de algumas concessões. No campo então incômodo da história das mentalidades, se não desconhece a crítica de Jacques Le Goff aos marxistas (não terem dado atenção suficiente ao papel dominante das superestruturas), Guy Bois remete ao modo de produção como última instância e, face às Ciências Humanas, denuncia o risco de novas modelizações enganadoras ou redutoras: assim, na etnologia o primado atribuído aos laços de parentesco sem consideração do modo de produção, como a então grande influência do estruturalismo contraditória com a necessária colocação em perspectiva histórica. Bois não poderia deixar de concordar com o julgamento de Pierre Vilar: "Nada é mais difícil e raro que ser historiador, menos ser historiador marxista...".

Convém aportar a essa profissão de fé de um quarto de século atrás o ajuste do inventário no início do terceiro milênio. Desvio da historiografia marxista? Seríamos levados a crer nisso, nem que fosse em função do impacto da evolução geral das últimas décadas do século XX: a implosão dos regimes ditos do socialismo real que invocavam o marxismo como um julgamento de Deus parece ter arrastado em sua queda o edifício ideológico de uma História que quis se identificar com a ciência. E Marx, devolvido na melhor das hipóteses à historicidade de suas teses, corre o risco de se incluir nesse descrédito definitivo.

Mais: é a ambição de uma história total ou globalizante que é rechaçada pela explosão de uma "história em migalhas" na qual se admite que cada campo de pesquisa – quer se trate das mulheres, dos "afetos" ou dos odores – desenvolve-se em autonomia sem impor correlações consideradas redutoras. A história das mentalidades reconverteu-se em história do imaginário, versão por vezes do inconsciente coletivo invocado por Philippe Ariès. Desforra da superestrutura: a história das representações, aquelas mediações que refletem e condicionam a existência humana, se substitui ao estudo das "condições objetivas", como diríamos no passado. O fim da "ilusão comunista" celebrado por François Furet, em benefício do retorno a uma história conceitual, versão modernizada da história das ideias, parece tocar o dobre de finados do materialismo histórico...

E, no entanto, a besta (?) ainda se mexe. A história social, debruçada sobre análises pragmáticas, prossegue seu caminho. Poderíamos dispensá-la, num contexto em que as lutas de classe, transpostas para a escala mundial, estão reformuladas sob uma forma inédita – pois se não há mais classe operária, existe ainda um proletariado?

Redescobrimos Marx e não simplesmente por razões comemorativas: colóquios, publicações como a do imponente *Dictionnaire Marx*, ou os artigos da revista *Actuel Marx*, dão provas de um interesse e de um esforço de aprofundamento por meio da volta às fontes. Esse interesse vai bem além da audiência de uma legião residual. Prova sem dúvida de que o velho teórico e homem de ação ainda tem algo a dizer, e que nós temos muito a lhe perguntar.

Michel Vovelle

Obras de Karl Marx

KARL, Marx. *Ökonomisch-philosophischen Manuskripte,* 1844. [Ed. Bras.: *Manuscritos econômico-filosóficos*. São Paulo: Boitempo, 2004.]

______. *Die Klassenkämpfe in Frankreich 1848-1850*. In: *Werke*, v.1, p.465-588.

______. Lohnarbeit und Kapital. Panfleto, 1849. [Ed. Bras.: *Trabalho assalariado e capital*. São Paulo: Global, 1980.]

______. *Zur Kritik der Politschen Ökonomie*. London/Berlin, 1859. [Ed. Bras.: *Para uma crítica da economia política*. São Paulo: Martins Fontes, 2003.]

______. *Das Kapital*: Kritik der politischen Ökonomie. Hamburg: Otto Meissner, 1867. [Ed. Bras.: *O capital*: crítica da economia política. São Paulo: Abril Cultural, 1983.]

______. Kritik des Gothaer Programms. *Die Neue Zeit*, v.1, n.18, 1890-1891.

______. *Der achtzehnte Brumaire des Louis Bonaparte*. New York: Die Revolution, 1942. [Ed. Bras.: O Dezoito Brumário de Luís Bonaparte. In: *Marx*. São Paulo: Abril Cultural, 1973.]

______. *Die Deutsche Ideologie*. Moscou: Marx-Engels Institut, 1932. [Ed. Bras.: *A ideologia alemã*. São Paulo: Martins Fontes: 2007.]

______; ENGELS, Friedrich. Zur Judenfrage. *Deutsch–Französische Jahrbücher*, 1843. [Ed. Bras.: *Sobre a questão judaica*. São Paulo: Boitempo, 2010.]

______; ______. *Die Heilige Famile*. Frankfurt: 1845. [Ed. Bras.: *A sagrada família*. São Paulo: Boitempo, 2003.]

Trabalhos sobre Karl Marx

De uma bibliografia muito ampla, contentamo-nos em indicar algumas referências clássicas ou mais recentes.

Biografias

CALVEZ, Jean-Yves. *La pensée de Karl Marx*. Paris: Seuil, 1956.

CORNU, Auguste. *Karl Marx*: L'homme et l'œuvre – de L'hégélianisme au matérialisme historique. Paris: Alcan, 1934.

RUBEL, Maximilien. *Karl Marx*: essai de bibliographie intellectuele. Paris: Rivière, 1957.

O marxismo. A favor ou contra

ARON, R. *Le grand schisme*. Paris: Gallimard, 1941.

ALTHUSSER, Louis. *Pour Marx*. Paris: Maspero, 1965.

BABY, Jean. *Principes fondamentaux d'économie politique*. Paris: Sociales, 1949.

BALIBAR, Étienne. *Cinq études de matérialisme dialectique*. Paris: Maspero, 1974.

LEFEBVRE, Henri. *Le matérialisme dialectique*. Paris: Alcan, 1939.

______. *Problèmes actuels du marxisme*. Paris: PUF, 1958.

GODELIER, Maurice. *Horizons, trajets marxistes en anthropologie*. Paris: Maspero 1973.

VILAR, Pierre. Histoire marxiste, histoire en construction: Essai de dialogue avec Althusser. *Annales. Économies, Sociétés, Civilisations*, ano 28, n.1, 1973, p.165-198.

Marxismo e historiografia francesa

BERQUE, Jacques et al. *Aujourd'hui l'histoire*. Paris: Sociales, 1974.

CHARTIER, Roger; LE GOFF, Jacques; REVEL, Jacques (orgs.). *La nouvelle histoire*. Paris: Retz, 1978. [Ed. Bras.: *A História Nova*. São Paulo: Martins Fontes, 2005.]

Renovação dos estudos marxistas – estado da questão

Reporte-se com interesse aos números da revista *Actuel Marx*, publicada pela PUF sob a direção de Jacques Bidet, e à coleção *Actuel Marx Confrontation*, de que citamos alguns títulos: "Fin du communisme, actualité du marxisme"; "L'idée de socialisme a-t-elle um avenir?". Assim como a publicação das atas dos congressos "Marx International", 1, 2, 3. (2001).

ALTHUSSER, L. La reproduction des rapports de production. In: *Sur la reproduction*. Paris, 2000. [Ed. Bras.: *Sobre a reprodução*. São Paulo: Vozes, 2008.]

BIDET, Jacques. *Que faire du Capital?* Philosophie, économie et politique dans le Capital de Marx. Paris: PUF, 2009.

BIDET, Jacques; KOUVELAKIS, Eustache. *Dictionnaire Marx contemporain*. Paris: PUF, 2001.

Lucien Febvre

Uma História nuançada, sensível e datada em sua profundidade: uma História que tenha seu próprio estilo.

A escrita de Lucien Febvre é difícil, às vezes quase desprazerosa, a ponto de poder levar o leitor a se perguntar aonde ele pretende chegar com tantos desvios, circunvoluções, bifurcações ou questionamentos. São essas sinuosidades – que carregam em si toda a força de uma inteligência histórica atípica – que podem explicar por que, no fim das contas, Lucien Febvre, embora seja sempre citado, sempre alçado em figura tutelar do "espírito" da Escola dos Annales, é pouco lido, pouco seguido e, provavelmente, pouco assimilado como paradigma analítico. Cada um de seus trabalhos é construído de acordo com uma arquitetura que, na contracorrente da "forma didática",[1] lhe é própria e que, com muita frequência, exige da parte do leitor um conhecimento sólido tanto da História quanto da historiografia. O historiador aqui não está definido, além disso, como possuidor do saber, ou melhor: a História aqui não é reconhecida de pronto como um saber. Ela o será apenas se, em primeiro lugar, for postulada a ideia da mudança e sentido necessariamente trazida pela duração do passado.[2] Os livros, as palestras e os artigos de Lucien Febvre – e mesmo seus relatórios mais ácidos e maldosos – são, portanto, como demonstrações de que a escrita se esforça

1 Febvre, *Le problème de l'incroyance au XVIème siècle*, p.12.

2 Id., *Origène et Des Périers ou l'énigme du Cymbalum Mundi*, p.105.

em tornar vivas, de que a História, para ser eficaz, deve articular-se a certo empirismo experimental.[3]

Daí decorre que todo objeto histórico é visto como estruturalmente complexo, "insólito", que seja posto à prova da racionalidade de uma investigação quase policial em um passado cheio de interrogações, e que não se entrega de imediato apenas através de sua memória fatual e documental. Trata-se de um ponto totalmente notável em *O problema da incredulidade*. Lucien Febvre parte ali de uma pista histórica, a incredulidade, que teria feito do "homem do século XVI" um precursor da evolução "moderna", um racionalista, um cético ou um libertino, mas para lhe desmontar progressivamente todas as miragens antes de propor uma interpretação coerente baseada em uma recomposição do "instrumental mental" contemporâneo. Disso resulta uma preocupação extrema em não deixar nada ao acaso de uma crítica inexorável, de proceder à investigação e à correlação, por vezes cansativas e sempre rigorosas, de todas as referências documentais disponíveis, de convocar ao tribunal do passado todas as testemunhas e todos os depoimentos. O pensamento avança, lógica e ferozmente, procedendo por eliminação ou recusa de indícios, de todos os indícios percebidos como não aceitáveis, e é somente quando esse primeiro procedimento é cumprido que ele se encontra, por si mesmo, levado a propor um esquema analítico reenquadrando sempre o particular no geral e vice-versa. O historiador deve se debruçar sobre o que se disse e o que se diz ainda do passado com desconfiança, com preocupação, e mesmo, antes de tudo, manter-se à distância. Ele deve obedecer a um princípio de inquietude em face de si mesmo, um princípio que o conduz ao caminho da diferenciação.

O preceito de diferenciação

Assim, o importante é que a História é, por um lado, uma reconstrução do passado, mas, de outro, ela pode arrastar o leitor na aventura subjetiva do historiador, em um pensamento que pretendeu se desfazer dos *a priori* teóricos para fazer como que sair de suas próprias interrogações uma possibilidade amadurecida de compreensão. "Por sua própria estru-

3 Id., *Le problème de l'incroyance...*, p.1.

tura", *O problema da incredulidade* é como um espelho do que "foi a iniciativa de um espírito[4] que não se arvora, de modo algum, em distribuidor de "julgamento".[5] O mestre, aqui, é Michelet, cuja filiação Lucien Febvre reivindica, sem cessar, como mestre não apenas de uma escrita nervosa e às vezes quase poética, mas também, para seus leitores, de uma postura de aprendizagem de uma arte de refletir, de não se contentar em ficar no campo da repetição. Contra um adormecimento ou uma anestesia do espírito que é, aos olhos de Lucien Febvre, um passadismo e uma facilidade ao mesmo tempo, há um "saber pensar" que, em nome da "prudência", presume negar o automatismo das ideias preconcebidas ou enganosas, e que se baseia em um preceito preliminar de diferenciação, de distanciamento em relação ao princípio de estudo que toma os textos somente em seu esplêndido isolamento, sem correlacioná-los ao conjunto da cultura à qual pertencem. Um princípio que recebe o qualificativo de "método míope.[6]

Explica-se assim uma clivagem quase sempre áspera no universo de Lucien Febvre. De um lado, os amigos, numerosos e muito diferentes: Henri Pirenne, Marc Bloch, Henri Hauser, Antoine Meillet, Henri Wallon, Charles Blondel, Albert Thomas, Augustin Renaudet, Jules Sion, Maurice Halbwachs, Fernand Braudel... Um extraordinário ambiente intelectual que é reconhecido por ter participado do avanço recente das disciplinas científicas. De outro, os que são responsabilizados pelo descrédito da História e ante os quais nenhuma concessão é concebível; os que têm uma concepção da história que Lucien Febvre diz rejeitar de "todo [seu] ser". A História é caso de paixão, ela recusa a conciliação com os que a alteram, dos quais, em primeiro lugar, ao lado de Fustel de Coulanges (fundador de uma tradição que busca a História nos textos e apenas neles), se tem como alvo Charles Seignobos, o homem que via em Vercingétorix um "herói nacional", sem se perguntar se haveria uma consciência nacional no tempo do invasor romano...[7]

Ser historiador é, ao contrário, dedicar-se sempre, sem descanso, a produzir um discurso livre de qualquer sistematismo e preconceito, não atribuir "uma" verdade às coisas do passado, mas compreender e fazer com-

4 Ibid., p.10.

5 Id., *Un destin. Martin Luther*, p.10.

6 Id., *Combats pour l'histoire*, p.32.

7 Ibid., p.88-89.

preender que a história humana é complexa, infinitamente complexa, sem que seja, por isso, incoerente.[8] E Lucien Febvre completa que ele gosta da história, em todas as suas modalidades, religiosa, econômica, política, intelectual, moral e social, que não são divisíveis, a história que ele diz tomar

> como o estudo, cientificamente conduzido, das diversas atividades e das diversas criações dos homens de outrora, apreendidos em sua época, no âmbito das sociedades extremamente variadas e, no entanto, comparáveis às outras (é o postulado da Sociologia) com que eles ocuparam a superfície da terra e a sucessão das eras... [9]

Um estudo que, segundo esse preceito de abertura, é, pois, desenvolvido espelhando uma tensão de constante heurística própria ao historiador, mas também uma confessa luta pela História, pelas causas de uma "Ciência histórica" que, ainda não elaborada, está apenas no estágio de gênese e sobre a qual é preciso sonhar que será "à medida dos tempos imprevistos" que serão os de amanhã.[10] A história, pensada e escrita por Lucien Febvre, deve ser conhecida como uma baliza em um movimento inexorável que a impede de pretender ser um objeto acabado, porque esse movimento é o de um intelecto que só pode caminhar para outras interrogações e, portanto, para outros aperfeiçoamentos. Por essa ótica, certo probabilismo está na base da abordagem do historiador, dessa liberdade em que aquela se move e em cuja direção pretende manter o espírito dos leitores. Assim que se dedica a uma tentativa de compreensão do percurso trágico de Étienne Dolet, Lucien Febvre insiste sobre um dado principal: ele quis construir sua argumentação permanecendo "de acordo tanto com a verossimilhança psicológica individual quanto com a verossimilhança coletiva do tempo".[11] A análise histórica desabrocha no possível, ela é estruturalmente e, portanto, visceralmente antipositivista.

E o possível vale mais que o anacronismo que é um grau zero da inteligência.

8 Ibid., p.17.

9 Ibid., p.20.

10 Ibid., p.VII.

11 Id., *Au coeur religieux du XVIème siècle*, p.224.

Guerra ao anacronismo

Lucien Febvre elabora e repete fundamentalmente, de maneira subliminar, uma teoria do anacronismo, "entre todos, o pecado irremissível", como motor de uma negatividade da História que ele deve denunciar de modo incansável e veemente. Crer que o século XVI seria uma ruptura, um começo é, então, uma ilusão anacronizante.[12] Acreditar, como Émile Douergue, que Lefèvre d'Étaples teria sido o iniciador da "primeira corrente do protestantismo" ou, como John Viennot, que não há Reforma francesa se não a integrada na Reforma luterana, ou ainda falar de "protestantismo fabrisiano", ou antecipar que a Reforma se originou dos abusos da Igreja equivale a projetar no passado ilusões falaciosas que não merecem fazer parte da História.[13] Para compreender o que ocorreu e levou ao surgimento de igrejas distintas da romana, é preciso destacar que a ruptura não era o objetivo dos cristãos que estavam seduzidos pela ideia de *renovatio Ecclesiae*, que ela foi a grande contradição do século XVI. Antes de chegar a estabelecer os eixos possíveis de uma lógica do passado, o historiador deve dirigir a atenção para seu aspecto desconcertante, paradoxal. Os que romperam com Roma encontravam-se numa situação de espera "há anos", e receberam "com uma espécie de impaciência e avidez significativas uma solução realmente adaptada às necessidades e ao estado de espírito de massas inquietas, em busca de uma religião simples, clara e plenamente eficaz".[14]

É daí que uma problematização deve ser elaborada e é daí que, na reflexão de Lucien Febvre, decorre o discernimento de um "abismo" entre as ilusões com que se nutriam os próprios clérigos da Igreja até em seu desejo de reforma, e uma "burguesia" necessitada de uma "religião clara, razoavelmente humana e suavemente fraternal".[15] A Reforma foi um apaziguamento, ao permitir a crença de que a fé salva e ao dar a cada um a Palavra de Deus. "A Palavra: não esqueçamos que aqueles homens acreditavam ouvi-la da boca do próprio Deus."[16] Contra o anacronismo das causalidades discordantes, Lucien Febvre propõe ler a Reforma à luz de uma história

12 Id., *Combats pour l'histoire*, p.83.

13 Id., *Au cœur religieux*, p.6-7.

14 Ibid., p.26.

15 Ibid., p.38.

16 Ibid., p.49.

que recoloca as ansiedades frente à morte no "coração religioso" do século XVI. A *sola fides* afasta dos cristãos a pressão que a morte exercia sobre eles. A morte não é mais "o ponto de perspectiva" sobre o qual toda a tensão das vidas interiores se cristaliza. O século XVI é um século que crê, que quer acreditar fortemente, mas, na profundeza das consciências dos homens, há o existencial da relação com a morte. Sempre contra o anacronismo, é preciso não somente colocar em osmose a Teologia e a História, mas também relacioná-las às "realidades psicológicas" do século XVI, no campo de uma análise comparativa que retira os pesos de um "nacionalismo" historiográfico reivindicando a primazia ou a autonomia do movimento de Reforma.[17] Acima das fronteiras, é preciso colocar-se à escuta dos fenômenos de ressonância, os únicos que permitem explicar mudanças e dinâmicas históricas.

A História faz apelo a uma consciência alternativa. Ela é caracterizada como uma fábrica mental de representações do passado, sempre ativa e, portanto, sempre plural, mas da qual é vital desligar-se, caso queiramos abordar a "estrutura mental de uma época".[18] Ela é desconcertante e perigosa porque, sobre uma única individualidade e na sucessão das épocas – Erasmo, Dolet, Rabelais, Marguerite de Navarre ou Bonaventure Des Périers –, termina por acumular uma pluralidade de personagens antitéticos que não fazem mais que arrastar o historiador para o pecado original do anacronismo. O problema metodológico de origem, que fundamenta a busca epistemológica de Lucien Febvre, é, portanto, o da tomada de consciência de um triplo anteparo: aquele do "homem do século XVI", cuja fé parece ficar opaca à análise porque era vivida nos arcanos da interioridade; aquele que os discursos, sedimentados em vários séculos, ergueram; aquele que o historiador sente presente em si mesmo, que lhe dá uma sensação ambivalente de impotência ou de superpotência. O passado produz o afastamento, e toda a tentativa heurística de Lucien Febvre visa, então, a encontrar um viés para evitar submeter-se ao postulado artificial de um homem universal que transcende os espaços e as temporalidades e que legitima a tentação anacrônica.

O historiador deve, assim, armar-se de precauções, deve fazer-se o antropólogo da variabilidade, deve desenvolver suas interrogações partindo do axioma da diferença. Ele dispõe de textos pelos quais se exprimiram ou

17 Ibid., p.69-70.

18 Id., *Le problème de l'incroyance...*, p.2-3.

foram descritos os homens ou as mulheres cujas identidades deseja isolar. Todavia, o problema para ele não é apenas tentar compreender esses textos, mas também compreender como os contemporâneos os assimilavam ou não, de cercar o que é "possível" e "impossível" na compreensão histórica retrospectiva.[19] A História se compara, consecutivamente, a uma Filologia crítica, ou a uma abordagem linguística, com a evocação de um risco essencial que deve ser incessantemente contraposto: o da leitura e da recomposição do passado através das palavras que têm, sem dúvida, seu sentido no presente do historiador, mas que, outrora e no próprio discurso que os textos do passado pronunciam em sua diversidade, eram cercados de outras conotações, de outros sentimentos, de outras representações.

Mas o anacronismo não é carregado apenas por esse risco semântico. Ele o é também por uma espécie de *ubris* sintética que se distingue de um procedimento problemático considerado. A História, tal como a delimita Lucien Febvre, é mutante, imprevista; é feita de dinâmicas abortadas ou recarregadas, de sucessos ou de fracassos, é não determinada, escapa a certa forma de modelação porque esta, como a proposta, por exemplo, por Arnold Toynbee, aspira à pesquisa em apanhados artificiais, generalizações abusivas, trabalhando somente a partir de "manuais", de obras de terceira mão baseadas sobre o que já é de segunda mão.[20] É preciso ser modesto, e mesmo se o especialista deve ser sintetista, como deseja Henri Berr, não deve entregar-se a ponto de fundamentar sua reflexão sobre abstrações. A História é primeiramente "concreto", trabalho menos sobre os pensamentos dos homens do que sobre "sua estrutura", "seu caráter humano" pelo qual a diferença de uma época a outra pode ser rastreada.[21] O "manual" pode ser bom, porém jamais passará de um manual e, consequentemente, um grau fraco do pensamento, porque só faz apagar as nuanças e leva seu autor a evitar sair dos limites espaciais e cronológicos que se fixou. Ele é um instrumento de fechamento da perspectiva e, portanto, um obstáculo à compreensão.

É preciso comparar, mas não de qualquer maneira. E, para poder sempre restituir o objeto de estudo em um eixo de compreensão o mais potente possível:

---

19 Ibid., p.6.

20 Id., *Combats pour l'Histoire*, p.141.

21 Id., *Au cœur religieux*, p.358.

Comparemos para poder, com conhecimento de causa, substituir plurais a esses singulares. Para poder dizer, se me é permitido escolher um exemplo familiar: não mais a *Reforma*, mas as *Reformas* do século XVI – mostrando como elas operaram diferentemente nos diversos meios, nacionais ou sociais, em resposta às "intimações" do mundo medieval decomposto. As *Reformas*, o que não quer dizer uma coleção de dissertações monográficas sobre o detalhe dos dogmas formulados por Lutero, Zwinglio, Melanchthon, Bucer ou Calvino, mas a aplicação das variantes que a vida introduzia, com suas particularidades, no conjunto de "concepções do mundo" que esses homens formulavam para seu próprio uso, e para o de seus contemporâneos: variantes em que cada uma deverá levar em conta todas as dos vizinhos – e cujas origens estavam nas condições de existência própria aos indivíduos, aos grupos, às classes e às nações.[22]

Mesmo que cada época possua uma "atmosfera geral",[23] um "estilo" próprio, um "clima",[24] também não é menos verdadeiro que os cortes estabelecidos – entre Idade Média e Renascimento – não têm grande significado aos olhos de Lucien Febvre. A mudança, em História, não cessa de ser transformada por sua própria potência perturbante e o historiador tem por missão descobrir, no plano mais amplo, se é possível, na sincronia e na diacronia, as interações que agem, constantemente e por efeito de uma "potência fecundante". Testemunha disso é Erasmo desempenhando na Espanha um papel, que parece surpreendente à primeira vista, na origem de dois movimentos espirituais, o dos alumbrados e o dos luteranos... [25]

O escrúpulo erigido em princípio metodológico

Além de atacar com veemência o anacronismo, Lucien Febvre também se considerava um historiador realista, um historiador da Razão. No entanto, sonhou com obras que, integradas à coleção Bibliothèque de Synthèse Historique [Biblioteca de Síntese Histórica], teriam sido livros de história

22 Id., *Combats pour l'Histoire*, p.140.
23 Id., *Au cœur religieux*, p.358.
24 Ibid., p.275.
25 Ibid., p.111.

globalizante, mas não os escreveu. Contentou-se em dar as grandes linhas da elaboração de *O aparecimento do livro*, enquanto ficaram como projetos *Les grands courants intellectuels au temps de la Renaissance* [As grandes correntes intelectuais dos tempos da Renascença]; *L'humanisme* [O humanismo]; *Les religions du XVIème siècle* [As religiões do século XVI]; *La Réforme* [A Reforma]; *Monarchie et Empire au XVIème siècle (Espagne et Europe)* [Monarquia e Império no século XVI (Espanha e Europa)]; *Argent et bourgeoisie* [Dinheiro e burguesia]; *La vie économique et les transformations sociales* [A vida econômica e as transformações sociais]. Há algum paradoxo no que pode parecer um fracasso ou um recuo em relação à ideia de síntese à qual aderiu bem cedo. Mas a História enfim arrancada a suas dificuldades está apenas no começo, conforme constata. É um gigantesco plano de trabalho sobre o qual, trazido pela consciência de ser um pioneiro e um guia, ele se consagra à missão de fazer jorrar indícios e questões. Quando se dedica a colocar o problema das origens da Reforma, por exemplo, trata-se de uma "tarefa que se impõe a todos", a de estudar metodicamente o cristianismo do início do século XVI. Quando Lucien Febvre tenta, pelo viés dos inventários póstumos conservados nos arquivos municipais de Amiens, desvendar uma virada em direção a 1560-1570, uma "mudança de tom nas sensibilidades", ele não conclui. Contenta-se em "sugerir pistas" que farão sentido apenas na elaboração comparativa. Seu estudo não reivindica ser "completo, atento, minucioso". Deseja somente abrir o caminho para "uma História nuançada, sensível e datada na sua profundidade. Uma História que, em si mesma, tenha seu estilo".[26]

Além disso, Lucien Febvre é um historiador que postula limites a seu trabalho, e que erige o escrúpulo como fundamento metodológico. Escrever é, com efeito, proceder de modo seletivo, não buscar tudo dizer e tudo saber como pretendem as "marmotas bisbilhoteiras", os "míopes".[27] A completude não tem sentido.[28] E é preciso repeti-lo sem cessar para tentar convencer e extrair as tentações conservadoras da História. Há, na escrita de Lucien Febvre, um senso de combate que, sem se cansar, parte sempre ao ataque do que é classificado nas prateleiras empoeiradas dos velhos preconceitos.

26 Id., *Au cœur religieux*, p.289-290.

27 Id., *Combats pour l'Histoire*, p.122.

28 Id., *Amour sacré, amour profane*, p.7.

No fim das contas, ao trabalhar sobre Rabelais, Lucien Febvre talvez tenha escrito menos um trabalho de História que um discurso do método possível em relação ao passado. Seu livro se concebe como uma luta. Lucien Febvre nele se ergue contra uma epistemologia da certeza, recusa o positivismo englobante, a História que, ingenuamente, desejaria encontrar e estabelecer, uma vez por todas, os fatos em sua autenticidade. A História é o "complexo emaranhado" que o historiador tem por missão recriar a partir da problematização.[29] Reconhece-se à História o estatuto de "estudo cientificamente conduzido",[30] mas, paralelamente, intervém a aceitação de que jamais o passado possa voltar em sua integridade e seja sempre temporário, posto que, ao cabo, a evolução geral da inteligência humana trará sempre novas interrogações e contestações.[31]

É preciso que o historiador mergulhe em seu objeto de estudo, para ter condições de fazer ressurgir o provável do passado da melhor forma. O método experimental de Claude Bernard é mencionado como referência no que concerne à investigação metodológica. Uma interrogação que autoriza a montagem de uma experimentação que implica uma observação e uma dedução. Ao passo que, no que se refere à vontade de ativar uma estratégia de questionamentos, é citada a evolução da física teórica com a teoria quântica, desestabilizadora dos conceitos de causalidade e de determinismo que Lucien Febvre relaciona com sua própria recusa da "quietude" e seu desejo de inserir a História – desincrustada dali em diante de sua fidelidade a certo funcionamento da "Razão" — no que foi uma revolução de uma "concepção do mundo" que põe fim ao reinado da mecânica newtoniana.

> Será muito longo indicar em detalhes aqui o que foi essa revisão. Notemos que nada lhe escapou. Nem a concepção do fato científico, nem a concepção da lei científica, nem a do acaso. Nem, de modo mais geral, a das próprias ciências, e da Ciência. Ciências, tais como Auguste Comte as apresentava outrora, hierarquizadas em uma classificação na qual o duplo erro aparecia bruscamente: o de desconhecer a unidade profunda do trabalho científico, e o de transformar abusivamente o estado de fato em estado de direito.[32]

---

29 Id., *Combats pour l'Histoire*, p.7

30 Ibid., p.20

31 Ibid., p.15.

32 Ibid., p.26.

As ciências deixaram de ser ideais perfeitos providos de leis que fixam suas verdades, a verdade. Lucien Febvre, daí em diante, afirma trabalhar no alinhamento da História com as outras ciências que já fizeram sua revolução, ciências cujos "eruditos definem cada vez mais a Ciência como uma criação, e a apresentam a nós 'construindo seu objeto', e constatam nela, a todo momento, a intervenção constante do erudito – de sua vontade e de sua atividade".[33]

Se, a propósito da História, ele prefere não falar de "ciência", é porque tem uma concepção existencial da pesquisa histórica como resposta a uma "crise" da inteligência. A palavra "ciência", ele escreve, induz o conceito e o projeto de totalidade, enquanto o pesquisador é movido por uma "mola propulsora", a inquietude, a não aceitação dos conhecimentos. Ele deve repensar a todo momento a História, reajustá-la "às concepções, e, além disso, às condições de existência novas que o tempo e os homens, que os homens no contexto do tempo, não cessam de se forjar".

Para começar a problematização, a contribuição das outras disciplinas é necessária. O historiador não pode ficar à margem da própria história da inteligência de seu tempo, ele deve integrá-la e assumi-la para fazer História. De onde, para além da Geografia que o fascina, um grande interesse pela Psicologia e, em segundo lugar, pela Sociologia. Essas são disciplinas que representam para a História o papel de ajudantes inevitáveis. Pois a História é feita das massas, mas ao mesmo tempo de individualidades que impõem sua marca sobre essas massas. Lucien Febvre recorre a uma "psicologia coletiva" que seria cruzada com uma psicologia individual, porque, como acabamos de ver, a massa e o personagem são sempre colocados em um estreito campo interrelacional. A sociedade é o lugar de determinação do indivíduo, para começar, pelo simples fato da linguagem e de traços "distintivos" do grupo ao qual ele pertence, sem o impedir de desenvolver "traços que lhe são próprios e cuja mistura faz-se segundo uma fórmula e uma dosagem bem particulares".[34] Mas o indivíduo é chamado, em certas condições, a tornar-se o revelador ou o motor do grupo.

Porém, querer fazer psicologia histórica é tomar consciência de que a Psicologia contemporânea tem seus limites, que os sentimentos, as emo-

33 Ibid., p.29-30.

34 Ibid., p.211-212.

ções de outrora não são os mesmos que os de hoje. É aqui que a Antropologia entra com seus ensinamentos e permite encontrar um caminho fora dos anacronismos. Um dos livros que certamente mais marcaram Lucien Febvre em sua criterização de uma psicologia histórica é *O declínio da Idade Média* de Johann Huizinga. Febvre observa que ele o reforçou na ideia de uma necessária elaboração do inventário do "material mental" que constituía o conhecimento dos homens em uma dada época.[35] Certamente é muito difícil reestruturar a "vida afetiva" de uma época, mas "o historiador não tem o direito de desertar".[36] Documentos morais,[37] iconográficos, literários podem ser utilizados nesse combate contra o caráter enigmático da interioridade... Como demonstrou Marleen Wesser, é durante a Segunda Guerra Mundial que Lucien Febvre sente ter subido um nível em sua aplicação da Psicologia à História, ao buscar inspiração nos trabalhos de Henri Wallon e ao discernir na ambivalência e na contagiosidade das emoções, das "explicações possíveis do comportamento dos homens de antigamente".[38] Aliás, é nessa época que ele escreve seus maiores textos. Entre os quais *Origène et Des Périers ou l'énigme du Cymbalum Mundi*, certamente seu livro mais árduo, o que lhe exigiu fazer "*tabula rasa* dos conhecimentos" para ali discernir um exercício erudito, sarcástico e desencantado sobre a desunião religiosa.[39] Desunião que ele chama de uma "tragédia".

A questão dos grandes espíritos

A História não está circunscrita à busca heurística do historiador. Ela é ato de simpatia. Lucien Febvre revolta-se contra os que encontram uma espécie de prazer em exercer sua acrimônia face aos "grandes homens aos quais eles ligam, não sem razão, à gênese do mundo moderno", mas que eles deixam viver somente o espaço de suas paixões, seus medos, suas ambições. Aqui, novamente, a força do anacronismo atua puxando ao reducionismo,

35 Ibid., p.218.

36 Ibid., p.229.

37 *Documents moraux*: Lucien Febvre assim classificou os documentos relativos a correspondências, estudos, prédicas, discursos, entre outros. (N. T.)

38 Wessel, *Les Combats pour l'histoire de Lucien Febvre: une relecture*, p.91.

39 Febvre, *Origène et Des Périers...*, p.11.

para fazer esquecer que aqueles homens "[...] se batiam do começo ao fim da vida com o Desconhecido..."[40] Para ser historiador, é preciso amar a História, é preciso ter a paixão da História, é preciso crer na História. Ele mesmo confessa "amar" Rabelais e é em razão dessa humanidade do passado que ele quer combater com todas as forças a "História medíocre" que procede por "justiça sumária",[41] resgatar seus contemporâneos. Essa História consegue apenas "mediocrizar" o inventor das aventuras de gigantes, ela não consegue fazê-lo "ver", o homem que escrevia para "traduzir, em uma prosa magnífica, os sentimentos profundos que descobria neles [os letrados de seu tempo], e que lhes revelava com um brilho incomparável, inflados de sua própria substância e de todo o mel antigo colhido aqui e ali".[42] Rabelais trabalhava sobre o homem, era um humanista que queria transmitir uma mensagem de amor a seus contemporâneos. Mesmo a conferência sobre Calvino que Lucien Febvre ministra na Universidade Mackenzie de São Paulo reflete a preocupação de fazer ressurgir um "homem" armado de uma sensibilidade, de início tímida e hesitante, levado do humanismo à Reforma pelo reencontro com Guillaume Farel, depois construindo seu personagem e sua vocação quando de sua estadia em Estrasburgo e empreendendo – em Genebra, mas unicamente por Genebra – "salvar a Reforma", transferindo na ordem da crença o espírito guerreiro de seu tempo.[43] Em relação ao problema histórico que revela Calvino, não se trata de se deixar guiar por suas "afinidades", mas de apreender que ele foi um dos "fermentos de nosso mundo", visto que em uma época que resvalava em direção à incerteza dos percursos individuais, ele criou um "tipo humano" que perdurou. Através dele, é um fragmento da humanidade que está em jogo.

Essa atração pelos grandes homens não é menos seletiva. Ela se relaciona ao "domínio do espírito". Lucien Febvre – reagindo, segundo suas palavras, à fascinação germânica pelos *Menschen*, que supostamente teriam feito a História –, não se interessou pelos reis e príncipes, pelos "condutores de povos e de exércitos" por quem com demasiada frequência a infelicidade

40 Id., *Le problème de l'incroyance...*, p.9.
41 Ibid.
42 Id., *Combats pour l'Histoire*, p.261.
43 Id., *Au cœur religieux...*, p.263.

dilacerou a humanidade:[44] "os príncipes são pragas, mas pragas de Deus",[45] disse Lutero, mas é um pouco isso que o historiador sente. Os grandes personagens são, a seus olhos, os autores de obras científicas, literárias, filosóficas ou religiosas, porque suas obras, modificando as "ideias", devem ser percebidas como os espaços de um sistema de interações entre o indivíduo e o grupo. Com

> esse Lutero, nós o apressamos, o empurramos, o exortamos. Tudo o que se obtém é que ele medite novamente as soluções já experimentadas por ele, que as retome, as aprofunde, e assim, mais bem ancorado em seus sentimentos, possua razões mais conscientes para não agir. À força de insistência, nós lhe arrancamos alguns esboços de organização cultual [...].[46]

A ação e o pensamento estão em discordância. Há um fracasso luterano revelado pelo luteranismo institucional da Alemanha da segunda metade do século XVI e do século XVII: Lutero só poderia ter sentido "vergonha", pelo tanto que teria se sentido traído em sua vontade de seguir unicamente Cristo. Mas a História, em seus "segredos", é feita de ironia. Tal qual ela se encaixa na longa duração, faz do grande espírito o ator involuntário de um processo de mudança que ultrapassa plenamente seu próprio pensamento, e que até mesmo o contradiz completamente. O fracasso luterano, além disso, dissimula o abalo de um mecanismo global essencial, o do pensamento crítico.

> Ao viver, ao falar, ao mostrar-se, Lutero criou como tantos outros muitas situações de fato, por sua vez geradoras de consequências espirituais ou morais que ele não havia vislumbrado. E por ter realizado o cisma sem restabelecer a unidade; enfraquecido e diminuído materialmente a Igreja Católica; criado condições favoráveis ao nascimento de inúmeras seitas; provocado a discussão religiosa por leigos em questões religiosas; exposto a Bíblia aos olhos dos curiosos – por isso, por muitas outras coisas ainda, é certo que o reformador merece o reconhecimento de homens que ele não cessou de combater e de detestar [...].[47]

44 Id., *Combats pour l'Histoire*, p.208-210.
45 Id., *Un destin. Martin Luther*, p.243-244.
46 Ibid., p.241.
47 Ibid., p.299.

Lucien Febvre reflete, em sua luta por uma abordagem pacificada dos grandes homens, a postura desses humanistas que diziam sem descanso querer liberar o espírito humano das trevas da ignorância. No fim, o grande espírito vale mesmo menos para si mesmo que por sua integração no movimento criador da razão. É patente – ao menos é a hipótese que se impõe –, que toda a escrita do historiador é como canibalizada por seu próprio objeto, que ela é invadida por uma fascinação pelo sentimento mesmo que animava os partidários da *restitutio bonarum litterarum*. Pois a denúncia do anacronismo não desvia para um ceticismo, por causa da revelação de um dever de comunicação ou de "popularização" – dever que remete, de maneira implícita, a uma missão de formação da liberdade. O anacronismo, para Lucien Febvre, é ainda mais perigoso por encerrar o pensamento do historiador e de seu leitor em um jugo, em uma prisão do espírito que é inútil. A verve denunciadora de Lucien Febvre em relação aos defensores das "velhas noções obsoletas" parece calcada sobre a verve rabelaisiana de estigmatização dos escolásticos, dos "sarabovites".

Lucien Febvre revive então o passado com uma convicção que se alimenta de suas dúvidas, com violência e efusão. Ele despreza Auguste Comte e Karl Marx, por se recusarem a levar em conta o papel da individualidade na História e pela pretensão a uma objetividade, ele zomba dos defensores da imparcialidade, ele ataca os "doutrinários protestantes de observância estrita", cobre de sarcasmos Daniel Guérin por sua retórica negativa,[48] escarnece dos historiadores romanescos, faz troça dos historiadores não profissionais, "espíritos brilhantes e rápidos" que surgem com a pretensão de compreender de um só lance algo sobre o qual homens passaram a vida inteira trabalhando com obstinação. A História deve ser resultado dos profissionais, contra os que conseguem, demagogicamente, fascinar com facilidade demais as multidões ingênuas com suas grandes teorias ou com a artificialidade de seus escritos. É quase uma figura totalitária de anti-historiador que se emana: o sedutor das multidões, que engana para melhor impedir de "compreender".

Trata-se de um combate da liberdade que está em jogo por detrás da luta de um alinhamento da História à evolução científica. A História e a liber-

48 Id., *Combats pour l'Histoire*, p.113.

dade cruzam-se em uma espécie de inversão dos paradigmas. Não é preciso mais crer, como tende o leitor não prevenido, que os textos do passado, por utilizarem uma linguagem que é mais ou menos a mesma do século XX, são imediatamente compreensíveis. "Que eles já estão, pois, longe de nós, esses depoentes."[49] Portanto, não é mais preciso partir do sistema de representações ou de conceitualizações do presente para restituir uma inteligibilidade, mas tentar restabelecer, sem cair no subjetivismo, a do passado: "Não é a nós e a nossas ideias, mas a eles e a suas ideias que é preciso referi-los". E o trabalho não pode ser outro senão o de "um trabalhador cujo esforço tendeu, durante anos, a se forjar uma alma de homem de outro tempo [...]".

Para tornar operativa essa inversão metodológica que dá ao historiador o papel de organizador do passado-objeto, a História pode se centrar sobre uma individualidade, e, a partir dessa apreensão, pretender reenquadrar o um no múltiplo. Mesmo que o Franco Condado seja para ele uma "individualidade política" cuja "vida interior" à "riqueza complexa"[50] quis estudar, Lucien Febvre é portanto com mais frequência um historiador do "grande homem", entendido como um receptáculo dos "problemas que dividem seus contemporâneos", um imenso eco dos que viviam em seu tempo, e que, assim, recorrem a um método simultaneamente associativo e totalizante. O historiador deve inclinar-se à reconstituição da esfera movente e imensa de toda a cultura do tempo do indivíduo que ele estuda, única ferramenta que pode permitir penetrar no "silêncio" da consciência.[51]

A erudição deve ser, pois, muito exigente, porque o grande homem não vale apenas para si próprio. Sua "obra" o ultrapassa no sentido em que é apreendida como um meio para compreender seu século. Em 1928, apesar de evocar o personagem de Lutero, Lucien Febvre destaca não ter tentado escrever uma "biografia" no senso estrito do termo. Ele desceu até a "intimidade" de uma consciência:[52] uma operação quase introspectiva, poderíamos dizer, que visou à restituição da fé, dos sentimentos, da linguagem, dos dilemas, das inflexões às quais o reformador precisou se resolver consciente

49 Id., *Amour sacré, amour profane*, p.9

50 Id., *Philippe II et la Franche-Comté*, p.7.

51 Id., *Le problème de l'incroyance...*, p.17.

52 Id., *Combats pour l'Histoire*, p.79.

ou inconscientemente... A fixação na vida de um indivíduo não passa de uma armadilha colocada assim às armadilhas da História. Aqueles que fazem apenas livros de história literária, filosófica ou religiosa terminam por expor apenas "uma coleção de monstros fabricados com peças e pedaços, com duas cabeças ou dois corações, incompreensíveis assim que se tenta apreendê-los em sua verdadeira unidade viva".[53] Tratou-se de provar, conforme observa Lucien Febvre, que o ator histórico não é um ator que vive em uma caixa fechada, agindo e se exprimindo unicamente por si próprio, que ele é um "destino" que sofre as pressões e as contingências da História imediatamente vivida ao ponto de ter que negociar e evoluir com ela. Cercado desta maneira porque sua atividade criadora permite distingui-lo e porque ela foi o resultado de ajustamentos desejados ou impostos, ele é uma ferramenta para aceder aos "homens". Ele possui uma coerência em movimento.

> Para começar, Rabelais deixou em seus escritos páginas inteiras consagradas aos problemas que mais dividem seus contemporâneos. Problemas da alma e de sua imortalidade, da ressurreição e da outra vida. Problemas do milagre; da onipotência do Criador, das resistências de ordem natural às livres vontades da divindade. O essencial. Em torno do que agrupam-se centenas de alusões a outras querelas [...].[54]

Perfila-se então "o problema capital" na História, sobre o qual Lucien Febvre se detém várias vezes: é claro que o grande homem, que possui "uma singular vitalidade", está na origem das escansões e rupturas na ordem do tempo, mas ele é o intermediário que pode levar à identificação "das relações do indivíduo e da coletividade, da iniciativa pessoal e da necessidade social".[55] No que se refere a Lutero, Lucien Febvre postula que ocorreu um estranho diálogo entre o homem que queria viver intensamente uma fé e os homens que desejavam segui-lo na experiência da gratuidade da salvação e no acesso à *sola scriptura*, entre "o pensamento individual" e o "pensamento coletivo", e que foi emanado um "compromisso", não o de um teórico,

---

53 Id., *Amour sacré, amour profane*, p.9.

54 Id., *Le problème de l'incroyance...*, p.12.

55 Id., *Un destin. Martin Luther*, p.9.

mas "da experiência, ou mais exatamente, de uma experiência ao mesmo tempo feliz e cruel".[56] O personagem histórico existe no interior de uma comunidade, por essa comunidade, e ele é "um fermento que faz crescer a massa humana",[57] desprendendo-se em um momento para ser em seguida novamente aspirado por ela.

Não há então um senso único no processo de mudança; há uma cadeia interativa, na qual o social, o político, o econômico, a emoção também intervêm. Esquecê-lo remete a matar uma segunda vez os mortos.[58] O que significa que, para Lucien Febvre, o mau historiador – começando pelo que abriu contra Rabelais "um processo" por ateísmo e anticristianismo – é como um profanador. O bom historiador, por sua vez, tem seu modelo nas aventuras dos gigantes. Ele se afunda no passado, mas o passado vem também até ele, torna-se como sua própria "pasta" para fazer uma paráfrase.

Frei João historiador

A História não é apenas passado, não é apenas morte, não são apenas documentos que se oferecem à leitura; ela é a vida, ou antes, ela é a vida porque permite ao historiador descobrir-se nela como o portador, segundo a expressão de Marleen Wesser, de uma "responsabilidade social" que é também uma responsabilidade cívica. Durante a Primeira Guerra Mundial, Lucien Febvre esteve nos campos de combate. A correspondência que manteve então com Henri Hauser revela sua perturbação em face do que presenciou. Os tempos felizes eram, segundo um texto escrito em 1931, anteriores a 1914.[59] Contudo, sua inquietude ante o presente é sublimada pelo efeito especular que explica sem dúvida esse amor pela História evocado como numa litania. No que é uma verdadeira arenga destinada em 1941 aos alunos da École Normale Supérieure da rua d'Ulm, Lucien Febvre certifica que além desse laço de engajamento nas mutações intelectuais de sua época que o faz buscar seus questionamentos em Charles Blondel,

56 Ibid., p.291.
57 Id., *Combats pour l'Histoire*, p.82-83.
58 Id., *Amour sacré, amour profane...*, p.356.
59 Id., *Combats pour l'Histoire*, p.261.

Maurice Leenhardt ou Lucien Lévy-Bruhl, que o leva a interessar-se pelo pensamento de Marcel Mauss ou de Léon Brunschvicg, que o leva às vezes a citar Marcel Proust, Bernard Shaw ou Paul Valéry, o historiador deve ser como um combatente erasmiano confrontado à tempestade:

> Não se contentem em olhar da margem, preguiçosamente, o que se passa no mar em fúria. No barco ameaçado, não sejam Panurge que se borra de medo, nem mesmo o bom Pantagruel que se contenta, abraçando o grande mastro, em olhar para o céu e implorar. Arregacem as mangas como Frei João. E ajudem os marujos a manobrar.[60]

Essa imagem rabelaisiana não é mero uso retórico. A história vivida por Lucien Febvre é a história de um *miles*[61] entendido no sentido erasmiano, partindo ao passado à busca da humanidade e movido por uma vontade de compreender a humanidade através de um projeto de história das emoções que, precisamente, carregam os homens para a infelicidade e a guerra: medo, ódio, violência, crueldade, amor... Então, falar de História ou escrever História remete a estar sempre por inteiro, sem o dizer, mas sugerindo uma "transposição simbólica" no presente. Como Erasmo ou Rabelais que eram ardilosos na escrita. A História como o maior dos combates, o combate pelo homem, é uma paixão.

É aqui talvez que Lucien Febvre se revele mais difícil de compreender do que parece, porque a História pela qual ele lutou proporcionou-lhe provavelmente ferramentas para, após uma Primeira Guerra vivida nas trincheiras, responder à crise à qual assistiu e que viu: o horror nazista abater-se sobre a Europa. É certo que ele não se lançou, por razões evidentes, na aventura heroica da resistência, que ele preferiu se atribuir como missão cuidar da sobrevivência dos *Annales* em vez de afirmar diretamente sua solidariedade em relação ao drama do antissemitismo sofrido pelo historiador de *A sociedade feudal*. Ele solicitou e obteve o afastamento de Bloch, e os *Annales* continuaram a ser publicados. Assim, tornou-se há alguns anos, o objeto de uma polêmica que o estigmatizou sem muitas nuanças, sem per-

---

60 Ibid., p.32.

61 Da expressão latina *miles christianus* que significa "soldados cristãos". Refere-se ao indivíduo que, na Idade Média, pertencia à cavalaria. (N. T.)

ceber que, quando a França vivia no tempo alemão, ele não hesitava, em seus cursos no Collège de France, em se erguer contra as teorias raciais... É objeto dessas linhas não julgar, mas talvez de acordo com o próprio discurso metodológico do historiador, de acordo com sua recusa do anacronismo, tentar "compreender" recentrando-o sobre sua própria paixão.

E, nessa perspectiva, é evidente que o historiador tornou-se a História que ele amava, que ele recorreu à própria matéria da experiência de sua compreensão do século XVI, um século tão atravessado pelo trágico quanto o que ele tinha diante de si. Face ao drama da divisão, ele se aplicou a estudar Rabelais ou Marguerite de Navarre, e principalmente, em segundo plano, Erasmo (abordado muito cedo por intermédio de seu secretário Gilbert Cousin). Em Erasmo, talvez, se encontraria o segredo do mistério de sua atitude em relação a Marc Bloch, o de certo desencantamento face à ação que pode lembrar o provérbio "ajuda-te e o céu te ajudará".[62] Em 1941, é sempre um verdadeiro historiador erasmiano que se dirige aos normalistas e que lhes fala de um mundo "estraçalhado, rompido, ensanguentado, e que grita por clemência". Manifesta-se o sentimento de impotência individual face a essa desagregação, quando acrescenta que "as intervenções externas" serão inoperantes para restabelecer a unidade dos homens. A História torna-se a ponte de salvação, pela qual cada um se encontra em condições, por si mesmo, de "refazer" essa unidade, em seu trabalho, "pelo magnífico acordo de seu pensamento profundo com sua ação desinteressada".[63] O método histórico de Lucien Febvre não é ainda o da "religião de Basileia", daquela corrente evangélica aberta antes do processo de confessionalismo, para quem "a Reforma era, antes que um culto e uma religião, um método intelectual e moral, uma atitude de espírito e ao mesmo tempo uma maneira de sentir"?[64]

O "espírito" atua no próprio trabalho do historiador, e o diálogo de Lucien Febvre com outra figura da interiorização do início do século XVI, Rabelais, também não cessa nunca. O espírito que deveria ser o do historiador não é para ele o de Pantagruel, que mergulha nos livros e que se torna como um "fogo entre as urzes, tanto ele o tinha infatigável e agudo"?

62 Apud Davis, Rabelais among the censors (1940s, 1540s), p.5.

63 Id., *Combats pour l'Histoire*, p.32.

64 Apud Mann, *Lucien Febvre et les sciences sociales*, p.38.

Talvez seja necessário aceitar que, em um mundo onde tudo se desfazia, Lucien Febvre permanecia ligado aos *Annales* porque eram, para ele, em outro plano que o da resistência armada ao invasor e à barbárie, um espaço de resistência *hésuchiste*[65] e da inteligência. Um "arranjo", escreveu Natalie Z. Davis. Porém um arranjo ativo como o daquele que também não fora um herói em sua época, o "pequeno homem frágil, doentio e limpinho", Erasmo,

> de bom conselho quando o tempo torna-se tempestuoso. Quando a juventude sonha com façanhas frenéticas, com a conquista do mundo, com revoluções desastrosas, e com glória. Quando é preciso, durante meses curvado, esperar que a tempestade passe [...].[66]

É preciso ler o magnífico retrato de Marc Bloch a que Lucien Febvre escreveu como homenagem, no qual ele reconhece a seu amigo ter sido o iniciador dos *Annales*. Com uma nostalgia certa, ele fala dos "belos anos" 1930 de trabalho conjunto. A recusa da "renúncia", depois de Munique, foi, acrescenta, comum a ele e ao amigo, mas para Marc Bloch representou o engajamento na resistência e uma morte que é ao mesmo tempo a mais "cruel" e a mais "imperdoável".[67] Talvez o retrato de Etienne Dolet, composto em 1945, seja também uma homenagem ao amigo fuzilado, Dolet, "homem que soube terminar bravamente, heroicamente, sua vida [...]".[68] Mas ele mesmo, toda sua vida, não cessou de chamar ao combate pela História, porque esta, "ciência da mudança", que visa à valorizar, para uma época e uma sociedade determinadas, "toda a série variada de combinações infinitamente ricas e diversas, de relações móveis e mutáveis cujo equilíbrio rompido a vida reconstituiu a cada instante por um trabalho incessante",[69] era a seus olhos um método ético, uma ética para si e para os outros. Uma ética passiva na aparência, mas sob a qual subjaz uma imensa paixão positiva.

65 Termo francês que se refere a uma atitude de reserva, de não proselitismo, em momentos de repressão. (N. T.)

66 Febvre, *Au cœur religieux*..., p.92.

67 Id., *Combats pour l'Histoire*, p.419.

68 Id., *Au cœur religieux*..., p.224.

69 Id., *Philippe II*... apud Mann, op. cit., p.551.

Em busca do "sentido secreto dos destinos humanos"

Lucien Febvre pretendeu-se também francês e historiador francês. E, por isso, foi hostil a certa arte de escrever originária da Alemanha, a de Leopold Ranke, para começar, claro, mas também a de Oswald Spengler, sobre quem destacou ter sido um inspirador do nazismo e ter dado uma caricatura tingida de profetismo pessimista da História, através de sua filosofia do declínio – todavia, não nos enganemos, ele admira com todas as forças a atitude de Ernst Cassirer, e Frédéric Barbier indica que ele deve muito à *Begriffsgeschichte* alemã.[70] Lucien Febvre, apesar de ter vivenciado, em 1938, uma crise na qual os *Annales* quase sucumbiram, é um homem do otimismo. Ele é animado por um patriotismo historiador, no qual história e ideia de nação estão ligadas, mas de modo matizado, porque ético: quando se coloca a questão da nação, ou antes, da França, é para afastar a tese de uma história predestinada ou providencial, como ainda era moda presumi-la. Não é na própria História, diz ele, que se deve buscar a origem da identidade francesa, mas na abordagem de Vidal de La Blache: "Pesquisar como e por que paragens tão heterogêneas que nenhum decreto nominativo da Providência designava para se unir em um dado conjunto, terminam, entretanto, por formar esse conjunto".[71] É somente a partir dos séculos X-XI que se pode datar o surgimento de uma "civilização francesa, capaz de ter verdadeiramente esse nome".[72]

A fixação por "homens ilustres" deve, aliás, ser relacionada a esse patriotismo. São os que "honram a França", escreve novamente Lucien Febvre em um texto de comemoração ao terceiro centenário de Descartes.[73] O autor do *Discurso sobre o método* foi um homem livre, um libertador "dos medos pueris e perigosos" que derivavam da sujeição à irracionalidade. Ele é o introdutor a um mundo dali então dominado pela Ciência.[74] A França, através dele, modelou uma identidade humana que vale para todos: "Ele nos tomou pela mão e colocou no caminho certo. Aquele onde se luta para permanecer livre". A infelicidade, durante o século XX, veio do país

70 Barbier, Postface. In: Febvre, *L'apparition du livre...*, p.51.

71 Febvre, *Combats pour l'Histoire*, p.97.

72 Id., *Honneur e patrie*, p.187.

73 Id., *Au cœur religieux...*, p.315.

74 Ibid., p.319-320.

que, precisamente, não produziu Descartes, "que o detesta e o denigre". A Alemanha, que exaltou um primitivismo instintivo, uma vontade de ação destinada à conquista do mundo, uma recusa da Razão: "vimos, em filmes faustianos, saltar criaturas nuas, que não se distinguiam mais das árvores, nem das águas, das rochas, nem do céu. E que pareciam precipitar-se fora da Razão". Ao lado de Erasmo e de Rabelais, adivinha-se outro ponto de ligação, Descartes e a Razão.

O apego patriótico, consequentemente, se desdobra ou se funila em um apego à Europa, à garantia de que as barreiras mais fortes entre as nações – a começar pelo Reno, outrora ligação e transformado em fronteira, pela força de seu próprio mito – não são irremediáveis. Descartes, certamente, ajustou o mecanismo, mas antes dele houve um precursor que não era francês, Galileu. E, como vimos, Lutero foi, apesar dele próprio e de seus contemporâneos, o estímulo do grande movimento do espírito crítico. Com Marc Bloch, morre "um dos maiores espíritos dessa Europa que para ele não era um rótulo, mas uma realidade viva".[75] A tarefa dos historiadores que sobreviveram é difundir sua mensagem, a de uma cultura que ultrapassa as fronteiras e recusa o determinismo (como o da Geografia). Em 1946, o manifesto dos novos *Annales* é sintomático da articulação do dever de questionamento a um dever nacional, mas que se transcende precisamente em um dever universalista que parece calcado na concepção humanista renascente. Lucien Febvre descreve um mundo de outrora como terminado, dali em diante entregue ao superfaturamento dos poderosos e dos menos poderosos, no qual a bomba atômica e a proliferação das armas são os sinais de uma ameaça que sempre pesará. A França não é mais o que era: o que lhe resta é o "espírito". E é urgente que esse "espírito" transmita mensagens. Historiadores de todas as partes devem despertar.

Pelo próprio efeito da abordagem histórica renovada, Lucien Febvre chega então a passar de uma consciência ambivalente, nacional e depois europeia, a um universalismo humanista. E a História então se torna aquilo pelo qual – nesse mundo onde cada um quer ocupar o lugar do outro, entregue à competição pelo poder – a França pode dar um sentido, uma esperança: "Expliquemos o mundo ao mundo". Aqui novamente, o erasmismo subjaz, em um vaivém quase obsessivo com o século XVI. Lucien Febvre

75 Id., *Combats pour l'Histoire*, p.407.

reata com os humanistas que pretendiam fornecer aos homens os elementos que lhes permitem conhecer-se e desfazer-se do jugo das paixões, do peso nefasto do *cuyder*.[76] Sobretudo, sempre e de novo, Erasmo, o "parapeito" a quem se reconhece, no prefácio do livro de Johann Huizinga, não haver igual "para dizer não à fábrica dos mortos".[77] E fazer História é ensinar aos outros, de toda a terra e contra as tentações destruidoras, a fazer História e a se descobrir um espaço e uma duração futura de esperança. É ajudar as civilizações a se encontrar e a se aceitar e se compreender.[78] A História, liberta dos terrores positivistas, é a vida, a condição da vida na instabilidade dos novos tempos. Ela é o marcador "da" civilização transcendendo as civilizações.

O século XVI para o qual Lucien Febvre dirige sua atenção é apenas um instrumento que modela assim um projeto para as futuras gerações de historiadores. Há linhas patéticas no enunciado desse dever francês: essa História que Lucien Febvre sonha, autorizará os homens a viver "com outros reflexos que não os do medo",[79] possui segredos que são chaves para explicar a complexidade do presente... "Um passado que detém e que, em troca, lhe restitui o sentido secreto dos destinos humanos."[80] Aprofundando o trabalho histórico, paralelamente à influência de Henri Berr e de seu projeto de "síntese dos conhecimentos baseados na História", e que autoriza o historiador da psicologia histórica a dirigir um olhar "em direção ao futuro", adivinha-se como uma utopia que reproduz o utopismo humanista do século XVI. Como escreveu Hans Dieter Mann, a História devia ser articulada, no respeito das diferenças, com uma visada de convergência cultural das civilizações.[81] E a direção dos *Cahiers d'histoire mondiale* devia ser para Lucien Febvre o esboço não apenas de uma grande visão sincrônica e diacrônica que põe sobre um mesmo plano todas as civilizações, mas também a confecção de uma ferramenta de diálogo e de compreensão de uns pelos outros. Sempre essa ideia de que há um laço entre a erudição "de vista curta" dos historiadores e a violência dos homens. A *philautia* oposta

76 Falsa crença dos seres humanos de que são mais fortes do que na realidade o são. (N. T.)

77 Febvre, *Au cœur religieux...*, p.92.

78 Mann, op.cit., p.51.

79 Febvre, *Combats pour l'Histoire*, p.41.

80 Ibid., p.43.

81 Mann, op.cit., p.95.

ao combate pela História. Mas o alicerce humanista combina com o cartesianismo reivindicado. O tempo pertence à Ciência e é pela Ciência que o futuro poderá vir à compreensão dos homens.

Angústia e utopia historiadoras

E quanto mais os acontecimentos tornam-se dramáticos, mais Lucien Febvre se revela em contato direto com seu século, para buscar em seguida na História uma resposta a sua angústia e para dar novamente matéria para seu otimismo humanista.

A ideia do curso que ele ministra no Collège de France, durante o ano universitário 1945-46, veio-lhe em uma "triste manhã de 1942", segundo suas próprias palavras. A História não é desencarnada, mas ligada a uma meditação sobre a morte e o sacrifício, ela se impõe como freio à força da "angústia" que o tomou assim que soube da morte do filho de uma "mãe dolorosa" engajado na marinha de Vichy "para defender o que seu irmão, oficial colonial e que desde o início partira com as tropas de Leclerc, pretendia destruir ao preço de seu sangue, se necessário fosse".[82] *Honneur et patrie* nasceu do enigma dessa divisão das atitudes. Como explicar que as mesmas palavras, os mesmos imperativos, escreve, tenham podido levar dois irmãos a se encontrar em campos opostos e a colocar suas vidas em risco? Explicitamente, dessa vez, Lucien Febvre observa que o "objeto" de sua pesquisa se "situa em pleno coração da vida, da vida de ontem, da vida de hoje...",[83] mas que é preciso partir da própria história das palavras, em uma espécie de remonte ao âmago de sua sedimentação semântica, indo da Canção de Roland à vida de Bayard, da abadia de Thélème aos Ensaios de Montaigne, do Cid a Montesquieu, para tentar encontrar uma resposta a sua interrogação dolorosa, para tentar "clarear" o presente à fraca luz do passado: "Esses homens, essas vítimas, quando se encontraram no cruzamento de duas vias, por quais profundas razões escolheram uma ao invés da outra?". A contradição dos dois destinos inscreve-se na lógica de "grandes palavras, as palavras sagradas que falam à consciência...", a honra, a pátria.[84] A História

82 Febvre, *Honneur et patrie*, p.52.

83 Ibid., p.59.

84 Ibid., p.214.

deve operar sobre as palavras, porque as palavras confeccionam a História, são o que leva os indivíduos ao trágico. Acima dos homens, há uma "potência secreta" que os transcende e que os atrai para escolhas antinômicas.[85] A linguagem parece próxima de um inconsciente.

O grande problema existencial que atormenta Lucien Febvre é finalmente, sempre e de novo, o da contradição. O problema de coexistência entre historiadores, para começar, "concerto discordante de imprecações e de contradições", afirma ele, começando a refletir sobre as origens da Reforma francesa.[86] A História, tal como ele a teoriza, deve aplicar-se a ultrapassar ou, no mínimo, a resolver a concentração que revela, da parte dos que a pensam, que eles nada compreenderam de seu objeto, que eles continuam submissos ao peso negativo das "deformações". Para seu simplismo, são recobertos de notações acrimoniosas e sarcásticas.

Ele busca dar, historicamente de outra parte, inteligibilidade a esse problema da contradição, com Marguerite de Navarre, aparentemente dividida entre "leviandade mundana" e "gravidade cristã". Ficar apenas na contradição é escamotear os "problemas da alma".[87] Ignorar a contradição é também ignorar que em certas épocas os homens não possam viver de outro modo que não no contraste. A Marguerite de Navarre de Lucien Febvre, tomada antes de 1525, não é erasmiana, não é luterana, nem mesmo protestante; ela é sustentada pela doutrina paulina que lhe é transmitida por Guillaume Briçonnet na continuidade dos ensinamentos evangélicos de Lefèvre d'Étaples, não hesitando a pilhar "livremente" em Lutero o que "poderia lhe agradar", o "que poderia ir em seu próprio sentido".[88] Uma piedade "fluida", que sofre uma inflexão depois de Pavia, mas que não deve ser menos analisada com precaução, porque nunca deixou de ser vivida em um trabalho sobre si. E, para Marguerite de Navarre, a contradição não existia. Aqui está o importante, talvez também a mais perspicaz inovação historiográfica de Lucien Febvre. Uma "ferramenta" mental vale somente por uma duração limitada. No tempo de Descartes, outro universo foi gerado. A Renascença era a época de uma vitalidade intelectual extraordinária, mas pela qual os homens se deixavam afundar em um "caos de opiniões e de

85 Ibid., p.55.

86 Id., *Au cœur religieux...*, p.4.

87 Id., *Amour sacré, amour profane...*, p.13.

88 Ibid., p.169.

fatos".[89] A curiosidade deles era imensa, mas seu efeito perturbava, inquietava, inclinando-os a sempre tentar refazer, reajustar ou corrigir sua "ferramentaria mental" pelo efeito de aportes frequentemente antiéticos uns dos outros, ao menos na aparência. A contradição fazia seu ser, era seu ser. Ela se resolvia em uma exigência existencial.

Lucien Febvre, na tradição historiográfica de Henri Hauser, reconhece além disso no século XVI o fato de ter sido segmentado em gerações sucessivas. Antes da geração das confissões de fé, antes de Calvino, o homem que fecha os possíveis da História, houve uma época de "magnífica e pródiga floração", de especulações aventurosas, de "religiões pessoais".[90] O tempo era propício à multiplicidade dos questionamentos, à curiosidade mais ampla. Mais tarde, se a rainha de Navarra escreve o *Heptameron*, é como pedagoga evangélica, de convicções imutáveis, mas recorrendo à narrativa profana para sugerir a leitores mundanos – eles próprios como que colocados em cena estereotipadamente nas diversas personagens das jornadas –, das lições de sua fé, uma fé flexível e leve, que tenta assim permanecer numa época em que o endurecimento e a estigmatização são mais que nunca presentes. A grande contribuição de Lucien Febvre – que é antes de tudo um historiador da primeira metade do século XVI – é ter desatado o sistema dividido no qual a historiografia tendeu a se desenvolver. Por meio da irmã de François I, ele recusa a ideia de uma divisão fatal entre protestantismo e catolicismo, como entre vida leiga e vida mística. A história que escreve é uma investigação sobre a aparência de contradição, ela culmina em uma resolução de algo que, à primeira vista, parece desprovido de sentido:

> É preciso procurar sua unidade profunda, além do domínio das aparências, nesse mundo onde tantos homens de seu tempo encontravam refúgio. Tantos homens prendendo a respiração [...] e se inclinando para um Deus que só se torna presente para eles no minuto em que não o percebem mais.[91]

Depois as coisas mudam. O mecanismo cartesiano se identifica na sequência com um "triunfo das ideias claras" e com uma paz interior colocada sob o

89 Id., *Au cœur religieux*..., p.318.
90 Id., *Amour sacré, amour profane*..., p.196.
91 Ibid., p.370.

reinado da razão e de "uma necessidade imperiosa de exatidão".[92] No século XVI, a unidade se desenvolvia antinomicamente na apropriação do múltiplo. Era pelo múltiplo, a dessemelhança sempre questionada, que se poderia atingir uma lógica do ser, sempre fragilmente, sempre temporariamente.

Assim, é um verdadeiro remate que se fecha sobre uma teoria da História evocada de maneira descontínua e não sistemática. De acordo com Lucien Febvre, a História está sempre em tensão de equilíbrio entre o contínuo e o descontínuo. Mas para ele mesmo, ela funciona como uma instância de securitização, pois suas pesquisas, sobretudo durante os bárbaros sofrimentos da Segunda Guerra Mundial, confirmam a descoberta de que, outrora, em um século XVI onde se encontravam também o dogmatismo, a recusa do outro, a exclusão e as fogueiras, houve personagens, como Bonaventure des Périers, que foram homens de um "livre espírito", tal "Dédalo, que voa com suas asas, livremente, onde quiser [...]".[93] A História é assim uma alegoria do historiador e a matriz de seu projeto ético. Bonaventure de Périers, leitor de Celso, era também um homem "calmo" e sonhador que recusava as ideias prontas e os prejulgamentos, que partia à aventura dos questionamentos aos quais sua curiosidade o levava, que levantava questões a começar pela da divindade do Cristo, a da Encarnação. O *cymbalum mundi* é lido por Lucien Febvre como um discurso em favor de Celso, enunciando a contradição inerente a um Deus eterno tornado inamovível durante milhares de anos, depois, de repente, "trocando sua natureza divina contra um corpo composto de sangue, de carne, de nervos e de ossos", um corpo que aceita o sacrifício e depois ressuscita.[94] O Cristo foi apenas um homem "de vida medíocre e duvidosa", e a experiência libertina de Bonaventure des Pérriers, de acordo com o que calcula Lucien Febvre, foi a do desejo de comunicar aos outros homens essa descoberta. O historiador, como podemos ver, projeta aqui seu próprio método crítico no de seu objeto: chega a lhe atribuir, no instante de sua descoberta, o que talvez ele tenha sentido ao inventar sua abordagem: "uma alegria, um contentamento, uma satisfação e uma incomparável plenitude".

---

92 Id., *Le problème de l'incroyance...*, p.258.

93 Id., *Origène et Des Périers...*, p.123.

94 Ibid., p.126.

Assimilar o século XVI é aceitar que a unidade se agencie no tempo por acumulação e, portanto, por contradição. "Contradição ou, mais simplesmente, entendimento: pois ninguém, naquele tempo, via contradição ali." O uno pode ser o que se dissimula por detrás do desejo do múltiplo e do diferente. Rabelais não é luterano, mas isso não impede que certas passagens de seus escritos sejam marcadas por "acentos" luteranos.[95] As doutrinas antigas, quase todas, paralelamente e longe de desviá-lo de sua fé evangélica, ajudavam-no em sua busca crente, em sua "religiosidade profunda".[96]

A História à maneira de Lucien Febvre funciona, portanto, no âmago de um complexo simbólico dialógico no qual o presente e o passado se alimentam de modo interativo em vista de uma inflexão dos tempos incertos do futuro. Ela é indissociada da autobiografia de um homem angustiado pelas tragédias de seu tempo, mas que permanece otimista porque assegurado das implicações positivas da Razão cartesiana. Ela mergulha seus impulsos nos "segredos da consciência" do historiador que partiu em busca dos "segredos" possíveis da consciência dos crentes do século XVI para, conforme seus meios, melhor trazer sua contribuição ao que fora o sonho dos humanistas do Renascimento, uma bonificação da humanidade. E não cabe de modo algum ao analista ter um julgamento sobre tal projeto no qual a escrita histórica chegaria a dissimular uma alegoria utópica.

Denis Crouzet

Obras de Lucien Febvre

FEBVRE, Lucien. *Notes et documents sur la Réforme et l'Inquisition en Franche-Comté extraits des Archives du parlement de Dole*. Paris: Champion, 1912.

______. *Histoire de la Franche-Comté*. Paris: Boivin, 1912.

______. *La Terre et l'évolution humaine, introduction géographique à l'histoire* (avec la collaboration de Lionel Bataillon). Paris: 1922.

______. *Un destin, Martin Luther*. Paris: PUF, 1928. [Ed. Port.: *Martinho Lutero, um destino*. Porto: Asa, 1993.]

______. *L'individualité en histoire, le personnage historique*. Troisième Semaine internationale de Synthèse. Paris: Alcan, 1933, in-16, p.123-138.

95 Id., *Le problème de l'incroyance...*, p.326.

96 Ibid., p.501.

FEBVRE, Lucien. *Origène et Des Périers ou l'énigme du Cymbalum Mundi*. Paris-Genève: Droz, 1942.

______. *Michelet 1798-1874*. Paris-Genève: Trois Collines, 1946.

______. *Au cœur religieux du XVIème siècle*. Paris: Sevpen,1957.

______. *Pour une histoire à part entière*. Paris: Sevpen, 1962.

______. *Le problème de l'incroyance au XVIème siècle*: la religion de Rabelais. Paris: Albin Colin, 1968.

______. *Philippe II et la Franche-Comté*: étude d'histoire politique, religieuse et sociale. Paris: Flammarion, 1970.

______. *Amour sacré, amour profane*. Autour de l'Heptaméron. Paris: Gallimard, 1971.

______. *Combats pour l'histoire*. Paris: Armand Colin, 1992. [Ed. Port.: *Combates pela história*. Lisboa: Presença, 1989.]

______. *Honneur et patrie*: une enquête sur le sentiment d'honneur et l'attachement à la patrie. Paris: Librairie Académique Perrin, 1996.

______; BLOCH, M. *Correspondance* (V. 1: *La naissance des Annales, 1928-1933*). Paris, Fayard, 1994.

______; DEMANGEON, A. *Le Rhin*: problèmes de histoire et d'économie. Paris: Albin Colin: 1935.

______; MARTIN, H.-J. *L'apparition du livre*. Paris: Albin Michel, 1999. [Ed. Bras.: *O aparecimento do livro*. São Paulo: Hucitec, 1992.]

Trabalhos sobre Lucien Febvre

BRAUDEL, Fernand. Lucien Febvre. *International Encyclopedia of the Social Sciences*, v.5, 1968, p.348-350.

CHARTIER, Roger.; REVEL, Jacques. Lucien Febvre et les sciences sociales. *Historiens et géographes*. n.272, fev. 1979, p.427-442.

DAVIS, Natalie Zemon. Rabelais among the Censors (1940s, 1540s). *Representations*, 1990, n.32, p.1-32.

GEMELLI, Giuliana. L'encyclopédie française et l'organizzazione della cultura nella Francia degli anni trenta. *Passato e Presente*, n.11, 1986, p.57-89.

MANN, Hans Dieter. *Lucien Febvre*: La pensée vivante d'un historien. Paris: EHESS, 1971.

MÜLLER, Bertrand (org.). *Bibliographien des travaux de Lucien Febvre*. Paris: 1990.

______. Lucien Febvre et l'histoire régionale. *Annales Fribourgeoises*, 1990-1991, p.89-103.

______; SCHÖTTLER, Peter. Faut-il brûler Lucien Febvre? *Le Monde*, 8 fev. 1995.

ORSI, Pier Luigi. La storia della mentalità in Bloch e Febvre. *Rivista di Storia Contemporanea*, v.3, 1983, p.370-395.

REVEL, Jacques. Lucien Febvre, 1878-1956. *Dictionnaire des sciences historiques*. Paris: André Burguière, 1986.

SCHÖTTLER, Pierre. *Lucie Varga. Les autorités invisibles*. Paris: 1991.

______. Marc Bloch et Lucien Febvre face à l'Allemagne nazie. *Genèses*, n.21, dez. 1995.

______. Le Rhin comme enjeu historiographique dans l'entre-deux-guerres. Vers une histoire des mentalités frontalières. *Genèses*, n.14, jan. 1994, p.63 -82.

WESSEL, Marleen. Honneur ou patrie? Lucien Febvre et la question du sentiment national. *Genèses*, n.25, dez. 1996, p.128-142.

______. Les combats pour l'histoire de Lucien Febvre: une relecture. *Rivista di Storia della Storiografia Moderna*, v.16, 1995, p.75-96.

______. The Politics of Scolarship, Lucien Febvfre between Seignobos and Marx. *Rivista di Storia della Storiografia Moderna*, v.8, 1987, p.73-91.

Cronologia

1878: nascimento em Nancy.
1897: entrada na École Normale Supérieure de Ulm.
1903-1906: interno da Fondation Thiers.
1907-1911: professor nos liceus de Bar-le-Duc e depois de Besançon.
1911: defesa de teses *(Philippe II et la Franche-Comté* e *Notes et documents sur la Réforme et l'Inquisition en Franche-Comté*).
1912: professor na faculdade de letras de Dijon.
1919-1933: professor na faculdade de letras de Estrasburgo.
1929: fundação, com Marc Bloch, dos *Annales d'histoire économique et sociales*.
1933: professor no Collège de France.
1935-1940: presidência do Comitê da Encyclopédie Française.
1945-1950: delegado da França na Unesco.
1946: presidente do comitê de história da Segunda Guerra Mundial.
1947-1948: criação e presidência da VI seção da École Pratique des Hautes Études.
1949: eleição para a Academia de Ciências Morais e Políticas.
1956: morte.

Marc Bloch

Essa capacidade de apreensão do vivo, eis aqui de fato a qualidade mestra do historiador.

Sejam livros ou artigos, todos os textos de Marc Bloch são cativantes. Com frequência, seu tema tem algo de picante. Estamos interessados na crítica ao erro dos historiadores modernos sobre o populismo atribuído aos Capetos, ou na crença de homens da Idade Média no poder curador dos reis, bem como nas investigações em períodos longos e em espaços largos sobre o moinho d'água, as invenções medievais ou o papel da moeda. Marc Bloch nos mantém em suspense; ele sabe reconstituir a lógica sinuosa da pesquisa antes de revelar a conclusão provisória. Aliás, ele pincela com muita verve quadros incisivos, ferinos de personagens típicos, e faz sentir os paradoxos sociais como os do cavaleiro servo ou do fidalgo camponês cheio de lucro. Ele alterna as evocações concretas, saborosas, com os raciocínios profundos, estimulantes, que fazem compreender ou entrever mecanismos sociais e psicológicos. Em tudo, portanto, encanta seu leitor e o ajuda a refletir; é tão denso, que o estudante sofre para tomar notas, fazer resumos sobre o que ele escreveu. Seria necessário conhecê-lo de cor. Ele se prestaria, aliás, bastante bem a isso, de tanto que gostava de citar ou criar ele mesmo fórmulas de autor, espirituosas e atrevidas. Dessas últimas, várias fizeram sucesso: o historiador de agora em diante se confessa ou se pretende de bom grado um homem que "fareja a carne humana" e "sabe que ali está sua presa",[1]

1 Bloch, *Apologie pour l'histoire*, p.35.

renuncia à adoração do "ídolo das origens",[2] e fareja na vassalagem um "cheiro de pão caseiro".[3] Estamos também interessados por sua luta nos *Annales d'Histoire Économique et Sociale*, que fundou com Lucien Febvre em 1929, em prol de uma História mais aberta às Ciências Sociais que lhe dão ideias para novas pesquisas, ao mesmo tempo em que o ajudam a compreender e a conceitualizar.

No entanto, Marc Bloch não é inteiramente nosso contemporâneo. As Ciências Sociais mudaram: a Antropologia, cujas sugestões servem poderosamente à história medieval desde os anos 1970, não é mais aquela que ele invocava em 1924, em *Os reis taumaturgos*. O próprio império das "problemáticas" e dos "questionários" prévios a qualquer investigação histórica é hoje tão grande, que às vezes é preciso abrir uma segunda frente de batalha: em vez de clamar sempre por menos "positivismo", é importante também se prevenir contra excesso de "problemática" e pedir um pouco mais de atenção para o fato isolado, para o que não tem interesse aparente, que não sabemos bem como ligar a outros, que até mesmo corre o risco de se rebelar contra a teoria em voga... De todo modo, quaisquer que sejam nossos debates sobre a dose certa entre o empirismo e a teoria, vivemos todos em um mundo moral e mental diferente do de Marc Bloch (1886-1944), e nossa escrita da História mudou. George Duby nos acostumou a tomar outros "pontos de vista" ao mesmo tempo variados e mais fragmentários; ele evidencia melhor as lacunas da informação, a incerteza de nossos raciocínios; ele retoma a questão sobre o comparatismo escolástico de *A sociedade feudal*.

Por admiráveis que sejam, o seu estilo e o seu pensamento permanecem os de um professor da Terceira República. Podemos ainda ler Bloch com confiança e proveito? Parece-me que sim, desde que o ressituemos no contexto intelectual dessa República que deu origem a duas "escolas históricas" sucessivas: primeiro, o "positivismo", ou melhor, a escola metódica a partir de 1875, em seguida a Escola dos Annales em 1929. A segunda opôs-se fortemente à primeira e, entretanto, com o distanciamento no tempo, elas podem nos parecer mais complementares que opostas. O legado colhido por Marc Bloch era já rico e diverso, e ele havia sido, desde a juventude, testemunha de um grande debate entre a História e a Sociologia. Cabe aqui apresentar um pouco de seu itinerário.

2 Ibid., p.38.

3 Id., *La société féodale*, I, p.361.

Lendo Fustel de Coulanges e Durkheim

Gustave Bloch, o pai de Marc, originário de uma família judaica da Alsácia, perfeitamente integrada e muito republicana, foi historiador da Antiguidade romana. Sua carreira prosperou a partir de 1870, beneficiando-se do grande impulso da História universitária: é o momento da profissionalização definitiva dos historiadores, com um método rigoroso como regulamento de seu ofício. A *Revue Historique*, fundada em 1876, tem como regra a pesquisa dos fatos brutos e concretos, sua descrição "positiva", em oposição aos sistemas obscuros e importunos. Mas sua descrição, e mesmo a observação atenta ou a crítica das fontes não podem conferir à História a mesma cientificidade das ciências "duras" que emanam leis, explicam e compreendem sinteticamente as coisas de acordo com o projeto propriamente "positivista" apresentado por Auguste Comte. É por isso que a maior parte dos historiadores continua empírica e orgulhosa disso, na época em que Seignobos e Langlois escrevem, em 1898, sua *Introdução aos estudos históricos* com a qual a *Apologia da história*, em 1942 de Marc Bloch tomará como principal contraste.

Relevemos apesar disso o quanto a época na qual nasceu Marc Bloch foi fecunda. Os amadores dos fatos positivos completam um trabalho notável e que, a respeito da Idade Média, não fica restrito à política factual. De 1886 a 1917, Jacques Flach publica em quatro volumes sua *Origines de l'ancienne France* [Origens da antiga França], sobre os séculos X e XI. Esse estudo, baseado na leitura de todos os arquivos disponíveis, dá uma visão viva e concreta, não sem algumas profundas observações, sobre uma "sociedade feudal" vislumbrada desde Guizot[4] de modo teórico demais. O público leitor daquele tempo aprecia na História "positiva" as mesmas qualidades dos romances de Zola ou de Maupassant: ele quer informações sobre a riqueza e as condições de vida das classes sociais ao longo da História, ele desconfia que o idealismo seja impostura. Ao livro mistificador *La chevalerie* [A cavalaria] de um Léon Gautier, Paul Guilhiermoz opõe em 1902 um *Essai sur les origines de la noblesse en France au Moyen Âge* [Ensaio sobre as origens da nobreza na França na Idade Média] muito erudito, muito preocupado com elementos concretos, mas, enfim, econômico e social, muito judiciosamente: ainda hoje o utilizamos, mesmo se sua conceitualização parece um

4 Cf. Guizot, *Histoire da civilisation en France*.

pouco limitada. À glorificação dos Capetos como amigos do povo, tal como propunha Lecoy de la Marche, também em 1884,[5] Henri Sée responde em 1902 por um enfoque percuciente, em seu monumental estudo sobre *Les classes rurales et le régime domanial en France au Moyen Âge* [As classes rurais e o regime dominial na França durante a Idade Média]. Tudo isso forma um substrato muito rico para as reflexões sintéticas de Marc Bloch em sua *A sociedade feudal* de 1939-1940.

Naturalmente, essa produção de 1900 não está isenta de falhas. Questionamos, hoje, a ideologia e os paradigmas que impregnam contra sua vontade todos os empiristas declarados; não acreditamos mais que "o fato" se apresente por si mesmo. Um homem como Marc Bloch foi provavelmente irritado pelas recusas em ligar os fatos entre eles e em raciocinar sobre um sistema social; assim isolados uns dos outros, eles não permitem nem mesmo sentir a diferença mental e social entre as épocas passadas e a nossa. Ainda mais que ele se impregnou, seguindo seu pai, dos trabalhos de Numa Denis Fustel de Coulanges, *A cidade antiga*, de 1864, e sobretudo *Histoire des institutions politiques de l'ancienne France* [História das instituições políticas da antiga França], iniciada em 1875, e que permanece inacabada no raiar do século XIX. Entretanto, apesar de se aliar às regras severas do método, Fustel nunca abandonou a ideia de uma História compreensiva e sintética, cujo principal objeto seria *a sociedade*, na longa duração de seu lento evoluir. Ele apresenta problemas de História, que concernem notadamente às "ideias" de uma época, colocando sob essa palavra o que ele chamará mais tarde de "mentalidades". E Marc Bloch é e será sempre, na linhagem de seu pai, um pouco discípulo de Fustel de Coulanges: é dele que empresta, com muita consciência, muitas observações de semântica histórica, ou a ideia de abordar a servidão medieval a partir das alforrias e, sobretudo, sem dúvida sem seu conhecimento, a celebérrima crítica de 1942, "O ídolo das origens".[6] Em contrapartida, ele lamenta, não sem razão, a incapacidade de Fustel (confessada em 1883 em uma carta ao inglês Frederic Seebohm) de observar a forma dos campos atuais e de experimentar o método regressivo de análise dos sistemas agrários. Crítica e esquecimento largamente compensados por uma bela homenagem:

5 Cf. Lecoy de la Marche, *Les manuscrits et la miniature*.

6 Corresponde a um capítulo de Bloch, *Apologia da história*.

> Essa faculdade de apreensão do vivo, eis aqui de fato a qualidade mestra do historiador. Não nos deixemos enganar por certas friezas de estilo, os maiores entre nós a possuíram todos: Fustel ou Maitland à sua maneira, que era mais austera, não menos que Michelet.[7]

Os outros são apenas "antiquários". E talvez esse sentido do vivo, das ligações entre fatos sociais seja um "dom das fadas" recebido no berço, mas, de qualquer forma, nós o cultivamos utilmente por boas leituras!

Em 1896-1898, a História metódica renega um pouco Fustel de Coulanges (Seignobos julga-o muito pouco confiante no trabalho coletivo do ofício), e é o sociólogo Émile Durkheim que o invoca, em *L'Année sociologique*. Entretanto, precisamente o jovem Marc Bloch e vários de seus colegas da École Normale Supérieure, curiosos sobre tudo, descobrem e leem com paixão essa revista. Eles se impregnam das ideias do fundador da Sociologia francesa, aliás amigo de Gustave Bloch. Sabemos que Durkheim definiu os fatos sociais como coisas, isto é, como passíveis de julgamento de uma abordagem específica, distinta da do senso comum à qual se apegam os empiristas. A Sociologia é obrigada a estabelecer ligações pertinentes entre eles, e se justifica como ciência por meio de sua atitude de comparação entre os meios sociais, para fins de explicação. Ela consegue reconhecer a importância de uma "consciência coletiva". E nós reconhecemos a marca exata de Durkheim no autor de *Os reis taumaturgos* quando este proclama que

> não se podia, de forma alguma, vislumbrar os ritos de cura isoladamente, fora de todo esse grupo de superstições e de lendas que forma o "maravilhoso" monárquico: isso seria condenar-se antecipadamente a não ver neles mais que uma anomalia ridícula, sem ligação com as tendências gerais da consciência coletiva.[8]

Marc Bloch é, portanto, durkheimiano, em todo o processo de pensamento que o conduz, num mesmo movimento, em direção ao social e ao mental (que ele chama antes de "fatos psicológicos"). Ainda aprecia, além da Geografia, a Psicologia, a Linguística de seu amigo Meillet (ela também comparativa). Tudo isso serve diretamente a seu ofício de historiador.

---

7 Ibid., p.47. O autor refere-se a Frederic William Maitland, autor de *Domesday Book and Beyond*, ensaios brilhantes sobre a lei e a Alta Idade Média inglesa.

8 Bloch, *Les rois thaumaturges*, p.18.

Porém, a partir de 1903, uma verdadeira clivagem separa a Sociologia da História na França, e as posições rígidas de uns e outros não o satisfazem. Colocados ante o desafio das ciências exatas, verdadeiramente positivistas, os sociólogos reivindicam demais a unidade e a cientificidade das Ciências Sociais, sob sua própria direção (e, além disso, anexar Fustel), enquanto os historiadores se fecham um pouco receosos sobre sua disciplina, modestamente descritiva, e sobre um ceticismo de boa qualidade, de que Seignobos é um bom exemplo. Lucien Febvre faz uma crítica muito dura dessa História "historizante", e Marc Bloch, por seu lado, mesmo sendo próximo dos sociólogos e dos economistas, defende sempre a autonomia da História em relação a eles. Após Fustel, *Apologia da história* de Marc Bloch, esboçada em 1941-1942, define, antes de tudo, o ofício do historiador como um dos mais difíceis. Em seguida, à Charles Seignobos e à *Introduction aux études historiques* redigida em 1897 junto com Charles-Victor Langlois, ele faz, ao mesmo tempo, crítica e aprovação. A preocupação com a erudição, com as discussões críticas, surge notadamente como um dos valores partilhados por todos os historiadores da Terceira República. A organização coletiva do trabalho, orquestrada nos *Annales* para o campo econômico e social, também é uma palavra de ordem herdada da geração precedente, a da grande profissionalização.

Em 1909, o jovem Marc Bloch foi encarregado de uma tarefa específica no âmbito dessa organização: preparar um estudo monográfico, um trabalho de base, sobre as populações rurais da Ilha de França na época da servidão, sob orientação de Christian Pfister. Para ele, trata-se de um belo tema. Permite discussões críticas, de que temos um antegosto em um de seus primeiros artigos sobre Branca de Castela e os servos do capítulo de Paris, publicado em 1912.[9] Leva também a reflexões verdadeiramente sociológicas, quando o jovem homem põe-se a duvidar: "O que era, na verdade, a servidão?"[10] Ele se interessa também por uma verdadeira aclimatação na França dessa história dos sistemas agrários na qual tomaram a dianteira a Inglaterra de Seebohm, e principalmente a Alemanha de August Meitzen. O jovem Marc Bloch, simultaneamente, fora do assunto da tese, exercita toda sua perspicácia em um belo artigo erudito e refletido, retoman-

9 Bloch, Blanche de Castille et les serfs du chapitre de Paris. In: *Mélanges historiques*, I, p.462-490.

10 Id., *Rois et serfs*, p.28.

do a erudição alemã, consagrado ao rito de ruptura da homenagem,[11] que Jacques Le Goff tomou como base para um estudo em 1976.

Os reis desmistificados

Começa a Primeira Guerra Mundial. Sargento, depois oficial, Marc Bloch combate com uma coragem e um sangue-frio que lhe valem a Legião de Honra e quatro menções honrosas. É preciso ler *Souvenirs* [Recordações] da campanha de 1914, escritos no início de 1915 quando de uma convalescença. Além da riqueza do depoimento, eles deixam entrever o homem, sempre pronto para a ação e para uma reflexão sobre ela, que lhe dá um pouco de distanciamento salutar. Nada lhe causa tanto receio quanto enganar-se ou ser enganado sobre uma situação. "Suporto menos bem a incerteza que as más notícias, e nada me irrita tanto como o sentimento de que me escondem a verdade."[12] Uma vez desmobilizado, ele conseguirá "sublimar" seu ressentimento de 1914 em um artigo de reflexões sobre as falsas notícias da guerra,[13] que não são somente "de um historiador", mas também de um psicólogo perspicaz. Ao esperar, ele próprio reconhece a complexidade dos sentimentos que o animam.

> De 10 de agosto de 1914 a 5 de janeiro de 1915, levei uma vida tão diferente quanto possível de meu modo de vida ordinário, uma vida bárbara, violenta, com frequência pitoresca, com frequência também de uma melancólica monotonia, com partes de comédia e momentos cruelmente trágicos. Em cinco meses de campanha, quem não acumularia uma rica colheita de experiência?[14]

Ele vive outras experiências depois disso, mas sem deixar relato comparável às páginas de lembranças sobre o verão e o outono de 1914. A guerra é para ele uma provação e uma imensa fadiga, mas não parece provocar-lhe uma crise de consciência radical. Bloch continua a pensar em sua obra de historiador (pensada para se proteger do horror vislumbrado pelo me-

11 Id., *Mélanges historiques*, I, p.189-209.

12 Id., *Écrits de guerre (1914-1918)*, p.122.

13 Id., *Mélanges historiques*, I, p.41-57.

14 Id., *Écrits de guerre (1914-1918)*, p.147.

nos uma vez, em 1916, na Somme?) e, quando desmobilizado, ele a retoma com uma energia intacta, como um verdadeiro moral de vencedor. Nomeado rapidamente professor na Estrasburgo reconquistada, ele se aplica com seus colegas a encarnar ante a Alemanha uma ciência francesa em plena ascensão: não se trata de retomar, ali também, o terreno perdido pela pusilanimidade dos "vencidos de 1870"? Ele próprio é suficientemente bom germanista para se apropriar do melhor da ciência alemã e para substituí-la. O primeiro projeto dos *Annales*, concebido desde 1921 com Lucien Febvre, é o de uma revista interaliada, presidida pelo belga Henri Pirenne, para neutralizar a *Vierteljahrschrift für Sozial und Witschaftsgechichte*, fundada em 1903 por Georg von Below.

Em 1920, foi publicado o grande capítulo que pode lhe valer como tese, sobre o sofrimento dos homens de sua idade durante a grande guerra. É *Rois et serfs*: uma bela análise crítica da alforria dos servos reais em torno de 1302, 1315 e 1318. Trata-se de combater uma velha tradição histórica que creditava a Louis X e Philippe V uma alforria geral em seus domínios e uma ideia política e moral nova e generosa, uma espécie de declaração capetiana dos direitos do homem através do preâmbulo: "como de acordo ao direito natural de cada um nascer naturalmente livre". Entretanto, mostra Bloch com grande profissionalismo, aqui já está um lugar comum da época, não se deve esquecer que os reis fazem pagar pela alforria apesar de tudo. "A eloquência intempestiva de um escrivão lançou durante muito tempo um brilho enganador sobre uma modestíssima medida financeira."[15] Jacques Flach o precedeu na denúncia da fraseologia dos preâmbulos das "manumissões", e Henri Sée na de seu preço elevado. Mas Marc Bloch, aprofundando o estudo dos mecanismos fiscais e administrativos, afina o traço. Ele leva a uma reflexão psicológica sobre a maneira pela qual "o escriba" e o público puderam, com essas boas intenções proclamadas, atacar pelo menos parcialmente.

> Essas pequenas hipocrisias são bem curiosas: quem jamais dirá segundo quais doses se misturavam, nessas almas ingênuas e um pouco rústicas, as rotinas da arte notarial, o sentimento do bom-tom, e talvez não sei qual obscura esperança de enganar o céu?[16]

15 Id., *Rois et serfs*, p.6.

16 Ibid., p.121.

O escriba aqui não é mais estigmatizado por sua má-fé, como teria sido sob a pena de um "positivo" anticlerical como Flach; ele começa a ter uma mentalidade, objeto da própria História, que inspira uma espécie de simpatia divertida.

Apesar de sua concisão e de seu classicismo, *Rois et serfs* não é obra insignificante, nem um impasse, visto que dois artigos[17] desenvolverão em seguida os pormenores. Marc Bloch começa aqui a perceber "algo de flutuante e de indefinidamente plástico"[18] no direito da servidão: sua própria definição, por tal ou qual critério privilegiado como a capitação ou a talha, foi causa de lutas sociojurídicas. Quanto às armadilhas da alforria, elas voltarão ao centro de suas dissertações sobre os *colliberti*.[19] E essas dissertações, apesar de não serem inteiramente convincentes, abundam em *insights* pioneiros sobre os ritos da servidão.

Porém, eis aqui novamente uma crítica ao "brilho enganador dos reis" em um livro mais original e inspirado diretamente pela Sociologia. Em 1924, em *Os reis taumaturgos*, Marc Bloch aplica-se ao estudo do milagre real da cura da escrófula pelo toque, na Inglaterra e na França desde o século XI até 1714 e 1825, respectivamente (com forte declínio durante o século XVIII). Os reis dos dois países seguem por vias paralelas ou rivalizam entre si. Esse rito curioso, rotineiro, obriga apesar de tudo a refletir sobre a espécie de força sobrenatural que a opinião lhes reconhecia, e da qual há muitas outras marcas.

> Esses fatos, pelo menos em grandes linhas, são bem conhecidos dos estudiosos e dos curiosos. No entanto, deve-se admitir que eles desagradam singularmente nosso espírito: pois são na maior parte das vezes passados em silêncio.[20]

Além disso, Marc Bloch examina toda uma série de superstições e de lendas, do exorcismo pelos reis de Castela ao carisma do sétimo filho, passando pelo reptar dos reis ingleses diante da cruz e seus anéis curadores. Mesmo quando um partidário de Eduardo III lança, em 1340, diante dos

---

17 Id.,*Mélanges historiques*, I, p.452-461 e 491-502.
18 Id., *Rois et serfs*, p.28.
19 Id., *Mélanges historiques* I, p.379-451.
20 Id., *Les rois thaumaturges*, p.18.

venezianos, que Felipe IV de Valois poderia enfrentar sozinho leões esfomeados para provar seu direito, esse estranho desafio merece interesse. "Esses vãos propósitos [...] apesar de sua aparente insignificância, lançam uma luz muito viva sobre coisas profundas." Um plenipotenciário os manteria em 1924? "A diferença revela o abismo que separa duas mentalidades; pois tais protestações, que são dirigidas à galeria, respondem obrigatoriamente às tendências da consciência coletiva."[21] À influência de Durkheim associa-se aqui a de Lucien Lévy-Bruhl, autor de *A mentalidade primitiva*, publicado em 1922, e que marca um vivo contraste entre o pensamento "pré-lógico" ou "místico" dos primitivos e a razão dos civilizados. Ao seguir a pista desses reis taumaturgos, Marc Bloch não evita expressões como "espíritos rudes", "aberrações", "pensamento ainda pouco evoluído". Mas um autor e seu público leitor poderiam abrir mão disso, em 1924? E qual outro medievalista de então lia os etnólogos?

Acontecia de se comparar, desde o século XVI, o paganismo grego ou romano e mesmo a cavalaria medieval, com os costumes dos "selvagens americanos" ou, no século XIX, o direito "germânico" da Alta Idade Média com os dos povos não europeus. Sendo assim, *O ramo de ouro* de Sir James Frazer realiza um comparatismo universal. Marc Bloch, que o leu, encontra nele o poder curador dos reis das Ilhas Tonga. "O estudo das tribos oceânicas lança luz sobre a noção de realeza sagrada, tal como floresceu sob outros céus, na Europa antiga ou medieval." De novo, Marc Bloch acrescenta imediatamente: "Mas não se poderia esperar encontrar na Europa todas as instituições da Oceania".[22] Deveria ele pensar, por exemplo, que originalmente na Europa como nas Ilhas Tonga, os reis pudessem ao mesmo tempo causar doenças no inimigo e curá-las em outros homens? Não, e menos ainda, porque, como bom fusteliano, ele sabe se proteger da idolatria das origens e descobrir no toque real, não a sobrevivência insípida de um paganismo qualquer, mas sim uma elaboração nova do século XI, em contexto cristão. Aliás, o que o atinge – e com razão – é, sobretudo, a originalidade dessa taumaturgia real em favor de "fins individuais", comparada à das realezas sagradas às quais eram geralmente creditadas uma influência sobre os destinos coletivos: não teriam antes uma influência sobre a natureza em seu

21 Ibid., p.16-17.
22 Ibid., p.53-54.

conjunto, permitindo o crescimento das colheitas e garantindo a ausência de epidemias? Marc Bloch registra, além disso, que "os reis curadores parecem de fato ter sido sempre e em toda parte bastante raros"[23] e chama a atenção para o fato de que Frazer cria um pouco de ilusão ao voltar diversas vezes aos mesmos dois exemplos – os quais, aliás, a Antropologia recente refutou sua visão. Na Alta Idade Média, é a cristianização dos reis que os priva de poderes cósmicos; por uma espécie de compensação, é verdade, a unção da sagração os santifica a ponto de preparar, a termo, o milagre das escrófulas. Se este se desenvolve no século XI, não seria, pergunta Bloch, porque as duas dinastias, capetiana e normanda, são então recentes em seus países e buscam legitimidade? Segundo ele, o primeiro taumaturgo francês foi Roberto, o Piedoso (996-1031). Questionou-se recentemente essa afirmação de Marc Bloch, e a gênese do milagre real foi datada em Louis VI (1108-1137); Jacques Le Goff evoca também uma investida da "cultura popular" para sustentar essa origem. Tenho, apesar disso, dificuldade em privar Felipe I (1060-1108) de milagre real e acredito bastante na Questão das Investiduras, na qual o papa enfatiza imprudentemente que os reis são leigos demais para fazer milagres... e onde eles contra-atacam! Viria em seguida uma espécie de acordo, que algumas linhas de Marc Bloch explicam muito bem: os reis são revestidos de um caráter *quase* sacerdotal.[24] Sua taumaturgia instala-se por uma longa duração, mas evita-se geralmente debater todas as suas consequências.

É de uma História ao mesmo tempo longa e rica em peripécias que *Os reis taumaturgos* nos oferece o registro completo, inclusive iconográfica, com um comentário sóbrio. Em 1924, os mestres e os colegas do autor estão fascinados antes de tudo por seu desempenho como compilador de fontes e é preciso insistir sobre os talentos excepcionais de Marc Bloch, nesse aspecto como em outros. Eles não destacam tanto a audácia antropologizante de seu discurso. Mas é que, na verdade, quando ele define *Os reis taumaturgos* como um "ensaio de história comparada",[25] Bloch não pensa essencialmente na aproximação com a Austrália, mas propõe a história paralela de duas sociedades vizinhas. Em um artigo de 1928, ele distingue bem o compara-

23 Ibid., p.59.
24 Ibid., p.186.
25 Ibid., p.21.

tismo de proximidade do comparatismo entre as sociedades que não têm nem influências mútuas, nem origem comum. Ele diz ter mostrado, em *Os reis taumaturgos*, ao mesmo tempo

> a incomparável utilidade e os limites da etnografia comparada; ela é a única capaz de nos colocar no caminho da explicação psicológica do fenômeno da realeza sagrada, mas se revela, com a experiência, absolutamente inapta a lhe esgotar a realidade.[26]

O tom, em 1924, apesar disso, era um pouco menos restritivo, Bloch reconhecia melhor o valor heurístico da Etnologia, mas se proibia de completar as lacunas de seus textos com hipóteses analógicas. Continuamos, portanto, diante da questão de saber por que ele foi, nas palavras de Jacques Le Goff, "fundador" ou refundador "da Antropologia Histórica" e reticente em desenvolvê-la mais. Sem dúvida, a Etnologia de seu tempo era ainda balbuciante demais; ela interessava seus leitores à força mágico-religiosa dos chefes, mas Frazer os desestimulava um pouco ao mostrar, simultaneamente, "a unidade fundamental do espírito humano e a monotonia, a surpreendente pobreza de recursos intelectuais de que dispôs a humanidade ao longo da História, em particular a humanidade primitiva".[27] E, depois, outros ensaios da mesma natureza teriam desmistificado ainda mais a religião principal da França. Será que ele queria e podia escrever preto no branco – como fez recentemente Jean-Claude Schmitt – que, no princípio "os cristãos são como os outros", eles dependem do mesmo tipo de Antropologia? A "revolução" dos *Annales* de 1929 tem seus limites. Já é notável lançar-se, como faz então Marc Bloch, ao mesmo tempo, na ampliação do próprio campo da História em direção principalmente da Economia e na síntese dos estudos positivistas factuais demais. Não poderíamos aqui censurá-lo retrospectivamente por não ter desenvolvido uma crítica radical dos paradigmas etnocêntricos de que as mencionadas leituras estão impregnadas. Ele deixa assunto para as gerações que virão depois dele!

Portanto, dali em diante, Marc Bloch se prende unicamente à comparação das sociedades europeias, medievais e modernas entre si. Ele não a pra-

26 Bloch, *Mélanges historiques*, I, p.19, nota 2.
27 Ibid., p.19.

tica sozinho. Outros além dele buscam colocar novamente em pé o desafio de Durkheim, que comparava o suicídio entre os protestantes e entre os católicos, vizinhos e inimigos íntimos, sem referência aos melanésios. Eles podem utilizar, para orientar as comparações, a contribuição importante das escolas nacionais de 1870-1914 à história das instituições. A especificidade de Marc Bloch está no ardor que ele põe e na pertinência que ele reclama para isso: é preciso comparar fatos sociais, e não direitos descontextualizados; é preciso se proteger das falsas similitudes entre as palavras (como "vilão", "vilanagem"),[28] na diversidade dos espaços como dos tempos. Aliás, é preciso notar, ao mesmo tempo, semelhanças e diferenças, sem se deixar fascinar pelas primeiras.

Sua prática não tem, pois, a rigidez que se poderia esperar na doutrina durkheimiana. Sua História sociologizante não é um sociologismo. A Alemanha dá-lhe a ideia de definir precisamente os traços sociais, nos séculos XII e XIII, de uma ministerialidade francesa (da Bacia parisiense) que não tem estatuto jurídico tão firme e durável, mas sobre a qual alguns regulamentos oferecem vívidos vislumbres. Assim, ele enriquece sobretudo a descrição e remete a sequência às calendas gregas. Como explicar essa aparência hierárquica própria ao direito alemão, que a opõe tão fortemente aos outros direitos da Europa ocidental e central? O historiador que trouxer uma explicação satisfatória poderia se vangloriar de ter penetrado até os segredos mais íntimos das sociedades passadas. Nós ainda não chegamos lá.[29]

A sociedade histórica das nações

Porém, o direito não merece a fatia maior. Marc Bloch dedica-se principalmente a problemas econômicos e sociais, ainda muito pouco explorados na França, e enriquece a pesquisa recorrendo a estudos sobre a Inglaterra ou a Alemanha. Aí está todo o interesse de *Caractères originaux de l'histoire rurale française* [Caracterísiticas originais da história rural francesa], livro impresso em 1931 com as conferências proferidas em Oslo num contexto de sociedade histórica das nações. Pierre Toubert mostrou que ele devia mais,

28 No original, respectivamente, *villain* e *villainage*. (N. T.)

29 Bloch, *Mélanges historiques*, I, p.528.

nesse livro, ao inglês Frederic Seebohm ou ao alemão August Meitzen, que ao geógrafo francês Paul Vidal de La Blache. Para que a França recupere seu atraso, trata-se de lançar pesquisas, de aguilhoar os pesquisadores:

> No desenvolvimento de uma disciplina, há momentos em que uma síntese, seja ela prematura na aparência, é mais proveitosa que muitos trabalhos de análise, nos quais, em outros termos, interessa mais enunciar bem as questões do que, nesse instante, procurar resolvê-las.[30]

E, de fato, *Les caractères originaux* aclimatam tão bem o estudo dos planos de terrenos e a análise regressiva da paisagem rural, quanto uma útil atenção marxizante às lutas de classes entre senhores e camponeses. Marc Bloch pode, de agora em diante, quebrar a mitologia conservadora de uma eterna ruralidade francesa, ao mostrar notadamente a importância das transformações agrárias e sociais do fim da Idade Média e do século XVIII. Observemos que aqui, pela primeira vez, ele entrega uma síntese aparentada ao gênero do curso magistral, com poucas notas e bibliografia. Em *Les caractères originaux*, como mais tarde em *A sociedade feudal*, Bloch força a adesão do leitor por evocações poderosas e fórmulas-choque. Há Michelet, Lucien Febvre e mesmo um pouco de unanimismo à maneira de Jules Romains, em certas passagens muito célebres como essa:

> A floresta da Alta Idade Média, a floresta da antiga França, em geral, mesmo sem clareiras de cultura, estava longe de ser inexplorada ou vazia de homens. Todo um mundo de *boisilleurs*,[31] quase sempre suspeitos aos olhos dos sedentários, a percorriam ou ali erguiam suas cabanas: caçadores, carboneiros, ferreiros, coletores de mel e cera (os *bigres*[32] dos antigos textos), produtores de cinzas, utilizadas na fabricação de vidro ou de sabão, extratores de cascas de árvores que serviam para curtir couros ou fabricar cordas.[33]

30 Id., *Les caractères originaux*..., p.45.

31 Pessoa que, durante a Idade Média, buscava seu sustento na floresta através da coleta ou da caça. Podiam ser aldeãos, artesãos, membros de tribos seminômades ou eremitas. (N. E.)

32 Nome que se dava ao guarda florestal que cuidava da proteção das abelhas ou que era caçador de enxames na florestas (N. T.).

33 Bloch, *Les caractères originaux*..., p.45. A nota que segue faz referência a três sargentos do fim do século XII, mas o que importa?

Se hoje, cientificamente, esse livro é talvez um pouco ultrapassado, é porque ele mesmo suscitou muitas vocações de historiadores da vida rural.

Além disso, a partir de 1929, os leitores dos *Annales d'Histoire Économique et Sociale* podem seguir os novos desenvolvimentos dessa disciplina pelas numerosas resenhas de Marc Bloch, e graças a vários de seus grandes artigos de uma erudição novamente muito densa. Desde 1930, ele aborda "La lutte pour l'individualisme agraire dans la France du Moyen Âge"[A luta pelo individualismo agrário na França do século XVIII],[34] antes de voltar à Idade Média em "Avènement et conquêtes du moulin à eau" [Advento e conquistas do moinho d'água], "Les inventions médiévales" [As invenções medievais], "Le problème de l'or au Moyen Âge" [O problema do ouro na Idade Média], ou ainda uma reflexão sobre "Économie-nature or économie-argent: un false dilemme" [Economia-natura ou economia--dinheiro: um falso dilema]. Ali, ele examina sempre os problemas econômicos e sociais de um ângulo psicológico (a moeda[35] e as invenções se prestam a tal!) e é sempre por aí que deixa sua marca mais original e propõe suas reflexões mais fortes. Todo esse primeiro período da Escola dos *Annales* responde perfeitamente ao propósito inicial, que era despertar a pesquisa histórica francesa, oferecendo-lhe uma ampliação importante em direção à Economia e ao mundo contemporâneo. Em 1936, Bloch dá seu primeiro curso na Sorbonne (onde acabara de ser eleito para a Cátedra de História Econômica) sobre a paisagem rural e a instituição senhorial na França e na Inglaterra, das origens até o século XIX.[36]

É um período mais breve, porém com um horizonte e uma temática mais amplos, que aborda seu grande livro de 1939-1940, *A sociedade feudal*. Desde 1928, "o regime senhorial e de vassalagem na Europa ocidental" aparecia-lhe como um dos "problemas que exigem imperiosamente hoje ser tratados segundo o método comparativo".[37] Ao aceitar escrever para a Bibliothèque de Synthèse de Henri Berr um volume sobre o período entre 900 e 1250, Marc Bloch situa-se em uma faixa que não é a mais fácil. É

34 Id., *Mélanges historiques*, II, p.593-637.

35 Ver também suas notas de cursos. Bloch, *Esquisse d'une histoire monétaire de l'Europe*.

36 Suas notas de preparação desses cursos, muito elaboradas, foram publicadas postumamente: Id., *Seigneurie française et manoir anglais*; Id., *La France sous les derniers Capétiens*.

37 Id., *Mélanges historiques*, I, p.38, nota 1.

verdade que ele tem, a esse respeito, um impressionante domínio da bibliografia e das fontes francesas, inglesas e alemãs, mas a documentação é frequentemente esparsa e aleatória, as pesquisas sobre a vida rural são ainda pouco desenvolvidas e a geografia arrisca-se a ocupar pouco espaço. E, em matéria de "instituições sociais", ele corre o risco de se apoiar em autores que remontam aos anos 1880-1914, que não eram tão sociólogos como ele.

O próprio título de *A sociedade feudal* retoma uma expressão forjada ou difundida por Guizot em 1830, para conjeturar sobre a sociabilidade entre os vassalos de um mesmo senhor, mas que o uso desviou no sentido de um sistema social caracterizado por dois laços contratuais, por duas relações de mesma tonalidade: a vassalagem em sentido estrito e a servidão definida por Benjamin Guérard a partir de 1840 como uma "vassalagem de nível inferior", de acordo com uma expressão que Marc Bloch gosta de citar com frequência. Apesar de leitor de Marx, ele não opõe o feudalismo ao capitalismo, ficando nesse modelo pré-marxista, que lhe fornece o esquema de uma "primeira idade feudal" sem classes e sem estadicidade (séculos X e XI). Entre 1050 e 1150, essa feudalidade clássica começa a se alterar: classes genuínas e um autêntico governo dos homens caracterizam desde já uma "segunda idade feudal", menos feudal a bem dizer que a primeira. Esse plano geral é o mesmo que o, por exemplo, de *Les origines de l'ancienne France* de Jacques Flach. O feudalismo francês permanece a referência absoluta, a partir da qual Marc Bloch propõe "circuitos de horizonte europeus", de que a Inglaterra e a Alemanha são sempre as etapas principais, e onde a Europa do sul faz um pouco o papel do parente pobre. Os laços da Igreja ou do cristianismo com esse "tipo de sociedade" não parecem ter importância estrutural, e uma última parte (na verdade, uma conclusão) aceita a ideia de um "feudalismo" japonês, depois sugere que se busquem outros no mundo, antes de retornar às características originais da Europa.

O esquema comparativo tem certamente o defeito de levar Marc Bloch a tratar as instituições sociais do passado com ares de superioridade: ele as faz desfilar sob os olhos do leitor, país após país, tema após tema, escolhendo os exemplos e enfatizando o que quer. Isso pode nos parecer hoje artificial ou superficial. Ele se fia, pela força das circunstâncias, em trabalhos de segunda mão, de que desconfia às vezes, mas nem sempre: assim seus desenvolvimentos sobre a cavalaria e a nobreza, que ele próprio estudou menos que a servidão, devem muito a Paul Guilhiermoz. Será preciso, no entanto, adotar os paradigmas de todos os mestres e colegas? Podemos sentir falta do tempo em que Fustel de Coulanges brandia suas fontes, em sua pureza nativa, ante os erros dos historiadores, suas teorias falsas, antes de apoiar-se diretamente nelas para seu trabalho de pensamento.

Mas o próprio Marc Bloch bem sente que sua síntese é prematura, senão inexequível completamente, e que o conhecimento histórico dos modernos, por útil e meritório que possa ser, permanece um conhecimento frágil, ocasionalmente enganador. E ali estão justamente sua grandeza e seu gênio. Seu livro está cheio de alertas, de arrependimentos pelo uso de esquematismos, a começar pelo do título (sociedade feudal é apenas o "rótulo, consagrado de agora em diante, de um conteúdo que ainda falta definir")[38] e se faz perdoar, a cada vez, pelas páginas densas, inspiradas, fascinantes, que seguem. Avançando através das questões acadêmicas, não cessa de reportar às numerosas fontes que guarda em mente, de relatar anedotas, para que abundem o vivo e o concreto. Muito de suas reflexões próprias fazem um verdadeiro contrapeso aos modelos de historiadores. A servidão, por exemplo, caracteriza raramente todo um vilarejo, toda uma região, ela se mistura a outros estatutos, interferindo neles.

> Tão bem essa variegação persistente das condições constitui talvez o fenômeno, no fim das contas, mais instrutivo. Em um regime feudal perfeito, assim como toda terra teria sido feudo ou gleba, todo homem teria sido vassalo ou servo. Mas é bom que os fatos nos relembrem: uma sociedade não é uma figura de geometria.[39]

E um pouco mais adiante:

> Por ter esquecido que uma classificação social, em última análise, existe apenas pela ideia que os homens se fazem dela e da qual toda contradição não está necessariamente excluída, certos historiadores deixaram-se levar a introduzir, à força, no direito das pessoas tal como funcionava na Alemanha feudal, uma claridade e uma regularidade que lhes eram muito estranhas.[40]

---

38 Id., *La société féodale*, p.13.

39 Ibid., p.370-371.

40 Ibid., p.374.

Como que em troca de semelhantes amabilidades, vários capítulos de *A sociedade feudal* foram mais tarde usados como escada. Erroneamente, sem dúvida, quando Léo Verriest se enfurece contra a servidão. Com mais razão, quando Karl Ferdinand Werner censura Marc Bloch por negar a nobreza na primeira idade feudal e a continuidade das grandes famílias,[41] antes de nuançar mais longe.[42] Uma Antropologia mais recente permite também a Stephen White insurgir-se contra o discurso sobre a afetividade dos feudais, apresentado no capítulo da atmosfera mental na linha adotada por Lucien Lévy-Bruhl desde 1931. Mas, em geral, o que criticamos através dele é apenas a vulgata dos anos 1930, e não se vê nela suficientemente as nuanças judiciosas que ele faz. De minha parte, lamento apenas que ele não siga o bastante Fustel de Coulanges em sua crítica radical da "germanidade" da Alta Idade Média e que negligencie, sob influência de Henri Sée, a senhoria castelã que era mais presente em Jacques Flach. Pouco depois, André Déléage[43] e Georges Duby[44] a redescobrem na Borgonha.

Apesar disso, *A sociedade feudal* de Marc Bloch permanece, para o leitor neófito, uma viva e retumbante evocação e, para o historiador sociologizante, uma formidável reserva de ideias. Georges Duby tomará emprestada sua maneira de opor, ao rigor teórico da clivagem entre os livres e os servos, a diversidade prática das condições. Outros reconheceram graças a ele toda uma gama de tonalidades possíveis, na relação entre um senhor e um vassalo, em função de seus níveis e do contexto. Todos ou quase se reconhecem tributários de suas páginas sobre o parentesco, mesmo se ele próprio retoma um pouco de Flach nesse ponto. Podemos também sustentar que ele pressentiu de fato, nos parágrafos da *vendetta* e, mais longe, da paz de Deus, a relatividade das violências feudais e seu risco social, isto é, a antropologia da vingança coletiva, que, nesse momento, perturba nossa abordagem do ano mil.

Mal Marc Bloch terminava de escrever e a Segunda Guerra Mundial eclode. Aos 53 anos, o capitão de reserva retoma o serviço. Fazem dele – como nota, com um toque de humor – "o grande chefe dos combustíveis no

41 Ibid., p.396-397.

42 Ibid., p.403.

43 Déléage, *La vie rurale en Bourgogne jusqu'au début du onzième siècle.*

44 Duby, *La société aux XIe et XIIe siècles dans la région mâconnaise.*

exército mais motorizado de todo o *front* francês",[45] antes de reconhecerem nele, face ao ataque alemão de 10 de maio de 1940, um "guerreiro" mais autêntico que muitos militares de carreira.[46] Tudo isso está contado no início de *L'étrange défaite* [A estranha derrota], seu livro de depoimentos e de reflexão sobre o desastre da França, escrito em plena crise, durante o verão. Os especialistas do período contemporâneo lhe reconhecem um interesse e um valor excepcionais, e nós ali o encontramos por inteiro. Homem exigente consigo próprio e com os outros, estigmatiza os erros intelectuais de um estado-maior velho demais com o mesmo vigor crítico que preenche suas resenhas de livros de História nos *Annales*. Ele não deixa, no entanto, de relacionar esse estado-maior a uma sociedade francesa desmobilizada, tomada pelo espírito pequeno-burguês – e, sem dúvida, é preciso acrescentar: traumatizada pelo massacre de 1914-1918.

Ele próprio não se desmobiliza por muito tempo. Durante a Ocupação, trabalha em novos artigos – um dos quais sobre o fim da escravidão! – e no livro de metodologia sobre o ofício do historiador cujos capítulos Lucien Febvre reunirá sob o título de *Apologia da história*. Porém, os debates e os combates dos *Annales*, as "guerras de caneta", com Seignobos, passam ao segundo plano para Marc Bloch "em um mundo atacado pela mais atroz barbárie".[47] Ele entra na clandestinidade e se torna um dos chefes da Resistência; é preso, torturado e fuzilado em 16 de junho de 1944 em Saint-Didier-de-Formans com outros 25 combatentes do exército das sombras.

Racionalidade e irracionalidade do real

Marc Bloch não viu, portanto, essa "França de uma nova primavera",[48] cujo sistema de ensino ele sonhava reformar em 1943. Mas os historiadores do pós-guerra estão impregnados de seu pensamento, galvanizados por seu exemplo ou preocupados em se situar em relação a ele. Nos tempos da Guerra Fria, entre 1945-1975, alguns se endurecem contra a orientação so-

45 Bloch, *L'étrange défaite*, p.37.
46 Ibid., p.33.
47 Ibid., p.212.
48 Ibid., p.207

cial e se aliam a Léo Verriest, veemente e obtuso, para reduzir a servidão a uma instituição formal, sem exploração do homem pelo homem. Outros, ao contrário, sob influência do marxismo, radicalizam a crítica social: Pierre Bonnassie exagera Georges Duby na descrição das lutas de classes desde a "primeira idade feudal". Este último perde até toda unidade: o relato de feudalização, que Marc Bloch situava em torno de 900 e ligava às invasões, encontra-se reportado ao "ano mil" e ligado à agressividade dos senhores castelões. Ora, há aqui um erro incômodo. As referências cronológicas do século XIX, retomadas em *A sociedade feudal*, eram mais corretas no fim das contas; e elas não impedem de restituir ao mesmo tempo a violência material das guerras feudais e a violência simbólica, exercida em benefício do clero e da cavalaria, de uma representação coletiva como as três ordens.

Elas não impedem mais de pensar a ascensão e as transformações graduais desse mundo rural da Idade Média Central, cujo estudo ainda estava, no tempo de Marc Bloch, tão pouco avançado. Atualmente, ele progrediu imensamente, primeiro porque foi aplicado seu questionário de *Les caractères originaux* aos regulamentos medievais como aos planos de terrenos e aos antigos cadastros, e também graças à arqueologia intensiva do castelo e do vilarejo como aquela, mais extensiva, da terra cultivável e do terreno não cultivado. E as descobertas certamente não terminaram! O domínio meridional, negligenciado nos anos 1930, fornece os modelos mais acabados do desenvolvimento e das mutações dos campos: como aquele do Lácio de Pierre Toubert.[49]

É também na Europa do sul que mais se descreveram e confrontaram entre eles, nos últimos tempos, os "feudalismos" – a ponto de inverter o desequilíbrio que existia no tempo de Marc Bloch. Tal como ele o praticava, o comparatismo de proximidade continua de fato necessário, mesmo se torna-se cada vez mais delicado e problemático. É preciso, em matéria de estruturas como em matéria de acontecimentos, notar certos encadeamentos e restabelecer algumas coerências. Recusaremos qualquer laço entre a crise do Império Carolíngio e os destinos da servidão, ou entre as divergências destes últimos, segundo as regiões, e a diversidade dos sistemas agrários? Mas, decididamente, não se pode manter a ilusão de um historiador onisciente, capaz de avaliar as sociedades com o mesmo rigor com que

---

49 Cf. Toubert, *Les structures du Latium medieval*.

um "positivista" julgava suas fontes. Ainda mais que, para explicar tudo, usamos desse comparatismo para *perceber* melhor junto, semelhanças e diferenças, exatamente como Marc Bloch recomendava em 1928. E isso se faz menos hoje na obra de um único homem, que sofre para dominar todas as regiões e as complexidades de cada sociedade, o que nas mesas redondas e nos colóquios onde se reúnem verdadeiras equipes.

É cada dia mais vivo e mais pungente o sentimento de que "mesmo se fôssemos mais bem-informados", isto é, dotados de uma documentação menos tênue e aleatória, "algo resistiria sempre à análise".[50] Vemos cada vez mais que os trabalhos de nossos predecessores, por mais instrutivos e esclarecedores que sejam, deixam escapar muitas coisas e enviesam muitas outras. Para explicar a complexidade, nós próprios tentamos imitar Marc Bloch na arte do contraponto. Como observou Maurice Aymard, em monografias cada vez mais "micro-históricas", desprestigiamos a cientificidade pela explicação à maneira de Durkheim, que faz a reconsideração permanente de nossos modelos e da descoberta de novas pistas. Nós nos movemos sem cessar, como Marc Bloch fazia melhor que qualquer outro medievalista de seu tempo, entre a racionalidade e a irracionalidade.

Será mesmo necessário manter o rótulo "feudal"? E ainda se perguntar se o feudalismo existiu no Japão ou na África? A questão parece hoje bastante vã. No entanto, se quisermos comparar um uso essencialmente heurístico, é bem o comparatismo em horizonte longínquo que se torna o mais sugestivo. Jacques Le Goff e Alain Boureau invocam com razão Marc Bloch, ao prosseguir belas pesquisas sobre a realeza sagrada, e vão mais longe que ele, como seria normal. A Antropologia nos guia com frequência para outros ritos cristãos estranhos além do milagre real, para outras superstições cuja razão vislumbramos no ambiente social (sem hipostasiar demais a "consciência coletiva"). Encontramos nele, a esse respeito, um precursor perspicaz que soube fazer um importante alerta: haveria um risco em querer aclimatar até nos detalhes modelos africanos. Uma cultura antropológica, mesmo que puramente livresca, pode também ajudar nesse questionamento das ideias preconcebidas sobre "a feudalidade" que Marc Bloch não incita o bastante, para nosso gosto. Não há mais para nós esse "cheiro de pão caseiro" na vassalagem, quando a reconhecemos como o ritual de uma

50 Bloch, *La société féodale*, p.370.

sociedade de vingança, cumprido diante da galeria e não sem dar lugar a conflitos de interpretações entre os diversos atores. Mas há ainda a homenagem vassalar para distinguir, se necessário for, os cavaleiros dos servos.

Artesãos de uma História antropologizante, jamais nos sentimos tão próximos de Marc Bloch quanto lendo os motivos que ele oferece, em seu projeto de reforma de 1943, para o ensino do "passado longínquo", pré-industrial. É que ele "inspira o sentido e o respeito das diferenças entre os homens, ao mesmo tempo que afina a sensibilidade à poesia dos destinos humanos".[51]

Dominique Barthélemy

Obras de Marc Bloch

BLOCH, Marc. Le problème de l'or au Moyen Âge. *Annales d'Histoire économique et sociale*, 5 (1933), p.1-34.

______. Avènement et conquêtes du moulin à eau, *Annales d'Histoire économique et sociale*, n.7, 1935, p.538-563. [Ed. Bras.: Advento e conquistas do moinho d'água. In: GAMA, Ruy (org.). *História da técnica e da tecnologia*. São Paulo: T. A. Queiroz, Edusp, 1985.]

______. Les inventions médiévales. *Annales d'Histoire économique et sociale*, n.7, 1935, p.634-643.

______. Économie-nature or économie-argent: un false dilemme. *Annales d'Histoire économique et sociale*, n.1, 1939, p.7-16.

______. *La société féodale* (3 vol.). Paris: Armand Colin, 1939-1940. [Ed. Port.: *A sociedade feudal*. Lisboa: Edições 70, 2009.]

______. *Esquisse d'une histoire monétaire de l'Europe*. Paris: Armand Colin, 1954.

______. *La France sous les derniers Capétiens*. Paris: Armand Colin, 1958.

______. *Seigneurerie française et Manoir anglais*. Paris: Association Marc Bloch, 1960.

______. *Mélanges historiques*. Paris: Sevpen, 1963.

______. *Apologie pour l'histoire ou Métier d'historien*. Paris: Armand Colin, 1974. [Ed. Bras.: *Apologia da história ou o ofício do historiador*. Rio de Janeiro: Jorge Zahar, 2002.]

______. *Écrits de guerre, 1914-1918*. Paris: Armand Colin, 1977.

______. *Les rois thaumaturges*: étude sur le caractère surnaturel attribué à la puissance royale particulièrement en France et en Angleterre. Paris: Gallimard, 1983. [Ed. Bras.: *Os reis taumaturgos*: o caráter sobrenatural do poder régio na França e na Inglaterra. São Paulo: Companhia das Letras, 2006.]

51 Ibid., p.268.

BLOCH, Marc. *Les caractères originaux de l'histoire rurale francaise*. Paris: Armand Colin, 1988.

______. *L'étrange défaite:* témoignage écrit en 1940. Paris: Gallimard, 1990.

______. *Histoire et historiens*. Paris: Armand Colin, 1995.

______. *Rois et serfs*: un chapitre d'histoire capétienne et autres écrits sur le servage. Paris: La Boutique de l'Histoire, 1996.

______. *La terre et le paysan*. Agriculture et vie rurale aux XVIIème et XVIIIème siècles. Paris: Armand Colin, 1999.

Trabalhos sobre Marc Bloch

DUMOULIN, Olivier. *Marc Bloch*. Paris: Presses de Sciences Po, 2000.

FINK, Carole. *Marc Bloch:* a Life on History. [Ed. Port.: *Marc Bloch: uma vida na História*. Lisboa: Celta, 1997.]

ATSMA, Hartmut ; BURGUIÈRE, André (orgs.). *Marc Bloch aujourd'hui*: Histoire comparée et science sociale. Paris: EHESS, 1990. (principalmente o artigo de Maurice Aymard, p.271-278).

Pierre Renouvin

Concluir a mesma obra com o mesmo cuidado devoto.

Dos anos 1930 aos 1960, Pierre Renouvin foi um dos mestres da história do contemporâneo na França. Sua área predileta foi a das relações entre Estados, para as quais ele forjou a denominação de "relações internacionais", substituindo a antiga denominação de história diplomática, de conteúdo ultrapassado.[1]

Servir

> Grave mutilado de guerra, universitário de dimensão excepcional, o mais célebre dos historiadores de nosso tempo [...] Na Sorbonne ou na Academia, como no Chemin des Dames, ele quis sempre servir. Servir com discrição, isso é toda sua vida.[2]

Que o presidente da Académie des Sciences Morales et Politiques homenageie um acadêmico recentemente falecido, é algo comum. Em com-

1 Jean-Baptiste Duroselle, o melhor discípulo de Pierre Renouvin nessa área, publicara em 1953 a primeira edição de *L'histoire diplomatique de 1919 à nos jours* e conservara esse título para as dez edições seguintes. Porém, após sua morte, quando André Kaspi foi encarregado de prosseguir a obra, este lhe dá naturalmente o título de *Histoire des relations internationales de 1919 à nos jours*.

2 Émile James, presidente da Académie des Sciences Morales et Politiques, 17 dez. 1974. Os autores agradecem a Pierre Kerbrat por sua ajuda.

pensação, a escolha de seus elogios, menos: entre ferida e honra de servir, duas vezes sua guerra, a Grande, relembra, como o início e o fim do homem, o historiador Pierre Renouvin.

Nascido em 1893, estudante brilhante no liceu Louis-le-Grand, Pierre Renouvin inscreve-se em História e em Direito aos 16 anos, em 1909. Ele ainda não tem 20 anos quando é admitido como professor em História. Entre 1912 e 1914, continua seus estudos de Direito e viaja pela Europa, da Alemanha à Rússia. Se a diplomacia o atraía, talvez fosse porque desejava seguir "a" carreira, e não a carreira universitária?[3] Sua ida ao campo de batalha, os dois ferimentos em 1916 e no Chemin des Dames em 1917, a amputação do braço direito, estariam na origem de sua nova escolha – ser historiador da guerra? Não de imediato, no entanto. Quando deixa o hospital e é nomeado para o liceu de Orléans, não é o contemporâneo que o seduz. Muitos dos estudantes de Pierre Renouvin teriam se surpreendido se soubessem que sua tese fora sobre a Assembleia dos Notáveis de 1787, que prefigurara a Revolução. Não teria se transformado em historiador da Revolução Francesa se o destino não o tivesse apanhado sob a forma de uma nomeação para a Bibliothèque et Musée de la Guerre? Em 1917, de fato, o casal Leblanc, que desde 1914 reunira uma prodigiosa coleção sobre a guerra, decidiu doá-la ao Estado. Por iniciativa do deputado André Honnorat, ministro da Educação em 1920-1921, o Parlamento tinha votado uma resolução em favor da criação dessa instituição que foi estabelecida a partir de 1920.[4] O ministro procurava um licenciado em História e ex-combatente para assumir a direção do serviço de documentação. Pierre Renouvin era o candidato ideal.

Como de fato o jovem historiador, sobrevivente da tragédia, não se apaixonaria pelo programa elaborado na *Revue de Synthèse Historique* pelo diretor da Bibliothèque, Camille Bloch, de quem se tornaria o colaborador privilegiado?[5]

---

3 Esta é a hipótese de Le Lannou, *Notice sur la vie et les travaux de Pierre Renouvin (1893-1974)*.

4 Bloch, Bibliothèque et musée français de la guerre, *Revue de Synthèse Historique*, n.33, ago.-dez. 1921; Renouvin, La documentation de guerre à l'étranger. *Revue de Synthèse Historique*, n.33, ago-dez 1921.

5 Supervisor geral das bibliotecas e dos arquivos, Camille Bloch fora nomeado diretor da Bibliothèque-Musée em 1918, permanecendo até 1934. O serviço de documentação foi dirigido por Pierre Renouvin de 1920 a 1929 e ele sucede Camille Bloch na chefia da instituição. Essa Bibliothèque-Musée é a ancestral da Bibliothèque de Documentation Internationale

> Ela será um "laboratório de História", o laboratório de História da guerra de 1914 em sua generalidade mundial, em seus aspectos diversos, em suas consequências internacionais. Ela poderá mesmo ser um laboratório de História internacional contemporânea.[6]

Aliás, é nesse mesmo número 33 da *Revue de Synthèse*, totalmente consagrado à guerra, na qual Renouvin publica seus primeiros trabalhos sobre as origens, Marc Bloch publica seu artigo "Refléxions d'un historien sur les fausses nouvelles de la guerre" [Reflexão de um historiador sobre as falsas notícias de guerra][7] e Henri Berr, diretor da *Revue*, lança a fórmula convocada a um grande futuro... em Renouvin, a das "causas profundas":

> Nós nos propomos a insistir sobre o lado econômico e o lado moral da guerra [...] Precisaremos esclarecê-los particularmente, para a pesquisa das causas profundas, pois a História tal como a concebemos aqui, não tem como único fim coletar e agrupar empiricamente bons materiais, mas tende a uma interpretação sintética que atribua a parte justa aos diversos fatores explicativos.[8]

Renouvin contenta-se então em atender ao que lhe foi pedido: fazer o levantamento das fontes nas quais ele está imerso na Bibliothèque. Mas as lições de Berr e de Camille Bloch não serão perdidas.

No entanto, o que é surpreendente, tanto no caso de Renouvin como de tantos outros intelectuais e principalmente historiadores que lutaram na guerra, é o silêncio sobre o conflito (com exceção notável de Marc Bloch e até de Lucien Febvre, mas a nomeação deles para a Universidade de Estrasburgo e o militantismo da reconquista intelectual da Alsácia o explicam tanto quanto a experiência de combate). Isto é particularmente verdadeiro para os especialistas do contemporâneo – aqui podem servir como contraexemplo o medievalista Bloch ou o modernista Febvre, assim como o belga e medievalista Henri Pirenne que narrou seus anos de cativeiro.[9]

Contemporaine (BDIC), criada em 1926, mas que se funde oficialmente com a Bibliothèque-Musée somente em 1934.

6 Bloch, op. cit., p.50.

7 Esse artigo, que se tornou programático para a história da "cultura de guerra", não teve na época o sucesso merecido. Reeditado em Marc Bloch, *Écrits de guerre*.

8 Berr, Apresentação. *Revue de Synthèse Historique*, ago.-dez. 1921, p.2.

9 Pirenne, *Souvenirs de captivité en Allemagne*.

Falar de seu silêncio sobre a guerra para o maior historiador francês do primeiro conflito mundial dos anos 1920 aos anos 1970 parece um paradoxo fácil demais. No entanto, o homem que havia perdido o braço esquerdo e o polegar direito impunha seu conhecimento íntimo da guerra por essa ausência, por esse pedaço de corpo que oferecera a seu país e cujo coto o fez sofrer até o fim da vida. Apenas a Legião de Honra obtida a título militar lembrava a seus interlocutores aquele cumprimento de um dever heroico. Ferido em Berry-au-Bac, enquanto aguardava o socorro em uma cratera resultante da explosão de uma mina, assistira à destruição de mais de sessenta dos primeiros tanques franceses, incendiados pela artilharia alemã. Porém, Pierre Renouvin nunca pareceu pensar que sua experiência no combate pudesse de algum modo ajudá-lo a refletir sobre o conflito. Julguemos: levado a ministrar palestras na escola de aperfeiçoamento dos oficiais da reserva, ele escolheu tratar dos "últimos dias do Grande Quartel General Alemão": "Esse papel, eu o estudarei, claro, sobretudo do ponto de vista político. Não sou qualificado para tratar em detalhes do ponto de vista militar".[10] Assim, fazendo abstração de sua vida de primeiro tenente de infantaria, sua intervenção profissional é a do historiador, sua verdade a dos arquivos que ele disseca.

Seu trabalho na Bibliothèque d'Histoire de la Guerre é nesse aspecto uma bênção para ele: sua tarefa ali é empolgante, ela o mantém na própria matéria da guerra – os documentos por ela criados – e faz dele, simultaneamente, um documentalista e um analista privilegiado. De certa maneira, podemos ver nele um anti-Norton Cru: se a verdade é também seu combate, pensa que ela só pode nascer da análise crítica dos documentos.[11] Nunca sua experiência pessoal do *front* é considerada, como se julgasse que o fato de ter cumprido seu dever, "ter consentido", não merecesse que nos detivéssemos nisso, ao menos por ele. A experiência dos historiadores engajados na empreitada de propaganda nacional durante o conflito era provavelmente um bom antídoto a qualquer tendência desse gênero.[12]

Ao concluir seu artigo de 1921 sobre "La documentation de guerre à l'étranger", em que, com uma erudição e um domínio impressionante das

10 Renouvin, *Les derniers jours du Grand Quartier Général Allemand*, p.2.

11 Smith, Jean Norton Cru, lecteur des livres de guerre. *Annales du Midi*, n.232, v.112, out.-dez. 2000; Prochasson, Les mots pour le dire: Jean Norton Cru, du témoignage à l'histoire. *Revue d'Histoire Moderne et Contemporaine*, n.48/4, 2002.

12 Stern, *Les historiens de la Grande Guerre, vécu personnel, récit public*.

línguas estrangeiras, ele percorreu os confins dos Estados Unidos, da Inglaterra, da Alemanha, da Itália, da Bélgica, da Polônia e da Suíça, Pierre Renouvin comenta:

> Os materiais se coletam; a exploração deles está apenas iniciada. Por vezes até, em favor de um programa incerto, é o pitoresco que o entusiasma; outras, o culto exterior da lembrança. E sem dúvida não são preocupações secundárias! Mas, para o historiador, elas apenas oferecem um interesse restrito.[13]

O Pierre Renouvin, que ainda não tem 28 anos, está inteiro nessa observação: nem pitoresco, nem lembrança, mas fatos, análises, novos recortes. No entanto, seu esforço de diversificação das fontes é precioso. Ele se debruça em particular sobre a iconografia (que apesar de tudo quase não utiliza no prosseguimento de sua obra):

> a inevitável imperfeição de tal procedimento [escolher em uma massa imensa] é mais sensível ainda quando se trata de descrever documentos figurados. Não é preciso defender-se contra a emoção e relegar por vezes a segundo plano as preocupações estéticas, para fixar-se primeiro ao interesse documental e ao valor histórico? [...] Desses sofrimentos, muitos relatos iconográficos estão aqui coletados [...] A Bélgica, como a França ainda está trêmula: por ambas, gostaríamos de concluir a mesma obra com o mesmo cuidado devoto.[14]

Em face das imagens, ele aceita então baixar um pouco a guarda, fala de emoção e de sofrimento – mas é preciso dizer que ele escreveu esse texto com um colega belga... E o "cuidado devoto" de que ele fala é tanto o do historiador quanto o do patriota. Talvez seja justamente porque a emoção o conduzia mais em sua opinião das fontes iconográficas que ele prefira, a elas, os áridos documento diplomáticos e os artigos da imprensa. Em compensação, ele gostava de memórias, desde que seus autores soubessem se separar de sua subjetividade para chegar à análise e à imparcialidade. E ele desvela implicitamente sua ambição quando critica uns ou outros. Assim, ele diz a respeito de Liman von Sanders: "[Suas] perpétuas recriminações

13 Renouvin, *La documentation de guerre à l'étranger*, p.64.

14 Ibid.

se espalham ao longo da obra; elas terminam por cansar e por irritar o leitor, que pode encontrar, no entanto, durante a leitura, indicações úteis".[15] Ou então, sobre Painlevé: "Apesar da desconfiança que se deve opor sempre a um relato desse gênero, o livro de M. Painlevé seduz por um ar de sinceridade e pela sobriedade de uma argumentação sólida".[16] Essa "impressão de sinceridade" ele a encontra no barão Charles de Werkman falando de Guilherme II, mas não se deixa enganar por suas "impressões", prefere as compilações de documentos, de preferência na língua original.[17]

Pierre Renouvin coloca integralmente a serviço da profissão seu conhecimento íntimo da guerra pelas fontes e pela análise histórica. Secretário geral da Société de l'Histoire de la Guerre, ele é naturalmente redator chefe da *Revue d'Histoire de la Guerre Mondiale*[18] – por cerca de setenta números entre 1929 e 1939 – na qual publica dezenas de artigos e centenas de resenhas. Quando Poincaré e Briand decidem publicar os *Documents diplomatiques français (1871-1914)*, ele se torna secretário e depois presidente da edição. A partir de 1922, é responsável por um curso de História da guerra na Sorbonne, onde se torna professor em 1932. Esse ex-combatente já é internacionalmente famoso como historiador aos 40 anos: é uma época em que os "ex-combatentes" eram jovens, a guerra ainda recente, e em que Renouvin trabalhava incansavelmente para torná-la inteligível – parando em 1918.

Jean-Baptiste Duroselle, um de seus alunos em 1939, lembra-se:

> O professor admiravelmente imparcial e sereno, que escondia sempre com cuidado suas emoções, deixa-as transbordar por alguns instantes naquele dia [15 de março]. A abominação do racismo hitlerista, o sucesso das intervenções militares e policiais, a fraqueza lamentável da política francesa, tudo confluía para uma certeza – a inutilidade do sacrifício dos combatentes da Grande Guerra – e deixava obscuramente prever o desastre.[19]

---

15 Id., Histoire de la guerre de 1914-1918. *Revue Historique* [Bulletin critique], ano 72, v.181, 1937, p.99-128. Nessa passagem, ele se remete à *Cinc ans de Turquie* de autoria de Liman von Sanders.

16 Ibid. Aqui trata-se de *Comment j'ai nommé Foch et Pétain* de Paul Painlevé.

17 Ibid.

18 Revista que se tornou *Revue des Deux Guerres Mondiales* e, mais recentemente, *Guerres Mondiales et Conflits Contemporains.*

19 Duroselle, Pierre Renouvin (1893-1975). *Revue d'Histoire Moderne et Contemporaine*, v.22, 1975, p.499.

Esses poucos momentos de emoção transformaram-se em uma atitude muito firme durante o segundo conflito mundial. Pierre Renouvin esconde e salva judeus, e seu irmão, Jacques, grande resistente, morre na deportação.

Em 1967, quando da inauguração em Paris da Praça Louis Marin, Pierre Renouvin descreve as diferentes qualidades do homem político loreno durante os dois conflitos mundiais, e insiste, evidentemente, sobre *a guerra deles* e seu senso comum da força da História:

> O ardor do sentimento nacional, o impulso do patriotismo, eis o que importa antes de tudo. [...] Ele sempre acreditou que, na conduta dos homens, as forças espirituais eram essenciais. Na tribuna da Câmara, acontecera-lhe de dizer um dia: "a consciência domina tudo; é ela que julga definitivamente; ela é o motor potente da conduta dos povos como da dos indivíduos". Eis um belo otimismo! Mas essa confiança no valor dos grandes princípios morais é, creio, o traço marcante da personalidade de Louis Marin.[20]

Pierre Renouvin infelizmente, não deixou memórias: compreende-se quanto essa prática tenha sido contrária à sua ética de historiador e de homem,[21] mas nós podemos devolver-lhe esse elogio póstumo de Louis Marin.

Duas guerras mundiais

Em 1921, Pierre Renouvin era Doutor em humanidades.[22] Sua tese fora publicada no mesmo ano; mas ele já havia abandonado o período pré-revolucionário para mergulhar na história da guerra. Responsável por cursos na Sorbonne, ministra um sobre esse assunto durante o ano letivo de 1922-1923 – ele então mal tinha 30 anos. Deveria permanecer como titular desse curso "complementar" até 1931, data em que se torna professor associado. Ele havia escolhido não menos naturalmente interrogar-se sobre as origens do drama. Esse curso seria publicado em 1925 sob o título de *Les origines*

20 Renouvin, *Discours à l'inauguration de la place Louis Marin*.

21 Sua filha Jacqueline nos garante que ele falava muito da guerra aos filhos, mas falava de sua guerra? Agradecemos a ela pela gentileza de seu depoimento.

22 No original, *docteur-es-lettres*. (N. T.)

immédiates de la guerre (28 juin-4 août 1914), e reeditado a partir de 1927 em francês e em inglês pelas edições Alfred Costes.

Desde o início, Pierre Renouvin se impõe como o mestre francês do estudo das origens da guerra e como um *expert* internacionalmente reconhecido – e nessa posição permanece por meio século. Ele não duvidava que um conflito pudesse ter causas longínquas e não ignorava que um clima bélico tinha se desenvolvido na Europa há alguns anos, que o antagonismo franco-alemão tinha "despertado", que homens políticos acreditavam na guerra inevitável e que isso pesaria sobre o comportamento deles quando chegasse o dia. Mas partia do ponto de vista de que as decisões de efeitos irreversíveis se tomam nos dias que precedem um conflito e que muitas crises não culminam na guerra. Seguindo a fórmula que empregava na introdução de sua obra, "uma guerra adiada é quase sempre uma guerra evitada".

Ele não colocava em dúvida que a Alemanha tivesse desencadeado as hostilidades, e isso justificava que ela fosse considerada agressora, mas estimava que a opinião geral, segundo a qual as potências centrais eram as únicas responsáveis pela guerra (opinião que servira de base para os artigos do Tratado de Versalhes concernentes à Alemanha e que emitia um julgamento de caráter moral), "escapava à certeza científica". Ora, o que desejava Pierre Renouvin era precisamente alcançar essa certeza: ele não teve outro objetivo na vida senão buscar essa verdade.

Como aplicar o método histórico a um período tão recente? Como, em particular, dispor dos documentos diplomáticos necessários? De forma alguma se utilizariam os livros ditos "coloridos" que os beligerantes tinham fabricado nos primeiros dias das hostilidades e que supostamente deviam apresentar os documentos diplomáticos de cada país. Pois essas obras, o livro amarelo francês, o livro branco alemão, o livro vermelho austro-húngaro, o livro laranja russo... tinham apenas uma função de propaganda baseada seja em "bricolagem" de documentos – método francês –, seja sobre uma seleção destinada a apresentar sob seu melhor aspecto o comportamento do país – método alemão. Mas em 1922, será que já se possuía a integralidade das correspondências diplomáticas trocadas naqueles dias de agitação? Não, no que concerne à França e ao Reino Unido, cujos arquivos ficaram fechados esperando publicações – que, para a França, foram certamente de grande qualidade científica, mas saíram mais de dez anos depois. Sim, por causa das circunstâncias, para a Alemanha, a Áustria, a Rússia, onde os novos poderes tinham pressa em publicar tudo o que pudesse contribuir para distingui-los de – e mesmo a desconsiderar – seus antecessores. Era o caso, em particular, da Alemanha, onde o socialista Karl Kautsky fora encarregado de reunir e classificar todas as peças da correspondência diplomática para o período das origens imediatas do conflito. Aliás, graças à publicação dos arquivos russos, era possível atenuar em grande parte a ausência de arquivos franceses. Pierre Renouvin estava convencido que dispunha de uma massa documental suficiente para analisar o que se passara. Ele sabia bem que faltariam documentos e que as conclusões que ele tiraria de sua pesquisa só poderiam ser provisórias, mas estava persuadido de que era, apesar de tudo, muito suficiente para fazer avançar o conhecimento histórico.

Contrariamente ao que se dizia habitualmente sobre os crimes "premeditados" da Alemanha, ele pensava ter mostrado que as potências centrais não buscaram a guerra deliberadamente, mas que elas tinham corrido esse risco. Em um primeiro momento, quando a Alemanha incita a Áustria-Hungria, que parecia hesitante – ou, mais exatamente, cujos dirigentes estavam muito divididos –, a atacar a Sérvia logo após o atentado de Sarajevo, as potências centrais têm em vista apenas um conflito limitado, um conflito local. Elas imaginam que o Reino Unido não se intrometerá, muito provavelmente nem a Rússia, nem, por conseguinte, a França. O objetivo era obter um sucesso que reforçaria a posição da Áustria, única aliada real da Alemanha. É claro, por outro lado, que os dirigentes alemães não podiam deixar de considerar a possibilidade de uma intervenção da Rússia. Mas, sem ignorar o risco de uma generalização do conflito pelo simples jogo mecânico das alianças, permaneceram convencidos de que, mesmo nessa hipótese, o Reino Unido ficaria de fora do conflito.

Em um segundo momento, a partir de 28 de julho de 1914, o governo alemão quis frear a Áustria: ele tomou consciência de que a Rússia certamente não ficaria de fora do conflito, nem provavelmente a Inglaterra. É então que o chanceler Bethmann Hollweg se chocou contra o estado-maior. Para este, a partir do momento em que havia risco de conflito europeu, era necessário tomar a dianteira e pôr em prática o plano de guerra que, para permitir fazer frente a dois *fronts*, obrigava a atacar imediatamente a França e a deixá-la fora de combate antes de ter que enfrentar o grosso das forças russas, mais lentas na mobilização. O chanceler e o imperador Guilherme II foram de algum modo "empurrados" pelo estado-maior.

Vemos que a análise de Pierre Renouvin é muito diferente das que dominavam até então: para ele as potências centrais, encabeçadas pela Alemanha, continuavam responsáveis pela guerra, mas uma guerra que elas não desejaram e que lhes fora imposta por seus erros de diagnóstico.

Sobre alguns detalhes, documentos surgidos ulteriormente modificaram as conclusões de Pierre Renouvin; no essencial elas não mais mudariam. *Les origines immédiates* é o livro fundador de uma obra e de uma historiografia francesa preponderantes por muito tempo.

Alguns trouxeram, entretanto, nuanças importantes para ele. Jules Isaac, em *Un débat historique, 1914, le problème des origines de la guerre*, insiste no papel do embaixador francês na Rússia, Maurice Paléologue, que parece de fato não ter freado as iniciativas russas, que talvez as tenha encorajado, ou, pelo menos, cuja principal preocupação parece ter sido salvar a aliança franco-russa. Jules Isaac coloca a si mesmo a grave questão: o embaixador estaria em contradição com o que desejava Paris? Camille Bloch varre essa interrogação considerando que não se pode fazer a mínima censura ao governo francês. Os ataques mais violentos contra as teses de Pierre Renouvin – tratado de historiador "oficial" – foram todavia o feito de um grupo díspar cujo líder era um antigo alto funcionário, Georges Demartial, que, nos anos 1920, pretendeu demonstrar que o principal responsável pela guerra era Poincaré e não a Alemanha.

Em *Les formes du gouvernement de guerre* [As formas do governo de guerra], livro que publicara igualmente em 1925, Pierre Renouvin se interessou também pelo modo com que a França foi então governada. Ele se dedicava a explicitar a abundância administrativa de comitês de todo tipo que contribuíram para o funcionamento da França em guerra. Essa obra também devia permanecer mais ou menos única durante dezenas de anos, antes que o problema fosse abordado recentemente por meio da questão da atividade parlamentar.[23]

Pierre Renouvin ocupara então um lugar central nos estudos sobre a guerra de 1914. O que explica facilmente que lhe tivesse sido confiada a redação do volume 19 da célebre coleção, "Peuples et civilisations" [Povos e civilizações], dirigida por Halphen e Sagnace, intitulado *La crise européenne et la Grande Guerre (1904-1918)* [A crise europeia e a Grande Guerra], rebatizada como *La crise européenne et la Première Guerre Mondiale* [A crise europeia e a Primeira Guerra Mundial] a partir da terceira edição de 1948. Sua primeira edição data de 1934, a sexta de 1974, e foram vendidos

23 Bock, *Un parlementarisme de guerre* (1914-1919).

50 mil exemplares! Se atribui uma importância de primeiro plano à guerra, a obra não se pretende um livro exclusivamente centrado sobre ela: "É toda a história do mundo entre 1904 e 1918 que esse volume tenta retraçar".[24] Ele reduz de modo considerável o estudo militar do conflito e esclarece o período de uma maneira muito diferente de suas obras anteriores. O recorte dessa obra monumental (quase oitocentas páginas) dá um amplo lugar às origens e mais unicamente às origens imediatas, os sentimentos nacionais aí são mencionados, a opinião pública aqui aparece – discretamente –, mas a obra para bruscamente em 1918, sem que seja abordada a questão dos tratados de paz. Um recorte que – qualquer que seja a vontade do autor – dá a impressão de que a guerra foi o fim de uma época, ao passo que a historiografia atual tem antes o sentimento de que foi a matriz do século que se seguiu. A bem da verdade, podemos nos perguntar se não é o arrependimento de não tê-lo feito (ou de não ter podido fazê-lo, talvez fosse a vontade dos diretores da coleção)[25] que levou Pierre Renouvin a consagrar suas últimas obras ao fim da guerra e a suas consequências imediatas com um volume da coleção "Trente journées qui ont fait la France" [Trinta dias que fizeram a França], *L'armistice de Rethondes (11 novembre 1918)* [O armistício de Rethondes (11 de novembro de 1918)] e um breve *Traité de Versailles* [Tratado de Versailles]. Porém, o mais importante talvez seja que, por sua abordagem histórica, *L'armistice de Rethondes* é muito diferente de suas primeiras obras.

Para Pierre Renouvin, a Segunda Guerra Mundial marca uma virada: a Grande Guerra passa a segundo plano. É verdade que ele publica, ainda em 1965, uma obra pela coleção "Que sais-je?" [O que eu sei?], com frequência reeditada, *La Première Guerre Mondiale* [A Primeira Guerra Mundial], mas se deixarmos de lado os grandes cursos de agregação editados por Sedes, admiráveis por seu rigor, sua precisão, e esse "estilo Renouvin" de uma excepcional clareza[26] – é ao preparar esses cursos que ele aprendeu a História, dizia, e qual professor não fez a mesma constatação! –, sua preocupação principal foi dirigir uma monumental *Histoire des Relations internationales*,

24 Renouvin, Introduction. In: *La crise européenne et la première guerre mondiale*, p.2.

25 O período do entreguerras fora integralmente confiado a um outro especialista das questões internacionais, Maurice Baumont, que intitula sua obra *La faillite de la paix* (1918-1939).

26 *Les États-Unis de 1860 à 1914*; *Les États-Unis de 1914 à 1929*; *La Grande-Bretagne de 1914 à 1939*; *L'Empire allemand au temps de Bismarck*; *L'Empire allemand de 1890 à 1918*, entre outros.

desde a Idade Média, em oito volumes, da qual escreve os quatro últimos, cobrindo o período de 1815 a 1945.[27]

A reviravolta é, no entanto, principalmente no domínio metodológico. Nesses trabalhos, ele toma quase o contrapé de suas primeiras obras, não somente porque passa de períodos curtos a vastos espaços, mas porque acentua uma noção que desenvolve com paixão, a de "forças profundas": forças coletivas e duráveis que pesam de modo decisivo nas relações entre Estados. Mesmo se desde *La crise européenne* já podíamos distinguir nele uma nova abordagem da história, é após a Segunda Guerra, sob influência de Fernand Braudel e de um Historiador italiano, Federico Chabod, que ele esboça essa nova teoria.[28] Embora pouco inclinado aos trabalhos teóricos, "na excepcional carreira de Pierre Renouvin, o 'metodologista' sempre cedeu lugar ao pesquisador, ao professor, ao historiador" escreveu Jean-Baptiste Duroselle.[29] Eles publicam juntos, em 1964, um trabalho intitulado *Introdução à história das relações internacionais*. Na primeira parte, Pierre Renouvin detalha o que são para ele as "forças profundas": de um lado, elementos materiais (fatores geográficos, condições demográficas, dinâmicas econômicas, questões financeiras), de outro, elementos psicológicos (sentimento nacional, nacionalismos, sentimento pacifista): "A história diplomática que", escreve ele, "estuda as iniciativas ou os gestos dos governos, suas decisões e, na medida em que ela pode, suas intenções" é indispensável, mas está "bem distante de bastar para trazer os elementos de explicação". Pierre Renouvin aceitava e percebia ali uma profunda perturbação. Perturbação nos termos – a expressão "história diplomática" deu lugar gradativamente à expressão "relações internacionais" –, e perturbação mais fundamental: ele transformou o estudo das relações entre os Estados. Sem o desejar, ele tinha se tornado de fato o fundador de uma escola das Relações Internacionais que, nessa área, iria "colonizar" a universidade francesa.

No purgatório

A vida universitária é curta e a maior parte dos nomes cai rapidamente no esquecimento. É surpreendente que tal historiador, considerado um dos

27 Renouvin, *Histoire des relations internationales*.
28 Duroselle, *Pierre Renouvin (1893-1974)*, p.498.
29 Id., *Études d'histoire des Relations internationales*, p.1.

maiores de sua época, quase não seja conhecido das gerações seguintes. Sublinhemos, todavia, no que concerne Pierre Renouvin, que não é possível interessar-se, ainda hoje, por relações internacionais sem se reportar, para o século XIX e a primeira metade do XX, a seus trabalhos.

Pierre Renouvin não tem hoje, no entanto, o lugar que merece. Por quê? Talvez porque não tenha tido o tempo de ir até o fim de sua diligência. Ele foi antes de tudo vítima das circunstâncias. Após a Segunda Guerra Mundial, enquanto explorava as vias de uma nova história das relações internacionais, a Escola dos Annales chegava à sua consolidação, impondo uma história das estruturas, em particular das estruturas mentais. Notavelmente prolífica, ela tendeu a se transformar em seita, proferindo anátemas. "A história factual" era visada em primeiro lugar, amaldiçoada, considerada uma simples enumeração de fatos estreitamente políticos. A condenação tendia ao absurdo, indo até a clamar, implicitamente, pela escrita de uma História sem acontecimentos... Como destacou Jean-Baptiste Duroselle, não se pode seriamente sustentar que a história dos acontecimentos e a história das estruturas não têm laços entre elas, que a história não é global, que ela não deve ceder lugar a uns e a outros e combiná-los entre eles.[30] Aliás, quantos apoiadores da Escola dos Annales não foram naturalmente levados a essa conclusão, para grande descontentamento de seu mentor intectual Fernand Braudel? A história da Revolução de 1917 de Marc Ferro é um exemplo notável disso.[31]

A despeito disso, Pierre Renouvin foi relegado ao campo maldito da História factual, justamente ele que a tinha abandonado e condenado seus aspectos mais discutíveis. Ele não escondera, aliás, o interesse por essas novas concepções consagrando-lhes comentários bastante longos na introdução geral publicada em 1953 de *Histoire des relations internationales*. Ali, analisava como uma escola, a que inspirava Fernand Braudel,

> aplica-se, sobretudo a estudar as sociedades humanas em suas relações com o meio geográfico, as condições da vida material, as estruturas econômicas e suas mudanças. São "essas forças subjacentes", esses "movimentos profundos" que explicam, na opinião deles, a história das relações entre os Estados e os povos.

30 Id., Pierre Renouvin et la science politique *Revue Françoise de Science Politique*, n.3, v.25, jun. 1975, p.567.

31 Conferir os dois volumes de Ferro, *La révolution de 1917*.

Quanto à escola de Federico Chabod, afirmava que

> as grandes forças históricas são os sentimentos, as paixões coletivas. Ora, essas forças são ligadas ao temperamento, às tradições, às maneiras de pensar. [...] Para compreender a história das relações internacionais, é preciso primeiro conhecer essas reações mentais, e esses estados de alma...

As concepções de Braudel ou de Chabod não estavam na verdade muito distantes da teoria das "forças profundas" de Pierre Renouvin.

Mas Pierre Renouvin foi também vítima de sua resistência em utilizar as contribuições das outras ciências sociais e humanas. Seu espírito rigoroso o levava a duvidar que essas áreas de contornos e conteúdos frequentemente mal delimitados pudessem contribuir à explicação histórica. Com as "forças profundas", ele abordava sem nenhuma dúvida a história das mentalidades, mas sem de fato integrá-la ao processo histórico, simplesmente porque considerava que os trabalhos que permitiriam fazê-lo ainda não existiam...

Podemos nos perguntar se ele não teve a intuição do que era preciso fazer – combinar uns e outros – sem que ele próprio o fizesse. O exemplo de suas relações com a história da opinião pública é uma boa ilustração disso. Em *Introdução à história das relações internacionais*, ele escreve:

> Era necessário consagrar um capítulo ao estudo da opinião pública? É verdade que as manifestações da opinião exercem com frequência uma influência sobre as decisões dos homens de Estado. Mas essas decisões não são mais que o reflexo das condições demográficas, dos interesses econômicos ou financeiros e das tendências da psicologia coletiva.

Então, ele não considerava a opinião pública – fator passageiro, instável, definitivamente secundária – como a expressão imediata dos traços profundos de um povo; não queria admitir que ela tirava suas origens nas atitudes mentais inscritas em um prazo muito mais longo. Ela figurava bem no meio das "forças profundas", mas ele se recusava ainda a considerar que ela pudesse ter tido uma influência sobre os acontecimentos que estudara. Atitude surpreendente. Em 1966, o grande historiador belga Jean Stengers afirmava que, quaisquer que fossem a admiração e a afeição que se tivesse por Pierre Renouvin, não se poderia admitir, sem mais análise, que a opinião pública não tenha representado papel quando da eclosão da Primeira Guerra, referindo-se a um historiador norte-americano esquecido, Jonathan French Scott, que havia mostrado o contrário.[32]

Como podemos explicar essa obstinação de Pierre Renouvin em ignorar a opinião pública? Erudito prodigioso, conhecedor impressionante dos arquivos, ele não via bem como elementos "subjetivos" poderiam se sobrepor a elementos "objetivos", ou como a opinião pública podia assim ser caçada, objetivamente, nos arquivos... Podemos dizer, todavia, que pressentiu o papel deles.

Como prova o imenso interesse com o qual acolheu, nos anos 1960, jovens historiadores que colocavam a opinião pública no centro de seus trabalhos,[33] mesmo se – com um pouco de mau humor – não desejasse que eles aproveitassem para se interessar pelas origens imediatas da guerra.

Pierre Renouvin, como tivemos com frequência a oportunidade de constatar e de admirar – como mais tarde em seu discípulo Jean-Baptiste Duroselle –, mostrava humildade ante a História. Ele sabia que não sabia tudo. Ele possuía, sobretudo, uma espantosa curiosidade de espírito, uma espantosa paixão renovada incessantemente, que o levava, não a rejeitar as novidades que outros pesquisadores poderiam lhe apresentar, mas a recebê-las, compreendê-las, entusiasmar-se com elas se as julgasse corretas. Não temos como não concordar com o julgamento de Jean-Baptiste Duroselle:

> Pouco atraído pela abstração, desconfiado em relação às generalizações, ele queria deixar a seus alunos, a seus discípulos, o cuidado de proceder, não a uma outra interpretação dos mesmos dados, mas à descoberta de novos, que permitiriam revisar sua própria interpretação, ou mesmo interpretá-los caso ele tivesse prudentemente se abstido de fazê-lo.[34]

As últimas teses que Pierre Renouvin orientou revelam isso. E ele mesmo preparava próximo à sua morte uma grande obra sobre a opinião públi-

32 Stengers, July 1914: Some Reflections. *Annuaire de l'Institut de Philologie et d'Histoire Orientales et Slaves*, 17 (1963-1965), p.105-148; Scott, *The Surge of Public Opinion on the Eve of Great War*.

33 Em particular, Jean-Jacques Becker, cuja tese foi publicada com o título *1914, comment les français sont entrés dans la guerre: contribution à l'étude de l'opinion publique, printemps-été 1914*.

34 Duroselle, *Pierre Renouvin et la science politique*, p.568.

ca em 1917, que um de seus alunos, Fred Kupferman, foi encarregado de levar a cabo, mas este, por sua vez, morreu prematuramente. Quem sabe, um dia, essa obra será retomada?

Uma última causa, senão do esquecimento, ao menos de certo desaparecimento de Pierre Renouvin, foi a relativa distância da Primeira Guerra na memória dos franceses. Entretanto, ela voltou ao primeiro plano a partir dos anos 1980. E voltou porque os historiadores não só sentiram que esse acontecimento foi a matriz do século, mas também porque, ao fazer a síntese entre os fatos e as estruturas, sua história tornou-se a dos homens de durante a guerra: o que pensaram, o que desejaram, o que sofreram os homens "de cima" como os homens "de baixo". Voltou porque buscamos a explicação dos acontecimentos, não apenas em seu encadeamento, mas nas estruturas mentais dos povos, em suas culturas, e que ela busca justamente combiná-las com a análise dos fatos. Mas essa "nova história" não poderia ter existido se um grande historiador não tivesse sabido desobstruir o detalhe dos acontecimentos e tido a intuição de que era necessário ir mais longe. A história da guerra tal como é escrita hoje não poderia ter existido sem o suporte que construiu Pierre Renouvin e sem a inspiração que ele soube dar a seus sucessores. Que legado mais belo ele poderia nos deixar?

Annette Becker
Jean-Jacques Becker

Obras de Pierre Renouvin

RENOUVIN, Pierre. La documentation de guerre à l'étranger. *Revue de Synthèse Historique*, n.7, v.33, 1921, p.55-86.

______. *Les formes du gouvernement de guerre*. Paris: Puf, 1925.

______. *Les origines immédiates de la guerre (28 juin-4 août 1914)*. Paris: Alfred Costes, 1925.

______. Les derniers jours du Grand Quartier Général Allemand. BNF, peça 15627, 18 abr. 1926.

______. *La crise européenne et la grande guerre (1914-1918). Paris; Félix Alcan, 1934.*

______. *La crise européenne et la première guerre mondiale.* Paris: *PUF, 1948.*

______. Histoire de la guerre de 1914-1918. *Revue Historique* [Bulletin critique], ano 72, v.181, 1937, p.99-128.

______. *Histoire des relations internationales: du Moyen Âge à 1945* (vols. 5 ao 8). Paris: Hachette, 1954-1958.

RENOUVIN, Pierre. Discours à l'inauguration de la place Louis Marin. BNF, 25 abr. 1967, p.27-37.

______. *L'armistice de Rethondes (11 novembre 1918)*. Paris: Gallimard, 1968.

______. *Le traité de Versailles*. Paris: Flammarion, 1969. [Ed. Bras.: *O Tratado de Versalhes*. São Paulo: Unesp, no prelo.]

______; DUROSELLE, Jean-Baptiste. *Introduction à l'histoire des relations internationales*. Paris: Armand Colin, 1964. [Ed. Bras.: *Introdução à história das relações internacionais*. São Paulo: Difel, 1967.]

Trabalhos sobre Pierre Renouvin

DUROSELLE, Jean-Baptiste. De l'histoire diplomatique à l'histoire des relations internationales. In: *Mélanges Pierre Renouvin:* études d'histoire des relations internationales. Paris: PUF, 1966.

______. Pierre Renouvin. *Revue d'Histoire Moderne et Contemporaine*, v.22, out.-dez. 1975.

______. Pierre Renouvin et la science politique. *Revue Françoise de Science Politique*, n.3, v.25, jun. 1975, p.561-574.

LE LANNOU, Maurice. *Notice sur la vie et les travaux de Pierre Renouvin*: 1893-1974. Paris: Institut de France, 1977.

Norbert Elias

Construir uma casa no estilo de uma época, com as ruínas de edifícios do passado.

Norbert Elias historiador? Ele próprio se considerava sociólogo, ensinou e teorizou a Sociologia. A maior parte do que escreveu depois de 1945 tem traços da sociedade contemporânea ou de uma abordagem geral do método sociológico. No entanto, o caráter célebre de Elias, especialmente na França, liga-se essencialmente a: *A sociedade de corte*; *La civilisation des moeurs* [A civilização dos costumes]; *La dynamique de l'Occident* [A dinâmica do Ocidente], que apresentam uma visão pessoal do devir da Europa na Idade Média e na era moderna. Sem eles, leríamos Elias? Na obra do autor, são ao mesmo tempo um ponto de partida e a ilustração perfeita de um método ao qual permanecerá fiel. Tanto nos materiais reunidos, fragmentos de épocas revoltas, quanto na maneira de estudá-los considerando primordial a evolução plurissecular, esses três livros podem passar por obra de historiador. A própria recepção desses trabalhos é reveladora, mesmo um sintoma da evolução do ofício de historiador. Seu sucesso, aliás, não deixa de ser um perigo para o sociólogo como tal, que agora precisa se defender contra os historiadores que o banalizam, que dele se servem como de uma caixa de ferramentas conceituais para suas bricolagens e que desarticulam sua teoria para dela guardar apenas o que podem digerir no âmbito de suas pesquisas empíricas. Como se houvesse daqui em diante um uso de sociólogo e um uso de historiador de Elias.

A glória tardia de um intelectual de Weimar

Norbert Elias nasceu em 1897 em Breslau, capital da Silésia (hoje Polônia), filho único de uma família burguesa judaica. Seu pai possuía uma fábrica de tecidos. Seus pais sentem-se profundamente prussianos e veem a cultura judaica como um dos pilares da cultura nacional. Quando de seu *bar-mitzvá*, o pequeno Elias pede como presente os clássicos da literatura alemã. Sua infância e sua juventude protegidas se passam em um Estado de direito, onde os judeus se creem cidadãos como os outros, na falta de serem alemães comuns. Eles até compartilham alguns preconceitos da burguesia alemã, como o desdém pelo "Oriente" bárbaro que começa em sua porta: a expressão "judeus poloneses" era-lhes quase uma injúria. No entanto, em suas memórias, *Norbert Elias por ele mesmo*, o autor relata alguns traços do antissemitismo sofrido no liceu, sempre relativizando-os como modo de vida de um grupo ao mesmo tempo marginal e integrado:

> As injúrias, as acusações às quais éramos expostos, assim como a existência humilhante de marginal que levávamos eram desagradáveis às vezes, mas não atingiam a substância do sentimento que tínhamos do nosso próprio valor. Éramos *de facto* homens de segunda classe, mas isso não era uma razão para considerarmos a nós mesmos homens de segunda classe.

A guerra vem perturbar esse mundo seguro, burguês e vagamente tedioso, em que a violência social permanece filtrada por um véu de cegueira.

Mobilizado em 1915, Elias serve no setor de comunicações. Ele vivencia o horror do *front*, que chega ao choque traumático. Essa não é a sua guerra, mas a da panela nacionalista em torno de um imperador que ele detesta, o extremo oposto da Alemanha que ama, a de Goethe, Schiller, Kant. Elias sai dela livre da necessidade religiosa, convencido de que "apenas os homens podem ajudar outros homens". Em 1918, pôde enfim começar seus estudos de Medicina (que não concluiu) e de Filosofia em Breslau. De sua formação médica, conserva o interesse pelo substrato biológico da vida humana. Gosta de ensinar a seus alunos, com um crânio na mão, a fisiologia da atividade psíquica. Nenhuma tentação sociobiológica, porém. A história é a da espécie *Homo sapiens*:

> Se modificações da forma de vida em sociedade dos organismos individuais se produzem sem que haja no entanto modificação da constituição biológica, inata e hereditária dos próprios organismos, é como último recurso pelo que a orientação do comportamento desses organismos da espécie humana pode e mesmo deve ser dirigida [...] pela experiência do sujeito individual e pela aprendizagem individual.

É uma "particularidade biológica" da espécie humana (*La dynamique de l'Occident*). Vemos como a noção de educação individual é central em Elias, ponte entre o futuro da espécie, o da sociedade e o da pessoa.

Seus estudos filosóficos, levados até um doutorado em 1924,[1] deixam-no insatisfeito. Eles são marcados por um neokantismo que dá as costas à História e proclama os valores transcendentais do *a priori*. Elias prefere o estudo das relações entre o indivíduo e seu ambiente e se volta para a Sociologia, sem renunciar ao questionamento sobre os mecanismos psíquicos. Após ter sido por dois anos – obrigado pela crise econômica – assistente de um patrão filantropo da metalurgia, Elias parte para Heidelberg. Ele já frequentara essa prestigiosa universidade em 1922, assistente no seminário do filósofo Jaspers, no qual apresentou uma exposição sobre o debate entre Thomas Mann e os escritores defensores da "civilização". Então nacionalista, Thomas Mann opunha a noção alemã de *Kultur*, baseada na autenticidade e na interioridade, à noção apresentada como francesa de *civilisation*, caracterizada, a seu ver, pela superficialidade de comportamentos impostos do exterior. Defensor da "civilização", Elias guarda para o futuro essa interrogação sobre o laço interioridade/exterioridade e sobre o lugar da França. *La dynamique de l'Occident* se abrirá sobre essa perspectiva. Ao fazê-lo, Elias impõe como eixo de análise um lugar comum do germanismo antifrancês. Mas ele o livra de seus julgamentos de valor e une processo de civilização e interiorização das restrições. Não podemos negar que a intuição criadora de Elias fique marcada pela vontade de basear em razão sociológica a análise das identidades nacionais, motor dos conflitos europeus do século XX.

Em Heidelberg, em 1925, paira a grande sombra do sociólogo Max Weber, morto cinco anos antes. O salão de sua viúva é um ponto de encontro intelectual. Seu irmão, Alfred Weber, ensina também Sociologia e Elias

1 Elias, *Idee und Individuum.*

lhe confia um tema do concurso para se tornar professor, sobre as origens das ciências da natureza. De modo geral, Elias se interessa pelos vínculos entre vida intelectual e formas sociais, refletindo, por exemplo, sobre os laços entre arquitetura gótica e concorrência entre cidades. O pensamento de Max Weber influencia Elias muito além das poucas citações que dele faz, frequentemente para se distinguir. Além do interesse pela História como campo de experimentação da Sociologia, pela "história estruturada dos sociólogos", como dirá, Elias deve a Weber o laço entre desenvolvimento do Estado e monopólio da violência. Ele lhe toma emprestada a noção de racionalização dos comportamentos restringindo-a num primeiro momento ao mundo da corte e distinguindo-a dos tipos de racionalidade seguindo os valores de cada sociedade, para não abandonar o cálculo econômico do burguês do século XIX caro a Weber nos séculos anteriores. Sobretudo, Elias mantém-se afastado da grande teoria de Weber sobre os condicionamentos espirituais da vida material, ilustrada pelo vínculo entre protestantismo e capitalismo. Vê ali um reflexo do dualismo espírito-corpo que ele rejeita, assim como um erro contra a objetividade que traveste a própria religião de Weber em elemento central da evolução humana.

Elias liga-se ao marxista húngaro exilado Karl Mannheim, um pouco mais velho, a quem segue como assistente em Frankfurt em 1930. Sociólogo da cultura, Mannheim evidenciou os efeitos da concorrência entre indivíduos sobre as produções intelectuais, e Elias fará por sua vez desempenhar um grande papel à concorrência entre grupos e entre indivíduos. Mannheim radicaliza Marx e relativiza a tese de que qualquer pensamento é reflexo de uma situação social ao não dar privilégio de objetividade ao proletariado em luta. Elias afasta-se dele mantendo a confiança na capacidade do sociólogo em permanecer objetivo tomando distância em relação a seu objeto de estudo. Aqui novamente, ele contesta sobretudo em Mannheim, como em Marx, uma dualidade entre consciência e posição social que desvaloriza a primeira fazendo dela um reflexo da segunda; para ele, ao contrário, "consciência e pensamento são elementos constitutivos da sociedade humana" e a análise sociológica deve a todo momento levar em conta a intersubjetividade.

O jovem assistente em busca de uma Sociologia que não se erga sobre os destroços da vida individual vai escolher como tema do concurso com Mannheim a "sociedade de corte". Elias adota um ângulo de ataque original. Trata-se de dar a uma instância abordada até então de modo anedótico, um papel central na construção do Estado absolutista. A corte não era ignorada pelos sociólogos, que a tinham analisado em termos de economia do consumo. Em sua *The Theory of the Leisure Class* [A teoria da classe ociosa], Thorstein Veblen definira o conceito de consumo ostensivo. Observador do capitalismo, Werner Sombart tinha vislumbrado o luxo da corte como necessário ao impulso do consumo. Weber reconhecera no luxo um modo de autoafirmação social. Partindo dessas lógicas, Elias desloca a análise do campo econômico para produzir uma antropologia cultural do homem de corte e fundar uma Sociologia da interdependência em que a economia é apenas um dos aspectos. Sua tese, entretanto, não foi defendida, pois o pesquisador judeu é alcançado pela história da república de Weimar. Vagamente de esquerda, mas recusando os jogos políticos, desconfiado das mitologias e representando o sociólogo como um "caçador de ilusões", mesmo que progressistas, Elias assiste ao "desmoronamento do monopólio estatal da violência" na Alemanha do início dos anos 1930, onde se multiplicam as milícias dos partidos. Em 1933, decide exilar-se. Subsiste dois anos na França, vendendo brinquedos. Encontra Alexandre Koyré, grande historiador das ciências, e o sociólogo Célestin Bouglé, mas não consegue obter cargo universitário. Indo para a Inglaterra, retoma o trabalho graças a uma bolsa de um comitê de refugiados. Lá, vive entre o quarto do hotel e a biblioteca do Museu Britânico onde descobre os tratados de civilidade, que lê como base de uma psicologia histórica ainda a fundar:

> Eu começava então meu livro *O processo civilizador* tendo perfeita consciência de que ele constituía um ataque implícito contra a onda dos estudos sobre as mentalidades e os comportamentos feitos pelos psicólogos da época. Pois os psicólogos acadêmicos – e não os freudianos – acreditavam firmemente que era preciso ter uma personalidade diante de si, aqui e agora, que era preciso avaliar sua mentalidade por meio de formulários ou outros métodos quantitativos para poder dizer algo de incontestável a esse respeito. E ao utilizar esse método é perfeitamente impossível perceber as normas atuais como o resultado de um tornar-se.

O processo civilizador é publicado na Basileia em 1939, sem grande repercussão. A eclosão da Segunda Guerra Mundial soa como um desmentido à sua tese sobre a atenuação da violência nas sociedades ocidentais. Seu pai morre antes do conflito, mas sua mãe desaparece na deportação. Elias permanece um marginal sem estatuto fixo em um país cuja nacionalidade assume, mas onde se sente estrangeiro.

Após anos de precariedade, Elias obtém enfim em 1954, aos 57 anos, um posto em Sociologia na jovem universidade de Leicester, antes de ensinar de 1962 a 1964 na universidade de Gana. Esse país lhe surge como uma Grécia antiga ressuscitada, uma terra onde o processo de civilização está em seus primórdios, onde as emoções são "mais fortes e imediatas", onde a "segurança psíquica" é menor que nas civilizações mais "complexas". Da mesma forma, a arte africana fala mais diretamente às emoções que a arte originada na Renascença... A partir de 1964, graças a um círculo de discípulos fervorosos que se amplia, Elias persegue uma carreira de professor convidado na Alemanha e nos Países Baixos. Publica em 1969 uma nova edição em alemão de *O processo civilizador* e, pela primeira vez, de *A sociedade de corte*. As traduções se multiplicam, às vezes em detrimento da coerência da obra: em francês, *O processo civilizador* é dividido em dois livros, *La civilisation des moeurs* e *La dynamique de l'Occident*, publicados, respectivamente, em 1973 e 1975, interpolados pela *A sociedade de corte*, publicada em 1974. Trabalhos mais propriamente sociológicos revelam a evolução do pensamento de Elias: *Os estabelecidos e os outsiders*, *O que é sociologia?*, *Envolvimento e alienação*, *Quest for Excitement:* Sport and Leisure in the Civiling Process [Busca por excitação: esporte e ócio no processo civilizador] (escrito com Eric Dunning), *A sociedade dos indivíduos*, *Mozart*... Em cerca de vinte anos, o marginal de Leicester alcança renome internacional. Enquanto no início ele dialogava com os pensamentos de Marx e de Weber, daqui em diante toma posição face ao "individualismo metodológico" do norte-americano Talcott Parsons, criticando-o por estabelecer um hiato entre ação dos indivíduos e evolução social. Entretanto, a fidelidade de Elias às suas intuições iniciais é notável (e um pouco perturbadora): publicada em 1969, *A sociedade de corte* não contém quase nenhuma nova referência sem relação à redação inicial.

O sucesso de Elias não está livre de ambiguidade. Ele é celebrado como o teórico, como um dos últimos representantes da cultura de Weimar, de uma Alemanha "esclarecida" surgida dos escombros da História. Sua longevidade e seu vigor de espírito destacam que esse marginal atravessou o século contra ventos e marés, desembarcando dos anos 1930 nos anos 1970. Em 1990, quando morre em Amsterdã, onde se estabelecera, deixa uma obra anacrônica em certos aspectos, que apresenta os caracteres desse distanciamento que Elias tomava como uma qualidade principal do pesquisador; um pensamento que, nesse século de ferro, parece desmentir as tragédias imediatas.

O mundo e a norma

Entre a História e a Sociologia, a distância parece irredutível, como lembra o prefácio de 1969 a *Sociedade de corte*. O historiador, segundo Elias, tem o culto do "único", do que acontece somente uma vez, ao passo que a Sociologia busca repetições. O historiador não se limita, entretanto, ao enunciado dos fatos, ele os interpreta, ou, antes, os julga. Disciplina ainda imatura, a História é, mais que outras, ligada a um condicionamento por sua época, ainda mais que ela faz do indivíduo (e do grande homem) o sujeito privilegiado de sua pesquisa e o motor de seus acontecimentos. Cada geração relê o passado segundo sua própria hierarquia de valores, daí o paradoxo de uma História necessariamente anacrônica: "O processo faz um pouco pensar na construção de uma casa em um estilo de uma época com as ruínas de edifícios do passado". Abandonado ao empirismo sem consciência do artesão seguro de sua destreza, o historiador crê-se dispensado de teorizar. O conhecimento histórico termina por se assemelhar a um arquipélago de fatos e de datas entre as quais as "correlações factuais [...] parecem todas tão justas ao mesmo tempo que quão inverificáveis umas às outras". Apesar de notas e de referências, as asserções do historiador são inverificáveis porque apenas uma teoria científica (sociológica) pode tirá-las da subjetividade.

Elias não é terno com os historiadores, como se vê. Ele visa, é verdade, a História tal como se escreve em seu tempo e sua crítica da miopia "historiadora" aproxima-se da que formulam Lucien Febvre e Marc Bloch justamente nos anos 1920-1930. É bem sabido que não estamos mais ali. Podemos assim ressaltar que é sobre essa ciência depreciada que Elias se apoia em seus desenvolvimentos de *La dynamique de l'Occident* concernente à centralização do poder na França e o monopólio fiscal. Achille Luchaire,

Auguste Longnon, Charles Petit-Dutaillis, Georges Dupont-Ferrier, Henri Maréjol, Ernest Lavisse são os perfeitos representantes dessa História erudita e positivista "de antes dos *Annales*", sobre as quais Elias se apoia sem pudor nem verificação, e sem nada acrescentar quanto aos fatos, limitando-se a inseri-los em um processo histórico mais longo e mais amplo que ele próprio definira. Pois está de fato ali a repartição das tarefas entre o historiador, esse documentalista, e o sociólogo: "A Sociologia tem por tarefa passar para o primeiro plano o que a pesquisa histórica fazia até agora aparecer como um segundo plano inestruturado". Loja de amostras para estabelecer as leis da evolução, a História é algo importante demais para ser deixada aos historiadores. Ainda mais que, para Elias, não há Sociologia pertinente que não a longo prazo, visto que a mudança é o problema central da Sociologia. Do mesmo modo, não existe boa Psicologia se não a histórica, dado que a compreensão dos mecanismos da psique lê-se através das evoluções das mentalidades que revelam no âmbito coletivo as regras igualmente válidas para o indivíduo. A relação entre a sociedade e o indivíduo é pensada não como uma causalidade externa (a sociedade determina o indivíduo ou, mais raramente, o inverso), mas por meio de uma identificação: o indivíduo, assim como a sociedade, é produzido por relações intersubjetivas.

A pretensão de certa História em ser uma ciência dos destinos individuais choca Elias porque ela se baseia sobre uma separação entre o indivíduo e a sociedade. A pequena polêmica que ele mantém com a História explica-se por sua grande polêmica com as sociologias desdenhadoras dos componentes individuais. As palavras "sociedade" e "indivíduo" não designam formas estáveis, mas "processos" – "distintos, mas indissociáveis". O historiador que acredita estudar o "grande homem", o indivíduo por excelência, é vítima da crença no "indivíduo em si". Como lembra o título de uma de suas obras ulteriores, Elias quer apreender "a sociedade dos indivíduos". Nessa perspectiva, a corte é para ele um lugar altamente significativo, estrutura social característica de uma época, assim como a fábrica define a sociedade industrial. Essa abordagem espacial permanecerá um traço de seu método. Ele estuda assim, em *Os estabelecidos e os outsiders*, dois bairros populares vizinhos na Inglaterra, mas dos quais um, mais antigo, habitado por operários "bem-estabelecidos", fornece, na verdade, o essencial das elites da paróquia e das associações, em detrimento dos operários "marginais". Essa geografia concreta permite deixar de lado provisoriamente as categorias abstratas que são as classes sociais, para partir de comportamentos e de tipos humanos que fazem nascer certos lugares. Alguém é operário de tal ou tal bairro, e o habitat prevalece sobre a classe. Assim também, o cortesão não pode ser reduzido a sua origem de classe, não é estritamente identificável com a alta nobreza; ele se define pelas relações que mantém nesse lugar específico que é a corte.

A sociedade de corte começa pela descrição da mansão aristocrática. O plano revela a separação do marido e da mulher, espaços de representação e de intimidade. A família nobre é, em primeiro lugar, uma "casa", "comunidade desprovida de laços pessoais" e prioritariamente voltada para a vida mundana. A "vida de sociedade", isto é, de relações, é tudo para o aristocrata, que, mais que qualquer outro tipo social, definia-se no centro de uma rede. "A vida social e mundana na corte ocupava o lugar de nossa vida profissional." O enquadramento revela a "sensibilidade aguda para as atitudes, manifestações e realizações que fazem e desfazem o prestígio na sociedade".[2] A passagem da mansão nobre ao palácio real apenas aumenta a importância dessa via de relações, ligando-a diretamente à fonte do poder e das graças. A análise das despesas do cortesão lança luz sobre as regras de uma "racionalidade de corte" em que o luxo serve para se impor ao olhar do outro, e em primeiro lugar do rei. Mas o próprio da corte é ser um lugar de concorrência regulada pela etiqueta. Esta estrutura as aparências, que são os sinais de que vive o cortesão. A etiqueta põe em cena os mínimos detalhes da vida do rei (o despertar, as refeições, o lazer, o deitar-se) e regula as condições de acesso a sua pessoa. Por meio dela, o rei distribui os papéis, fixa os níveis. O cortesão luta para segurar o candelabro quando o rei se deita, ou para ajudá-lo a vestir sua camisa; tudo se torna "fetiche do prestígio".[3] O mundo cortês define-se conforme uma dupla hierarquia, a do nascimento e do título, por um lado, e a do favor, mais importante na realidade. O sistema mantém-se "somente pela emulação dos indivíduos presos em suas malhas", "como um sistema econômico independentemente da função de subsistência que ele preenche".[4] O cortesão aprende a

---

2 Elias, *La société de cour*, p.35.

3 Ibid., p.72.

4 Ibid.

dissimular seus sentimentos quando a manifestação deste o prejudicar na concorrência por prestígio. Sua vida é toda de restrições. "Detestava-se a etiqueta, mas era impossível separar-se dela [...] porque a existência social das pessoas interessadas dela dependia."[5] Ninguém é obrigado a representar, mas não o fazer corresponderia a um suicídio. Lugar de concorrência, a corte é também lugar de coerência que dá forma à "boa sociedade".

> Pela etiqueta, a sociedade da corte procede a sua autorrepresentação, cada um se distinguindo do outro, todos juntos distinguindo-se das pessoas estranhas ao grupo, cada um e todos juntos administrando-se a prova do valor absoluto de suas existências.[6]

A corte é fundamentalmente um espaço de manobra e de antecipações. Como na Bolsa, "assiste-se à formação de opiniões mutáveis sobre alguns valores".[7] Para chegar a seus fins (obter a graça do rei, e por ela dons e lugares lucrativos), o cortesão deve dominar o cálculo das aparências. Por duas vezes Elias cita a mesma passagem de La Bruyère, de tal forma ela resume sua própria visão:

> A vida da corte é um jogo sério, melancólico, que aplica: é preciso arranjar suas peças e suas baterias, ter um projeto, segui-lo, esquivar-se do de seu adversário, arriscar algumas vezes, e representar capricho; e após todas as suas divagações e todas as suas medidas, estamos em xeque, às vezes, mate.

Essa sociedade do olhar desenvolve no indivíduo algumas qualidades: a arte de observar seus semelhantes e de descrevê-los, a arte de manipular os homens. Ela determina uma forma de vida e uma forma de saber. Elias aproxima essas qualidades sociais do cortesão às qualidades estéticas do classicismo, definido "pelo cálculo minucioso do efeito e do valor do prestígio do conjunto, a ausência de toda ornamentação espontânea, de qualquer demonstração não controlada de sensibilidade".[8] A corte produz um estilo e uma antropologia. Qualquer racionalidade social sendo "esfor-

5 Ibid., p.75.
6 Ibid., p.97.
7 Ibid., p.80.
8 Ibid., p.109.

ço para adaptar-nos a uma dada sociedade, ali nos mantermos por cálculos e medidas de precaução", a racionalidade da corte caracteriza-se por um superinvestimento nas questões de gosto. "A dança, as fórmulas de cortesia, os costumes da vida mundana, os quadros com que se orna sua casa, as formalidades de um pedido de casamento, a recepção matinal por uma dama":[9] tanto negócios de estado, ou de Estado, que tece a trama de uma existência na corte.

Vida de artista a seu modo, a vida do cortesão ganha sentido sob a direção do artista que é o rei, ao menos Luís XIV. O essencial da análise de Elias leva com efeito à corte do Rei Sol. Em posição central, o rei "regula conforme sua vontade"[10] as aparências, manobra as rivalidades, suscitando-as para controlá-las. Animal estratégico como qualquer cortesão, promotor consciente de sua glória, Luís XIV não deve no entanto ser superestimado. Parafraseando Lavisse, Elias julga-o assim:

> um inovador genial talvez tivesse sucumbido; imprimindo um movimento deslocado a um mecanismo bem rodado, ele poderia muito bem ter destruído um conjunto de condições que lhe eram muito favoráveis. Luís XIV não era um renovador e não tinha nenhuma necessidade de sê-lo.[11]

Retomando a definição de Weber sobre o poder carismático como ligado a uma crise política e a uma recomposição social, Elias destaca que em Versalhes não desabrocha tal poder, mas antes uma autocracia rotineira: "Pode-se quase falar de passividade, se a compararmos à atitude infinitamente mais ativa de um chefe carismático, conquistador".[12] "Um monarca como Luís XIV não tomava nunca a dianteira; eram sempre os outros que se aproximavam dele; expunham-lhe tal assunto, apresentavam-lhe tal petição."[13] Por mais poderoso que seja o soberano, ele é resultante das forças opostas que dão forma a seu poder. Ele não joga um jogo diferente do dos cortesãos; mudam apenas sua posição e seu valor como peça. O teatro da corte só se compreende pelos bastidores. Para Elias, as esferas do poder

9 Ibid., p.113.
10 Ibid., p.72.
11 Ibid., p.129.
12 Ibid., p.133.
13 Ibid., p.135.

na França do século XVII caracterizam-se pela concorrência entre a nobreza da espada, herdeira do feudalismo, e a "burguesia", cuja ponta avançada forma a nobreza da toga dos parlamentos. Como mostraram as guerras de religião e a Fronde, cada grupo pode formar uma oposição temível, mas nenhum pode pretender sozinho o poder. Sua anulação recíproca define um equilíbrio de que o poder real se aproveita para adquirir um papel regulador, que se encontra tanto na escala do Estado como na da corte. O rei se apoia na "burguesia" dos oficiais contra os feudais, e na corte ele favorece os que lhe devem tudo, amantes, ministros, bastardos. Nos dois casos, a tensão principal se estabelece entre os "que eram devedores apenas ao rei por sua ascensão e os que se orgulhavam de um título de nobreza herdado".[14] É verdade, "enquanto o rei subia, a nobreza descia",[15] mas esse jogo de balança não significa que a nobreza está afastada das posições dominantes. O rei permanece o primeiro dos nobres e sabe que a humilhação de seus pares o levaria ao rebaixamento. "É falso ver no rei exclusivamente o opressor da nobreza; é igualmente falso ver nele exclusivamente seu conservador. Na realidade, ele era um e outro ao mesmo tempo!"[16]

Tal jogo não se explica somente pela especificidade social do século XVII. Ele é possível porque geralmente as relações entre os grupos sociais não são apenas de oposição binária, mas também de interdependência complexa. Sem recusar a luta de classes, Elias observa que é mais frequente no Antigo Regime ver os grupos combaterem "em duas frentes ao mesmo tempo". Ele mesmo tem consciência do simplismo da imagem de um enfrentamento entre nobreza e burguesia ascendente.[17] A noção de interdependência permite-lhe restituir a complexidade dos fracionamentos, das alianças, dos equilíbrios e dos enfrentamentos que se movem e se redistribuem incessantemente. A corte aparece como o lugar de regulação central das tensões entre grupos sociais dominantes. Ela produz súditos iguais na dependência e hierarquizados no favor. Ela obriga a pacificar os comportamentos para que todos tirem proveito da coabitação. Seu desenvolvimento reforça o poder central. Francisco I de França cerca-se ainda de guerreiros, embora "tome o hábito de se fazer servir por nobres, mesmo em funções

14 Ibid., p.227.
15 Ibid., p.164.
16 Ibid., p.229.
17 Ibid., p.232.

subalternas como a de camareiro",[18] mas a sociedade sob Luís XIII já é uma sociedade de corte, à espera do apogeu de Versalhes. A corte, segundo Elias, é o que ele chama uma formação ou configuração (seguindo as traduções do alemão *Figuration*), um conjunto de indivíduos mantendo relações de interdependência a exemplo das peças sobre um tabuleiro que se controlam reciprocamente em graus diversos. Ali se desenvolve uma economia psíquica em que a obrigação da concorrência e da etiqueta leva à dissimulação e ao recalque das pulsões. Pulsões que aliás não desaparecem e se manifestam travestidas em nostalgia de um estado anterior, esse "romantismo aristocrático" que Elias lê no romance *L'Astrée* [Astreia], sonho de um mundo onde se poderia "viver mais calmamente e sem obrigações", como escreve o autor desse livro, Honoré d'Urfé. A "curialização" não produz apenas pessoas felizes e os modos polidos pelas incessantes fricções sociais parecem ainda uma máscara mais que uma segunda natureza.

Em relação a *Sociedade de corte, O processo civilizador* amplia e aprofunda os temas da civilização dos costumes e da curialização dos guerreiros. As condições sociopolíticas que diferenciam os processos de civilização na França e na Alemanha são para começar delineados: nesse último país, os intelectuais (essencialmente pastores e professores) são mantidos mais distantes dos meios áulicos, o que provoca uma tensão através da qual vai se definir o caráter nacional alemão, menos imbuído de comedimento aristocrático que a cultura francesa. A "virtude autêntica" opõe-se aqui à "polidez externa". Em um segundo tempo, Elias descreve a evolução plurissecular, da Idade Média ao século XIX, regras de civilidade, noção que, entre 1525 e 1550, toma o sentido novo de controle social das aparências corporais, particularmente em torno do pequeno tratado de 1530 de Erasmo, *A civilidade pueril*. Em relação à cortesia medieval, a civilidade humanista marca uma mudança de tonalidade mais que de preceitos, portando ao centro de sua reflexão a questão do laço social – o que explica que intelectuais da qualidade de Erasmo não julguem indigno interessar-se por isso. Essa preocupação não se compreenderia se ela não revelasse "uma compreensão mais marcada da vida interior de outrem":[19] a aparência é de início apreendida como signo de interioridade, e signo manipulável para produzir efeitos. A aparência

18 Ibid., p.175.

19 Id., *La civilisation des moeurs*, p.115.

revela o que se é e ao mesmo tempo postula a existência de uma interioridade similar no outro. A lógica das aparências termina sobre um diálogo das interioridades, um reconhecimento da intersubjetividade como primordial para a formação do laço social. Essa mutação, onde o comportamento em sociedade não é mais redutível à submissão passiva a regras exteriores, inscreve-se em um momento histórico que vê o declínio da nobreza feudal independente e a afirmação dos cursos absolutistas; ela se inscreve também em uma redefinição humanista da nobreza como cultura de si, esforço de educação e não mais unicamente apologia das virtudes da força e da linhagem. Elias prossegue a investigação nos domínios particulares das maneiras à mesa, da satisfação das funções naturais, das relações sexuais. A cada vez, ele nota a definição de novos limites de tolerância, a distinção ampliada do que se faz em público e do que é lançado à esfera privada, a multiplicação dos dispositivos de distanciamento, a ascensão do pudor e do incômodo, o controle da agressividade. Tudo poderia se resumir a um preceito: aprender a tocar apenas com os olhos, como diz um tratado de 1774.

A descrição dessa plurissecular subida dos autocontroles, frutos de uma educação que transforma a restrição externa em hábito quase automático (definição um pouco tautológica da educação), não se limita a retratar o novo homem ocidental que se delineia a partir do século XVI. Em um movimento próprio a Elias, ele liga a psicogênese dos indivíduos e das mentalidades coletivas à sociogênese do Estado moderno. Retomando Weber, Elias insiste na constituição de um duplo monopólio do Estado, o da restrição física e o da arrecadação fiscal, de que a França é um exemplo. Eliminando seus concorrentes feudais, os capetianos ampliam sua influência territorial, favorecendo um estabelecimento de relações dos indivíduos sempre maior e complexa. Interdependência, competição e diferenciação social vão a par, cada indivíduo dependendo em suas relações econômicas e sociais de um número sempre maior de pessoas. A pressão externa de um Estado detentor da violência legítima e a necessidade de transações mais numerosas entre os grupos sociais multiplicados engendram uma pacificação das condutas, ao mesmo tempo fim e meio de uma racionalização dos comportamentos. A curialização dos guerreiros está no centro desse dispositivo. A "sociedade cortês" dos séculos XI e XII é ancestral da sociedade de corte do século XVII, mas em um quadro menos diferenciado, onde, fora da corte, nobres e burgueses mantêm poucos laços por causa do fraco desenvolvimento urbano. As ordens se resvalavam sem se frequentar. A complexificação da economia, das cidades, do Estado e de seu aparelho fiscal acentua a concorrência entre nobres e burgueses, constrangendo-os ao mesmo tempo a relações aumentadas e a um desejo de distinção. Com efeito, a concorrência provoca nas camadas superiores o receio da decadência. "O medo de perder todo ou parte do prestígio social é um dos motores mais potentes da transformação das pressões externas em autolimitações."[20] A nobreza não tem outra solução senão aceitar a armadilha da corte: submissão contra retribuição. Nesse quadro, onde ela dá ainda o tom, apesar de se abrir aos carreiristas do espírito e da fortuna, suas relações com a burguesia inscrevem-se em um ciclo eterno de imitação-distinção. Se "é um dos traços distintivos da sociedade ocidental que no curso de sua evolução o contraste entre a posição e o código de comportamento das camadas superiores e das inferiores vá diminuindo",[21] essa homogeneização é, entretanto, apenas em fraca medida desejada pelas camadas superiores imitadas, que tendem a conservar suas maneiras distintivas fora do alcance dos grupos concorrentes.

O grau de distanciamento entre modos aristocráticos e burgueses permite classificar as sociedades: fraco na França e na Inglaterra, forte na Alemanha (de onde aquilo que Elias qualifica pudicamente de "falta de comedimento extremos" em suas memórias, para evocar os horrores do século XX), máxima na Europa do Leste, onde a burguesia existe com dificuldade. Mais amplamente, a configuração das relações nobreza/burguesia/monarquia desenha os estilos nacionais. A Inglaterra do século XVIII inventa o Parlamentarismo, no que Elias vê uma maneira de regular os conflitos sem recorrer à violência, situando os partidos em igualdade de legitimidade. Em *Quest for Excitement*, Elias arrisca um paralelismo entre o processo político de "parlamentarização" e a elaboração dos esportes modernos ligados a um modo de vida tipicamente *british*: caça à raposa, críquete, futebol. O respeito às regras que canalizam a concorrência, o *fair-play* em relação ao adversário são comuns aos *sportsmen* e às elites parlamentares. Mas além das particularidades, o Ocidente inteiro está sendo levado em uma mutação dos comportamentos, em que um dos caracteres se mantém em relação ao tempo. Porque a civilização é, antes de tudo, cálculo dos efeitos do compor-

---

20 Id., *La dynamique de l'Occident*, p.232.

21 Ibid., p.209.

tamento, ela desvia das satisfações imediatas, retém os desejos, gera frustrações ao mesmo tempo que fornece garantias. Na Idade Média, "as manifestações de prazer e de desprazer eram mais abertas, mais extrovertidas. Porém, o indivíduo era seu prisioneiro; com frequência era oscilado por suas próprias sensações como por um mar agitado".[22] A economia psíquica da modernidade faz entrar em um modo mais previsível, mais seguro, onde recua o medo, onde se esvanecem as "imaginações medievais do inferno". A escatologia se apaga em proveito da "atitude prospectiva". O homem na cidade toma a prioridade sobre os deuses e os demônios.

Um monumento clássico

A capacidade de Elias em passar da anedota à evolução geral da humanidade é sem dúvida muito importante para seu sucesso, sobretudo quando, como na França, começamos a leitura pelas pitorescas prescrições sobre o uso do garfo e do lenço. Elias tinha o mérito de extrair a vida privada das compilações anedóticas, como a de Alfred Franklin, à qual ele mesmo havia largamente recorrido. Mas principalmente Elias, que havia esperado tanto tempo, chegava ao ponto. As filosofias da história esgotavam, assim como seu avatar marxista, ao menos por uma parte os historiadores de ofício. Ainda se tateava para sair do economismo quantitativo e cair sobre uma história das "mentalidades", da "vida cotidiana", cuja inventividade não podia prescindir de uma teoria. Os trabalhos de Lucien Febvre, Robert Mandrou ou Philippe Ariès não podiam servir. Elias permitia uma brecha em direção a uma psicologia histórica que não era psicanalítica, mesmo se muita coisa no sociólogo (a começar pelo laço entre civilização e recalque) podia superficialmente evocar o Freud de *Mal-estar na civilização*. Alain Besançon tentara enraizar o freudismo nos historiadores, mas foi pouco seguido. Partindo de casos individuais e remetendo a supostas invariantes psíquicas, a psicanálise não propunha modelo diretamente operatório para pensar a longa duração e as agregações sociais. Ao contrário, Elias oferecia de imediato um laço dinâmico entre processo histórico e configurações sociais que de passagem pretendia explicar a formação psicológica dos indivíduos. Pela

22 Ibid., p.196.

atenção ao "hábito", essa incorporação do social no individual, Elias propunha uma história do corpo em sociedade à qual o sociólogo Pierre Bourdieu não tinha como não se mostrar sensível em sua própria teoria da distinção.[23] Para o historiador da época moderna, Elias oferecia a vantagem particular de construir uma racionalidade dos comportamentos que explicava uma "modernização" das superestruturas de Estado sem "modernização" das infraestruturas econômicas. Os prefácios de Roger Chartier às traduções de Elias muito fizeram para aclimatá-lo ao debate intelectual francês. O próprio Chartier aplicara as hipóteses do sociólogo à história da difusão dos modelos de civilidade.[24] O domínio então pioneiro da história da vida privada foi consideravelmente estimulado: além da *História da vida privada*, uma boa ilustração disso é encontrada com Georges Vigarello[25] ou Stephen Mennell.[26] E evidentemente o estudo das cortes foi relançado, particularmente na Alemanha (por exemplo, Hubert Ch. Ehalt).[27] Para a França, se a elegante tese de Jean-François Solnon[28] pode fazer a economia das referências ao sociólogo alemão, o estudo de Jacques Revel[29] oferece o modelo de um trabalho nele inspirado.

Se a década de 1980 foi a do sucesso historiográfico de Elias, os debates e as críticas não tardaram muito. Passemos sobre a acusação de trabalhar de segunda mão a partir dos historiadores: o próprio Elias propôs investigações para retificar seu modelo. Passemos ainda sobre sua excessiva confiança no testemunho de Saint-Simon, interpretado unilateralmente demais como destaca Emmanuel Le Roy Ladurie.[30] Outras críticas recorrentes parecem errar em parte seu alvo. Assim, para a acusação de eurocentrismo que leva pouco em conta o caráter relativo do processo seguido pela Europa: é a história particular da França que explica que a centralização ali culmina na curialização. Por várias vezes, mas sem aprofundar, Elias evoca as evoluções similares dos "impérios orientais". É o fato histórico da colonização que explica a globalização dos comportamentos ocidentais, sobre o

23 Bourdieu, *La distinction*.

24 Chartier, *Lectures et lecteurs dans la France d'Ancien Régime*.

25 Vigarello, *Le propre et le sale*.

26 Mennell, *All Manners of Food*.

27 Ehalt, *Ausdruckformen absolutischer Herrschaft*.

28 Solnon, *La cour de France*.

29 Revel, *La cour*.

30 Ladurie, *Saint-Simon ou le système de la cour*.

que Elias lembra que, como qualquer "civilização", ela se faz no âmbito de uma influência recíproca e *não apenas* de uma imposição violenta. Assim também os críticos que observam em outros momentos (na Antiguidade, na Idade Média), em outras sociedades ("primitivas", orientais), ou em outros grupos sociais (populares) respeito pelo outro, autorrestrição, pudor, são pouco pertinentes. Na verdade, Elias jamais negou a presença desses elementos, até mesmo seu papel central nas épocas, nas sociedades, nos grupos visados: não há vida social sem eles! Algumas de suas formulações são excessivas, por exemplo, quando afirma que "as camadas sociais inferiores não necessitam 'representar', elas não têm obrigação de classe".[31] Porém, Elias quer avançar o efeito historicamente situável de uma acumulação extraordinária de condições favoráveis que, apoiando-se reciprocamente, produziram uma evolução decisiva. O caráter singular do processo ocidental é engendrado por "uma divisão das funções tão adiantada, a instauração de monopólios policiais e fiscais tão estáveis, o alargamento das interdependências e da competição em tão vastos espaços" que eles não se encontram em outros lugares.[32] Extraiam um dos seus elementos, atenuem a sua intensidade em longo prazo, e o efeito "bola de neve" desaparece. Tudo isso poderia não ter acontecido, ou não dessa maneira: a Sociologia de Elias é essencialmente histórica.

Outras críticas recaem sobre o caráter pretensamente irreversível do processo de civilização. Elias não escreveu entre Verdun e Auschwitz? E nosso cotidiano não está cheio de incivilidades denunciadas amplamente em discursos políticos e jornalísticos? Lembremos que não há profetismo em Elias, tão desconfiado em relação aos mitos progressistas. Por outro lado, os equilíbrios civilizadores são frágeis: a regressão é sempre possível principalmente porque a "civilização" não suprime as pulsões, mas as comprime. Novamente, é preciso não se deixar enganar pelas aparências. Elias toma o exemplo dos trajes de banho: desnudar-se não é abandonar todo o pudor em uma sociedade civilizada, é um comportamento que pressupõe fortes autolimites (uma praia naturista é um universo deserotizado). O recuo do formalismo das relações entre indivíduos no Ocidente a partir dos anos 1960 evidencia a interiorização dos limites mais que a liberação das relações

31 Elias, *La société de cour*, p.36.

32 Id., *La dynamique de l'Occident*, p.203.

desses limites, pelo menos num primeiro momento: não nos apressemos em prolongar a curva.

Entre os questionamentos, dois, quase simultâneos, são dos mais significativos: o do norte-americano Daniel Gordon[33] e a do holandês Jeroen Duindam.[34] Elas marcam a vontade de ultrapassar Elias partindo de seu modelo. Para Gordon, a fonte dos modos policiados situa-se menos na corte que nos salões urbanos. Para esse deslocamento em parte cronológico, que valoriza a época de Luís XIII, ele atenua a dimensão estratégica das boas maneiras, reduzindo-as ao desejo altruísta de agradar, ou ao pequeno cálculo de não desagradar a dona da casa, cujo favor não é mais que a chave do reconhecimento mundano e artístico. Em compensação, o modelo curial lembra o vínculo entre pacificação dos modos e acesso aos recursos de um aparelho de Estado reforçado pelo crescimento do maná fiscal. A abordagem de Elias conduz às aleias do Estado de finança, suas rendas e prebendas, tão características do absolutismo francês. A aposta está na evidenciação de uma relação com o poder, bem mais que na localização do começo de um processo de racionalização que, de certa maneira, não tem início. "O homem de corte tem consciência de que ele se violenta por razões sociais; as inclinações reprimidas são pelo menos em parte presentes em seu espírito."[35] A corte do século XVII é um lugar trágico "onde o homem se vê de algum modo confrontado a si mesmo", onde o cortesão aprende a se vencer. À diferença dos salões, não é a amizade dos belos espíritos que ali regula os comportamentos, mas o cálculo nascido da concorrência. "Nesse mundo, as coisas podem tomar um rumo favorável ou desfavorável para cada um sem que seja necessário falar de amizade ou de inimizade."[36] E a psicologia de corte alegra ainda mais Elias pois permite abordar não o homem em si, mas em situação, nessa relação com outrem quase objetivo que o constitui. É certo que Elias negligenciou demais essa sociabilidade literária que se afirma ao mesmo tempo que a sociedade de corte, assim como negligenciou os estabelecimentos de educação, particularmente os colégios jesuítas, fundamentais na elaboração e na difusão dos novos comportamen-

33 Gordon, *Citizens without Sovereignty.*

34 Duindam, *Myths of Power.*

35 Elias, *La dynamique de l'Occident*, p.238.

36 Ibid., p.239.

tos; levá-los em conta acarretaria a caducidade do laço entre curialização e civilização? Um dos historiadores mais inspirados por Elias, Robert Muchembled, tentou, aliás, a síntese das duas abordagens em *La société policée* [A sociedade refinada]. Esse autor havia mostrado todo o partido a tirar da extensão do domínio da civilização fora da corte, analisando a justiça real como lugar de proclamação e de inculcação das novas normas que criam o homem moderno.

Por sua parte, Duindam aponta os erros ligados com frequência ao estado obsoleto das pesquisas históricas sobre as quais o historiador se apoia. Ele está em boa situação para mostrar que Elias não diferencia suficientemente burguesia e nobreza de toga ou que supervaloriza o declínio econômico da nobreza que a tornava dependente do rei. Elias parece exagerar as oportunidades de mobilidade social que a corte oferece – crítica que mereceria ser validada por um estudo do pessoal áulico, ainda inexistente para a França. Elias não diferencia o bastante cerimonial, etiqueta e polidez – o que Ralph Giesey havia destacado –[37] e sua abordagem da capacidade manipuladora do soberano se ressente disso. Na verdade, aqui ainda, é o laço entre curialização e civilização que parece problemático. Uma vez abandonada essa última noção, Duindam recorre a uma nova análise da sociedade de corte a partir do tabuleiro elaborado por Elias, mas dispondo as peças de outro modo.

Ao menos, poderíamos também relevar de modo legítimo uma ausência maior na análise de Elias: o fator religioso. No entanto, o século XVI, tão importante para a evolução da civilidade, é também o do apelo à reforma interior do crente: as boas maneiras vão tomar em seguida um lugar central no ensino das igrejas; o exemplo de Jean-Baptiste de La Salle, citado por Elias, mostra-o suficientemente. Mas Elias não aprofundou esses aspectos que teriam conformado sua perspectiva ao lembrar a parte religiosa das exigências de atenção para com o próximo e oferecendo a chave de certos mecanismos de interiorização. Será preciso ver aqui a sombra de uma atitude desmistificadora que o sociólogo reivindicou com frequência, desconfiado em relação aos encantamentos da fé? Ou bem a mediação religiosa arriscava tornar menos legíveis diretamente as tensões sociais cujo equilíbrio demandava a elaboração de uma nova cortesia?

---

37 Giesey, *Cérémonial et puissance souveraine*.

A contribuição historiográfica de Norbert Elias está hoje no cruzamento dos caminhos. Irrigando numerosos campos de pesquisa que ele contribuiu muito a legitimar, a tomar posição no centro das reflexões sobre as disciplinas e regulações sociais. É ainda muito cedo para dizer se sua intuição central, o laço entre curialização e civilização, entre sociogênese do Estado e psicogênese dos indivíduos resistirá às críticas, conseguindo esse milagre de uma construção onde tudo seria inexato no detalhe e correto no equilíbrio geral. Pelo menos restará um método de abordagem do jogo social em termos de cálculo e de configurações moventes, próprio para satisfazer paradoxalmente o eterno empirismo do historiador, sem condenar *a priori* os que esperam que a História tenha um sentido. A obra do Elias historiador é, sem dúvida, ultrapassável, obsoleta, mas prodigiosamente heurística. Em uma palavra: clássica.

Philippe Salvadori

Obras de Norbert Elias

ELIAS, Norbert. *Idee und Individuum*: Ein Beitrag zur Philosophie der Geschite. Auszug, Breslau: Hochschuverlag, 1924.

______. *Über den Prozess der Zivilisation*: Soziogenetische und Psychogenetische Untersuchungen. Basel: Haus zum Falken, 1939. [Ed. Bras.: *O processo civilizador*. (2 v.) Rio de Janeiro: Jorge Zahar, 1994-1995.]

______. *Die höfische Gesellschaft*: Untersuchungen zur Soziologie des Königstums und der höfischen Aristokratie. Darmstadt-Neuwied: Luchterhand, 1969. [Ed. Bras.: *A sociedade de corte*. Rio de Janeiro: Jorge Zahar, 2001.]

______. *Was ist Soziologie?* München: Juventa, 1970. [Ed. Port.: *Introdução à Sociologia*. Lisboa: Edições 70, 1999.]

______. *La civilisation des moeurs*. Paris: Agora-Pocket, 1976.

______. *Engagement und Distanzierung*: Arbeiten zur Wissenssoziologie I. Frankfurt am Main: Suhrkamp, 1983. [Ed. Bras.: *Envolvimento e alienação*. São Paulo: Bertrand Brasil, 1998.]

______. *Über die Zeit*: Arbeiten zur Wissenssoziologie II, Frankfurt am Main: Suhrkamp, 1984. [Ed. Bras.: *Sobre o tempo*. Rio de Janeiro: Jorge Zahar, 1998.]

______. *Die Gesellschaft der Individuen*. Frankfurt am Main: Suhrkamp, 1987. [Ed. Bras.: *A sociedade dos indivíduos*. Rio de Janeiro: Jorge Zahar, 1994.]

______. *La dynamique de l'Occident*. Paris: Agora-Pocket, 1990.

______. *Norbert Elias über sich selbst*. Frankfurt am Main: Suhrkamp, 1990. [Ed. Bras.: *Norbert Elias por ele mesmo*. Rio de Janeiro: Jorge Zahar, 2001.]

ELIAS, Norbert. *Mozart, zur Soziologie einse Genies.* Frankfurt am Main: Suhrkamp, 1991. [Ed. Bras.: *Mozart: sociologia de um gênio.* Rio de Janeiro: Jorge Zahar, 1994.]

______; DUNNING, Eric. *Quest for Excitement*: Sport and Leisure in the Civilizing Process. Oxford: Blackwell, 1986.

Trabalhos sobre Norbert Elias

CAHIERS Internationaux de Sociologie. *Norbert Elias.* v.99, jul.-dez. 1995.

CHARTIER, Roger. Préface. In: ELIAS, Norbert. *Engagement et distanciation:* contributions à la sociologie de la connaissance. Paris: Fayard, 1993.

______. Préface. In: ELIAS, Norbert. *La société des individus.* Paris: Fayard, 1991.

______. Préface. In: DUNNING, Eric; ELIAS, Norbert. *Sport et civilisation:* la violence maîtrisée. Paris: Fayard, 1994.

GARRIGOU, Alain; LACROIX, Bernard (orgs.). *Norbert Elias*: la politique et l'histoire. Paris: Découverte, 1997.

GLEICHMAN, Peter; GOUDSBLOM, Johan; KORTE, Hermann (orgs.). Human Figuration: Essays for Norbert Elias. *Stichting Amsterdams Sociologisch Tijdschrift,* 1977.

______. (orgs.). *Macht und Zivilisation:* Materialen zu Norbert Elias' Zivilisationstheorie, 2. Frankfurt am Main: Suhrkamp, 1984.

KORTE, Herman. *Über Norbert Elias*: Das Werden eines Menschenwissenschaftlers. Frankfurt am Main: Suhrkamp, 1988.

MENNELL, Stephen. *Norbert Elias:* An Introduction. Oxford: Blackwell, 1992.

"Norbert Elias", *Cahiers internationaux de sociologie,* v.99, jul.-dez. 1995.

FERNAND BRAUDEL

A globalidade não é a pretensão de escrever uma história total do mundo.

Entre 1940 e 1945, Fernand Braudel encontra-se prisioneiro na Alemanha, primeiro em Mayence, depois em Lübeck. Sabemos que foram nessas condições que escreve sua obra-prima: *O Mediterrâneo e o mundo mediterrâneo na época de Felipe II*. Como ele mesmo escreveu: "Sem minha prisão, eu teria certamente escrito um livro completamente diferente".[1] Entretanto, ao longo daqueles anos, enviou regularmente a Lucien Febvre cadernos que continham as versões sucessivas (talvez três ou quatro) do livro. Dentre esses documentos, dos quais apenas dois foram conservados, há um, datado de (fim de) 1944, que reproduz o texto de uma série de conferências sobre História ministradas por Fernand Braudel, primeiro em Mayence, entre agosto e outubro de 1941, depois retomadas na *Oflag* XC[2] de Lübeck em 1943-1944, destinadas a seus companheiros de prisão.[3] O texto, revisto e corrigido pelo autor, foi estabelecido a partir das anotações feitas por alguns de seus ouvintes. Ele contém três capítulos ("Trois définitions: l'événement, le hasard, le social" [Três definições: o evento, o acaso, o social], "L'histoire à la recherche du monde" [A história em busca do mundo], "Géohistoire: la

1 Braudel, Ma formation d'historien, *Journal of Modern History*, v.44, n.4, 1972, p.448-467 [reeditado In: Id., *Écrits sur l'histoire*, II, p.9-29, aqui p.15].

2 Abreviatura de *Offizierlager*, campo de prisão de oficiais. Os prisioneiros tinham permissão, de acordo com a Convenção de Genebra, para enviar e receber cartas, ler livros etc. (N. T.)

3 Braudel, L'histoire, mesure du monde. In: *Les écrits de Fernand Braudel*, II, p.13-83.

société, l'espace et le temps" [Geo-história: a sociedade, o espaço e o tempo]) e uma introdução. O projeto da obra que esse caderno relata nunca foi realizado, mas Braudel inteiro está ali, com a expressão de sua paixão pela História. A reflexão que ele desenvolve, estreitamente ligada à redação de *O Mediterrâneo*, entretanto, supera o que virá a ser a obra de 1949.

Nessas conferências, Braudel opõe a história factual à história que ele então chama de "profunda",[4] colocando-se explicitamente na linha das concepções defendidas por Marc Bloch e Lucien Febvre nos *Annales*.

> Entendo dessa maneira, com alguns outros historiadores de hoje e de ontem, uma história dos homens vista em suas realidades coletivas, na evolução *lenta* das *estruturas* conforme uma palavra em moda atualmente: estrutura dos Estados, das economias, das sociedades e das civilizações.[5]

É em razão da duração efêmera do evento, mesmo daquele que aparece como grandioso, que Fernand Braudel clama então por uma História muito, mas muito mais ambiciosa mesmo: "A História profunda, a História sobre a qual se pode construir é a História *social*".[6] Essa História das estruturas, evidentes na duração, permite também à disciplina histórica estar em relação direta com o presente:

> Para as sociedades de ontem, temos também que nos preocupar com o que durou, com o permanente, portanto, em parte com o atual, com o que dura além das mudanças por mais múltiplas ou por mais graves que sejam, com o que dura para além de um incidente, de um período e para além dessa coisa tão pequena – e no entanto tão reveladora – que é uma existência na escala do mundo e do tempo.[7]

---

4 Para desqualificar a ilusão do evento, que deixa na sombra toda a espessura da História, Fernand Braudel ainda não recorre às miríades de lucíolas avistadas uma noite no sertão brasileiro, brilhando sem iluminar de fato, metáfora que ele utilizará duas vezes para ilustrar sua defesa de uma história global. Cf. Braudel, Leçon inaugurale du Collège de France, Cátedra de História da civilização moderna, 1 dez. 1950 – retomada In: *Écrits sur l'histoire*, I [É-I], p.15-38 (ver também Id., *Les écrits de Fernand Braudel*, II, p.97-115; e ainda nesse volume Id., L'impérialisme de l'histoire, p.127-147).

5 Id., L'histoire, mesure du monde, p.17 [grifos do autor].

6 Ibid., p.28 [grifos do autor].

7 Ibid., p.31.

Vem então a constatação:

> É somente em consequência de nossas insuficiências intelectuais, em consequência do triunfo útil, mas perigoso dos especialistas, que esse estudo *uno* da sociedade está desmembrado em tantos ramos diferentes, inclusive esse, venerável, da História.[8]

Todo o projeto braudeliano – que ele desenvolveu nessas três obras principais e em certo número de artigos fundadores – está nesses poucos fragmentos (o que mais tarde ele chamará de história global e se tornará depois a longa duração, o interesse privilegiado que ele tem pelos fatos de estruturas, no primeiro nível das quais estão as estruturas econômicas). É também o Braudel organizador da pesquisa que se delineia e que ele pôs em prática com a energia necessária: pois a unidade da disciplina histórica e, além disso, das ciências sociais, está na base de muitos programas de pesquisa que ele impulsionou e das instituições que ele implantou. Mesmo a história cultural e religiosa, cuja quase ausência foi apontada como tantos limites relativos, não estava esquecida em suas conferências de 1941 e 1943-1944, e se esconde por detrás do termo "civilização", que retomaremos. É até interessante, de modo sutil, notar que relendo esse texto podemos compreender por que Fernand Braudel não receia interessar-se pela biografia,[9] na medida em que certos personagens "testemunham seu tempo", apesar de seu nome estar associado à denúncia da história-relato. *O Mediterrâneo*, que começa com a descrição do espaço geográfico mediterrâneo, não se conclui pelo relato da morte do rei Prudente?[10]

Nessas conferências de Mayence e de Lübeck já existe também o apelo à colaboração estreita entre a História e as ciências sociais, expresso nos termos que vários de seus críticos utilizarão para denunciar a "empreitada Braudel": "A História que invoco é uma História nova, imperialista e até revolucionária, capaz, para se renovar e se realizar, de saquear as riquezas

8 Ibid. [grifos do autor].

9 Id., Carlo V. In: *I protagonisti*. Milan, CIE, 1969 [retomado em Id., *Charles Quint, témoin de son temps, 1500-1588*. In:*Écrits sur l'histoire*, II, p.167-207]; e Id., Filippo II. In: Ibid. [reeditado em Id., *Écrits sur l'histoire*, II, p.209-253].

10 Cognome de Luís XI de França (1423-1483). (N. T.)

das outras ciências sociais, suas vizinhas".[11] Os termos mudarão, as concepções se modificarão, mas ficará o projeto de uma abordagem que abraça o conjunto das ciências do homem, História inclusive. Certo número de referências vem então (quase) imediatamente à sua escrita:

> Quando falamos de História profunda, a ideia e a expressão não nos vêm tanto dos historiadores historizantes, mas de um etnógrafo, Léo Frobenius, autor do conselho: "não se manter na superfície dos fatos"; ou de um economista, Ferdinand Fried, que recomenda "buscar o sentido profundo dos acontecimentos"; ou de um sociólogo, François Simiand, de quem me parece ser, se não me engano, a própria fórmula da "história factual". Raros são os historiadores que nos dariam semelhantes conselhos,[12]

entre os quais Braudel cita Gaston Roupnel e, claro, Lucien Febvre e Marc Bloch. Vários anos mais tarde, em 1950, reencontraremos esses nomes, e alguns outros, a quem ele testemunhará sua dívida intelectual.[13] Sobre o caráter revolucionário de seu projeto em relação a seus precursores imediatos, Fernand Braudel será mais circunspecto no ocaso de sua vida, quando retraçará a história do movimento – mais que a escola – dos *Annales*, como preferia dizer: "[...] os grandes, os imensos *Annales* são indiscutivelmente os volumes publicados de 1929 a 1939",[14] considerando que é então "o período de criação do 'paradigma'",[15] reduzindo assim o papel que ele representara desde 1946 e a marca que imprimira à revista entre 1956 e 1968.

Quais seriam, como ele também as chama então, as ciências do social? A Geografia, a Etnologia, a Estatística, a Economia, o Direito, a Sociologia. Eis o que ele diz a esse respeito, de modo genérico:

> As ciências do social, constituídas há pouco, mas elas também imperialistas, nos acompanham, vigorosas, desejosas de ganhar fôlego e concentradas – de

11 Id., L'histoire, mesure du monde, p.16.

12 Ibid., p.38.

13 Id., Leçon inaugurale du Collège de France, op. cit., p.110-111, onde ele menciona também Ernest Labrousse, Marcel Mauss e Georges Gurvitch.

14 Id., Ma formation d'historien, op. cit., p.23.

15 Id., Préface de *French Historical Methods*, p.228. Sobre o paradigma dos *Annales*, ver também Burguière, *Histoire d'une histoire: la naissance des Annales*; e Revel, *Histoires et sciences sociales: les paradigmes des Annales*.

> modo mais científico e mais claro que nós [os historiadores] nos objetivos que elas se fixaram. Mais científicas, mais bem articuladas que a História em relação à massa dos fatos sociais, elas são – mais uma diferença – deliberadamente centradas no atual, isto é, na vida. [...] Com uma decalagem cronológica que complica tudo, é verdade, mas que não altera inteiramente a natureza das coisas, temos, repitamo-lo, as mesmas tarefas que nossos vizinhos. Nossos métodos não são os deles, mas nossos problemas, sim.[16]

Teremos a oportunidade de voltar às concepções braudelianas da relação entre História e ciências sociais, que está no centro de seu projeto.

No capítulo II tirado de suas conferências, ao lado da estratigrafia que então comporta somente duas camadas – a história factual e a história profunda –, Fernand Braudel propõe outro recorte, desta vez vertical.

> Há muito tempo que os historiadores aprenderam a distinguir categorias de fatos sociais, setores diferentes, espécies de cortes na vertical da História, e que são de uso corrente: os fatos geográficos para começar, isto é, as ligações do social e do espaço; os fatos culturais relativos à civilização; os fatos étnicos; os fatos de estrutura social; os fatos econômicos; os fatos políticos enfim. Tantos cortes na *vertical* da História, repito, não superpostos, mas justapostos.[17]

Surge então o conceito de "geo-história" – ao qual todo o capítulo III é dedicado; os fatos étnicos, ou de raça, desaparecerão de suas preocupações; os fatos culturais permanecerão mais no estado de esboço; os fatos políticos estarão amplamente ausentes de sua obra; os fatos econômicos e de estruturas sociais ocuparão o essencial de sua atividade intelectual.

Essa classificação temática deve ser relacionada com as durações da História segundo Braudel.

> Ela se baseia na rapidez maior ou menor dessas histórias: primeiramente, em sua profundidade máxima, as mais lentas, as mais fora de alcance do ho-

16 Id., L'histoire, mesure du monde, p.30-31.

17 Ibid., p.39 [grifos do autor]. Podemos já encontrar aqui a crítica da tendência ao recorte de Braudel, e parece importante querer propor hoje uma abordagem mais abrangente, conforme, aliás, a concepção braudeliana da unidade da História.

mem; em último lugar, as que estão ao alcance de sua mão, quero dizer, a economia e a política.[18]

Mas Braudel evita considerar estanques esses diferentes planos, que anunciam outras especializações contra as quais, também, ele se erguerá.

> Nossos "planos" de História, na verdade, não têm a aparência de planos geométricos e a vida não é um volume do qual eles seriam cada um uma divisão. Certamente não, ela é tão mais complexa. [...] Não esqueçamos que a vida é una, que a História deve ser una, e que é preciso considerar a cada instante, sobre cada questão, o emaranhado indefinido das causas e das consequências. Não esqueçamos principalmente que somos nós que criamos nossas divisões, nós os historiadores e alguns outros. O social, o passado, a vida, nós os iluminamos com projetores de cores variadas: geo-história, história cultural etc. [...] O sinal que a História nos oferece, por mais avançado, por mais exato que pareça, por mais útil que seja – e nós pensamos que é – continua entretanto a ser um sinal.[19]

A história global está ali, embora ainda não se chame assim; e a história mundial, que não está delineada, será no entanto colocada em prática...

Quase vinte anos depois de sua morte em 1985, não é necessário chamar a atenção para a obra – imensa e reconhecida – de Fernand Braudel, insistir em seu papel na organização institucional da pesquisa francesa e em seu brilho internacional graças a ele. Entretanto, raros são ainda os trabalhos historiográficos a ele consagrados: duas biografias, um estudo sobre a gênese de *O Mediterrâneo* e algumas coletâneas de artigos ou números especiais de revistas.[20] É útil, portanto, destacar o interesse que há, atualmente, em reler Braudel, mesmo quando uma conjuntura historiográfica nova se desenha nesse início de século XXI. Além disso, a maior parte dos comentadores referem-se essencialmente a *O Mediterrâneo*, cujo impacto foi imenso, e a um artigo fundador, "Histoire et sciences sociales. La longue durée" [História e ciências sociais: a longa duração]. Parece importante tentar abraçar o conjunto de sua obra, e incluir nesse quadro não apenas

18 Ibid., p.45.

19 Ibid., p.45-46.

20 Ver a seção "Obras de Fernand Braudel" ao fim deste capítulo.

Civilização material, economia e capitalismo, mas também *A identidade da França*, e mesmo *Gramática das civilizações*, assim como os artigos publicados e inéditos, reunidos em vida ou após sua morte.[21] Enfim, o julgamento feito sobre Braudel não separa nunca sua obra científica de sua ação institucional, assim como do papel que ele assumiu nos *Annales* ao lado de Lucien Febvre e depois sozinho no comando da revista. Esses três aspectos são de fato indissociáveis. Mas o segundo às vezes chega a esconder o primeiro, assim como a novidade radical de *O Mediterrâneo* deixa demais à sombra seus outros trabalhos, que é também imperioso ler atualmente.

Mediterrâneo, civilização, identidade

Fernand Braudel é antes de tudo *O Mediterrâneo*, ainda que sua obra não deva ser reduzida a esse trabalho, por mais importante que ele seja. Primeira, pioneira, houve um antes e um depois de *O Mediterrâneo* – o ano de sua publicação, 1949, é um marco na historiografia. Muito foi escrito sobre seu caráter fundador, sobre sua significação para mais de uma geração de historiadores, para a historiografia francesa e para além dela. Pois passar de Felipe II, a Espanha e o Mediterrâneo – tema inicial da tese – ao Mediterrâneo da época de Felipe II não é simplesmente uma inversão na ordem dos termos;[22] é uma reviravolta que podemos qualificar, legitimamente, de "corte historiográfico".

De origem lorena, Fernand Braudel nasceu em 1902. Após ter obtido a agregação em História em 1922, lecionou no liceu de Constantine, depois no de Alger, até 1932. Ali se formou seu interesse pelo espaço mediterrâneo. É a partir da outra margem – um Mediterrâneo apreendido "ao avesso", como dizia – que ele aborda esse mar interior, o que não deixou influenciar o olhar abrangente que tinha sobre sua história. O que exprime a frase, justamente célebre, que abre o livro: "Amei apaixonadamente o Mediterrâneo, sem dúvida porque venho do Norte, como tantos outros, atrás de tantos outros".

21 *Écrits sur l'histoire*, I, de 1969, *Écrits sur l'histoire*, II de 1990 e *Les écrits de Fernand Braudel*, três volumes publicados em, respectivamente, 1996-1997-2001.

22 Foi Lucien Febvre que, em 1927, sugere esse reviravolta numa carta que estabelece o primeiro contato entre os dois homens: "Mais do que a Felipe II, seria apaixonante conhecer o Mediterrâneo na época dos piratas da Barbária". Braudel, Ma formation d'historien, p.13.

No entanto, o processo que conduziu a tal reviravolta foi progressivo. Seu itinerário intelectual é então o de todos os jovens historiadores de sua época, formados na Sorbonne, na escola de Langlois e Seignobos, onde conserva a lembrança de Henri Hauser a quem ele reconheceu como mestre, mas curioso sobre os primeiros avanços suscitados por Henri Berr e sua *Revue de Synthèse Historique*. Se ele lê os *Annales d'Histoire Économique et Sociale*, fundados em 1929 em Estrasburgo por Marc Bloch e Lucien Febvre, ao mesmo tempo colabora com a *Revue Historique*. Nesse percurso intelectual, os encontros que fez em Alger, graças ao II Congresso Nacional das Ciências Históricas, em particular o de Henri Pirenne, marcaram-no, e ele surge então como um historiador promissor, visto que se beneficia de uma bolsa para efetuar suas pesquisas nos arquivos da Espanha (após ter abandonado o projeto de uma tese sobre a Alemanha) e em outros lugares – principalmente em Raguse (atual Dubrovnik).[23]

Esse percurso, que lhe prometia uma brilhante, mas tradicional carreira acadêmica, foi interrompido por sua partida para o Brasil, onde residiu e ensinou em São Paulo de 1935 a 1937, no âmbito de uma missão universitária. A descoberta que então fez da América[24] levou-o, de imediato, a considerar *O Medierrâneo* "do lado de fora", podemos dizer, ao mesmo tempo que não deixa de inspirar seus trabalhos ulteriores e o que então será sua perspectiva mundial. A temporada brasileira é essencial em outro aspecto, já que Fernand Braudel fez a viagem de volta em companhia de Lucien Febvre, que retornava de Buenos Aires. Graças às trocas entre eles, iria se consolidar uma amizade que nunca se desfez. É então em seu retorno que, apesar da reserva de Marc Bloch, Fernand Braudel foi estreitamente associado aos *Annales*,[25]

23 Podem-se ler seus primeiros trabalhos sobre o Mediterrâneo no primeiro volume dos *Les Écrits de Fernand Braudel*, em particular, Les Espagnols en l'Afrique do Nord de 1492 à 1577, p.31-89.

24 Leremos em Braudel, *Les Écrits de Fernand Braudel*, III, p.33-115, os artigos que ele consagrou à América Latina, e mais particularmente ao Brasil, ao longo desses anos.

25 A proximidade entre os dois homens, pessoal tanto quanto intelectual, pode ser lida pelos textos que ele escreveu sobre Lucien Febvre: Id., Présence de Lucien Febvre, *Éventail de l'histoire vivante:* hommage à Lucien Febvre offert par l'amitié d'historiens, liguistes, géographes, économistes, sociologues, éthonologues, I, 1953 (reeditado em Id., *Écrits de Fernand Braudel*, III, p.251-269); Id., Lucien Febvre et l'histoire. *Cahiers internationaux de sociologie*, v.XXII, 1957, p.15-20 (reeditado em Id., *Écrits de Fernand Braudel*, III, p.270-275); Id., Lucien Febvre. In: Sills, *International Encyclopedia of the Social Sciences*, (reeditado em Carmignani, *Autour de F. Braudel*, p.27-33).

a partir de 1938 quando ele ensinava na École Pratique de Hautes Études (EPHE). O processo de maturação se concluía; o da escrita começava, marcado pelo sofrimento da prisão, do qual, paradoxalmente, ele se aproveitou pelo distanciamento imposto pelos acontecimentos.

A defesa e a posterior publicação de *O Medierrâneo*, em 1949, então, foi um choque na França, perturbando completamente as práticas e as concepções historiais de costume. Mas seu impacto se prolongou muito além, visto que a segunda edição, revista e aumentada, é datada de 1966, e que seu "personagem" principal ainda inspirou uma série de programas de televisão em 1976, que originaram outro trabalho, para o qual Braudel redige vários capítulos.[26] O impacto da obra principal de Fernand Braudel mede-se também pelas traduções que gerou, não sem algumas surpresas: se as edições italianas e espanholas foram quase imediatas (1952, 1954), as versões inglesas e alemãs demoraram bastante (1972-73, 1990). Podemos então dizer que *O Mediterrâneo* acompanhou a quase totalidade da carreira universitária de Fernand Braudel, a ponto de vários dizerem que ele havia vivido sobre esse capital, fruto de uma inovação historiográfica magistral que revolucionou os modos de fazer História. Isso não faz justiça ao gênio do autor, visto que ele se lançou muito rapidamente em outro projeto colossal, e o processo de escrita levou cerca de trinta anos até ser concluído. Mas a ambição do projeto assim como a atividade por todos os meios que ele desenvolveu explicam também esse "atraso".

Em 1979, sai enfim *Civilização material, economia e capitalismo*. O tríptico braudeliano: "estruturas do cotidiano", "os jogos das trocas", "o tempo do mundo", pôde ser lançado como a réplica da tripartição mediterrânea: "a parte do meio", "destinos coletivos e movimentos conjuntos" e "os eventos, a política e os homens". Nesse sentido, o trabalho da plena maturidade de Fernand Braudel nada mais seria que o aprofundamento, certamente magistral, ou mesmo o fecho da obra genial, fundadora do ponto de vista metodológico, a saber, de novo e sempre, *O Mediterrâneo*. Seria preciso então dizer que é na obra de 1949 que reside a verdadeira inovação científi-

---

Em comparação, o texto escrito por Fernand Braudel sobre Marc Bloch na mesma *International Encyclopedia of the Social Sciences* [reeditado em Id., *Écrits de Fernand Braudel*, III, p.303-307] parece mais adequado e menos caloroso, se ele pode assinalar toda a importância desse historiador que encontra apenas em raras ocasiões antes que a guerra os separe.

26 Braudel, *La Méditerranée*.

ca, representando a de 1979 apenas um simples prolongamento, começado em escala mundial. Mesmo! É preciso lembrar que o primeiro volume fora lançado em 1967, sob o título *Civilização material e capitalismo*, contribuição de Fernand Braudel encomendada por Lucien Febvre para a Coleção Destin de L'humanité [Destino da Humanidade] que então ele dirigia. Como destaca Pierre Jeannin,[27] é no primeiro volume que surge a principal originalidade, porque, para abordar a história do capitalismo, Braudel começa descartando as bases materiais da economia, dando-lhe assim uma dimensão extensiva, estabelecendo os alicerces (cf. a metáfora da casa) do que podemos também chamar civilizações. A civilização material seria então equivalente, para a história do capitalismo, ao que foi a geo-história para *O Mediterrâneo*. Mas a análise do desenvolvimento do capitalismo moderno em escala mundial – o que não é pouca coisa – representa mais que uma simples extensão de um projeto que se "limitava" a um espaço, o Mediterrâneo, abraçado em sua totalidade e apreendido em suas diversas temporalidades.[28]

Se, na gênese da segunda grande obra de Fernand Braudel, a temporada brasileira representou, sem dúvida, uma abertura para os espaços e as circulações atlânticas, assim como para os mecanismos comerciais da expansão e da dominação europeia no mundo, é importante situar o conceito-chave que ele então utiliza, o das "economias-mundo". O próprio Braudel o faz, no prefácio à edição italiana do livro de Immanuel Wallerstein, *The Modern World-System* [O moderno sistema-mundo].[29] Braudel tomou emprestado a expressão do alemão *Weltwirtschaft* e aplicou-a ao Mediterrâneo do século XVI. Distinguindo uma zona central estreita, uma semiperiferia larga o bastante e uma periferia de vastas proporções, o esquema wallersteiniano teoriza assim "essa coexistência de modos de produção diferentes e, entretanto, articulados entre si, explicando-se uns pelos outros". Braudel o retoma e o expande, por sua vez, admitindo a existência de várias economias-mundo no momento da expansão europeia e considerando que o desenvolvimento do

27 Jeannin, Une histoire planétaire de la civilisation matérielle. *Annales Histoire et Sciences Sociales*, ano 27, v.1, 1972, p.71-79.

28 Ver Morineau, Un grand dessein: civilisation matérielle, économie et capitalisme (XVème-XVIIIème siècle) de Fernand Braudel. *Revue d'Histoire Moderne et Contemporaine*, n.28, out-dez 1981, p.624-668. [reeditado em Revel (org.), *Fernand Braudel et l'histoire*, p.122-135).

29 Braudel, Préface de *The Modern World-System* (reeditado em Id., *Écrits de Fernand Braudel*, III, p.523-526, aqui. p.524).

capitalismo moderno estabelece sistematicamente uma cidade à frente do sistema: Veneza, Gênova, depois Amsterdã e, por fim, Londres.

Não é despropositado aproximar a segunda grande obra de Fernand Braudel da posição acadêmica que ele gradativamente adquiriu, ou mesmo conquistou, ao longo das décadas do pós-guerra. Presidente da banca da agregação em História, de 1949 a 1955, e eleito professor no Collège de France em 1950 (cadeira de História da Civilização Moderna) onde lecionará até 1972, ele procurou difundir e impor as novas maneiras de fazer História e suas concepções históricas. Em 1956, sucessor de Lucien Febvre – e isso até 1972 – na presidência da sexta seção da EPHE, criada em 1947. Nessa instituição, que, ao longo dos anos, revelou-se ser o principal lugar da pesquisa francesa, foi um dos fundadores do Centre de Recherches Historiques (CRH) em 1949, depois o promotor do modelo das áreas culturais[30] tomado às universidades norte-americanas, para a estruturação do ensino e da pesquisa no estabelecimento que viria a se tornar a École de Hautes Études en Sciences Sociales (EHESS) em 1975. Diretor dos *Annales* de 1956 a 1968, sucede Lucien Febvre, afastando pouco depois Robert Mandrou que era o então secretário – antes de transmitir a responsabilidade da revista a Jacques Le Goff, Emmanuel Le Roy Ladurie e Marc Ferro. Ele fundou, enfim, a Maison des Sciences de l'Homme (MSH) em 1962, cujo objetivo era impulsionar programas de pesquisa pluridisciplinares e internacionais.

A estruturação da pesquisa francesa que Fernand Braudel realizou, a ponto de fazer dele um homem de poder – o que ele era, incontestavelmente –, é inseparável, entretanto, de sua atividade intelectual. Mais do que isso, para ele, não havia brecha científica que não se acompanhasse de uma institucionalização.[31] No CRH, suscitou toda uma série de grandes obras que geraram numerosas publicações nas novas coleções da EHESS: "Monnaie, Prix, Conjonctures" [Moeda, Preço, Conjuntura]; "Affaires et Gens d'Affaires"[Negócios e Gentes de Negócio]; "Ports, Routes, Trafic" [Por-

30 Para sua genealogia, ver em Mazon, *Aux origines de l'École des Hautes Études en Sciences Sociales*, o papel de Clemens Heller para sua adaptação na França. Ver também Lombard, De la vertu des "aires culturelles". In: Revel; Wachtel, *Une école pour l'EHESS*, p.115-125.

31 Em um relatório para o Ministério da Educação escrito em 1957, ele desenvolve suas concepções sobre a política de pesquisa: Braudel, Les sciences sociales en France, un bilan, un programme. *Annales. Économies, Sociétés, Civilisations*, ano 13, n.1, 1958, p.94-109.

tos, Rotas, Tráfico];[32] "Les Hommes et la Terre" [Os homens e a Terra]. Ele promoveu, assim como Marc Bloch e Lucien Febvre haviam feito em seu tempo ("Noblesse" [Nobreza], "Techniques" [Técnicas]), investigações que alimentavam os sumários dos *Annales*: "a História, ciência social atual" ; "a história da vida material e dos comportamentos biológicos". A essa posição institucional na França, é preciso acrescentar a influência no exterior, não apenas pelas viagens que realizou e pela abertura em direção aos países do Leste Europeu – e isso desde o fim dos anos 1950 – mas também pela criação da Association Internationale d'Histoire Économique com Michel Postan, em 1960, e das Semaines d'Histoire Économique de Prato, em 1968, com Federigo Mellis.

Se a repercussão internacional de *Civilização material* foi imediata (revelado pela quantidade das traduções que se seguiram à edição francesa), é preciso ir mais devagar sobre a recepção que acompanhou sua publicação na França, menos entusiasta que para *O Mediterrâneo*. Podemos nos perguntar se a predileção de Fernand Braudel por uma apresentação de seus trabalhos em vastos trípticos não apareceu como um artifício. No entanto, os três volumes de *Civilização material* são mais uma tentativa de abranger de três modos diferentes a economia mundial na época moderna, enquanto *O Mediterrâneo* apresenta três temporalidades distintas, sendo que a terceira, não prevista inicialmente, lhe foi inspirada pela crise de 1973-1974 para oferecer uma reflexão de conjunto sobre o capitalismo. Aliás, a compartimentação que assim apareceu não remeteria à observação – não desprovida de pertinência – que Bernard Baylin, um dos raros autores de uma resenha crítica de *O Mediterrâneo*, apontava em 1951?[33] Além disso, naquele fim dos anos 1970, a história econômica já tinha começado seu declínio – o paradigma labroussiano e a história quantitativa[34] vistas como tendo esgotado suas potencialidades –, e a antropologia histórica parecia tê-la substituído

32 Nessa chave, ele próprio pública com Romano, *Navires et marchandises à l'entrée du port de Livourne (1547-1611)*.

33 "As partes de seu 'mundo' estão todas lá, mas elas ficam inertes, cortadas umas das outras, isoladas"; e, mais adiante: "A única coisa que não se poderá jamais compreender de um 'mundo' dividindo-o em três partes, é seu movimento, isto é, sua vida." Baylin, Braudel's Geohistory: a Reconsideration. *Journal of Economic History, v.11*, n.3, *1951*, p.277-282 (reeditado In: Revel (org.), *Fernand Braudel et l'histoire*, p.73-80).

34 Aliás, Braudel contribuiu para isso ao organizar com o próprio Ernest Labrousse a *Histoire économique et sociale de la France*.

nos *Annales*,[35] dinamizada que estava pela afirmação da "Nova História".[36] Tal conjuntura sem dúvida não é estranha à repercussão mínima que *Civilização material* recebeu: as questões em torno do nascimento, das formas, da definição do capitalismo interessariam ainda? E surgia no horizonte outra maneira de abordar os problemas históricos gerais, que tanto preocupavam Fernand Braudel, a micro-historia.[37] Enfim, suas incursões fora de seu domínio talvez tenham indisposto especialistas de uma ou outra área cultural. Não tendo podido trabalhar senão a partir de obras de segunda mão, sua abordagem da História não era desprovida de todo eurocentrismo, e algum de seus desenvolvimentos podem abrir a guarda para a crítica. No entanto, a força de Fernand Braudel reside também nisso: sua capacidade de chegar a conclusões corretas e perspicazes a partir de análises que, no detalhe, podem ser contestadas...

Terceira grande obra de Fernand Braudel, *A identidade da França* é, mais uma vez, um caso diferente. O trabalho foi começado em 1979 – a última prova impressa de *Civilização material* mal havia sido aprovada! – e é certo que sua incompletude não facilitou a recepção, mas há outros parâmetros a considerar, pois o livro tem um sucesso bem maior junto ao público esclarecido que entre a comunidade dos historiadores. Fernand Braudel estava então no auge do prestígio; isso é confirmado por sua eleição em 1984 para a Académie Française, os títulos de doutor *honoris causa* conferidos por diversas universidades e suas participações ou entrevistas concedidas à imprensa. Principalmente, após o monumento representado por *O Mediterrâneo* e as perspectivas mundiais de *Civilização material*, o grande historiador parecia ceder ao canto das sereias da história nacional e limitar seu olhar apenas à França. O diagnóstico é precipitado. É preciso primeiro reposicionar essa última obra na conjuntura historiográfica francesa, visto que, nos mesmos anos, surgiram várias histórias da França.[38] Portanto, ele não é o único a se interrogar, nos anos 1980, sobre os meios de renovar o gênero.

---

35 Ver o julgamento que ele faz sobre a evolução da revista, que não deixa de comportar certa injustiça em relação a seus sucessores, em Braudel, En guise de conclusion, *Review*, v.1, n.3-4, 1978, p.243-253 (reeditado In: Id., *Les écrits de Fernand Braudel*, III, p.235-248).

36 Le Goff ; Nora, *Faire de l'histoire*; e Le Goff, *La Nouvelle Histoire*.

37 Ginzburg, *Le fromage et les vers*; e Levi, *Le pouvoir au village*.

38 Braudel, *Histoire de France*; e Burguière ; Revel, *Histoire de la France*. Ver também Nora, *Les lieux de mémoire*.

Pois não se trata somente, com *A identidade da França*, de uma enésima história nacional, nem mesmo da preocupação de um homem, no ocaso da vida, em afirmar o afeto por seu país, que ele exprime em termos nos quais a paixão é mais uma vez convocada: "Digo de uma vez por todas: amo a França com a mesma paixão, exigente e complicada, que Jules Michelet". O último trabalho de Fernand Braudel, longe de ser uma reorientação ou mesmo um recuo no que concerne à "nação França", fora anunciado em seus últimos cursos no Collège de France (1970-1972). Da obra que devia comportar quatro partes, somente a primeira, "Espaço e história", pôde ser revisada pelo autor. Conhecemos, entretanto, a economia da obra, ainda que seja provável (Braudel era habituado ao fato) que ela tenha sofrido inflexões sensíveis ao longo do processo de escrita. O historiador teria revisitado a nação França de ângulos cada vez diferentes: o espaço, a população, a cultura e a religião.

Seria um erro, como diz Maurice Aymard, julgar as três obras principais de Fernand Braudel separadas, sob pretexto de que vários anos se passaram entre as publicações de cada uma delas. Há, com efeito, toda uma série de espaços de recuperação, de mudança de curso nos questionamentos, que lhes conferem ao mesmo tempo flexibilidade em sua elaboração e coerência na trajetória do conjunto da obra.[39] Mas, para concluir esse panorama, vale a pena nos determos ainda sobre alguns trabalhos que ou se transformaram de pleno direito em obras ou então ficaram no estado de contribuições preliminares.

Gramática das civilizações não chamou muito a atenção dos leitores. O fato de o livro ter sido concebido como um manual escolar – que foi utilizado como "livro do professor" –, atendendo a uma encomenda ministerial no âmbito de uma reforma dos programas de História das séries finais do ensino médio, está sem dúvida na origem desse desinteresse. Se traduções foram publicadas pouco após o lançamento em 1963, no fim das contas, sua redescoberta, inclusive no estrangeiro, é recente. É preciso ligar esse investimento de Fernand Braudel na redação de um manual de História à sua preocupação, e mesmo sua luta, em defender e promover, pelo ensino, suas concepções da disciplina. Ele não foi somente um historiador ou fundador de instituições; procurou investir e renovar as próprias modalidades do en-

39 Aymard, One Braudel or Several?, *Review*, v.24, n.1, 2001, p.13-24.

sino da disciplina histórica. Fracasso? Sem dúvida! Mas o pensamento de Fernand Braudel está também nesse trabalho, que merece ser relido principalmente por sua introdução, em que retoma amplamente o texto publicado em 1959 sobre esse assunto.[40] Se a definição do termo surge bem extensa ("A pesquisa, para ser proveitosa, deve apreender tudo, ir das culturas mais modestas às *major civilizations*, e principalmente que essas *major civilizations* devem ser divididas em subcivilizações, e estas em elementos ainda menores. [...] Penso, hoje principalmente, que os Estados, os povos, as nações tendem a ter sua própria civilização"),[41] encontramos aqui o apelo a uma História geral, integrando as contribuições de todas as ciências sociais:

> A história das civilizações, como a História, sem mais, encontra-se no cruzamento dos caminhos. Ela precisa, queira ou não, assimilar todas as descobertas que as diversas ciências sociais, surgidas mais ou menos recentemente, acabam de fazer no domínio inesgotável da vida dos homens.[42]

A história cultural está (enfim) presente: "Uma civilização, diremos, é um conjunto de traços, de fenômenos culturais".[43] E entre os critérios que ele estabelece para a definição das civilizações, convida ao questionamento sobre o espaço (seu "alojamento") e sua coerência, sua permanência no tempo, sobre o jogo dos empréstimos e das recusas. Mas, nessa medida, História e civilização são termos sinônimos no espírito de Fernand Braudel.[44]

De *O Mediterrâneo* a *Identidade da França* passando por *Civilização material* e *Gramática das civilizações*, falta uma escala: a Europa, que poderia ter sido assunto de um livro, se Braudel tivesse levado a termo a encomenda que lhe fora feita no fim dos anos 1970 pelo ministro da Educação Nacional da época, e a história da Espanha que Lucien Febvre lhe solicitara ao fim dos anos 1950, e que também nunca viu o dia.

---

40 Braudel, L'apport de l'histoire des civilisations. *L'Encyclopédie francaise*, v.20, cap. 5 (reeditado em Id., *Écrits sur l'histoire*, I, p.254-314; e em Id., *Les écrits de Fernand Braudel*, II, p.197-242).

41 Id., *Les écrits de Fernand Braudel*, II, p.224.

42 Ibid., p.223.

43 Ibid., p.198.

44 "Eu digo História porque a civilização é aproximadamente a História." Ibid., p.233.

Continuidade, unidade (e limites) do projeto braudeliano

Os artigos teóricos de Fernand Braudel não são separáveis de suas obras, frutos de longos anos de pesquisa. Eles são uma espécie de defesa e ilustração, às vezes militante, de suas concepções, mas de maneira alguma a expressão do que seria uma teoria da História;[45] em Braudel, tudo, é prática da História ou "ofício de historiador". No entanto, a continuidade de certo número de temas desenha os contornos do projeto braudeliano. Importa então extrair a unidade de seu pensamento histórico, ao mesmo tempo que indicar-lhes os eventuais limites.

A longa duração

O artigo de 1958 é aqui a referência obrigatória.[46] Programático, fundador, é um dos trabalhos mais citados e mais traduzidos de Braudel. Contra a história factual, ou a história-relato, sem dúvida, mas também contra a história dos ciclos, segundo o modelo labroussiano. Braudel privilegia, no prolongamento do que ele propusera alguns anos antes em *O Mediterrâneo*, as estruturas, essa "realidade que o tempo usa mal e veicula muito longamente": restrições geográficas, quadros mentais, condições técnicas, demográficas, até mesmo econômicas. Ela é a base (metáfora geológica), o alicerce (metáfora arquitetônica) sobre os quais as sociedades se organizam e que o historiador tem por missão restituir. "Todas as camadas, todas as milhares de camadas, todas as milhares de explosões do tempo da História são compreendidos a partir dessa profundidade, dessa semi-imobilidade; tudo gravita em torno dela."[47] A história "estrutural", segundo Braudel, não é mais apenas o complemento das conjunturas, ela é essa história longa – "permanente", dizia ele a seus companheiros de cárcere – que tem pouco a ver com as estruturas segundo o pensamento marxista, e aqui está uma ino-

---

45 "Para Fernand Braudel, nenhuma teorização jamais deu origem a um grande livro de História, ao passo que a relação inversa pode, em certos casos ao menos, ser verificada." Aymard, Prèface. In: Braudel, *Les écrits de Fernand Braudel*, I, p.III.

46 Braudel, Histoire et science sociale: la longue durée, *Réseaux*, v.5, n.27, 1987, p.7-37 (reeditado em Id., *Écrits sur l'histoire*, I, p.41-83).

47 Ibid., p.54.

vação historiográfica de primeira importância quanto à questão das temporalidades, intrínseca ao trabalho do historiador.

Fernand Braudel é então o único comandante,[48] na chefia dos *Annales* e da VI seção, e logo da MSH. Podemos então considerar que esse artigo, longamente amadurecido, constitui seu aporte epistemológico particular, sua contribuição ao movimento dos *Annales*. Ele identificará rapidamente os "*Annales* de Fernand Braudel", com o apogeu da História Econômica, a das conjunturas de Ernest Labrousse e de seus discípulos, ou a quantitativa de Pierre Chaunu. Ele não irá parar de retomar e defender suas concepções, aproveitando os comentários dos trabalhos que publica na revista.[49]

Mas é possível, também, a exemplo de Jacques Revel, interpretar "a longa duração" como o instrumento – a arma? – que Braudel propõe aos historiadores para responder ao estruturalismo de Claude Lévi-Strauss,[50] prestes a se constituir em novo paradigma no campo das ciências sociais e face ao qual a História deveria se posicionar, em razão do caráter atemporal da Antropologia lévi-straussiana, mais que a-histórica. Tal atitude corresponderia ao mesmo tempo à tradição dos *Annales* (confrontar-se com tal ou tal disciplina nova, como haviam feito com a Economia de François Simiand e a Sociologia de Émile Durkheim) e... à personalidade de Fernand Braudel, que não era relutante ao combate intelectual.[51] A longa duração,

48 "De 1946 a 1956, *de fato*, Lucien Febvre será o único a dirigir os *Annales*; de 1956 a 1968, *de fato*, estarei sozinho para dirigi-los." Braudel, Ma formation d'historien, p.23 [grifos do autor].

49 Ver, em especial, Braudel, Séville et l'Atlantique (1504-1650), de Pierre Chaunu, *Annales. Économies, Sociétés, Civilisations*, ano 18, n.3, 1963, p.541-553 (reeditado em *Écrits sur l'histoire*, II, p.135-153); Beauvais et le Beauvaisis de 1600 à 1730, de Pierre Goubert, *Annales. Économies, Sociétés, Civilisations*, ano 18, n.4, 1963, p.767-778 (reeditado em *Les écrits de Fernand Braudel*, III, p.476-488); La Catalogne dans l'Espagne moderne, de Pierre Vilar, *Annales. Économies, Sociétés, Civilisations*, ano 23, n.2, 1968, p.375-389 (reeditado em *Les écrits de Fernand Braudel*, III, p.489-504). Ver também os prefácios de Fernand Braudel a *Théorie économique du système féodal*; e a *Conjunctures économique, structures sociales*, de Witold Kula (reeditados em *Les écrits de Fernand Braudel*, v.III, p.505-507 e p.308-311).

50 Lévi-Strauss, *Anthropologie structurale*. Aliás, Fernand Braudel explicitará sua oposição a Lévi-Strauss em En guise de conclusion, p.240.

51 Ver o conselho que ele dá a Immanuel Wallerstein, em 1978, em referência àquilo em que se transformaram, a seu ver, os *Annales*: "É difícil ser herético e ser inovador quando, bruscamente, nos tornamos de certa maneira ortodoxo"; "Então, aconselho vivamente Immanuel a procurar [...] um inimigo íntimo que possa ajudá-lo na direção da *Review*." Ibid., En guise de conclusion, p.246 e 245, respectivamente.

como "desfile" e "estratégia de reconquista"![52] O que permitiria compreender também por que Braudel começa seu artigo com esta frase: "Há uma crise geral nas ciências do homem", crise de crescimento, é verdade, mas crise porque elas são, a seu ver, sempre ameaçadas pelo recuo disciplinar.

A geo-história

Tendo forjado esse conceito, indissociável da longa duração (pois o espaço é a primeira limitação que se impõe às sociedades humanas), podemos dizer que Fernand Braudel é um historiador do espaço. A referência à Geografia, em especial a de Vidal de La Blache, é recorrente no conjunto de sua obra e na teorização de sua prática de historiador. Ela indica como ponto essencial o *Tableau de la géographie de la France* [Quadro da Geografia da França], primeiro volume da *Histoire de France*, de Ernest Lavisse. Ela corresponde à formação de Braudel, que não separava História e Geografia. Ela remete à sensibilidade de Fernand Braudel para as paisagens. O historiador deve fazer-se geógrafo, pois, para ele, é o primeiro dado da História abrangente das civilizações. Aliás, é em relação com as limitações do espaço que as técnicas lhe interessam: sua eficácia sobre o meio, sua capacidade de transformá-lo, seu uso pelas sociedades. Os homens da terra ou do mar não escapam a isso, nem mesmo os banqueiros e negociantes que se esforçam para fazer circular dinheiro e mercadorias sempre mais rápido para responder às necessidades da economia de mercado. E a história da França de Braudel é, em primeiro lugar, uma reflexão sobre a geografia desse país.

História e ciências sociais

Essa questão é central em toda a obra de Fernand Braudel, como foi – e continua sendo – para os *Annales*. Encontramos essa preocupação desde o caderno da *Oflag*, e se ele escreveu muitos artigos sobre a relação entre a História e as ciências sociais, é na verdade toda a sua obra que pode ser colocada sob o signo dessa reflexão.[53]

52 Revel, *Fernand Braudel et l'histoire*, p.16-18 (principalmente esta última).

53 Ver, por exemplo, os artigos: Braudel, Histoire et sociologie. In: Gurvitch, *Traité de sociologie*, I, p.83-99 (reeditado em Braudel, *Écrits sur l'histoire*, I, p.97-122); Id., Pour une économie historique, *Revue économique*, v.1, n.1, 1950, p.37-44 (reeditado em Id., *Écrits sur l'histoire*, I,

Muito se escreveu sobre o imperialismo da História segundo Fernand Braudel e sua pretensão de federar o conjunto das ciências do homem sob a autoridade de Clio. Seria fácil demais aproximar "a história imperialista" que Braudel desejava no caderno de *Oflag*, citado na introdução, de sua negação em 1978, em *Review*.[54] É mais interessante situar a postura intelectual em consonância com os fundadores dos *Annales*. Na resenha que lhe consagra para a *International Encyclopedia of the Social Sciences*, Braudel cita Marc Bloch, que retomava, por sua vez, as palavras de Fustel de Coulanges: "A História não é a acumulação dos acontecimentos de todo tipo que se produziram no passado. Ela é a ciência das sociedades humanas".[55] Tendo em mente essa afirmação que devemos ler a diversidade das expressões que Fernand Braudel utiliza para explicitar a relação entre História e ciências sociais, que atravessa o conjunto de sua obra.

> As ciências do homem cercam, invadem a História, transformam-na sem cessar. De fato é preciso domá-las, e mesmo desarmá-las para colocá-las a nosso serviço, humanizá-las, teria dito Lucien Febvre.[56]
>
> [A História] aproveitou-se, antes de tudo, do impulso vitorioso das jovens ciências humanas [...], imperialistas e, cada vez, seu desenvolvimento significou para nós, historiadores, choques, complicações, e depois imensos enriquecimentos.[57]
>
> Ela tem necessidade absoluta de se alimentar de sua substância, de encontrar o melhor de sua problemática, o melhor de seus temas, de seus resultados, de seus métodos nas ciências humanas que trabalham sobre a atualidade, sobre a vida.[58]

---

p.123-133) ; Id., La démographie et les dimensions des sciences de l'homme, *Annales. Économies, Sociétés, Civilisations*, ano 15, n.3, 1960, p.493-523 (reeditado em Id., Écrits sur l'histoire, I, p.193-235).

54 "A história que invoco é uma história nova, imperialista." Braudel, *Les écrits de Fernand Braudel*, II, p.16; "Acusaram-me com frequência de imperialista? Entretanto, não sou imperialista." Ibid., III, p.240. Notemos, de passagem, que Fernand Braudel atribui a Marc Bloch e Lucien Febvre a paternidade dessa atitude, bem ao estilo dos combates historiográficos que eles conduziam, quando descreve, numa homenagem a Henri Berr, o tempo dos primeiros *Annales* como o "dessa conquista desejada das ciências do homem por uma história privilegiada". Ibid., p.292.

55 Braudel, Marc Bloch, p.306.

56 Id., Prefâce de Conjoncture économique, p.310 [grifos do autor].

57 Id., Leçon inaugurale..., p.110.

58 Id., L'imperialisme de l'histoire, p.134.

Para alguns historiadores, pelo menos, História e Sociologia, História e ciências do homem são uma única e mesma aventura.[59]

Mais fundamentalmente:

A História que defendemos nessa revista pretende-se aberta para as diferentes ciências do homem; e, mais que a própria História, hoje, é o conjunto dessas ciências que nos preocupa.

As ciências do homem, "ciências auxiliares" da História? A expressão é ousada, mas Braudel se explica:

Em minha mente, todas as ciências do homem, sem exceção, são auxiliares, cada uma por sua vez, umas das outras e, para cada uma delas, é lícito [...] domesticar, para seu uso, as outras ciências sociais.[60]

Pois a História devolve aquilo que toma às outras disciplinas, acrescido da dimensão temporal que lhe é particular.

História global

Falamos, a respeito de Fernand Braudel, de "história global", expressão utilizada de modo semelhante à de "história total", que não ocorre em sua escrita, ou então de modo apenas ocasional. Ele mesmo se explica:

A história global que defendo [...] a globalidade, não é a pretensão de escrever uma história total do mundo. [...] É simplesmente o desejo, quando se aborda o problema, de superar-lhe sistematicamente os limites.[61]

Braudel inscreve-se, portanto, preferencialmente em concordância com a "história-problema" de acordo com Lucien Febvre. É ao se questionar sobre Felipe II e o Mediterrâneo que ele consegue analisar o mundo me-

---

59 Id., Hommage à Henri Berr pour le centenaire de sa naissance, p.289.
60 Id., La démographie..., p.194.
61 Id., En guise de conclusion, p.237.

diterrâneo – espaços, civilizações, estruturas etc. – no século XVI, quando seu problema era situar o momento em que o centro de gravidade oscila em direção ao Atlântico. Ao se questionar sobre o capitalismo moderno que ele consegue traçar um quadro das economias-mundo em escala mundial, tornar claras as hierarquias econômicas e espaciais, as formas de dominação dos sucessivos centros, enquanto o objetivo era apreender uma conjuntura longa do capitalismo e sua estrutura comercial, igualmente longa. Daí a extensão do que abrangem as obras e que restitui a escrita de Braudel, cujo estilo tem um peso importante na fascinação que elas continuam a exercer.

História cultural, história social

Podemos, devemos nos surpreender com o pequeno lugar concedido por Fernand Braudel aos fatos de estrutura culturais e religiosos, quando ele os integrava em seus primeiros textos programáticos. É verdade que suas preocupações, no caso de *O Mediterrâneo* como em *Civilização material*, eram essencialmente de ordem econômica, mas sua ausência de sensibilidade em relação à Antropologia é patente e enfraquece de modo incontestável seu discurso. Tal perspectiva teria tido certamente seu lugar em uma análise de ação dos negociantes e de seus comportamentos na época moderna. A Antropologia não foi a disciplina de predileção com a qual ele desejava estabelecer o diálogo e da qual ele emprestava seus questionamentos. Pois a história global que ele defende é a que integra a Geografia, a Demografia, a Economia e mesmo a Sociologia, no trabalho de reconstituição de uma experiência histórica passada. Nessa extensão da História ao conjunto das ciências sociais, a Antropologia faz uma falta atroz, e a história do direito também está ausente.

Nessa perspectiva, é útil nos interrogarmos sobre a história social segundo Braudel. Ao ler as páginas a ela dedicadas em suas obras, ficamos impressionados pela ausência do ator social, do agente econômico. Ele fala da nobreza – ou antes, das nobrezas –, dos camponeses, da burguesia etc. São entidades sociais que Braudel estabelece, tipos sociais que descreve, em uma espécie de "pesagem global". Mesmo os negociantes, no centro dos problemas que ele se aplica a resolver, são tratados dessa maneira, quando vemos ali surgir tal ou qual figura particular. A análise dos grupos e das hierarquias sociais é tributária, nele, da história social tal como se praticava –

também sob seu impulso – nos anos 1950 e 1960: seu objetivo era destacar – recorrendo à estatística – as estruturas sociais, mais que vislumbrar sua constituição a partir dos indivíduos.

Pela História "em sua maior dimensão"

A atualidade dessa obra de historiador depreende-se facilmente do que acaba de ser dito, mas é importante colocar em relação o alcance do projeto braudeliano com a conjuntura historiográfica presente. O que é feito dela, de fato, hoje? A vontade de reunir as ciências sociais sob a égide ou mesmo sob a direção da História não é mais válida. Diante da atitude mais ou menos agressiva, em todo caso voluntarista, de Fernand Braudel em relação às ciências sociais, o momento parece antes de diálogo pacífico da História com aquelas ciências, em que o apaziguamento pode ser sinônimo de desconhecimento cortês, por causa dos segredos disciplinares que ele representa. Mais exatamente, a História tem hoje a tendência a se considerar mais uma das ciências sociais; o chamado ao diálogo é, entretanto, sempre atual, mas a crise dos paradigmas é muito mais forte do que ele diagnosticava em 1958: o que não teria escrito hoje sobre a crise das ciências sociais! Entretanto, a partir de 1978, seu julgamento estava atenuado: "As ciências do homem não se deixaram subjugar pela História. [...] Elas permanecem cegas e surdas à lição da História [...] ficaram fechadas para nós".[62] As ciências sociais também se institucionalizaram, e, estilhaçadas como estão, os historiadores têm mais a tendência a escolher, selecionar, privilegiar tal ou qual disciplina – ou antes tal ou qual corrente de cada uma delas – para alimentar suas reflexões e trabalhos, pois a oferta é dali em diante múltipla, diversificada, contrastada, "fragmentada". Mas as possibilidades de inspiração continuam numerosas.

Entretanto, o que se chamou, de uma parte, a crise dos paradigmas (a do marxismo e do estruturalismo) e, de outra parte, a "crise da História" – incluindo aqui o paradigma dos *Annales* –,[63] isto é, a perda das certezas

62 Ibid., p.240.

63 Ver Noiriel, *Sur la crise de l'histoire*; e também Dosse, *L'histoire en miettes*, quando se pretendia regozijar-se do que parecia selar o fim da hegemonia da Escola dos Annales.

(a história quantitativa, a história das mentalidades),[64] pareceu terminar em um ceticismo generalizado em relação às ambições braudelianas. Estas, entretanto, teriam a vantagem de suscitar um questionamento sobre a própria disciplina, por uma crítica das categorias utilizadas pelo historiador, uma reflexão sobre o relato, os modelos, as representações e os discursos, e uma valorização dos atores e de suas experiências.[65] Podemos dissertar *ad infinitum* sobre essas considerações referentes à crise da História... Mas tendo desejado "queimar Braudel",[66] após tê-lo adorado, teria chegado a hora de "ressuscitá-lo"? Mas em qual "Braudel" os historiadores podem se inspirar hoje?

Há alguns anos, desenvolve-se no mundo anglo-saxão o que chamamos *Global* ou *World History*.[67] É evidente que tais proposições devem ser relacionadas com a globalização que o mundo contemporâneo vivencia, e os historiadores, também, são interpelados pelos fenômenos que a acompanham. É evidente que a prática historial nunca é separada do contexto no qual eles manejam seu ofício. Podemos, entretanto, responder a esse desafio em termos braudelianos: a globalização é, também, um fenômeno de longa duração em quê? Entretanto, para evitar que esses trabalhos só terminem em uma nova história universal, "a história espacializada", segundo Braudel e em particular o conceito de região, é pertinente,[68] se outros modelos são disponíveis, como o dos cruzamentos de Denys Lombard.[69] As circulações, as trocas, as conexões entre culturas – ou civilizações – estão igualmente em

---

64 Esse aspecto da obra de Lucien Febvre, que falava do instrumental da mente ou de psicologia coletiva, Fernand Braudel não retomou a herança. Podemos encontrá-lo, entretanto, em Mandrou, *Introduction à la France moderne*; ou em "a história das profundezas", segundo Alphonse Dupront.

65 Ver Histoire et sciences sociales. Un tournant critique?, *Annales. Économies, Sociétés, Civilisations*, ano 43, n.2, 1988. p.291-293. Ricoeur, *Temps et récit*; e, mais recentemente, Grenier ; Grignon ; Menger, *Le modèle et le récit*.

66 Ver o dossiê dedicado ao historiador chamado "Faut-il brûler Braudel?", *L'Histoire*, n.192, out. 1995.

67 Ver o 19º congresso internacional das ciências históricas (Oslo, 2000) e os dois temas principais organizados: perspectivas da história global: conceitos e metodologia; e encontros culturais entre continentes ao longo dos séculos.

68 Podemos nos reportar a Wong, Entre monde et nation: les régions braudéliennes en Asie, *Annales. Histoire et Sciences Sociales*, ano 56, v.1, 2001, p.5-41; e ao comentário de Maurice Aymard que acompanha a publicação desse artigo.

69 Lombard, *Le carrefour javanais*.

pauta.[70] Temas que Braudel certamente também não teria recusado – e que explorou, assim como muitos de seus discípulos –, mas que são percebidos hoje sob o ângulo de contrabandistas ou transferências culturais, das exportações/importações das representações que seus suportes veiculam, na perspectiva das articulações entre local e global ou dos fenômenos de apropriação e de reinterpretação. A mestiçagem, no momento de uma sociedade multicultural globalizada, não está distante... parece que se desenha assim uma nova conjuntura historiográfica, que se interessa novamente pelos grandes espaços, que retoma o caminho das grandes perspectivas, caros a Fernand Braudel. Portanto, há fortes razões para crer que não apenas *O Mediterrâneo*, mas talvez mais ainda *Civilização material* serão novamente analisadas, comentadas, discutidas. Mais que a História segundo Braudel, é para a história comparada de Marc Bloch – que continua mais que nunca atual[71] – que se direcionaram os participantes do simpósio de Oslo, se eles tivessem que citar uma referência não anglo-saxã... Seu tempo virá, sem dúvida.

Na Europa, com o abandono do projeto braudeliano e após o enfraquecimento da antropologia histórica (e da história dita das mentalidades), é em outra escala – micro, nesse caso – que os historiadores testaram suas práticas nos anos 1980 e 1990. A micro-história italiana, a micro-análise francesa, a *Alltagsgeschichte* alemã, a *New Social History* inglesa podem a ela se ligar. É o ator concreto, o grande ausente da História braudeliana, que foi colocado no centro das preocupações historiais, com suas experiências, seus comportamentos, suas estratégias.[72] Se alguns quiseram (e continuam a) ver na micro-história um recuo incômodo das perspectivas historiais, ela representou um deslocamento das questões que permite relançar a história global partindo, justamente, das experiências dos atores. Aliás, se o "micro" foi privilegiado, os jogos de escalas não excluíam de modo algum a es-

---

70 Ver Subrahmanyam, Du Tage au Gange au XVIème siècle: une conjoncture millénariste à l'échelle eurasiatique, *Annales. Histoire et Sciences Sociales,* ano 56, v.1; e Serge; Gruzinski, Les mondes mêlés de la Monarchie catholique et autres "connected histories", *Annales. Histoire et Sciences Sociales,* ano 56, v.1, 2001, p.85-117; assim como os comentários de Roger Chartier que acompanham os dois textos.

71 Ver o dossiê "L'exercice de la comparaison", *Annales. Histoire et Sciences Sociales,* ano 57, v.1, 2002; e a proposta de Werner ; Zimmermann, Penser l'histoire croisée: entre empirie et réfléxivité, *Annales. Économies, Sociétés, Civilisations,* ano 58, n.1, 2003, p.7-34.

72 Ver Lepetit, *Les formes de l'expérience;* e Revel, *Jeux d'échelles.*

cala "macro". Enfim, as variações de foco, para retomar a outra metáfora – utilizada concorrentemente, mas menos explorada que a metáfora cartográfica –, implica que a escala da análise pertinente seja determinada pelo objeto estudado, assim como a escolha de uma escala de análise mais que outra determina por sua vez o objeto observado. Se o macro pode ser novamente privilegiado hoje, em uma atitude braudeliana, ele o será integrando a perspectiva dos atores e refletindo mais sobre a articulação entre as escalas. Da mesma forma, a abordagem das redes que os atores constroem e nas quais eles são apreendidos, não implica considerá-los apenas em escala local. O exemplo da América Espanhola entre os séculos XVI e XVIII está aí para prová-lo.[73]

Contra o obstáculo da compartimentação, das instâncias superpostas ou dos planos justapostos, uma História integrada é necessária, mais que o fez Braudel. Para isso, no entanto, importa voltar a uma história global, no sentido também em que os diferentes "níveis" da vida dos homens em sociedade são captados em conjunto, assim como as diferentes temporalidades. Novas experimentações estão em pauta, pois "a história em sua maior dimensão", à qual convida e que suscita a (re)leitura de Braudel, impõe empregar novos instrumentos de análise.

Desde o caderno da *Oflag*, a especificidade da História reside, aos olhos de Fernand Braudel, na análise do "permanente", portanto em parte do atual, isto é, a longa duração.

> Ela põe em questão a realidade social, não apenas no que tem de fugidio, mas no que tem de permanente, de sempre vivo, de atual. [...] O verdadeiro fim da História talvez não seja o passado [...] mas o conhecimento dos homens, essa tarefa coletiva que é o encontro das ciências sociais, seu ponto de convergência, o nosso também.[74]

É nas dimensões do mundo que ele empregou esse programa, sem recuar ante o desafio que se fixara. Além disso, Fernand Braudel concluiu:

---

73 Ver Moutoukias, Réseaux personnels et autorité coloniale: les négociants de Buenos Aires au XVIIIème siècle, *Annales. Économies, Sociétés, Civilisations*, ano 47, n.4-5, 1992, p.889-915; e Wachtel, *La foi du souvenir: Labyrinthes marranes.*

74 Braudel, L'histoire, mesure du monde, p.46.

Explicar a História, explicar o mundo não é pouca coisa. [Então, aos seus olhos] a História não é apenas um relato, ela não é mais uma coleção de fatos [...] Ela está em relação direta com a vida e em seu limite ela é, ela deve ser a própria vida.

Braudel dedicou-lhe a sua, com paixão.

Jacques Poloni-Simard

Obras de Fernand Braudel

BRAUDEL, Fernand. *La Méditerranée et le monde méditerranéen à l'époque de Philippe II*. Paris: Armand Colin, 1949. [Ed. Bras.: O Mediterrâneo e o mundo mediterrâneo à época de Felipe II. In: *Escritos sobre a história*. São Paulo: Perspectiva, 1978.]

_______. Pour une économie historique. *Revue économique*, v.1, n.1, 1950, p.37-44.

_______. Les sciences sociales en France, un bilan, un programme. *Annales. Économies, Sociétés, Civilisations*, ano 13, n.1, 1958, p.94-109.

_______. L'apport de l'histoire des civilisations. In: *L'encyclopédie francaise*, v.20, cap. 5, 1958.

_______. Histoire et sociologie. In: GURVITCH, Georges. *Traité de sociologie*, I. Paris: PUF, 1958, p.83-99.

_______. La démographie et les dimensions des sciences de l'homme. *Annales. Économies, Sociétés, Civilisations*, ano 15, n.3, 1960, p.493-523

_______. *Grammaire des civilisations*. Paris: Arthaud-Flammarion, [1963] 1987. [Ed. Bras.: *Gramática das civilizações*. São Paulo: Martins, 1989.]

_______. *Civilisation matérielle et capitalisme*. Paris: Armand Colin, 1967.

_______. Carlo V. In: *I protagonisti*. Milan: CIE, 1969.

_______. *Civilisation matérielle, économie et capitalisme*, XVe-XVIIIe siècle. Paris: Armand Colin, 1979. [Ed. Bras.: *Civilização material, economia e capitalismo*. São Paulo: Martins Fontes, 1995, 3v.]

_______. *Écrits sur l'histoire*, I. Paris: Flammarion, 1967. [Ed. Bras.: *Escritos sobre a história*. São Paulo: Perspectiva, 1978.]

_______. *L'Europe*. Paris: Arts et Métiers Graphiques, 1982.

_______. *La dynamique du capitalisme*. Paris: Flammarion, 1985.

_______. *Écrits sur l'histoire*, II. Paris: Arthaud, 1990.

_______. *Les écrits de Fernand Braudel*. Paris: Fallois, 1996-1998.

_______. En guise de conclusion. *Review*, v.1, n.3-4, 1978, p.243-253.

_______. *L'identité de la France*. Paris: Arthaud-Flammarion, 1963. [Ed. Bras.: *A identidade da França*. Porto Alegre: Globo, 1989, 3v.]

_______. Histoire et sciences sociales: la longue durée. *Réseaux*, v.5, n.27, 1987, p.7-37.

BRAUDEL, Fernand. *Histoire de France*. Paris: Hachette, 1987-1997.

_______. Leçon inaugurale du Collège de France. In: *Écrits sur l'histoire*, I. Paris: Flammarion, 1967. p.15-38.

_______. Lucien Febvre. In: SILLS (org.). *International Encyclopedia of the Social Sciences*. New York: Macmillan, 1968.

_______. *La Méditerranée*. Paris: Arts et Métiers Graphiques, 1977-1978.

_______. *Les ambitions de l'histoire*. Paris: Fallois, 1997-2001.

_______; LABROUSSE, Ernest. (coords.), *Histoire économique et sociale de la France*. Paris: PUF, 1976-1982.

_______; ROMANO, Ruggiero. *Navires et marchandises à l'entrée du port de Livourne (1547-1611)*. Paris: Armand Colin, 1951.

Trabalhos sobre Fernand Braudel

DAIX, Pierre. *Braudel*. Paris: Flammarion, 1995.

DOSSE, François (org.). *Lire Braudel*. Paris: Découverte, 1988.

GEMELLI, Giuliana. *Fernand Braudel*. Paris: Odile Jacob, 1995.

LEPETIT, Bernard. Espace et histoire: hommage à Fernand Braudel. *Annales. Économies, Sociétés, Civilisations*, ano 41, n.6, 1986. p.1187-1191.

PARIS, Erato. *La génèse intellectuelle de l'oeuvre de Fernand Braudel*: La Méditerranée et le monde méditerranéen à l'époque de Philippe II (1923-1947). Athènes: Institut de Recherches Néohelléniques/FNRS, 1999.

Dossiês especiais:

Mélanges en l'honneur de Fernand Braudel, I, *Histoire économique du monde méditerranéen*: 1450-1650, 2, *Méthodologie de l'histoire et des sciences humaines*. Toulouse: Privat, 1973.

Braudel dans tous ses états. La vie quotidienne des sciences sociales sous l'emprise de l'histoire. *Espaces Temps*, n.34/35, 1986.

Louis Robert

É preciso, para compreender os textos, estudar a natureza, a botânica, os animais, os peixes-espada e os mármores policromos, as paisagens.

Falecido em 31 de maio de 1985, Louis Robert dominará o conjunto do século XX no âmbito das ciências da Antiguidade. Nascido em 15 de fevereiro de 1904 em Laurière, no Limousin,

> o jovem helenista (que) [...] vinha da terra dos carvalhos, das faias e das castanheiras, das lagoas e da charneca, das verdes pradarias onde correm os regatos [só descobriu ao chegar à Escola de Atenas, em 1927] as colinas cobertas de oliveiras, [...] o Mediterrâneo, suas terras, suas águas e sua luminosidade, a arquitetura de suas formas secas e puras, as acrópoles rochosas onde dança o calor do meio-dia.[1]

Ignorado pelo público, ele exerceu sua autoridade intelectual na École Pratique des Hautes Études (IV seção), onde se tornou diretor de pesquisa a partir de 1932, e também, em paralelo, no Collège de France, onde ocupou uma cadeira a partir de 1939. Nenhum livro de sucesso, nenhuma notoriedade midiática, nada que chame a atenção para ele. No entanto, não há

1 Robert, Discours d'ouverture au VIIIe congrès international d'épigraphie grecque et latine (Athènes, 1984), *Actes du VIIIe congrès international d'épigraphie grecque et latine Athènes 1982*, 1984, p.35.

um único historiador da Antiguidade que não lhe seja agradecido: sua obra impregna toda a historiografia do mundo grego, e não cessará tão cedo de influenciá-la profundamente. Como explicar tal fenômeno?

O domínio de Robert é o mundo grego antigo. Mas, em uma época em que facilmente se julga como uma longa decadência os séculos seguintes à Batalha de Queroneia (338 a. C.), Robert afirma a continuidade e o vigor do helenismo até o fim da Antiguidade, ela própria continuada por Bizâncio. Ele recusa as cesuras arbitrárias, seja no tempo, no espaço, ou nos campos da pesquisa. É verdade que sua especialidade é a Epigrafia, o estudo das inscrições gravadas em suporte durável, mas ele não deixa de lado nem os textos literários, nem a Papirologia, nem a Arqueologia que ele próprio pratica em vários sítios (Claros e Amyzon, na Ásia Menor). Da mesma forma, ele demonstra seu interesse em todos os domínios da Antiguidade, a história política e institucional, a história social e cultural, a vida religiosa, por prioridade, mas também o Direito ou a Numismática.

Tal obra escapa obrigatoriamente ao inventário: a leitura de sua bibliografia de 464 números[2] constitui, apesar da relativa banalidade dos títulos, a melhor ilustração de suas múltiplas curiosidades. Do Afeganistão à Gália, da Crimeia ao Egito, não há região do mundo onde os gregos tenham deixado um traço escrito que não tenha interessado Robert. Mas seu campo predileto é evidentemente a Bacia do Mar Egeu e, mais ainda, a Ásia Menor, sobre a qual trata grande número de seus trabalhos e praticamente todos os seus livros. Diretor do Institut Français d'Études Anatoliennes de Istambul de 1956 a 1964, ele conhece a Turquia minuciosa e intimamente, com essa familiaridade de alguém que fala a língua, viaja com calma – com frequência à cavalo – e sabe observar o mundo atual para melhor compreender os mundos desaparecidos. Ele coletou assim uma massa de informações de natureza etnográfica sobre a Turquia dos anos 1930 a 1960 que mereceriam ser reunidas. Quanto aos períodos históricos que o interessam, se ele produziu artigos decisivos sobre questões relativas à época clássica ou à Antiguidade tardia, ele é incomparável e prolixo sobre as épocas helenística e imperial, cujo espírito reconstrói com talento inimitável. Porém, antes

2 Estabelecida por Philippe Gauthier em Robert, *Opera minora selecta*, IV, p.1-52; e Ibid., V, p.XI-XXIII. Ela deveria ser completada pelas obras póstumas, especialmente Id., *Claros I*; e Id., *Le martyre de Pionios, prêtre de Smyrne*.

de estabelecer um inventário não exaustivo de suas contribuições, convém primeiramente descrever seu método e seus meios de abordagem da Antiguidade grega.

Um discurso do método

Robert foi, para começar, um erudito, no sentido mais completo e nobre do termo. Possuidor de um domínio perfeito do grego (e do latim, claro), decidiu muito jovem dirigir seu esforço não para os textos literários (que conhece admiravelmente), mas sim para esses textos gravados quase sempre em pedra, às vezes em metal ou em terracota, que, a seus olhos, têm a vantagem não somente de colocar a História em contato direto com as realidades antigas, mas de crescerem ano após ano, fornecendo sem cessar novos materiais, informações novas que permitem compreender ou corrigir os dados obtidos. Essa paixão pelas inscrições fez dele um epigrafista. De precocidade extraordinária: seu primeiro artigo, escrito quando ele não tinha ainda 20 anos e publicado no *Bulletin de Correspondance Hellénique* em 1924,[3] revela a segurança de um mestre confirmado.

Seu método ali já aparece inteiro; herdado notadamente de seu mestre Maurice Holleaux e de Adolf Wilhelm, o especialista austríaco que é uma autoridade na época, ele causa admiração. De início, um exame escrupuloso do texto estabelecido, ou assim julgado por seus predecessores; as reviravoltas inéditas, os erros de sintaxe ou de construção são impiedosamente banidos, as palavras raras ou novas aceitas apenas com provas absolutas. E para resolver as dificuldades, uma obrigação: constituir séries com todos os textos de mesma natureza. Para isso é preciso dispor de uma memória gigantesca[4] e de uma notável organização. Seu primeiro artigo reunia assim inscrições de juízes estrangeiros, e para estabelecer o texto de um decreto de Esmirna por juízes de Thasos e de Astipaleia que ele julga errado, invoca paralelos em textos de Magnésia, Cnossos, Canopo, Atenas, aproveita dis-

3 Trata-se da revista publicada pela École Française d'Athènes, onde Louis Robert ingressa apenas em 1927. Ele é admitido na École Normale Supérieure no ano de 1924.

4 O que Robert possuía: ele confessava ao autor destas linhas, alguns meses antes de sua morte, ter tido a sorte de nunca esquecer o que aprendera.

so para republicar uma longa inscrição de Astipaleia que não se imaginava ser próxima da primeira, mas que ele demonstra serem semelhantes. Tudo isso em uma linguagem clara, sem nenhum floreado, de uma secura quase matemática. Robert desde então já recusava as hipóteses para se ligar às certezas: propondo suplementos, escreve: "Assinalo aqui somente os que parecem ter um caráter de certeza".[5] Mera figura de estilo, esse "os que parecem", pois na realidade trata-se de certezas. E os maiores nomes da epigrafia grega, filólogos de reputação mundial como Ulrich von Wilamowitz, Hiller von Gaertringen ou Otto Kern eram alfinetados por erros no grego ou opinião imprudente!

Mas a obra de Robert ia muito além da erudição. Esta lhe exigia um conhecimento de tudo o que se publicava sobre o tema das inscrições gregas. A partir de 1938, ele assumiu, com sua mulher Jeanne Vanseveren,[6] um empreendimento que já tinha 25 anos e do qual fez uma instituição de referência: o *Bulletin Épigraphique*. A partir de 1914, saía na *Revue des Études Grecques* um boletim das publicações epigráficas, ao mesmo tempo inventário biográfico e revisão crítica. Dirigido por Pierre Roussel de 1914 a 1934, por este e Robert Flacelière em 1936, depois por Jeanne e Louis Robert, auxiliados por Flacelière em 1938 e 1939, foi obra unicamente dos Robert ano após ano até 1984. Assim, por necessidade, praticamente nada escapou dali em diante à vigilância de Louis Robert, que raramente se contentava em resumir em algumas linhas a publicação revisada, mas lhe corrigia os erros, propunha correções, destacava o interesse e as aproximações indispensáveis. O *Bulletin*, que não parou de crescer ao longo do tempo, tornou-se instrumento de referência, ao mesmo tempo indispensável para os pesquisadores, e temido pelos autores que receavam ser citados ali com maior ou menor benevolência. Pois o mestre tinha a língua tão ferina quanto era sólida a sua erudição. Daí os ódios selvagens de alguns grandes

5 Robert, *Opera minora selecta*, I, p.7.

6 Jeanne Robert que, ao lado de Jacqueline de Romilly, está entre as primeiras mulheres admitidas na agregação em Letras Clássicas, teria ingressado na École Française d'Athènes se a hostilidade misógina do então diretor, Charles Picard, não o houvesse impedido. Ela publicou raros (mas excelentes) artigos sob seu nome, mas, após o casamento com Louis Robert, publica apenas com ele. Se seu nome está associado ao de seu marido em várias publicações (especialmente o *Bulletin Épigraphique*), na verdade, também não há artigos nem livros de Louis Robert aos quais ela não esteja associada. Jeanne Robert morreu em 30 de janeiro de 2002.

especialistas. Ainda mais que Robert nem sempre se contentava com breves resenhas. Desde que a matéria fosse rica o suficiente, não hesitava em redigir um livro inteiro para reeditar, passo a passo, todos os textos que julgasse mal publicados. Assim, o livro de Werner Peek, *Griechische Vers-Inschriften* [Inscrições gregas versificadas], já criticado asperamente em trinta páginas na revista alemã *Gnomon*,[7] foi objeto de uma longa reedição que ocupa 75 páginas dos volumes XI-XII de *Hellenica*, enquanto o XIII é apenas uma resenha do livro de William Moir Calder e James Maxwell Ross Cormack, *Monumenta Asiae Minoris Antiqua*: 331 páginas para comentar um texto de apenas 190!

A autoridade de Louis Robert, assim como seu método, baseia-se, em primeiro lugar, nessa capacidade excepcional em estabelecer textos certos, em eliminar restabelecimentos falsos ou até duvidosos. O rigor demonstrado na matéria serviu de modelo a gerações de epigrafistas.

Mas seu método não se limita a esse minucioso trabalho em biblioteca. Para ele, somente um conhecimento íntimo do terreno torna possível a compreensão exata dos textos. Robert foi então por muito tempo um incansável viajante, principalmente na Ásia Menor. Livros como *La Carie* [A Cária],[8] ou *Villes d'Asie Mineure* [Povoados da Ásia Menor], apresentam o balanço de minuciosas pesquisas de campo combinadas com a erudição. Ele insistiu também na necessidade de o epigrafista conhecer e ler com cuidado os viajantes que o precederam, não apenas os especialistas em busca de ruínas e inscrições, mas também todos os observadores. Em *À travers l'Asie Mineure* [Através da Ásia Menor], Robert mostra como os textos antigos ganham todo seu sentido à luz da descrição da costa pôntica pelos viajantes do século XIX, que registram práticas de construção naval ou de trocas comerciais desaparecidas com a industrialização. Do mesmo modo, esses viajantes conservam topônimos passados, às vezes suprimidos com a "turquificação" da época de Mustapha Kemal Atatürk, mas que guardavam a lembrança de um topônimo antigo.

Robert mostrava assim como qualquer viajante pode ser fonte de conhecimentos, principalmente os engenheiros, os naturalistas, os oficiais

7 Robert, *Opera minora selecta*, III, p.1640-1669.

8 Robert, L.; Robert, J. *La Carie*, II. O volume I desse trabalho nunca foi publicado.

de estado-maior, os missionários, os geólogos, sensíveis a fatos que o viajante humanista não leva em consideração. Toda a obra de Louis Robert, portanto, baseia-se também nesse conhecimento íntimo dos viajantes dos quais ele sabia origem social, centros de interesse, ocupações principais. Isso lhe deu a oportunidade de explicar por que tal ou qual inscrição grega fora transportada para longe de onde foi encontrada, até o centro da França, a Inglaterra, a Escócia, a Rússia, e de onde ela provinha.

Esse trabalho de campo não é destinado apenas a conhecer o quadro geográfico e histórico dos textos estudados. É também a ocasião única de aumentar o *corpus*. Sobre esse ponto, Robert não inova e antes compõe a linhagem dos grandes especialistas exploradores do século XIX, como Philippen Lebas, William Henry Waddington, William Ramsay e tantos outros. Pois, fora das grandes escavações regulares que fornecem naturalmente seu lote de textos novos, restam a descobrir uma massa de inscrições reutilizadas em edifícios modernos ou dispersas na natureza. Cada uma das missões de Jeanne e Louis Robert na Turquia resultou numa ampla colheita de textos inéditos.

Devemos insistir em um último ponto de método. Epigrafista, filólogo, Robert considera que um conhecimento global da documentação deve ser alcançado. É preciso, portanto, levar em consideração os textos literários, não apenas as grandes obras históricas, mas também os poetas (especialmente os da *Anthologie Palatine* [Antologia Palatina], cuja influência ele encontra frequentemente nos epitáfios versificados), os relatos dos mártires,[9] as crônicas anônimas, os inventários bizantinos, as listas episcopais, os Pais da Igreja, os amuletos, as coleções de oráculos etc. Ele também atribui grande importância às moedas, que não para de associar às inscrições.[10] Não são tanto os fenômenos econômicos propriamente ditos que o retêm, mas também quanto à forma do nome das cidades, seus títulos, seus símbolos que ajudam a compreender títulos das inscrições, e, em mais de uma vez, a fixar a orientação de uma cidade não localizada. A reunião de todas as disciplinas

9 Louis Robert foi o admirável exegeta de Martyre de Perpétue e, graças a suas anotações, Bowersock e Jones tiveram condições de publicar, após seu falecimento, Robert, *Le Martyre de Pionios, prêtre de Smyrne*.

10 Excelente análise da obra numismática de Robert por Knoepfler, Louis Robert (1904-1985). *SNR*, n.65, 1986, p.265-271.

parece-lhe tão natural que ele se enraivece quando um especialista não faz esse esforço; "pluridisciplinar" sozinho, ele ironiza facilmente a mania das "equipes", "o exagero organizador das pretensões ignorantes",[11] que lhe parece mascarar a ausência de trabalho e de curiosidade.

Se a contribuição de Robert limitava-se a esses aspectos metodológicos, seria já de uma importância considerável: ele atraía para seus seminários na Hautes Études e em seus cursos no Collège de France todos os que pretendiam fazer carreira em História Antiga. Basta ler o anuário das duas instituições, onde ele lista seus ouvintes regulares e esporádicos, para ver desfilar quase todos os que ocuparam ou ainda ocupam as cadeiras de História Antiga nas universidades francesas e estrangeiras. Em compensação, ele expôs seu método de modo pouco sistemático, de tanto que ele parece avesso à abstração. Maurice Holleaux, que havia percebido isso antes mesmo de sua entrada na École Normale Supérieure, faria Robert ter aulas de Filosofia com Lucien Herr para que conseguisse passar no concurso, de tanto que o rapaz era relutante à abstração e às ideias gerais![12] No entanto, dois textos permitem entendê-lo e refletir sobre sua própria disciplina. De um lado, ele aceitou escrever para *L'histoire et ses méthodes* [A história e seus métodos] o capítulo sobre a Epigrafia,[13] mas prevenindo o leitor que ali se trataria principalmente da epigrafia grega. Por outro lado, em abril de 1968, ministrou no congresso da Association Guillaume-Budé uma palestra intitulada "Geografia e Filologia ou a terra e o papel", verdadeira defesa em favor do casamento íntimo das duas disciplinas, repleta de exemplos impressionantes, e que cada historiador, novato ou veterano, deveria ler e reler.[14]

Mas, fora do método, existe um balanço científico considerável cujos contornos ele não se sente à vontade para assimilar. Podemos, apesar disso, reagrupá-lo em torno de alguns temas que foram particularmente célebres em sua obra.

---

11 Id., Documents d'Asie Mineure méridionale, p.99 (sobre Syedra).

12 Indicação de Holtzmann, *Louis Robert*, p.596.

13 Robert, Épigraphie. In: Samaran, *L'histoire et ses méthode*, p.453-497 (reeditado em Id., *Opera minora selecta*, V, p.65-109).

14 Id., Geographie et philologie ou la terre el le papier, *Actes du VIIIe congrès de l' Association Guillaume Budé*. Paris, 5-10 abr. 1968, p.67-86 (reeditado em Id., *Opera minora selecta*, IV, p.383-403).

Para começar, há o impressionante balanço filológico. Milhares de textos[15] foram objeto de publicações, correções, complementos e, quase sempre, a contribuição de Robert pode ser considerada decisiva e definitiva. Graças a ele, textos essenciais são agora bem-estabelecidos e podem ser objeto de comentários e de discussões proveitosas. Porém, o mais frequente – mesmo se ele próprio não se lança em uma explicação aprofundada dos aspectos jurídicos, políticos, sociais, culturais ou religiosos do texto em questão – é que Robert fornece, além do texto corrigido, uma grande quantidade de indicações bibliográficas indispensáveis para se ir mais longe. Isso explica a estrutura problemática de seus livros e artigos, nos quais a parte das notas de rodapé pode ser mais importante que o texto principal. Apesar de decorrerem deste, as notas derivam frequentemente para outros assuntos, lançando uma controvérsia, resolvendo o problema de um texto incompreendido, anunciando a publicação de um estudo exaustivo sobre tal ou tal assunto![16]

"Terra Mãe"

Homem de campo, Robert tinha um senso agudo da observação geográfica. Aliás, ele admirava a escola francesa de Geografia humana e regional,[17] toda forjada no humanismo e no senso da História. Para ele, a História se ancora profundamente em um lugar, na Terra, "a Terra Mãe que alimenta nossos estudos sobre a Antiguidade".[18] Pois ele não limita sua concepção

15 Não existe índex de sua obra e, com demasiada frequência, seus próprios livros não possuem índices. Na falta, podemos recorrer ao Robert, L.; Robert, J., *Index du Bulletin Épigraphique*, que retomam, sob três rubricas (palavras gregas, palavras francesas, publicações), tudo o que foi objeto de comentário no *Bulletin Épigraphique*. Entretanto, há também Robert, *Bibliographie et index (1924-1937)*, que não foi não comercializado.

16 Criticaram-lhe muito por essa prática, porque que tinha o inconveniente de obstruir o assunto tanto tempo quanto fosse necessário para a publicação do estudo anunciado e, principalmente, porque muitos nunca foram editados. Haveria necessidade de estabelecer uma bibliografia "fantasma" de Louis Robert, nem que fosse para tranquilizar os iniciantes que se apavoram frequentemente com tais anúncios.

17 Robert homenageara na Académie a tese de Xavier de Planhol, *De la plaine pamphylienne aux lacs pisidiens*. Cf. também a homenagem a Vidal de La Blache e a Maurice Le Lannou, *Opera minora selecta*, IV, p.397.

18 Ibid.

da geografia à toponímia: "É preciso, para compreender os textos, estudar a natureza, a botânica, os animais, os bagres e as carpas, os peixes-espada e os mármores policromos, as paisagens".[19]

Robert parte do princípio de que os antigos sabem do que estão falando e assim podemos nos contentar com estimativas para explicar o que, em seus escritos, parece pouco compreensível. Em sua conferência de 1968, ele dá o exemplo surpreendente de uma passagem de Apolônio de Rhodes no qual o poeta indica que dois povos da margem sul do Mar Negro, os brebícios e os mariandinos, "sempre lutavam pela terra produtora de ferro". Conhecida a localização dos povos entre Hípio e Lico, faltava encontrar a justificativa dessa alusão ao ferro já que nenhuma mina era conhecida na região. Fantasia de poeta? Alusão a outras minas bem-conhecidas, como as dos cálibes (distantes 600 km)? Robert afasta de início essa aproximação aceita pelos editores precedentes. Depois ele explora as narrativas dos viajantes, lê tudo o que pode sobre essa região, interroga e finalmente descobre, em uma brochura do serviço turco de minas, que uma importante jazida de minério de ferro tinha sido descoberta, em 1939, precisamente naquela região. A floresta a tornara invisível, mas os geólogos que a tinham descoberto encontraram os traços de uma antiga exploração. Apolônio revela-se então exato e preciso, e Robert traz um elemento tanto para a geografia histórica quanto para a história econômica da região: era o ferro que estava em jogo.[20]

Em matéria de geografia histórica e de toponímia, ele publicou dois artigos cheios de exemplos e destinados a fixar o método. Foi o caso com "La Terre et le papier", mencionado há pouco. Alguns anos mais tarde, sem dúvida por ter a impressão de que tudo o que havia explicado pelo exemplo não era suficiente, consagrou um longo artigo com questões de localizações baseadas na toponímia, antiga e moderna, onde multiplicava os exemplos e alertava contra as falsas semelhanças, as estimativas infundadas, as armadilhas inesperadas e ao mesmo tempo destruindo completamente dezenas de hipóteses.[21]

19 Ibid.

20 Texto retomado de modo mais desenvolvido em Robert, *À travers l'Asie Mineure*, p.5-10.

21 Robert, L.; Robert, J., La persistance de la toponymie antique dans l'Anatolie, p.11-63 (reeditado em Id., *Opera minora selecta*, VI, p.469-521).

A obra de Robert na área da geografia histórica é imensa. Seu primeiro livro, *Villes d'Asie Mineure*, de 1935 (reeditado com suplementos que lhe dobraram o volume em 1962), apresenta-se não como um estudo sintético – nenhum de seus livros tem esse aspecto – mas como uma sucessão de resumos eruditos dedicados a várias cidades da Ásia Menor para as quais ele busca a localização, estabelece o nome exato, tenta avaliar a extensão e a natureza do território: pois para ele, a cidade é indissociável de sua *chôra*,[22] que a faz viver e abriga uma parte de sua população. Geografia total, abrangendo tanto os mitos relativos aos traços particulares da paisagem, os traços antigos mais diversos, a explicação detalhada das mínimas alusões antigas que trazem abruptamente uma luz indispensável sobre a economia (como vimos anteriormente no trecho de Apolônio de Rhodes), as trocas, os deuses e mil outros traços que constituem o que hoje chamaríamos de identidade cívica.

Em vários estudos dispersos em inúmeras revistas especializadas – pricipalmente em dois livros, *La Carie* e *À travers l'Asie Mineure...*, mas encontramos também muitas notas desse tipo em seus *Documents d'Asie Mineure*[23] –, Robert revelou muitas cidades que até então não passavam de nomes (algumas vezes, errados), e devolveu assim à Ásia Menor uma densidade ocupacional de que tínhamos pouco conhecimento. Ante o quase monopólio exercido por algumas grandes cidades na historiografia do mundo grego clássico por causa de sua importância nos textos históricos, Robert contribuiu mais que qualquer outro a atrair a atenção para essa quantidade de cidades que levaram o helenismo, na época helenística e depois na época imperial, até os cantos mais distantes da Ásia Menor, os confins do Ponto e da Síria, e mesmo mais além. Assim como ele zelava em estabelecer o texto mais exato e o mais completo possível para as inscrições, queria primeiro definir o contexto geográfico das cidades, a identidade de cada uma, antes de avançar. Frequentemente, a investigação levava a uma verdadeira monografia urbana. Assim, seu estudo de Hanisa de Capadócia, sobre uma inscrição desconhecida,[24] onde ele estabeleceu a continuidade do sítio entre o século XVIII a.C. (época em que os mercadores assírios frequentavam a

22 Do grego, designa a zona rural do entorno da cidade. (N.T.)

23 De início publicados na forma de coletânea de artigos no *Bulletin de Correspondance Hellénique*, de 1977 a 1985, o conjunto foi reunido em um livro.

24 Robert, *Noms indigènes dans l'Asie Mineure gréco-romaine*, p.457-523.

cidade-mercado) e a época helenística, mostra como essa pequena cidade torna-se uma *polis*, apesar de seu isolamento, e sem renegar suas tradições locais. Exemplo característico de um método global que extrai de um texto de interesse mediano à primeira vista toda a história da cidade, e ilustra a penetração do helenismo na Capadócia nos séculos II e I a. C. Encontramos o mesmo caráter demonstrativo, mas em maior escala, no volume I do livro que elabora com Jeanne Robert sobre as *Fouilles d'Amyzon en Carie I: Exploration, histoire, monnaies et inscriptions* [Escavações de Amyzon na Cária I: exploração, história, moedas e inscrições], que se transforma na oportunidade de esboçar um quadro geral da região e das cidades que ali se encontram, não apenas Amyzon mas também Alabanda, Alinda, Heracleia de Latmos.

A vida cívica helenística e imperial

Mas a geografia histórica, não mais que a investigação filológica em senso estrito, não é um fim em si, apesar da satisfação que traz. Todo o trabalho de Robert visa a escrever a História sob todas as suas facetas, sem nenhuma exclusiva. Não podemos desenvolvê-las todas aqui, mas é preciso assinalar em primeiro lugar a análise da vida cívica nas épocas helenística e imperial.

Robert expressou com veemência, "a cidade grega não está morta em Queroneia" (338 a.C.), quando Atenas e seus aliados, vencidos, tiveram que se submeter a Felipe da Macedônia. Se Queroneia marca incontestavelmente o triunfo da Macedônia e o início de uma nova aventura, continuada e aumentada por Alexandre, a cidade grega ainda tem muitos séculos de vida diante dela. Evitaremos falar de decadência ou de declínio, o que Robert nunca fazia, consciente de que um declínio de quase um milênio tem forte chance de ser apenas a lenta transformação de um organismo vivo.

Tudo na obra de Robert intercede em favor do extraordinário vigor da instituição. Seus numerosos artigos dedicados ao papel dos notáveis, aos sistemas de financiamento das cidades pelo viés das fundações evergéticas,[25] das subscrições, contribuíram para chamar a atenção para a

25 Evergetismo: na antiguidade grega, o costume de cidadãos de posses beneficiarem com sua riqueza o povo. (N. T.)

história das instituições. Os trabalhos de Phillipe Gauthier sobre os acordos entre cidades,[26] sobre seus benfeitores,[27] e mais geralmente sobre as cidades helenísticas, como os de Léopold Migeotte sobre o empréstimo[28] ou a subscrição,[29] apenas para citar dois exemplos, inscrevem-se diretamente na linha de seu ensinamento. Ele mesmo tinha chamado a atenção sobre os procedimentos de arbitragem pelo recurso a juízes estrangeiros, dado numerosas informações sobre instituições obscuras ou mal compreendidas, havia se interessado de perto pelas embaixadas das cidades junto aos reis e depois aos imperadores.

Ele tinha principalmente estabelecido com cuidado a lista e o sentido das glórias que as cidades disputaram com tanta ferocidade durante toda aquela época. Robert mostrou que longe de ser apenas um capricho de cidades decadentes, a corrida pelas honrarias, especialmente sob o Império, a busca daqueles títulos que se acumulam nas titulaturas cívicas, "primeira", "néocoro", "metrópole", "sagrada", "asilo" etc., constitui uma aposta capital. Nenhuma pode prevaler-se de um título usurpado – o poder romano é vigilante –, e a rivalidade com as vizinhas pode levar uma cidade à perdição. Se Robert tratou várias vezes desse assunto, um artigo resume melhor sua iniciativa e seu interesse histórico: "La titulature de Nicée et de Nicomédie: la gloire et la haine" [A titulatura de Niceia e de Nicomedia: a glória e o ódio], no qual mostra como podemos ler nos remanejamentos das inscrições e nas emissões monetárias sucessivas as etapas de uma rivalidade que levou Niceia a fazer a má escolha quando da usurpação de Sétimo Severo e de Pecênio Negro em 193 d.C., e pagar muito caro por isso.

Esse ensinamento de Robert marcou ainda mais a França, onde os estudos clássicos estavam tradicionalmente separados entre mundo grego e mundo romano, cessando o interesse pelo primeiro quando se passa ao segundo. Mas é verdade também que a autoridade de Robert era tal que pouquíssimos jovens pesquisadores franceses ousaram lançar-se numa pesquisa sobre a Ásia Menor helenística ou imperial. De certa maneira, os estrangeiros temiam menos sua autoridade e empreenderam os trabalhos

26 Gauthier, Symbola: les étrangers et la justice dans les cités grecques, *Annales de l'Est*, Mémoire n.42, 1972, p.402.
27 Id., *Les cités grecques et leurs bienfaiteurs*.
28 Migeotte, *L'emprunt public dans les cités grecques*.
29 Id., *Les souscriptions publiques dans les cités grecques*.

que os franceses se proibiam. Estes se lançaram então mais sobre regiões periféricas onde não havia risco de Robert possuir registros não publicados (o Epiro, a Cirenaica, o Egito, a Síria), ou nos trabalhos em que a Epigrafia tinha apenas um papel parcial. É verdade que não devemos forçar a mão, pois muitos trabalhos epigráficos foram realizados por franceses quando Robert era vivo (Claude Vatin, Jean Pouilloux, Philippe Gauthier, Pierre Cabanes etc.), mas ninguém pode negar que sua autoridade foi às vezes desencorajadora.

Os concursos e a vida de espetáculo

Outro domínio de excelência de Robert foi o dos espetáculos em geral, e dos concursos em particular. Ninguém nunca negou o número e o brilho dos concursos gregos, que inscrições muito numerosas indicam. Mas é verdade que antes de Robert não nos interessávamos muito senão pelos grandes concursos pan-helênicos, e que não procurávamos muito compreender no detalhe seu desenvolvimento, a natureza das provas e das recompensas, a existência ou não de categorias de atletas, o estatuto social dos artistas e dos atletas. Apesar de ter dedicado um livro inteiro a um assunto paralelo, mas diferente, *Les gladiateurs dans l'Orient grec* [Os gladiadores no oriente grego], ele não nunca consagrou a menor síntese aos concursos, além de seu discurso de abertura no congresso de Atenas, em 1982, em que ele descreve essa história.[30] Mas é por vários artigos a partir de 1925, e depois sem interrupção, que ele expôs pouco a pouco tudo o que se deveria saber sobre o concurso à grega, corrigindo e dando a versão definitiva de muitos textos.[31]

Na verdade, ele atuava em duas grandes categorias de inscrições, os prêmios dos atletas gravados em bases honoríficas e as listas de vencedores em um mesmo concurso. Os primeiros permitiam compreender a vida dos atletas, seu estatuto social, sua carreira, enquanto os segundos ofereciam um panorama das provas, estabeleciam a notoriedade mais ou menos grande do concurso (segundo a proveniência dos concorrentes). Apoiando-se

30 Cf. Robert, *Opera minora selecta*, VI, p.709-719.

31 Esse foi o tema do memorial que ele entregou à Académie des Inscriptions et Belles Lettres durante sua estadia como membro da École d'Athènes.

também no rico *corpus* literário que lhe é consagrado (Píndaro, Epicteto, Luciano de Samósata, Lucílio), ele dá em pequenos toques a abordagem mais fina possível desse fenômeno situado no próprio coração do sistema de valor dos gregos.[32]

Robert nunca trata nenhuma afirmação com desprezo. Em uma inscrição de Nápoles para um famoso pancrácio, este declara: "em todos os concursos em que me inscrevi (eu) fui coroado no próprio local do combate".[33] Um especialista em concursos escrevera sobre esse assunto: "Como os gregos são gregos, é provável que essa afirmação não seja totalmente verdadeira".[34] A réplica de Robert merece ser citada:

> Essa manifestação de desprezo étnico parece emitir um julgamento puramente arbitrário e caprichoso. Já indiquei[35] que não havia nenhuma razão para tomar como mentiras ou exageros as menções de vitórias πρωτοζ Μιλησίων, πρωτοζ' Ιώνών, πρωτοζ πάντων,[36] e de tratá-los com espírito de gracejo desconfiado e sarcástico.[37]

Compreender demanda uma grande erudição pois, como ele escreveu, "não estamos por inteiro"[38] com esse mundo desaparecido e não lhes compreendemos mais naturalmente as alusões. É preciso então um extraordinário desdobramento de cultura para apreciar como se merecem os epigramas de um satirista desacreditado como Lucillius, mostrar como ele conhece com

32 Para se convencer é preciso ler Robert, *Revue de philologie, de littérature et d'histoire anciennes*, n.56, 1930, p.40-41 (reeditado em Id., *Opera minora selecta*, II, p.1125-1160); o capítulo "Festas, músicos, danças" de Id., *Études épigraphiques et philologiques*; passagens inteiras das *Hellenica*, VII, especialmente §10-15; Id., Inscriptions et institutions agonistiques. In: *Opera minora selecta*, I, p.644-653; Id., Sur des inscriptions d'Éphèse, *Revue de philologie, de littérature et d'histoire anciennes*, n.41, 1967, p.7-84 (reeditado em Id., *Opera minora selecta*, V, p.374-424); e, sem esquecer seu trabalho fundamental, Id., Les épigrammes satiriques de Lucillius sur les athlètes: parodie et réalités. In: *L'Epigramme grecque*. Genève: Entretiens Hardt, p.179-295 (reeditado em Id., *Opera minora selecta*, VI, p.317-432).

33 Inscriptiones Graecae XIV, 1102, 1. 15-16.

34 Harris, Notes on Three Athletic Inscriptions. *Journal of Hellenic Studies* [JHS], n.82, 1962, p.20.

35 Robert, Archaiologiké Ephémeris., 1966, p.109, nota 3.

36 Primeiro dos milésios, primeiro dos jônicos, primeiro de todos.

37 Robert, Les épigrammes satiriques de Lucillius sur les athlètes, p.183 (reeditado em Id., *Opera minora selecta*, VI, p.319, n.2).

38 Ibid., p.418.

perfeição o meio dos concursos e seu vocabulário técnico, com que arte ele pesa cada palavra, o lugar no verso em que terá mais destaque.

Os vários estudos sobre os concursos tomam lugar em uma perspectiva mais ampla, a que consiste em compreender as vias da aculturação. Pois a difusão dos concursos no conjunto do mundo grego e helenizado revela a adesão dos notáveis das cidades aos valores do helenismo. E as nuanças são por vezes reveladoras: Robert foi o primeiro a notar que entre as cidades do Oriente Próximo helenizado, duas nunca tiveram concursos: Palmira e Petra, nas quais a helenização encontra seus limites.

Sua contribuição também foi decisiva sobre a difusão da gladiatura no oriente grego. Estimava-se, antes que ele provasse o contrário, que os gregos apenas desprezavam esse espetáculo bárbaro, e que os exemplos de lutas atestados no mundo grego eram destinados aos imigrantes italianos, ou, no máximo, a alguns meios populares marginais. Robert demonstrou que não era assim, e que o número de gladiadores confirmados no Mediterrâneo oriental, proporcional à frequência de tais espetáculos nas cidades, provava sua real popularidade. Mas ele mostrava também que longe de concorrer com os concursos gregos, as lutas de gladiadores, como a caça e outros jogos do circo e da arena, desenvolviam-se no âmbito das manifestações do culto imperial e não por qualquer propósito.[39] Trazendo uma incontável quantidade de registros precisos sobre as especialidades, a origem e a carreira dos gladiadores, ele fez progredir sensivelmente o conhecimento dessa especialidade romana. Por ocasião de uma análise do martírio de Perpétua, moça de Cartago, em 203 d.C., ele pôde retomar em detalhe tanto o papel dos gladiadores na execução dos cristãos, quanto a visão "grega" que Perpétua tem do martírio – que ela concebe como *agôn* um concurso em que se prepara para receber a láurea. Texto magnífico, soberbamente comentado por Robert que explicou não somente que versão grega era a única a ter sentido (a latina já era uma interpretação de um tradutor que não continha mais as alusões do texto grego redigido pela própria Perpétua), mas que cada detalhe do texto reportava com precisão a fatos bem-confirmados aliás e que os editores do texto não compreenderam ou negligenciaram.[40]

39 Id., *Les gladiateurs dans l'Orient grec*.

40 Id., Une vision de Perpétue, martyre à Carthage en 203. *Comptes-rendus des séances de l'Académie des inscriptions et belles-lettres*, 126, 2, 1982, p.228-276 (reeditado em Id., *Opera minora selecta*, V, p.791-839).

Indígenas e gregos

Dentre os múltiplos assuntos tratados por Robert e que contribuíram para construir o retrato de uma civilização ao mesmo tempo viva e diversa, podemos colocar em primeiro plano seus estudos sobre a onomástica grega, mas também a indígena, à qual ele dava uma atenção minuciosa. Primeiramente, porque desejava livrá-la de certo número de nomes fantasmas, mal lidos ou mal compreendidos, às vezes gregos na realidade. Seus artigos fervilham de registros sobre esse tema,[41] e ele produz uma obra inteira sobre o assunto, *Noms indigènes dans l'Asie Mineure gréco-romaine*, na qual emerge, pouco a pouco, pelo estudo apurado da onomástica, uma autêntica história social e cultural das regiões em questão: tradições familiares e inovações, aculturação, cultos indígenas, relação com os mitos e com a cultura grega, nada foi deixado sem esclarecimento. Em seus "Noms de personnes dans Marseille grecque" [Nomes de pessoas na Marselha grega],[42] apenas pela acumulação dos exemplos, ele mostra como se mantêm os laços culturais entre as cidades jônicas, notadamente entre Foceia e Marselha, porém, mais geralmente, entre metrópoles e colônias qualquer que seja a distância geográfica e apesar do tempo que passa.

De um epitáfio métrico de aparência banal para um capadócio morto nas ilhas Lípara, ele explica cada palavra, encontra as realidades que cada uma delas encobre, e com rara justeza de tom, pinta um quadro tocante do meio dos escravos e alforriados vindos daquele rude país, considerados grosseiros pelos gregos e pelos romanos cultos, mas no qual o defunto, homem livre fino e saudoso de sua terra, tende a se destacar.[43] No outro extremo do mundo grego, às margens do Oxus, a descoberta das primeiras inscrições gregas, uma dedicatória aos deuses do ginásio e uma lista de máximas dos Sete Sábios copiadas em Delfos, suscita uma reflexão sobre a vida grega nos novos territórios abertos à colonização por Alexandre, a ori-

---

41 Por exemplo, em Id., *Études épigraphiques et philologiques*, §III; Id., Hellenica, *Revue de philologie, de littérature et d'histoire anciennes*, n.13, 1939, p.97-217 (reeditado em Id., *Opera minora selecta*, II, p.1250-1370).

42 Id., Noms de personnes et civilisation grecque, I. Noms de personnes dans Marseille grecque, *Journal des Savants*, 1968, p.197-213 (reeditado em Id., *Opera minora selecta*, VII, 141-157).

43 Id., La Terre et le papier. In: *Opera minora selecta*, IV, p.388-393.

gem dos colonos, e, mais ainda, a visita à cidade do filósofo Clearco de Soli, autor da cópia das máximas, cuja carreira até ali desconhecida se esclarece subitamente.[44] Abrem-se então novas perspectivas sobre o helenismo nas regiões iranianas e na Ásia Central.

Encontramos uma preocupação idêntica nos vários estudos dedicados aos cultos e aos deuses da Ásia Menor interior. Pois Robert importava-se tanto com as zonas marginais quanto com as grandes cidades do litoral. É assim que ele foi levado a vasculhar o santuário do deus Sinuri, divindade indígena cujo templo se erguia próximo a Milas na Cária,[45] ou a interessar-se pela deusa de Castabala na Cilícia.[46] Porém, uma vez mais, são os inúmeros artigos que constituem a contribuição essencial, em especial as verdadeiras monografias dedicadas aos deuses dos motaleis na Frígia,[47] ou a deuses licianos, frígios, pisidianos ou outros.[48] Reunindo toda a documentação disponível para uma pequena região determinada, da qual, aliás, ele mostrou a unidade e a coerência geográfica e histórica, Robert estabelece o panteão, encontra a origem e o caráter específico dos deuses, descobre as associações de fiéis, penetra assim no próprio coração da vida religiosa dos vilarejos. Aqui, novamente, ele demonstra com brilho a importância de se considerar toda a documentação disponível, de estabelecer séries, de conhecer detalhadamente a região de que se fala para evitar os tropeços e as impossibilidades práticas. A terra e o papel, de novo e sempre.

Um aspecto particular da vida religiosa interessou-o em especial: os oráculos, a quem – ele via bem – os gregos eram atentos e os modernos consideravam com desdém. Responsável pelas escavações do santuário de Apolo em Claros,[49] reuniu vasta documentação sobre os oráculos e mostrou que o

44 Id., De Delphes à l'Oxus. Inscriptions grecques nouvelles de la Bactriane, *Comptes-rendus des séances de l' Académie des inscriptions et belles-lettres*, 1968, p.416-457 (reeditado em Id., *Opera minora selecta*, V, p.510-551).

45 Id., *Le sanctuaire de Sinuri près de Mylasa I*.

46 Id., La déesse de Hiérapolis Castabala (Cilicie).

47 Id., Les dieux des Motaleis en Phrygie, *Journal des savants*, n.1-3, 1983, p.45-63 (reeditado em Id., *Opera minora selecta*, VII, 549-567).

48 Cf. particularmente Id., *Hellenica*, X, § 1; Id., Reliefs votifs et cultes d'Anatolie, *Anatolia*, III, 1958, p.103-136 (reeditado em Id., *Opera minora selecta*, I, p.402-435).

49 Infelizmente, fora algumas palestras, ele nunca publicou os resultados de suas escavações; em compensação, estudou o funcionamento do oráculo, sua influência, e produziu um trabalho inteiro sobre duas grandes inscrições datadas do início da presença romana na Ásia Menor, de que lança uma edição completa e um comentário aprofundado: Robert, L.; Robert, J., *Claros I*.

desprezo dos modernos revelava sua incompreensão das mentalidades antigas. De um lado, os textos conservados dos oráculos traduzem as preocupações, com frequência, mais íntimas das pessoas, (amor, dinheiro, saúde), mas também as das cidades que enviam embaixadores oficiais consultar o deus sobre a conduta a tomar: Robert mostrou como Paros consultava Delfos a respeito de sua antiga colônia de Faros, ameaçada pelos bárbaros,[50] ou como os indivíduos de classe alta interrogavam o deus em Dídima e outros lugares.[51] Mas ele soube também chamar a atenção para as diferenças entre os grandes oráculos, tais como o de Dídima, mais aberto aos particulares, e o de Claros, mais ocupado em responder às delegações oficiais das cidades.

Através do conjunto dos fenômenos estudados, Robert nunca parou de recusar a ideia de um declínio do helenismo. Ideia que parecerá banal a muitos atualmente, e que resta, no entanto, a impor em inúmeros meios cultos, particularmente na França, onde a época imperial continua a ser ignorada, às vezes desprezada, por certos helenistas. Entretanto, "pela voz e pelos corpos manifestam-se um helenismo sempre vivo e tenaz após tantas conquistas; sob o Império de Roma ele conheceu sua maior expansão e seu triunfo cultural".[52]

A situação de Robert é das mais paradoxais na historiografia do século XX. Ele parece fechado na torre de marfim da especialização enquanto lá fora se desencadeiam as revoluções metodológicas e ideológicas. Os historiadores marxistas defendem duramente a necessidade de considerar a civilização material e de se prender aos traços das pessoas simples. Os historiadores alimentados pelas ciências novas – a Sociologia, a Antropologia Cultural, a Etnologia – proclamam o declínio da história factual, a das batalhas e dos grandes homens. O estruturalismo orienta os jovens pesquisadores para a análise dos fenômenos socioeconômicos, antes de enfatizar as mutações culturais, a história das representações, hoje a das "identidades culturais". Robert conheceu todos esses debates, ainda que tenham repercutido muito pouco em sua obra, pois ele se manteve afastado. Julgava-os

50 Id., Inscription hellénistique de Dalmatie, *Bulletin de Correspondance Hellénique*, n.59, 1935, p.489-513 (reeditado em Id., *Opera minora selecta*, I, p.302-350).

51 Id., Trois oracles de la Théosophie et un prophète d'Apollon, *Comptes-rendus des séances de l'Académie des Inscriptions et Belles-Lettres*, ano 112, n.4, 1968. p.568-599 (reeditado em Id., *Opera minora selecta*, VI, p.784-615).

52 Id., Discours d'ouverture, p.45.

inúteis? Talvez. Em todo caso, durante esse tempo, ele elaborou a obra mais inovadora, mais moderna, a que responde ao mesmo tempo a todas as exigências das "escolas" rivais.

De início, porque ele baseia tudo sobre o concreto, não apenas os grandes monumentos oficiais que são as cartas reais, os decretos municipais ou os tratados internacionais, mas, principalmente, os inúmeros monumentos da vida cotidiana, as bases honoríficas, as dedicatórias aos deuses, os oráculos, os epitáfios. Mais que ninguém, ele soube destacar as "estruturas profundas" (sem dúvida a palavra o horrorizaria) das sociedades antigas, suas tradições indígenas, suas crenças, seus comportamentos coletivos, seus ofícios, seus temores, suas esperanças. No total, sem dar lição, sem teorizar, sem mesmo se lançar na mínima síntese, mas produzindo o real cotidianamente, Louis Robert deixou simultaneamente a lição de método mais eficaz e o mais vasto e brilhante panorama de história social e cultural que jamais se produziu sobre o mundo grego durante mais de um milênio de sua história. Os milhares de páginas de sua obra[53] permanecerão por muito tempo a base dos estudos sobre a história social e cultural da Antiguidade.

Maurice Sartre

Obras de Louis Robert

ROBERT, Louis. Études d'épigraphie grecque. *Revue de philologie, de littérature et d'histoire anciennes*, n.56, 1930, p.40-41.

______. *Bibliographie et index (1924-1937).* Limoges: Bontemps, 1938.

______. Inscription hellénistique de Dalmatie. *Bulletin de Correspondance Hellénique.* n.59, 1935, p.489-513.

______. *Études épigraphiques et philologiques*. Paris: Champion, 1938.

______. Hellenica, *Revue de philologie, de littérature et d'histoire anciennes*, n.13, 1939, p.97-217.

______. *Le sanctuaire de Sinuri près de Mylasa I*: les inscriptions grecques. Paris: Boccard, 1945.

______. *Les gladiateurs dans l'Orient grec*. Paris: Champion, 1940.

53 É sem dúvida a obra mais colossal do século nessa área: seus 32 livros contam mais de 8.500 páginas, às quais se somam mais de 4.500 dos sete volumes das *Opera minora selecta* (que não reeditam todos os seus artigos, mas o essencial) e as 4.700 do *Bulletin Épigraphique*; no total, sem dúvida mais de 18 mil páginas de uma densidade constante.

ROBERT, Louis. *Hellenica*: recueil d'épigraphie de numismatique et d'antiquités grecques. Paris: Adrien Maisonneuve, 1949-1965.

______. *Villes d'Asie Mineure*: études de géographie ancienne. Paris: Boccard, 1962.

______. Noms indigènes dans l'Asie Mineure gréco-romaine. Paris: Adrien-Maisonneuve, 1963.

______. *La déesse de Hiérapolis Castabala (Cilicie)*. Paris: Adrien Maisonneuve, 1964.

______. *Documents d'Asie Mineure méridionale:* inscriptions, monnaie et geographie. Paris-Genève: Droz, 1966.

______. Trois oracles de la Théosophie et un prophète d'Apollon. *Comptes-rendus des séances de l'Académie des Inscriptions et Belles-Lettres*, ano 112, n.4, 1968. p.568-599.

______. Géographie et Philologie ou La Terre et le papier. *Actes du VIIIe congrès de l'Association Guillaume Budé*. Paris, 5-10 abr. 1968, p.67-86.

______. Noms de personnes et civilisation grecque, I. Noms de personnes dans Marseille grecque, *Journal des Savants*, 1968, p.197-213.

______. *Opera minora selecta:* épigraphie et antiquités grecques. Amsterdam: Hakkert, 1969-1990.

______. La titulature de Nicée et de Nicomédie: la gloire et la haine. *Harvard Studies in Classical Philology*, n.81, 1977, p.1-39.

______. Une vision de Perpétue, martyre à Carthage en 203, *Comptes-rendus des séances de l'Académie des inscriptions et belles-lettres*, ano 126, n.2, 1982, p.228-276.

______. *À travers l'Asie mineure: poètes et prosateurs, monnaies grecques, voyageurs et géographie*. Paris: Boccard, 1980.

______. Les dieux des Motaleis en Phrygie. *Journal des savants*, 1983, n.1-3. p.45-63.

______. Discours d'ouverture au VIIIe congrès international d'épigraphie grecque et latine (Athènes 1984). *Actes du VIIIe congrès international d'épigraphie grecque et latine Athènes 1982*, 1984, p.35-45.

______. *Documents d'Asie Mineure*: inscriptions, monnaie et géographie. Paris: Boccard, 1987.

______; ROBERT, Jeanne. *La Carie*: histoire et géographie historique avec le recueil des inscriptions antiques. Paris: Adrien-Maisonneuve, 1954.

______; ______. (orgs.). *Index du Bulletin Épigraphique*. Paris: Belles Lettres, 1972-1975.

______; ______. La persistance de la toponymie antique en Anatolie. In: SCHWARTZ, Jacques et al. (orgs.). *La Toponymie Antique*: Actes du Colloque de Strasbourg, 12-14 jun. 1975. Strasbourg: Université de Sciences Humaines de Strasbourg, 1975, p.11-63.

______; ______. *Fouilles d'Amyzon en Carie*. Paris: Boccard, 1983.

______; ______. *Claros I*: décrets hellénistiques. Paris: Recherche sur les Civilisations, 1989.

______. *Le martyre de Pionios, prêtre de Smyrne*. Washington D.C: Dumbarton Oaks Research, 1994.

Moses Finley[1]

Os documentos em si não fazem perguntas, embora, às vezes, forneçam respostas.

A vida de Moses Finley confunde-se com um fascinante itinerário intelectual. Suas ideias tiveram – tanto no mundo da história antiga quanto para além dele – a mais ampla audiência. Dezessete anos após sua morte, o debate em história antiga ainda está em parte dominado pelas linhas de força de sua obra, quer retomemos explicitamente por nossa conta as teses que eram dele, quer nos esforcemos por traçar novos caminhos, em uma perspectiva "pós-finleyeana". Isso significa a que ponto sua obra é incontornável.

Sagrado cavaleiro em 1979 por seus méritos excepcionais, sir Moses Finley foi sem dúvida o mais europeu dos historiadores norte-americanos. Durante 31 anos, até sua morte, em 1986, ensinou na Universidade de Cambridge, onde foi sucessivamente *lecturer*, *reader*, professor, depois *Master* de Darwin College. No entanto, nascera nos Estados Unidos em 1912, e foi lá que realizou toda sua formação. Excepcionalmente precoce, obteve um primeiro diploma em Psicologia na Universidade de Syracuse aos 15 anos e depois, aos 17, um diploma de Direito na Universidade de Columbia, em Nova York.

Mas o percurso de Finley também foi marcado por escolhas decisivas. Enquanto sua família o destinava ao rabinato, ele decidiu tomar um cami-

1 Agradeço a Paul Cartledge (Cambridge) pela ajuda na redação deste estudo. Evidentemente que as ideias aqui defendidas comprometem apenas seu autor.

nho completamente diferente, o de um universalismo distanciado em relação a suas origens culturais, em que a mudança do nome Finkielstein para Finley, quando tinha mais ou menos 29 anos, constitui um dos elementos. Aos 20 anos, após conhecer sua esposa Mary, que ensinava latim e grego, resolveu por sua vez aprender as línguas antigas. Esse aprendizado relativamente tardio lhe dá uma distância em relação aos historiadores ou aos filólogos clássicos, aos quais censura mais tarde por ficarem encerrados em querelas que ele julgava sem interesse.

Nos anos 1920 e 1930, ocupou diversos cargos em publicações científicas e no ensino. A partir de 1937, foi membro do Institut for Social Research, na Universidade de Columbia, que recebia os membros da Escola de Frankfurt, refugiados em Nova York desde a instalação do nazismo na Alemanha, como Max Horkheimer e Herbert Marcuse, entre outros. Durante esses anos, ao mesmo tempo que preparava uma tese de história antiga com William Linn Westermann, especialista em escravidão, Finley iniciou-se em Max Weber e em uma versão liberal do marxismo. Ele se engajou também em associações de apoio à luta contra o nazismo. Nos anos do pós-guerra, o encontro com Karl Polanyi representou uma nova etapa em sua formação. Nomeado para a Universidade Rutgers, retoma sua tese, *Studies in Land and Credit in Ancient Athens* [Estudos sobre terra e crédito na antiga Atenas], publicada em 1952.

Já atípico para um especialista da Antiguidade clássica, seu percurso teve nova reviravolta quando do macarthismo. Finley recusou curvar-se à caça às bruxas que grassava então nos Estados Unidos, o que lhe custou a perda de seu cargo universitário. Ele decidiu instalar-se na Inglaterra, onde residiu até o fim da vida.

O mundo de Ulisses

É essa formação de sociólogo tanto quanto de historiador clássico que o preparou para escrever *O mundo de Ulisses*. O momento era ideal. O interesse pelo mundo micênico redobrava com o anúncio em 1952 do deciframento por Michael Ventris e John Chadwick das tabuletas em escrita linear B, enquanto Finley escrevia sua obra. A primeira edição sistemática das tabuletas micênicas saiu em 1956. Mas essa situação não incomodou Finley, visto que ele mostrava que, para além de algumas referências transmitidas pela tradição, o mundo dos poemas homéricos nada tinha a ver com o universo burocrático, "à oriental", dos palácios micênicos. Esse mundo também não era o da época arcaica, mas o das "idades obscuras", o período de perturbações que seguira a destruição da sociedade palacial. Era um universo de guerreiros que dominava um povo de pastores e de camponeses, uma economia puramente doméstica, centrada no *oikos*, a casa. Essa sociedade na qual a violência desempenhava um papel proeminente era regida pelos valores dos aristocratas, seu código de honra e suas práticas de troca recíproca, do dom que chama uma contraprestação. Finley devia essa categoria do dom a Marcel Mauss, autor do *Ensaio sobre o dom* (1924) e a Melville Jean Herskovits e a sua *Economic Anthropology* [Antropologia econômica] (1952). Os objetos de valor circulando de uma família a outra garantiam assim a solidariedade dos aristocratas. A figura do mercador existia, certamente, mas fazia parte dos elementos periféricos. Esse estrangeiro por excelência, que era desprezado e do qual se desconfiava, era geralmente um fenício.

O estudo de MosesFinley oferecia uma síntese que cobria simultaneamente o parentesco, a economia, o fato político, os códigos de valores, e até os universos religiosos ou o que chamaríamos mais tarde de "questão de gênero". A obra era impecável. Seu autor ali mostrava um domínio perfeito não apenas do melhor dos estudos relativos a Homero, mas também de alguns aspectos, então novos, da pesquisa antropológica. Meio século após a publicação, e apesar dos progressos dos estudos homéricos, as teses de Finley são, na essência, válidas ou, no mínimo, podem ainda ser amplamente objeto de debate, o que não é uma medíocre qualidade em um mundo científico em rápida renovação.

Realmente, o sucesso da obra não se desmente meio século depois. Sua qualidade de escrita, densidade e força de convicção fizeram de *O mundo de Ulisses* um *best seller*. O livro foi incontáveis vezes reeditado e traduzido em inúmeras línguas. Na França, o sucesso foi particularmente importante. Até bem depois da Segunda Guerra Mundial, na verdade, a tradição homérica francesa permanecera dominada pelo positivismo de Victor Bérard, cuja preocupação essencial era identificar a geografia real oculta pela geografia imaginária da Odisseia, e que cortava do texto de Homero, para dele expurgar, tudo o que não lhe parecesse autêntico. Publicado na França em 1969, poucos anos após as obras clássicas de Jean-Pierre Vernant *As origens do pensamento grego* (1962) e *Mito e pensamento na Grécia antiga* (1965),

O mundo de Ulisses tornou-se o companheiro de todo estudante que frequentava Homero, e foi decisivo em muitas vocações para a história antiga.

Se, na sequência, ele nunca se desinteressou pelas épocas altas, Finley voltou-se também para outros períodos do mundo antigo. Todavia, o livro guarda um lugar particular em sua reflexão. Para ele, a sociedade antiga formava um todo e as estruturas evidenciadas na análise dos períodos mais antigos guardavam uma forma de validade para os períodos mais recentes.

O estilo e o método

Nada Moses Finley detestava tanto quanto o positivismo estreito que consistia numa simples acumulação de fatos: "Peço apenas que o historiador aborde seu material com questões significativas em mente. Os documentos em si não fazem perguntas, embora, às vezes, forneçam respostas".[2] Se as teses de Finley tinham o mérito da originalidade, o sucesso de seus trabalhos ligava-se também a um estilo de escrita e a uma escolha de objetos de análise que contrastavam com os dos outros historiadores de sua geração. Assim, no que tange à história do mundo grego, Finley não apreciava muito as monografias dedicadas a cidades particulares. Dado o caráter desigual da documentação, ele considerava que aquilo era um trabalho de antiquário, que nada traria de novo. Exceto em sua tese sobre os limites hipotecários atenienses, ele mesmo não fornece estudos técnicos sobre as fontes literárias, epigráficas, arqueológicas ou outras. Lidou com as fontes durante a pesquisa, sem buscar fazer um estudo crítico delas.

Em compensação, ele se superava na análise dos conceitos. O essencial de sua obra constitui-se de textos saídos de séries de conferências ou de artigos sobre temas diversos. Nesses brilhantes ensaios, nunca buscou fundar sua questão de maneira definitiva, "colocar em pratos limpos" reunindo todas as fontes disponíveis. Ele se permitiu então tratar grandes questões, como, por exemplo, a natureza da cidade, a origem e o desenvolvimento da escravidão. Escritas sem discussão erudita suscetível de esmorecer o leitor, com uma problemática nítida, em um tom frequentemente mordaz e polêmico, os trabalhos de Finley tinham a vantagem ao mesmo tempo de suscitar a

2 Finley, *Sur l'histoire ancienne*, p.95-96.

controvérsia no mundo acadêmico e de atrair um público de não especialistas, ao qual ele oferecia respostas simples e imediatamente compreensíveis para o que chamaríamos de "os grandes problemas da Antiguidade". Para Finley, nada era pior que um especialista isolado em sua torre de marfim. Essa vontade que poderíamos chamar de "pedagógica" explica também a publicação de uma série de obras destinadas a um público amplo, como *Os gregos antigos* ou *Grécia primitiva*, que também se tornaram clássicas.

No que concerne a sua documentação, esta era essencialmente constituída pelas fontes literárias gregas e latinas, que no fundo ele conhecia admiravelmente bem. Mesmo se impedido de ter tal atitude, Finley não contava muito com a Arqueologia para avançar a pesquisa histórica. A rebelião dos "jovens turcos" (Lewis Binford e David Clark) que, nos anos 1960 e 1970, manifestaram sua vontade de fazer da Arqueologia uma disciplina independente – em outras palavras, uma disciplina que não seria dominada pelos historiadores das fontes escritas –, encontra nele apenas um ceticismo irônico. Para Finley, a Arqueologia não passava de um "quebra-galho" ao qual deveríamos recorrer apenas quando não dispuséssemos de fontes escritas em quantidade ou qualidade suficiente. Ele também teve todos os trunfos para vencer brilhantemente o caráter impressionista de conclusões tiradas de cifras que não eram de nenhuma utilidade se não fossem relacionadas a outras, como cifras de população ou de níveis de consumo. Não temos como não aderir a essa conclusão, ressalvando que a acusação de impressionismo poderia também, e não sem justiça, ser dirigida pelos arqueólogos contra os historiadores que trabalham exclusivamente com base em textos. No mínimo, podemos lembrar que seu apelo a uma Arqueologia que trate de responder a questões e não simplesmente de acumular objetos, era absolutamente justificada – mesmo se devamos desconfiar que, para ele, na realidade, a Arqueologia não era digna de interesse.

Sem se investir de maneira aprofundada em uma área particular – naturalmente de modo algum na Arqueologia, devoradora de tempo para benefícios imediatos limitados –, Finley pôde dessa maneira abordar assuntos e períodos muito diversos, da época homérica ao Baixo Império, com uma rara visão enciclopédica, ilustrando também um de seus temas favoritos: o da unidade profunda do mundo antigo.

Mesmo aprazendo-se em manipular os conceitos mais que as fontes de base, Finley não era um teórico. Diferentemente de Max Weber, por exemplo, ele não procura emanar uma reflexão de alcance geral sobre a estrutura do movimento das sociedades. Em compensação, em torno de problemas específicos relativos à sociedade antiga e de modo puramente empírico, nunca cessou de refletir como *honnête homme* de algum modo, em questões de método. É um traço que encontramos em seus trabalhos de história econômica (um ponto sobre o qual voltaremos mais adiante), tanto quanto nos que dedicou à produção histórica.

Ele produziu assim um ensaio brilhante sobre a diferença entre a concepção de história dos antigos e a nossa (apesar de não ter ficado muito feliz em atribuir a uma "falta de interesse" de Tucídides a maneira com que este propunha reconstruir os primeiros tempos da Grécia). Dedicou outro ensaio às relações entre Antropologia e História, chamando, para resumir em nosso vocabulário, a um diálogo entre os especialistas da estrutura (os antropólogos, especialistas das sociedades tradicionais) e os da mudança diacrônica (os historiadores, especialistas das sociedades complexas). É verdade que essa visão das coisas não é realmente satisfatória na medida em que volta a propor a cada um dos dois grupos a se fixar em suas posições, a trocar algumas gentilezas nas zonas fronteiriças, mas sem buscar criar um método unificado de análise. Claude Lévi-Strauss era citado apenas para ser imediatamente mantido à distância e Finley não tentou esclarecer o que a antropologia do parentesco poderia trazer para o estudo da sociedade grega. Nisso, é verdade, ele não estava isolado: até uma época bem recente, os conceitos fundamentais de análise das relações de parentesco permaneceram estranhos aos historiadores da Antiguidade.

O estilo, claro e com frequência polêmico, e o método, mais empírico que teórico, definem portanto a obra histórica. Mas o sucesso de Finley decorre também da maneira como gerou a Escola de Cambridge. Com efeito, ele soube dar um perfil claro e coerente às teses que defendia, reunindo em torno dele um grupo de fiéis e de discípulos, dos quais no fundo não é exagero dizer que ele esperava um compromisso total em relação às teses dele. Essa estratégia ao mesmo tempo individual e coletiva, em um mundo científico, aliás, dividido em múltiplos grupos fechados de especialistas de horizontes mais ou menos extensos, mas de qualquer forma agindo em ordem dispersa e desprovidos de qualquer "ideologia de grupo", não deixou de fazer do pensamento de Finley o que Keith Hopkins chamou de uma "Nova Ortodoxia". Trata-se, em todo caso, de um dos fenômenos mais impressionantes do mundo acadêmico da segunda metade do século XX.

Resta, no entanto, um ponto cego em sua reflexão. No momento mesmo em que, na Inglaterra, Finley produzia suas obras principais, no continente, a Escola dos Annales trazia uma profunda renovação à produção histórica. Economia rural, demografia, grande comércio: pesquisas em série apoiando-se sobre os amplos dossiês de arquivos legados pela Idade Média e a época moderna permitiam revelar a história das grandes massas anônimas do passado. Nesse mesmo tempo, Fernand Braudel elaborava uma ampla tentativa de reconstituir o deslanchar da economia capitalista.

Não poderíamos imaginar distância maior entre a obra de Finley, essencialmente conceitual, e a dos historiadores dos *Annales*, baseada em uma pesquisa experimental e concreta. Mesmo em seus últimos trabalhos, a referência à problemática dos *Annales* não aparece. Finley ignorou Braudel. Isso é ainda mais lamentável porque, independentemente de seu interesse, a problemática puramente ética de Max Weber da origem do capitalismo teria ganhado em ser confrontada a abordagens diferentes, enfatizassem elas as estruturas familiares próprias à acumulação do capital na Europa na aurora da era moderna, ou o papel do grande comércio como fator primeiro dessa acumulação.

Finley teria sem dúvida assumido facilmente suas escolhas, bem diferentes das da Escola dos Annales. Ele garantia, é verdade, que não tinha nenhuma objeção a uma História feita a partir de cifras. Mas, para ele, a perda irremediável dos dossiês de arquivos do mundo antigo e o caráter falacioso das cifras transmitidas pela tradição, característica em sua opinião, da mentalidade antiga, tornava ilusória qualquer análise serial. Os esforços de Richard Duncan-Jones para reunir os dados das cifras sobre o mundo romano foram estigmatizados como uma tentativa inútil. Assim, Finley considerava que em vez de procurar reconstituir séries, o historiador da economia antiga devia antes fiar-se em inferências, supondo que para além de manobras especulativas de curto prazo não havia nenhuma interação por intermédio dos preços entre a produção e a circulação, entre a oferta e a procura.

A escravidão e a cidade

No que se refere à escravidão, à qual dedicou uma parte importante de sua pesquisa, Finley soube mostrar de modo paradoxal e inovador que a extensão da servidão e a constituição da "escravidão mercadoria" (*chattel slavery*) eram na verdade consequência da liberdade dos cidadãos, que só poderia se conceber porque estes estavam temporariamente liberados das tarefas materiais graças ao trabalho dos escravos. A oposição do cidadão e do escravo era portanto uma categoria jurídica decisiva. Segundo Finley, além disso, a criação de uma sociedade escravista não deveria ser relacionada a uma consideração qualquer sobre uma eficácia, produtividade ou proveito comparativo do trabalho servil. Ela seria apenas uma consequência da rigidez do mercado de trabalho livre. Em último caso, poderia se relacionar exclusivamente com condições jurídicas específicas, de modo algum com critérios econômicos. Essas teses, afirmadas mas nunca provadas, deveriam ser objeto de um comentário aprofundado e não podem ser reexaminadas aqui. Mesmo se uma análise muito diferente pudesse hoje ser proposta, é preciso reconhecer nessa teoria o mérito de fornecer um novo contexto de análise conceitual, onde antes reinava quer uma visão puramente sentimental, quer uma simples aplicação da categoria marxizante de "exploração".

A outra área à qual Finley dedicou uma atenção particular é a que chamou de "criação da política" na Grécia antiga, isto é, a criação de um espaço coletivo de um novo tipo, distinto da família ou da crença religiosa, no cerne do qual se organizava uma comunidade. Pertencer à comunidade, certo, não significava necessariamente ter parte na decisão política. Aliás, ao longo dos séculos, a participação política foi objeto de todo tipo de debates e de lutas. Essa especificidade decorria da emergência de procedimentos de decisão baseados dali em diante no critério objetivo do voto computado. Tratava-se de uma inovação radical subjazendo todas as outras, em particular a emergência da discussão política, mas também a constituição do pensamento reflexivo. Finley abriu dessa maneira uma reflexão global sobre a democracia antiga, que ele considerava ser um legítimo precursor da democracia contemporânea.

A economia antiga

Economia antiga é o mais característico dos livros de Finley, depois de *O mundo de Ulisses*. A obra tem sua origem nas *Sather Classical Lectures*

[Palestras clássicas na torre de Sather] que Finley realizou em Berkeley em 1972. Mas essas palestras eram o coroamento de uma reflexão sobre a economia antiga que começara quarenta anos antes. Tinha origem na tese de doutorado de 1952. Os temas do livro estavam presentes em uma série de artigos, entre eles os que foram reunidos em *Economia e sociedade na Grécia antiga*, publicado em 1981.

Como apresentar *Economia antiga*? A primeira leitura da obra deixa no leitor desprevenido uma impressão desconcertante. O título parece sugerir a existência de um sistema coerente, que justificaria uma análise de fatores como o trabalho, o capital, a produção – naturalmente com um grau de sofisticação menos elevado que o do mundo moderno ou contemporâneo. Entretanto, bem ao contrário, Finley visava a mostrar que a economia antiga não existia, que ela não tinha nenhuma lógica interna e que qualquer tentativa para querer explicá-la seria tão vã quanto fútil. Assim como em seu estudo sobre "A inovação tecnológica e o progresso econômico no mundo antigo",[3] Finley procedeu em *Economia antiga* de uma maneira provocadora, pois o conteúdo do livro desmente a expectativa criada pelo título e consegue negar a própria existência do objeto anunciado.

O objetivo de Finley era na verdade mostrar em que a economia antiga era um não ser. A demonstração estava dividida em seis capítulos, e foi completada em 1984 por mais um capítulo[4] que reafirmaram suas teses. Para Finley, quer se tratasse de gregos ou de romanos vivendo na cidade, os antigos não tinham nenhuma ideia do que podia ser a economia. Se tal era o caso, é primeiro porque não existia mercado criador de preços para eles. Por que era assim? A resposta estava dada desde o capítulo 2: as elites cidadãs das cidades antigas, fossem de Atenas ou de Roma, não estavam prontas, pelo menos em número suficiente, para garantir por si mesmas tarefas diretamente econômicas. Elas as deixavam a cargo de elementos periféricos, não cidadãos em geral. As elites tinham os recursos e o poder político, mas faltava-lhes a vontade: elas não podiam desempenhar um papel de empreendedor porque eram inibidas pelos valores de seu grupo social, preferindo os consumos de luxo aos investimentos produtivos. A noção de

3 Moses, Technological Innovation and Economic Progress in the Ancient World, *The economic history review*, v.18, n.1, 1965, p.29-45.

4 O capítulo "Further Thoughts" foi acrescentado na reedição ampliada de 1985.

status, que Finley considerava tanto mais cômoda quanto "admiravelmente vaga", tomava portanto uma importância decisiva na demonstração.

A questão do trabalho também era tratada na contracorrente das ideias preconcebidas (como os artigos dedicados a essa questão em *Economia e sociedade na Grécia Antiga*). A economia antiga estaria baseada na escravidão e a escravidão seria responsável pelo bloqueio dessa economia ? Mesmo que a resposta de Finley tenha variado, em *Economia antiga* ela foi claramente negativa. O sistema antigo conheceu uma variedade de sistemas de exploração do trabalho: escravidão, "servidão" ou dependência, trabalho em troca de salário. Se assim foi, é porque a sociedade antiga ignorava a categoria do trabalho como abstração e seu corolário, isto é, o tempo de trabalho. Segundo Finley, por não ter transposto essas duas etapas conceituais, a sociedade antiga não pôde nunca conhecer a instituição do salariado como forma única de exploração do trabalho. Se não havia mercado de trabalho, não existia tampouco mercado da terra. O investimento em terra nunca era calculado em termos de racionalidade econômica "no sentido de Max Weber". Comprar terra era uma questão de *status*, não de investimento racional. É nesse sentido que a mentalidade das aristocracias antigas podia ser dita "aquisitiva". Mas ela era essencialmente "não produtiva", em oposição à "ética protestante" de Max Weber.

É também a Max Weber que Finley toma emprestado o modelo da cidade "centro de consumo" e não "centro de produção". As cidades viviam das taxas e dos produtos tirados do campo, sem produzirem elas mesmas os objetos manufaturados que difundiriam em seguida: a existência de um artesanato urbano limitado, destinado ao consumo interno, nada mudava a esse quadro. As elites tinham uma mentalidade aquisitiva, mas eram incapazes de transformar essa riqueza em capital. Assim, ao longo de toda a Antiguidade e salvo uma ou duas exceções, nenhum empréstimo diretamente produtivo seria verificado. O bloqueio tecnológico, característico da Antiguidade, segundo Finley, se explicaria pelo desinteresse pela utilização de tecnologias existentes, ou pela busca de novos procedimentos. Enfim, no que concerne ao Estado, nada seria mais falso que pensar que ele pudesse ter se preocupado com "a economia", simplesmente porque esse conceito não existia. O Estado não tinha mais política monetária do que preocupação com um "comércio nacional" ou com política fiscal favorecendo o comércio, e tampouco existia política de "*laisser-faire*", o que novamente suporia algum tipo de ação consciente – cujo traço não se vê. O Estado tinha somente uma política aquisitiva e a preocupação de alimentar seus próprios cidadãos, nada mais.

Vemos que as teses de Finley tinham o mérito da coerência. Elas eram expostas com vigor excepcional. Uma observação, no entanto, é que elas representavam mais um antimodelo que um modelo positivo. Elas estavam construídas em função de uma referência: a economia contemporânea, a única "economia" digna desse nome, a única que se desligou, se "desencravou" (*disembedded*) das condições sociais para assumir sua autonomia.

O modelo finleyano e seus limites

Esse conceito de encravamento, Finley devia-o ao economista e sociólogo de origem húngara Karl Polanyi, com o qual, na Universidade de Columbia, esteve em contato estreito após a guerra e até 1954. O próprio Finley se preocupou pouco com questões teóricas. Ele devia os conceitos que utilizava a Max Weber e portanto principalmente a Karl Polanyi. Tomando-os como adquiridos, julgava inútil discuti-los novamente. É a razão pela qual as referências a seus dois autores foram apenas ocasionais e geralmente muito curtas. Um balanço completo da obra de Finley deveria ser feito em dois planos, de uma parte com uma crítica conceitual, que para o essencial diria respeito à obra de Karl Polanyi, e, por outro lado, uma crítica "setorial", recaindo na aplicação à Antiguidade dos conceitos polanyianos. Vamos nos limitar aqui a esse segundo item.

No ponto de partida, herdeiro de uma querela que remontava ao fim do século XIX e ao começo do século XX, Finley tomava o "modernismo" por um dos pecados mortais dos estudos consagrados à economia antiga. Não por acaso ele organizou em um único volume[5] os textos principais da controvérsia que, no fim do século XIX e começo do XX, se alastrara entre os que se convencionou chamar de primitivistas e os modernistas. Os primeiros, como Karl Bücher e, mais tarde, Johannes Hasebroek, sustentavam que a economia antiga jamais ultrapassara o estágio de economia doméstica

5 Esse volume reuniu artigos de Karl Bücher, Eduard Meyer e Beloch Julius escritos entre os anos de 1899 e 1924. Finley (org.), *The Bücher-Meyer Controversy*.

destinada a satisfazer as necessidades imediatas dos consumidores. Os segundos, como Eduard Meyer, Julius Beloch e, depois, Michael Ropstovtzeff, consideravam que a economia antiga era semelhante à nossa e que a diferença real era apenas quantitativa. Teria sido necessário não dar razão a nenhuma das duas teorias. Entretanto, embora admitindo certo desenvolvimento quantitativo da economia antiga, Finley abraçava o essencial das teses de Bücher e de Hasebroek.

No plano das estruturas, Finley defendia na verdade um modelo econômico estático, que considerava válido desde Homero até o fim do Império do Ocidente. Esse recorte cronológico justificava-se a seus olhos pela ideologia dos proprietários de terra, que, segundo ele, permanecera a mesma durante toda a Antiguidade. Com sua mentalidade aquisitiva, buscando satisfazer suas necessidades (aqui temos apenas uma aplicação do conceito de economia substantiva polanyiano), esses proprietários teriam bloqueado um sistema que, no entanto, poderia ter evoluído para outra coisa. A prova seria a incapacidade do mundo antigo em "passar ao estágio do capitalismo" e em conhecer a revolução industrial. O "bloqueio" da sociedade antiga, o fato de não ter dado o salto que lhe permitiria passar ao capitalismo é, na verdade, um problema que assombrava o pensamento de Finley. No entanto, não há certeza de que se tratasse de uma boa questão, em todo caso se esperamos uma resposta simples e unívoca. Não seria menos interessante saber por que essa questão não era dirigida também a todas as sociedades anteriores ao capitalismo, ou, inversamente, determinar as razões pelas quais, tratando-se da sociedade antiga, pareceria justificado levantá-la.

De qualquer forma, a resposta de Finley era nítida e clara. Investindo na terra, com uma gestão irracional e somente por questões de *status*, os latifundiários teriam impedido o nascimento da função capital, com o indispensável investimento industrial e o desenvolvimento tecnológico que o acompanha. Mas vemos como Finley era prisioneiro de sua própria problemática. Evidentemente, o mundo antigo não viveu nenhuma revolução industrial. Mas isso não significa de modo algum que não tenha experimentado nenhuma evolução tecnológica – na realidade, parece que ela foi perfeitamente considerável – nem que estejamos diante de um mundo essencialmente imutável através de todas suas guerras ou revoluções, no qual a evolução da produção fazia-se apenas pela extensão das terras conquistadas. As mesmas observações podem ser feitas a respeito da hipótese do caráter muito limitado das trocas ou dos preços essencialmente estáticos, estabelecidos de maneira convencional – como nos bons tempos dos aristocratas homéricos –, estabilidade apenas perturbada por algumas tentativas especulativas sem futuro. Em resumo, para Finley, a negação dos preços de mercado – portanto, do mercado – andava junto com a negação de que a procura tivesse um efeito qualquer sobre a oferta.

Assim, à maneira das confissões negativas dos defuntos que chegavam ao reino dos mortos no Egito dos faraós ("Não cometi injustiça", "Não roubei"...), Finley convidava a identificar todas as "faltas" da economia antiga em relação à contemporânea. Certamente a lista é longa. Mas essa "análise à revelia" não permite compreender de maneira positiva a economia antiga. Os antigos teriam feito economia sem ter a consciência disso. Porém, para encaixar a metáfora, se Monsieur Jourdan fazia prosa sem o saber, isso nunca impediu a existência das categorias gramaticais. Ora, o pressuposto de Finley é que não pode ter existido uma estrutura e uma lógica econômica na Antiguidade que tenha escapado à observação e à descrição dos próprios antigos. Essa visão das coisas demanda uma dupla crítica.

Para começar, a afirmação segundo a qual a consciência deve preceder a existência é um preconceito filosófico. Em seguida, a análise de um sistema social e econômico em termos de "faltas" em relação à sociedade contemporânea não poderia ser um método satisfatório. Opera aqui a lógica da economia substantiva de Karl Polanyi, a qual supõe que as únicas estruturas econômicas que em algum momento existiram são as do mundo capitalista contemporâneo. Dessa forma, se não as encontramos idênticas no mundo antigo, somos levados a concluir que aquela economia era desprovida de qualquer lógica interna, que era um caos que só podia ser pensado em termos institucionais (isto é, segundo Finley, em termos políticos e sociais, não econômicos). A solução já está na questão e não acrescenta nada à compreensão do fenômeno.

Desse modo, Finley não pôde perceber a existência do mercado e sua importância decisiva nos sistemas de trocas, quando na verdade ele deve ser visto como uma das bases da sociedade grega, e, até certo ponto, da sociedade romana. Na Grécia antiga, o mercado estava baseado em uma dupla estrutura institucional. De um lado, a existência de uma rede formada por grande número de cidades com características idênticas e que cobria todo o Mediterrâneo estabelecia as condições de existência de um mercado internacional. De outro, a igualdade formal entre os cidadãos, característica de base do sistema da cidade para além de suas realizações diversas (nem todas as cidades eram construídas exatamente sobre o mesmo modelo), permitia o desenvolvimento da troca mercante medida como a forma fundamental de transferência dos valores no interior da cidade. Longe de estar ausente, o mercado era, ao contrário, onipresente. Finley sustentou a ausência de verdadeiras empresas como um traço que provava o caráter primitivo e não mercante do mundo antigo. Entretanto, após Douglass Cecil North, podemos entender a firma como um meio de contornar temporariamente o mercado, na medida em que se trata de um modo de transferência de valores (serviços, matérias-primas etc.) interno à empresa. Na verdade, o recurso ao mercado era universal na Grécia antiga, para o consumo comum dos particulares, as despesas de investimento (em que notaremos também o recurso ao comércio de escravos) ou as despesas da cidade (construções públicas, despesas de guerra, para as quais se imaginará entre outros o mercado de mercenários), sem deixar de lado a política de redistribuição, que também recorria sistematicamente ao mercado.

Vemos que a ideia de uma "sociedade pré-industrial" sinônimo de "sociedade que ignora o mercado" é uma pura falsa premissa. Claro que é evidente que todas as sociedades anteriores ao capitalismo não eram sociedades em que o mercado tinha um papel decisivo nos procedimentos de troca. Mas, desde que podemos observar a existência de um mercado, de nada serve querer negar-lhe a evidência.

Além disso, vimos que, para Finley, um traço tipicamente "não econômico" do mundo antigo era a propensão dos proprietários de terra a investir em terras mais que na "indústria". Segundo ele, era a ideologia ligada a seu estatuto social que os impedia de fazer a escolha correta. Temos outra visão das coisas se considerarmos que, a curto prazo, era, ao contrário, o melhor investimento financeiro possível. Quanto às escolhas de consumo ou de doação, não ganham nada em serem qualificadas como irracionais, mas devem ser relacionadas aos valores da sociedade antiga. Que essas escolhas variem de uma cultura a outra é um truísmo. Mas é uma ilusão pensar que as referências culturais da sociedade contemporânea forneçam a unidade de medida com a qual poder-se-ia avaliar as das outras sociedades.

Enfim, querer colocar o problema da "passagem ao capitalismo" e procurar os "fatores de bloqueio" na ideologia dos latifundiários na sociedade grega ou romana é um impasse metodológico. Qualquer que tenha sido a ideia de Finley, a "ética protestante" (para abreviar) é apenas um elemento entre outros que explicam o deslanchar da Europa. Ler a história da Antiguidade através de seu suposto "fracasso em chegar ao estágio do capitalismo" só pode levar a uma visão truncada do mundo antigo.

A aplicação dos conceitos polanyianos ao mundo antigo teria que levar a um impasse. A ironia da situação é que as relações científicas entre Finley e Polanyi tornaram-se cada vez mais difíceis com o passar do tempo. Em *Em uso e abuso da história*, com sua franqueza habitual, Finley não hesita em denunciar explicitamente o neoprimitivismo polanyiano, até reconhecendo então de passagem, como todos seus escritos anteriores (e posteriores), a existência do mercado.[6] É pena que essa via não tenha sido prosseguida e explorada, pois é toda uma outra visão, igualmente distante do modernismo e do primitivismo, que poderia então ter emergido. É lamentável *a fortiori* que não tenha sido empreendido o esforço teórico necessário para suplantar os conceitos polanyianos.

Os trabalhos de Moses I. Finley oferecem, portanto, aspectos diversos e contrastantes. Destacamos a que ponto eles puderam se irradiar consideravelmente na historiografia recente. As teses sustentadas não podem deixar ninguém indiferente. Discuti-las, elaborar um balanço crítico, e mesmo contestá-las não é fazer trabalho de iconoclasta. Trata-se, ao contrário, da melhor homenagem que se pode prestar a um homem de caráter e de convicção cujo compromisso intelectual suplantava de longe o contexto acadêmico ordinário, em suma, a uma personalidade científica de exceção.

Alain Bresson

Trabalhos de Moses Israel Finley

FINLEY, Moses. *The Ancient Economy.* London: Chatto & Windus, 1973. [Ed. Port.: *Economia antiga*. Lisboa: Afrontamento, 1986.]

______. *The Ancient Greeks.* London: Chatto & Windus, 1963. [Ed. Port.: *Os gregos antigos*. Lisboa: Edições 70, 2002.]

______. *Ancient History:* Evidence and Models. Nova York: The Viking Press, 1986. [Ed. Bras.: *História Antiga: testemunhos e modelos*. São Paulo: Martins Fontes, 1994.]

6 Finley, *The Use and Abuse of History*, p.117.

FINLEY, Moses. *Ancient Slavery and Modern Ideology*. London: Chatto & Windus, 1980. [Ed. Bras.: *Escravidão antiga e ideologia moderna*. Rio de Janeiro: Graal, 1991.]

______. (org.). *The Bücher-Meyer Controversy*. Nova York: Arno, 1979.

______. *Democracy Ancient and Modern*. London: Chatto & Windus, 1973. [Ed. Bras.: *Democracia antiga e moderna*. Rio de Janeiro: Graal, 1988.]

______. *Early Greece*: The Bronze and Archaic Age. London: Chatto & Windus, 1970. [Ed. Bras.: *Grécia primitiva: idade do bronze e idade arcaica*. São Paulo: Martins Fontes, 1990.]

______. *Economy and Society in the Ancient Greece*. London: Chatto & Windus, 1981. [Ed. Bras.: *Economia e sociedade na Grécia Antiga*. São Paulo: Martins Fontes, 1989.]

______. *Politics in the Ancient World*. Cambridge, UK: Cambridge University Press, 1983. [Ed. Port.: *Política no mundo antigo*. Lisboa: Edições 70, 1997.]

______. (org.) *Problèmes de la terre en Grèce ancienne*. Paris-La Haye: Mouton, 1973.

______. *Studies in Land and Credit in Ancient Athens, 500-200 B.C.*: The Horos-Inscriptions. New Brunswick: Rutgers University Press, 1952.

______. Technological Innovation and Economic Progress in the Ancient World, *The economic history review*, v.18, n.1, 1965, p.29-45. *The Use and Abuse of History*. Nova York: The Viking Press, 1975. [Ed. Bras.: *Uso e abuso da história*. São Paulo: Martins Fontes, 1989.]

______. *The World of Odysseus*. New York: The Viking Press, 1954. [Ed. Port.: *O mundo de Ulisses*. Lisboa: Presença, 1988.]

______. *L'invention de la politique. Démocratie et politique en Grèce et dans la Rome républicaine*. Paris: Flammarion, 1985.

______. *Sur l'histoire ancienne. La matière, la forme et la méthode*. Paris: La Découverte, 1987.

Trabalhos sobre Moses Israel Finley

Encontraremos uma bibliografia dos trabalhos de M. I. Finley no apêndice de *Économie et société en Grèce ancienne*, p.304-312.

O volume 6-8, 1987-1989, da publicação *Opus. Rivista internazionale per la Storia Economica e Sociale dell'Antichità* foi dedicado à obra de Finley.

Whittaker, C. R. Moses Finley. 1912–1986. *Proceedings of the British Academy*, 94, 1997, p.459-472.

Philippe Ariès

O retorno a um mundo de profundezas coletivas e recalcadas.

Em 1960, a coleção "Civilisations d'hier et d'aujourd'hui" [Civilizações de ontem e hoje], editada pela editora Plon, publica *A criança e a vida familiar no Antigo Regime.*[1] Não se trata da primeira obra do autor, Philippe Ariès, pois este já publicara, em 1943, *Les traditions sociales dans les pays de France* [As tradições sociais no país de França]; em 1948, *Histoire des populations françaises et de leurs attitudes devant la vie depuis le XVIIIè siècle* [História das polpulações rurais francesas e de suas atitudes diante da vida desde o século XVIII]; e, em 1954, *O tempo da história.* Mas esses três livros tiveram apenas uma fraca repercussão, principalmente no mundo universitário, ao qual Ariès não pertencia, ao passo que *A criança e a vida familiar* lhe garante suficientemente rápido uma notoriedade que só se ampliará com a publicação, em 1975, de *Sobre a morte no Ocidente,* seguido, dois anos depois, por *O homem perante a morte.*

"O aprendizado técnico do ofício de historiador"

"Historiador de vanguarda, durante muito tempo solitário, bruscamente célebre",[2] Philippe Ariès morre em 1984, aos 69 anos. Um recuo

1 Philippe Ariès dirigia na Plon, desde 1953, a coleção "Civilisations d'hier et d'aujourd'hui", fundada por René Grousset.

2 Eu tomo emprestada a fórmula da quarta capa de Ariès, *Un historien du dimanche,* escrito com a colaboração de Michel Winock.

de quase vinte anos permite evocar o itinerário intelectual e a obra desse "historiador diletante",[3] que surge como um dos principais historiadores do século XX. Em 1980, ao aceitar responder com toda liberdade à solicitação de Michel Winock, Philippe Ariès facilitou de antemão o trabalho de quem busca entender melhor esse itinerário. Nessa perspectiva, são igualmente preciosos, além de *Um historiador diletante*, as duas coletâneas de artigos, *O tempo da história* e *Essais de mémoire* [Ensaios de memória],[4] assim como o novo prefácio escrito em 1973 para a reedição de *A criança e a vida familiar*.

Philippe Ariès nasceu em 1914 em uma família da burguesia de Bordeaux, instalada há muito na Martinica, católica e monarquista. Seu pai, engenheiro elétrico, e sua mãe são partidários da Action Française[5] desde 1900 e assim permanecerão mesmo após a condenação romana de 1926. Em 1920, eles se instalam em Paris com os quatro filhos. O pequeno Philippe, batizado em homenagem ao seu homônimo duque de Orleães,[6] então chefe da Casa d'Orleães,[7] faz seus estudos, medíocres, primeiro com os jesuítas e depois no liceu Janson-de-Sailly. À margem dos compêndios escolares, ele lê e relê a *Histoire de la France* do acadêmico monarquista Jacques Bainville, "breviário da [sua] primeira adolescência".[8] Concluído o secundário, decide "fazer história", apesar das vivas reticências de seu pai, que sonhava para ele a Politécnica. Ariès inscreve-se na Sorbonne em 1935, junta-se aos estudantes da Action Française, colabora com o jornal *L'étudiant français* deste movimento e torna-se amigo de Raoul Girardet, Pierre Boutang e outros. De início ingenuamente conquistado por "toda uma parte da his-

3 A expressão é do próprio Philippe Ariès.

4 *O tempo da história*, que reúne os artigos escritos entre 1947 e 1951, é publicado por Ariès em 1954 e reeditado em 1986 com um importante prefácio de Roger Chartier. Os *Essais de mémoire*, nova compilação de artigos publicados entre 1943 e 1983, são editados pela Seuil em 1993, após a morte do autor, graças à presteza de Roger Chartier, que escreve a apresentação, e uma preciosa bibliografia dos livros e artigos de Philippe Ariès.

5 Movimento político francês nacionalista e monarquista criado na época do processo Dreyfus (1898). (N. T.)

6 Phillipe d'Orleãns, conhecido na literatura lusófona como Luis Roberto Felipe de Orleãns (1869-1926), que reclamou o trono francês sob o nome de Filipe VIII de França.

7 No original, "Maison de France", nome pelo qual a Casa d'Orleães é conhecida em alusão ao fato de que ela seria a primeira na linha sucessória da monarquia francesa, caso esta fosse novamente instaurada. (N. T.)

8 Ariès, *Un historien du dimanche*, p.45.

tória universitária que (o) atraía, a que foi chamada 'positivista', a história erudita, objetiva, sem nenhuma segunda intenção de interpretação",[9] ele rapidamente desconfia dos limites desta e começa a se apaixonar pelo que chama "a história social": às continuidades tranquilizadoras da primeira, reconstituição falaciosa de um "passado sem lacunas", ele prefere já as descontinuidades da segunda, "história coletiva profunda". Mas esses anos de Sorbonne são para ele, além da fidelidade à obra de Bainville, principalmente "o aprendizado técnico, e apenas técnico, do ofício de historiador" e, mais ainda, o tempo da amizade.[10]

Convocado em setembro de 1939 como aluno oficial em Fontenay-le--Comte, dispensado em agosto de 1940, volta a Paris e retoma, sozinho, a preparação para a agregação de história. Ele fracassara uma primeira vez no concurso de junho de 1939 e um novo fracasso em 1941 levou-o a desistir de uma carreira clássica de docente. Ao mesmo tempo, ele constata que a maior parte dos valores que carrega desde a infância familiar são operados pela Révolution Nationale e é com toda naturalidade que, incentivado por amigos da Action Française, torna-se, no fim de 1941, formador instrutor da École des Cadres de Chapelle-en-Seval, perto de Senlis – equivalente na zona ocupada da École des Cadres de Uriage na zona livre – e encarregada de garantir a formação dos monitores dos centros e oficinas da juventude disseminados pelo governo de Vichy. Ele deixa a École des Cadres em agosto de 1942 e, no início de 1943, entra como diretor do centro de documentação do Institut des Fruits et Agrumes Coloniaux, criação do modelo corporativista de Vichy. Ele exercerá essa profissão até o início dos anos 1970, mas, em 1943, em uma França isolada do mundo, tal atividade permite-lhe lazeres que ele aproveita multiplicando leituras e reflexões e levando a cabo a redação do que será seu primeiro livro.

No total, esses anos 1940-1943 são de importância capital em sua trajetória. De um lado, ele forja pouco a pouco o que se tornaria sua concepção da História, enraizada em suas convicções políticas e reforçada pelos acontecimentos. Do outro, é em 1941, quando da preparação à agregação, que ele experimenta o que qualificará mais tarde como "intenso maravilhamento ao descobrir os livros de Marc Bloch e Lucien Febvre, a coleção

9 Ibid., p.53.

10 Ibid., p.71.

dos primeiros *Annales*, e, logo em seguida, os sociólogos".[11] Ele escreverá em 1983:

> No início dos anos 1940, o debate tinha ficado circunscrito entre duas grandes tendências, entre a velha história cientista, frequentemente chamada positivista, que dominara a Universidade ocidental, [...] e a história hoje banalizada sob o nome de história das mentalidades, de história social, de escola dos *Annales*, e mais recentemente de história antropológica (não hesitemos em colar todos esses rótulos sobre o mesmo pacote). Preferi chamá-la, na época em que escrevia este livro,[12] história 'existencial' e, se esse termo ainda me convém, devo reconhecer que ele não fez fortuna.[13]

Certamente o vocabulário evoluiu um pouco: não se fala mais hoje de história "antropológica", e menos ainda "existencial", e a própria palavra "mentalidades" foi abandonada, após ter servido brilhantemente. Porém o essencial é que esse tipo de história tenha se tornado quase "banal" a partir dos anos 1950 e 1960 e que Philippe Ariès tenha contribuído para essa popularização.

Um explorador no território dos historiadores

Em julho de 1943, Ariès publica seu primeiro livro, *Les traditions sociales dans les pays de France*, pelas editora Nouvelle France, na coleção "Cahiers de la Restauration Française" [Cadernos da Restauração Francesa]. Mais tarde dirá: "Cada palavra do título traduz uma de minhas preocupações: tradições, o tradicionalismo; sociais, as representações coletivas; terra, ao lado da região, a menor comunidade depois da família".[14] O livro propõe-se a explorar as diversas formas de sociabilidade provinciana na França do Antigo Regime. Apresenta sucessivamente as sociedades comunitárias do nordeste, as sociedades individualistas do oeste e os "camponeses burgueses" de Provence.

11 Ibid., p.78. No primeiro nível desses sociólogos, Émile Durkheim e Maurice Hallbawchs.

12 Isto é, *O tempo da história*, publicado em 1954.

13 Id., *Essais de mémoire*, p.47.

14 Id., *Un historien du dimanche*, p.86.

> Procurava um melhor nível de onde penetrar na antiga sociedade, um nível abaixo do político, muito mais próximo do biológico, da vida o menos organizada possível, onde os movimentos da espontaneidade não estivessem impedidos pelas estruturas do Estado.[15]

Ao fazê-lo, ele não pretende reviver um passado morto, mas encontrar no presente permanências daquele passado.

Ao mesmo tempo, prossegue nas pesquisas que o levariam a publicar em 1948 *Histoire des populations françaises et de leurs attitudes devant la vie depuis le XVIIIe siècle*. "Esses anos de 1943-1947", afirma, "constituíram meu genuíno período de formação [...] Eles fizeram de mim o que sou hoje."[16] Ao reler o livro mais de cinquenta anos depois, como não se impressionar com o caráter totalmente inovador dos problemas que ele lançava e aos quais respondia com intrepidez? É pela Demografia, ciência naquela época independente da História, que Ariès passou a se interessar pelas atitudes diante da vida. Ele compartilha o populacionismo de seu meio e denuncia a queda da natalidade como uma das causas da decadência francesa e da derrota de 1940. Explorando de maneira ainda grosseira dados antigos do estado civil, estuda as variações da natalidade, da mortalidade, da distribuição das densidades. Tende a mostrar que a principal causa da baixa natalidade desde o fim do século XVIII está no modelo burguês das Luzes que culminou em 1789 e a "modernidade", e que rompeu com o modelo da sociedade tradicional baseada na família e na comunidade camponesa. Ele destaca também o papel nefasto da onipotência do Estado destruidor das antigas solidariedades.

Mas, além do compromisso "político" que se subtende de tais análises, o mais importante está na filiação direta entre Ariès e Lucien Febvre. Este último publicou em 1942 *Le problème de l'incroyance au XVIème siècle* e, no ano anterior, lançara nos *Annales d'histoire sociale* seu famoso apelo: "Não temos história do Amor, ao que se saiba. Não temos história da Morte [...] Eu indico uma direção de pesquisa".[17] Quem, nos anos seguintes, retomou o desafio? Ninguém entre os acadêmicos, mas bem esse amador de 30 anos. É verdade que muitas das conclusões do autor, ao mergulhar na psicologia

15 Ibid., p.86.

16 Ibid., p.92.

17 Febvre, Comment reconstituer la vie affective d'autrefois: la sensibilité et l'histoire. In: *Combats pour l'histoire*, Paris, A. Colin, 1953, p.221-238.

coletiva, são temerárias e discutíveis. E daí? O que conta é a surpreendente audácia desse jovem pesquisador sondando sem complexos o território dos historiadores profissionais e nele explorando terras desconhecidas, com a firme intenção de prosseguir nessa via: os dois grandes temas de sua obra ulterior já estão lá, a evolução do lugar da criança na família e a das atitudes ante a morte. Se o livro não tem nenhuma repercussão junto aos historiadores veteranos, especialmente aos dos *Annales*, em compensação é saudado calorosamente por Alfred Sauvy, diretor do Institut National d'Études Démographiques (Ined), que busca inscrever a demografia no cruzamento de várias disciplinas. Ele pede a Ariès um artigo para a revista *Population*, contribuindo assim para torná-lo conhecido de um público de médicos, de sociólogos, e de alguns raros historiadores curiosos.[18] Para Ariès, este é um primeiro reconhecimento científico.

O tempo da história, que ele publica em 1954, reúne oito artigos escritos entre 1946 e 1951. Esses textos, de tamanhos desiguais,[19] têm em comum o fato de conterem em seus títulos a palavra "história", e de constituírem tantas reflexões, muito livres e pessoais, sobre sua concepção dela. Considerarei, aqui, a título de exemplo, o texto mais longo, intitulado "L'attitude devant l'histoire: le XVVème siècle", datado de 1951. Ariès mostra que, no século XVII (e no seguinte), coexistem dois tipos de interesse pelo passado de que são testemunhas o sucesso dos historiadores da França, de um lado, e o dos colecionadores, do outro. Os primeiros, como Mézeray[20] e, mais tarde, o padre Gabriel Daniel,[21]

> escrevem o mesmo relato, fixado de uma vez por todas quanto ao essencial, repetido com diferença apenas de estilo, de retórica, de um acréscimo para os acontecimentos ocorridos após a versão precedente, acréscimo que será por sua vez apontado pelo próximo compilador.

---

18 Ariès, Attitudes devant la vie et devant la mort du XVII au XIXème siècle, *Population*, jan.-mar., 1949, p.163-470. Quatro anos mais tarde, a mesma revista publica Ariès, Sur les origines de la contraception en France, *Population*, 1953, jul.-set., p.465-472.

19 Seis têm entre 11 e 23 páginas; os dois são mais longos, L'attitude devant l'histoire au Moyen Âge, que tem 45 páginas, e L'attitude devant l'histoire: le XVIIème siècle, que tem 70 páginas.

20 Mézeray, *Histoire de France depuis Pharamond jusqu'à la Paix de Vervins sous Henri VI em 1598*.

21 Daniel, *Histoire de France depuis de l' etablissement de la monarchie françois dans les Gaules*.

Quanto aos colecionadores, pesquisam e conservam em seus gabinetes todos os objetos antigos, "curiosidades" ou "velharias". Ao fazê-lo, dão prova de uma "preocupação histórica" muito mais próxima da dos historiadores de hoje que seus contemporâneos autores de histórias escritas da França. O melhor exemplo disso é Roger de Gaignières que, no fim do reinado de Luís XIV, reuniu em sua mansão parisiense uma espantosa coleção, aberta ao público com grande sucesso. Ela contém manuscritos, livros antigos, retratos pintados ou esculpidos, tapeçarias, desenhos e pinturas de todo tipo, especialmente "uma compilação de todos os estilos de roupas que se usaram na França, mas também no estrangeiro, desde o reinado de São Luís até o presente". Além disso, no curso de uma série de viagens no reino, Gaignières pediu para um pintor que o acompanhava desenhar monumentos civis e religiosos mais importantes. Aliás, Ariès observa:

> Essa impressionante reunião de documentos constitui um fato de primeira importância para a história das ideias. Isso pode parecer um clichê e no entanto apenas os historiadores da arte se interessaram por Gaignières, porque seus desenhos conservam as representações de monumentos desaparecidos. Mas os historiadores políticos, literários, sociais, quase não deram importância como se não fosse surpreendente que um homem do fim do século XVII tenha dedicado sua vida e sua fortuna a reunir uma iconografia da história da França e dos costumes vestimentares dos franceses.

O interesse pela história da França se encontra em certos romances de época, como *Polexandre*, de Gomberville, ou *Faramond*, de La Calprenède. Esse mergulho de Ariès, aqui rapidamente resumido, na "atitude diante da história do século XVII" é ao mesmo tempo uma análise sutil de uma relação com o passado mais complexa que se imaginava da parte dos contemporâneos de Luís XIII e de Luís XIV e um convite discreto dirigido aos historiadores do século XX a pesquisar seus materiais bem além de simples documentos escritos.

Em seu lançamento, *O tempo da história* faz sucesso apenas junto a um pequeno círculo de fiéis. Os universitários o ignoram. Somente Fernand Braudel menciona-o rapidamente em nota de um artigo, "Histoire et sciences sociales" [História e Ciências Sociais], que saiu quatro anos mais tarde nos *Annales*, em 1958. É verdade que nos anos 1950 e seguintes,

Ariès permanece inclassificável aos olhos de alguns historiadores franceses que o leem. Seus terrenos de pesquisa fazem dele um franco-atirador em um tempo no qual triunfam a história econômica quantitativa de Labrousse ou de Braudel e a história política de Renouvin e em que a história das mentalidades ainda se encontra no seu início. Além disso, sua profissão o marginaliza[22] e o que se sabe de suas opiniões políticas choca alguns. Em 1955, ele contribui com Pierre Boutang, Raoul Girardet e uma equipe dissidente de *Aspects de la France*, na criação de *Nation Française*, revista semanal que pretende trabalhar para a restauração dos valores do Antigo Regime.[23] Todavia, em 1962, ele se determina sobre a necessária independência da Argélia e se recusa a apoiar incondicionalmente a Organization Armée Secrète (OAS),[24] ainda que proteste contra as sanções tomadas contra seus membros, o que ele aproxima ao expurgo de 1944-1945 que o revoltara.

Um livro pioneiro: *A criança e a vida familiar no Antigo Regime*

É nesse clima que ele pública *A criança e a vida familiar no Antigo Regime*. Desde o início dos anos 1950, antes mesmo da publicação de *O tempo da história*, ele pensa sobre esse assunto, reúne a documentação com a ajuda de sua mulher, começa a redação de vários capítulos, publicando dois artigos sobre esse tema em 1953 e em 1956,[25] além de várias crônicas em *Nation Française*. O livro que ele levou durante mais de dez anos para escrever é duplamente inovador no momento de sua publicação: pelo próprio assunto, e pelos materiais apresentados. A primeira frase da introdução soa como uma profissão de fé:

22 Segundo o próprio Ariès, dizia-se a seu respeito na Sorbonne: "É um vendedor de bananas". Ariès, *Un historien du dimanche*, p.187.

23 As crônicas semanais de Ariès em *Nation Française* entre 1955 e 1966 foram publicadas recentemente em Ariès, *Le présent quotidien*, com notas e prefácio de Jeannine Verdès-Leroux.

24 Organização paramilitar francesa que se opunha à independência da Argélia.

25 O primeiro deles é o já citado Sur les origines de la contraception en France, o outro La famille d'Ancien Régime, publicado na *Revue des travaux de l'Académie des Sciences Morales et Politiques*.

> Esse livro sobre a família do Antigo Regime não é a obra de um especialista dessa época, mas de um historiador demógrafo que, impressionado pelos caracteres originais da família moderna, sentiu a necessidade de voltar para um passado mais distante para experimentar os limites dessa originalidade.[26]

Fazer da criança e da família um assunto da História é uma total novidade, mesmo se isso apenas respondesse ao antigo convite, que ficara sem continuidade, de Lucien Febvre, e se, da parte de Ariès, essa iniciativa se inscreve em concordância com sua *Histoire des populations françaises*, na qual ele já expunha um dos temas principais de *A criança e a vida familiar*, isto é, a oposição entre dois tipos de família:

> No primeiro, a pessoa da criança é negligenciada; importam apenas o patrimônio e sua mão de obra; é um tipo fecundo. No segundo, a fortuna do casal baseia-se essencialmente sobre a criança e seu futuro; é um tipo malthusiano.[27]

É verdade que alguns historiadores do século XIX e da primeira metade do XX se interessaram pelo casamento, pela família, pela situação da mulher na França antes da Revolução, mas o fazem em uma perspectiva jurídica ou anedótica. Além disso, esses trabalhos eram limitados às classes dirigentes, deixando de lado a grande massa dos franceses, e tinham laços apenas muito indiretos com o contexto histórico propriamente dito. Para Ariès, ao contrário, seu estudo é somente um capítulo da "história coletiva profunda", da "história existencial" e da "história total", a única que o interessa.

Mais precisamente, ele se propõe a estudar a evolução do sentimento da infância e do lugar da criança na família e na sociedade francesa.

> Na Idade Média, no início dos tempos modernos, muito tempo ainda nas classes populares, as crianças eram confundidas com os adultos, logo que se estimava que fossem capazes de dispensar a ajuda das mães ou das amas de leite, poucos anos depois de um desmame tardio, a partir dos 7 anos mais ou menos;

26 Curiosamente, essa introdução desapareceu das reedições posteriores. Ao falar de "família moderna", Ariès pensa evidentemente na família dos anos 1960.

27 Ariès, *Histoire des populations françaises*..., p.343.

> a partir desse momento, eles entravam de imediato na grande comunidade dos homens.[28]

A partir do fim do século XVII, tem início uma mudança considerável que se acelera e se generaliza nos anos 1760, a saber, uma autêntica descoberta da infância, com a tomada de consciência da especificidade da criança no seio da célula familiar e o nascimento do amor materno. Ao mesmo tempo, instala-se "o longo processo de enclausuramento das crianças que se chama a escolarização". O paradoxo aqui é apenas aparente: o desenvolvimento da escola é uma consequência dessa nova preocupação dos pais em relação à educação de seus filhos. A família e a escola, juntas, "tiraram a criança da sociedade dos adultos".[29] Os primórdios da limitação voluntária dos nascimentos acompanham esse surgimento da família moderna: desejam-se menos filhos para melhor criar e educar os que se escolheu ter. Mais amplamente, essa lenta evolução confirma aos olhos de Ariès o que é para ele uma das chaves da história da França, "a falência das sociabilidades tradicionais". O outro caráter inovador do livro reside na variedade de materiais empregados para apoiar a demonstração. O autor não parte de um lote de documentos bem circunscritos, mas lança mão de todos os recursos: textos, como não podia deixar de ser (notadamente todo tipo de escritos pedagógicos); correspondências; livros contábeis, mas também os dados cifrados fornecidos pelos primeiros trabalhos dos historiadores demógrafos (concernentes em especial à mortalidade infantil e ao controle da natalidade) e, principalmente, as fontes iconográficas (túmulos, gravuras, retratos, quadros), coletados como historiador à espreita de todos os traços do passado e não como historiador da arte.

O livro encontra uma repercussão bastante rápida entre os especialistas das ciências humanas que, como dissemos anteriormente, nenhum de seus livros precedentes tivera. A primeira resenha importante sai em 1961 na *American Historical Review*, e o livro, traduzido para o inglês em 1962 com o título de *Centuries of Childhood: a social History of Family Life*, faz nos anos seguintes um grande sucesso nos Estados Unidos, onde Ariès logo se torna um dos historiadores franceses mais lidos, discutidos e admirados.

---

28 Id, *L'enfant et la vie familiale...*, p.462.

29 Ibid., p.465.

Na França, os *Annales* dedicam-lhe dois artigos, um de Alain Besançon, "Histoire et psychanalyse" [História e psicanálise], outro de Jean-Louis Flandrin, "Enfance et société" [Infância e socidade]. O artigo de Flandrin é um belo elogio, combinado com reservas e críticas. O elogio vai para a novidade do assunto abordado, "a importância histórica das conclusões", a diversidade dos documentos utilizados e a fineza com que são explorados. Reservas e críticas são de dois tipos. Ariès, com muita frequência escravo de sua questão inicial e da resposta implícita que lhe dá, distorce certos depoimentos ou explora outros insuficientemente. Aliás, algumas afirmações sofrem por se apoiar em um ou dois exemplos e não em uma série quantitativa que lhes garantiria a credibilidade. Mesmo assim, Flandrin conclui:

> O grande mérito do livro de Philippe Ariès é, pois, o de abrir a porta a novas pesquisas. Sua análise das séries iconográficas prova que é possível explorar domínios ante os quais muitos historiadores ainda são céticos. Mas essas pesquisas novas deveriam daqui por diante visar menos à originalidade que a maior rigor científico.

Por sua vez, os historiadores medievalistas criticam Ariès por negar qualquer sentimento da infância na Idade Média, de querer datar dos séculos XVII e XVIII o nascimento do amor materno, em suma, de falar de surgimento onde existiu na verdade evolução. Por fim, as críticas também partem dos sociólogos e dos psicólogos, especialmente os anglo-saxões, que enfatizam o desconhecimento de Ariès sobre as conquistas da psicologia moderna.

Philippe Ariès é sensível à recepção elogiosa de seu livro e ao reconhecimento demonstrado por uma minoria de historiadores. Ele é sensível também às críticas, que responderá no prefácio de uma nova edição em 1973.[30] Reconhece então ter cedido à "tentação da origem absoluta, do ponto zero", notadamente no que concerne ao amor maternal e ao amor conjugal. Admite que uma sensibilidade diferente da nossa em relação à criança não significa ausência de amor materno. O fato de os casamentos serem preparados na maior parte das vezes pelos pais dos futuros esposos em função de inte-

30 A exemplo da introdução à primeira edição de 1960, esse importante "prefácio à nova edição" desaparecerá, não se sabe por quê, da reedição do livro em 1975, pela mesma editora.

resses materiais ou familiares não quer dizer tampouco que o amor conjugal estivesse sempre ausente. "Ao contrário, ele é frequentemente identificável, às vezes desde o noivado, mais geralmente após o casamento, como no caso do duque de Saint-Simon". Mas, ao mesmo tempo, ele retorna, para melhor sustentá-las, às hipóteses sobre certas práticas de infanticídio "inconfessado ou tolerado" antes do século XVIII, como o fato de deitar as crianças muito novinhas na cama de seus pais, acarretando com frequência a morte por sufocamento, ou de levar os recém-nascidos à igreja ou à ama de leite poucas horas após o parto e com qualquer tipo de tempo.

> O fato de ajudar a natureza a eliminar seres tão frágeis não era confessado, mas tampouco considerado uma vergonha. Fazia parte das coisas moralmente neutras, condenadas pelas éticas da Igreja, do Estado, mas praticadas em segredo, numa semiconsciência, no limite da vontade, do esquecimento, da falta de jeito. A vida da criança era então considerada com a mesma ambiguidade que a do feto atualmente.

Em suma, mesmo se matizou bastante algumas afirmações muito fortes de 1960, Ariès mantém, em 1973, o essencial de suas conclusões de então.

Se o termo *pioneiro* pode ser aplicado a um livro, é certamente a *A criança e a vida familiar*. Na verdade, nos anos que seguiram seu lançamento, multiplicaram-se os trabalhos que se inscreviam mais ou menos diretamente em seus traços. Por uma parte, o melhor discípulo de Lucien Febvre, Robert Mandrou, publica em 1961 *L'introduction à la France moderne: 1500-1640, essai de psychologie historique* [A introdução à França moderna: 1500-1640, ensaio de psicologia histórica], livro longamente amadurecido a partir das observações de Febvre e legítimo manifesto em favor de uma jovem "história das mentalidades". Ariès, em pleno acordo de pensamento com Mandrou, convida-o pouco depois para codirigir, para a Plon, a coleção "Civilisations d'hier et d'aujourd'hui", rebatizada para a circunstância "Civilisations et mentalités" [Civilizações e mentalidades].[31]

31 Em 1961, na coleção que dirige sozinho, Ariès pública o primeiro livro de Michel Foucault, *A história da loucura*. Na coleção "Civilizações e mentalidades", sairão especialmente *Magistrados e feiticeiros na França do século XVII*, de Robert Mandrou, em 1968, *Piété baroque et déchristianisation en Provence au XVIIIe siècle* [Piedade barroca e descristianização em Provença no século XVIII] de Michel Vovelle, em 1973, e, enfim, último título antes do fim da coleção, *Honnêteté et relations sociales en Languedoc* – 1715-1780, de Yves Castan, em 1974.

Por outro lado, a demografia histórica, nascida nos anos 1950, experimenta um surpreendente desenvolvimento. As monografias se multiplicam, assim como as primeiras sínteses.

Dali em diante, as relações de Philippe Ariès com o meio dos historiadores profissionais evoluem: ele participa de colóquios, ministra palestras nas universidades, estabelece laços calorosos com pesquisadores que trabalham em terrenos que lhe são caros, facilitados por seu senso do contato e da amizade. Recebe frequentes convites do exterior, principalmente dos Estados Unidos. Ao mesmo tempo, continua profundamente engajado, com grande abertura de espírito, na vida de seu tempo. Se permanece um homem de direita, fiel ao tradicionalismo de sua juventude, condenando, por exemplo, a evolução da Igreja com o concílio Vaticano II ("não adaptação viva, mas entusiasmo desmesurado"),[32] não condena menos o integrismo. Além disso, em 1962, o fim da guerra da Argélia marca-o profundamente, deixando-o "entre os escombros de (sua) juventude e os rancores da idade madura". Decepcionado e amargo, começa a distanciar-se em relação aos acontecimentos e o polemista cede cada vez mais lugar ao historiador. Todavia, continua sua colaboração com *Nation Française*, ao lado de Pierre Boutang, e isso até o fim da revista em 1966. Esse distanciamento não o impede de se encontrar, dois anos mais tarde, em 1968, a contragosto. Assim ele se explicará:

> Qual não foi nossa surpresa! Sob o dilúvio de discursos, de grafites, encontrávamos temas familiares de nossa infância, de nossa juventude reacionária, a desconfiança no Estado centralizador, o apego às liberdades reais e às pequenas comunidades intermediárias, à região e à sua língua. Eu reconhecia além disso uma atitude próxima da minha, de rejeição da política, de volta a um mundo de profundidades coletivas e recalcadas, o que eu buscava atingir pela História.[33]

O homem e a morte

A História, com efeito, não o deixa. Após a publicação de *A criança e a vida familiar*, ele se consagra a um novo campo de pesquisa.

32 Ariès, *Un historien du dimanche*, p.130.

33 Ibid., p.184.

> Poderia ter continuado no caminho já aberto e prosseguir uma história da infância e da família. Eu não tinha mais essa vontade, outra coisa me atraía, surgida da mesma zona obscura e fascinante entre a natureza e a cultura, a morte.[34]

Assunto novo, tanto quanto o foram vários anos antes a criança, o amor materno, a família. Aliás, já em 1948, *Histoire des populations françaises et de leurs attitudes devant la vie* continha em seu título original... *et devant la mort* [e diante da morte], palavras suprimidas por pressão do editor que temia a rejeição pelos eventuais leitores. Além disso, no ano seguinte, em 1949, Ariès publica na revista *Population* o curto artigo "Attitudes devant la vie et devant la mort du XVIIème au XIXème siècle". Depois, absorvido por outras empreitadas, tinha se desviado daquela via. As primeiras reflexões e pesquisas sistemáticas que ele empreende sobre o assunto a partir do início dos anos 1960 culminam, desde 1966 e 1967, em dois artigos publicados em revistas científicas, "Contribution à l'étude du culte des morts à l'époque contemporaine" e "La mort inversée".[35] No primeiro, ele parte, segundo uma abordagem que lhe é familiar, da situação do meio do século XX, a saber um "culto aos mortos [que] se tornou hoje a única manifestação religiosa comum aos crentes e descrentes de todas as confissões", e mostra que esse culto, longe de ter raízes antigas, como se poderia imaginar, é muito recente, visto que podemos remontar-lhes as primícias ao fim do século XVIII. Anteriormente, em especial na Idade Média, "a alma imortal era o objeto de uma solicitude revelada pelas bases piedosas dos testamentos, o corpo, ao contrário, era abandonado ao anonimato das fossas".[36] No segundo artigo, Ariès guarda para mais tarde o interesse que começam a ter pela morte ao mesmo tempo os sociólogos, a partir de Edgar Morin,[37] os psicólogos, os filósofos,[38] os historiadores da literatura,[39] os médicos. Os historia-

34 Ibid., p.165.

35 Ariès, Contribution à l'étude du culte des morts à l'époque contemporaine, *Revue des Travaux de l'Académie des Sciences Morales et Politiques*, v.109, 1966, p.25-34; Id., *La mort inversée*: e changement des attitudes devant la mort dans les sociétés occidentales. *Archives Européennes de Sociologie*, v.8, 1967, p.169-195. Artigos que serão reeditados na coletânea *História da morte no Ocidente*.

36 Id., *Essais sur l'histoire de la mort...*, p.155.

37 Morin, *O homem e a morte*.

38 Wladimir Jankélévitch publica *La mort* em 1966.

39 Em *La littérature de l'âge baroque en France*, Jean Rousset dedica um capítulo à morte sob o título "De la mort gracieuse au rêve funèbre".

dores, em compensação, surdos aqui ainda ao velho apelo de Febvre, estão atrasados. No entanto, o que nos ensina Ariès sobre o assunto é importante. "O homem foi, durante milênios, o senhor soberano de sua morte e das circunstâncias de sua morte; hoje, ele deixou de sê-lo." Durante esse longo tempo, a morte era familiar, domada, aceita. O moribundo vivia, consciente, seus últimos instantes, na presença dos seus, incluindo as crianças, e o luto era assumido pela família. Hoje, a morte está "invertida". Família e médico escondem o máximo possível a verdade ao doente. Este morre na maior parte das vezes no isolamento, e o luto deve ser breve e discreto.

> Durante esse último terço de século,[40] produziu-se um fenômeno enorme, que começamos apenas a perceber: a morte, essa companheira familiar, desapareceu da linguagem, seu nome tornou-se proibido. Em lugar das palavras e dos sinais que nossos antepassados haviam multiplicado espalhou-se uma angústia difusa e anônima.[41]

Esses dois artigos são rápidos, incisivos, sedutores, mas deixam em parte insatisfeitos. É preciso tomá-los pelo que eles são em sua época: propostas que se baseiam mais sobre intuições que sobre demonstrações que precisamente convinha aprofundar para provar sua pertinência. Ariès vai se dedicar a isso nos anos seguintes. Em 1971, convidado pelo historiador norte-americano Orest Ranum a dar um ciclo de palestras na universidade Johns Hopkins de Baltimore, Ariès escolheu como tema "as atitudes diante da morte".[42] Por fim, essa lenta maturação culminou na publicação em 1977 de *O homem perante a morte*, em suma de mais de 600 páginas.[43] Ariès, retoma, aprofunda, modifica inúmeras de suas análises anteriores, partindo de uma constatação. No início da Idade Média, no Ocidente cristão, a morte estava "domesticada". Ela não era apenas um ato individual, era uma provação compartilhada pelos próximos, a descendência, a comunidade, em torno do leito do moribundo, depois em seu enterro. Essa ritualização

40 Ariès, que escreve essas páginas em 1966, data, portanto, a mudança nos anos 1933-1966.

41 Id., *Essais sur l'histoire de la mort* ..., p.167, 195.

42 Esse ciclo de quatro conferências é publicado primeiro em inglês em 1974 com o título *Western Attitudes toward Death*, será editado no ano seguinte como primeira parte de *História da morte no Ocidente*.

43 Em 1985, o livro é reeditado em dois volumes.

traduzia uma defesa do homem contra as forças inelutáveis da natureza. No mesmo sentido ia a crença em uma sobrevida que o cristianismo identificava à eternidade. Porém, mesmo domada, a morte não deixava de ser um dos aspectos do Mal, inseparável da condição humana.

Em torno do século XI, no mundo dos poderosos e dos homens da Igreja, esse modelo começa a evoluir, com a exaltação da vida individual e da sobrevida pessoal além da morte, que se manifesta principalmente na prática do testamento. Instala-se, então, um novo modelo que, todavia, mantém a ritualização da morte do anterior e sua assimilação ao mal inelutável. No século XVIII, a morte domada de outrora começa a ser ultrapassada pelo retorno da morte "selvagem" e do grande medo que ela inspira: revelam-no, por exemplo, no século XVIII, o medo de ser enterrado vivo e, no século XIX, o de perder o ser amado. Ao mesmo tempo, a própria noção de mal começa a se desfazer. Então, pode instalar-se o modelo que triunfa nos anos 1970, o da "morte invertida". Os progressos da medicina, dominando a doença e o sofrimento, e o recuo da noção de mal colocam o problema em novos termos. "A crença no Mal era necessária para domar a morte; a supressão de uma devolveu à outra seu estado selvagem". Diante dessa morte invertida, a única solução é fazer como se o escândalo que ela constitui não existisse e de obrigar ao silêncio os próximos dos moribundos e dos falecidos. Para uma elite, a morte pode no máximo "tornar-se a saída discreta, mas digna, de um vivo apaziguado". O culto dos mortos, tal como se estabeleceu dali em diante, discreto, asséptico, consensual, apenas traduz essa nova atitude.

A repercussão do livro é logo considerável, dentro e fora da França. Além do mundo dos historiadores acadêmicos, doravante conquistados, Ariès atinge agora um público muito amplo. Já em 1971, a reedição, por iniciativa de Michel Winock, de *Histoire des populations françaises* tirara-o do gueto editorial em que estava desde o início, a despeito de seu papel na Plon. *O homem perante a morte*, publicado na célebre coleção "L'Univers historique" [Universo histórico][44] e bem lançado pelo editor, dá lugar a resenhas muito numerosas, não somente nas revistas científicas – além das de História –, mas também em muitos periódicos "grande público". Ariès, brilhante e caloroso conversador, é o convidado de Bernard Pivot em *Apostrophes*[45] e

44 Cf. o capítulo 9 de Noiriel, *Sur la "crise" de l'histoire*, p.287-328.

45 Programa de televisão sobre literatura que foi veiculado entre os anos 1975 e 2000.

participa de vários outros programas de televisão e de rádio. Última consagração, vivida como vingança de um longo ostracismo malsuportado: é eleito em 24 de junho de 1978 à École des Hautes Études en Sciences Sociales como orientador, cargo que ocupará até a aposentadoria em 1982, com um programa de ensino chamado sem surpresa "As atitudes diante da vida e da morte". Sua influência sobre os historiadores franceses é então considerável e se mede pelo número de teses e de pesquisas diversas inspiradas mais ou menos diretamente em sua obra. Em 1983, Ariès aceita a proposta de Michel Winock para codirigir com Georges Duby uma *História da vida privada*, grande empreitada coletiva em vários volumes. O tema era-lhe caro havia muito tempo e percorre, a bem dizer, toda a sua obra; ele também se apaixona pelo projeto.[46] Mas, na mesma época, o falecimento de sua mulher afeta-o profundamente e ele morre em 9 de fevereiro de 1984 aos 69 anos.

Tudo é testemunho

Se nos perguntarmos sobre a contribuição de sua obra, além de seu itinerário intelectual, a primeira lição é a da intensa curiosidade desse historiador atípico. Não apenas ele inscreve seus trabalhos à margem dos terrenos batidos de seu tempo, mas se interessa a todas as ciências humanas vizinhas da História, à espreita das ideias novas. Tendo em mãos, em 1961, a tese de um jovem filósofo, Michel Foucault, entusiasma-se por essa *História da loucura* e a publica, contribuindo assim discretamente para a notoriedade do autor. Ele encontra nesse trabalho temas que lhe são caros, como a reclusão ou o crescimento da onipotência do Estado. A amizade intelectual que o liga em seguida a Foucault, a despeito de tudo o que os separa, aliás, é característica de sua liberdade de espírito.[47] Ele leva sua carreira à margem do *establishment*, sem submissão a facções de qualquer ordem, sem viseiras, zombando dos rótulos ("medievalista" ou "modernista", por exemplo) e das divisões institucionais.

Essa liberdade se encontra em sua abordagem metodológica. Evocando, em 1975, o que fora sua maneira de tratar seu estudo da morte, ele a opõe à de Michel Vovelle:

46 Os cinco volumes de *História da vida privada* saem entre 1985 e 1987.

47 Essa amizade durará até a morte de ambos, em 1984, com alguns meses de intervalo.

> Há ao menos dois modos de abordagem que não são contraditórios, mas ao contrário, complementares. O primeiro é o da análise quantitativa de séries documentais homogêneas. O segundo foi dado por Michel Vovelle com seus estudos dos testamentos meridionais e dos retábulos das almas do Purgatório. [...] A segunda abordagem, a minha, é mais intuitiva, mais subjetiva, porém mais global, talvez. O observador passa em revista uma massa heteróclita (e não mais homogênea) de documentos, e tenta decifrar, acima da vontade dos escritores ou dos artistas, a expressão inconsciente de uma sensibilidade coletiva.[48]

Ele destaca imediatamente a objeção que poderíamos fazer: "Esse método é hoje suspeito porque utiliza materiais nobres, e se pensa que essa qualidade estética, atribuída a uma elite, não traduz o sentimento comum". A isso, responde que tudo o que parece sair de uma inspiração individual pode existir apenas se for, mais ou menos, o reflexo de um sentimento geral. Essa grande lição, formulada a um tempo em que triunfava a história quantitativa, não se perdeu. Quem não reconhece hoje a necessidade de se ampliar a noção de documento histórico a tudo o que, além mesmo da literatura ou da arte, pode testemunhar sobre uma época?

A outra grande lição deixada por Ariès concerne o papel que atribui à evolução das estruturas mentais. Ele partilha com Michel Foucault a convicção de que

> as mentalidades são o verdadeiro motor da História e o principal foco de mudança, [que] é com maneiras de pensar que se produz o social e [que] o social, por sua vez, transforma as estruturas econômicas e técnicas.[49]

É verdade que há um risco na radicalização desse ponto de vista, perigo ao qual não escapou o próprio Ariès. Aliás, pudemos criticar nele, a respeito da criança e da vida familiar, por ter ficado em "um descritivo do universo mental" ou, a propósito das atitudes diante da morte, de tê-las colocado "em estado de torpor, animadas por um dinamismo próprio e irracional", em suma, de ter desvendado o "como", mas de ter evitado o "porquê".[50]

48 Id., *Essais sur l'histoire de la mort en Occident*, 1975, p.13.

49 Eu tomo emprestada essa expressão de Burguière, Le changement social: brève histoire d'un concept, p.262.

50 Dosse, *L'histoire en miettes*, p.201-205.

Mas, além das reservas e dos limites, a abertura da História a essas novas perspectivas permanece um conhecimento de importância considerável.

Enfim, ao contrário do que pensamos às vezes, os temas que Ariès decifrou quarenta anos atrás inspiram ainda os trabalhos de jovens historiadores desse início de século XXI, como revelam dois títulos recentes, um sobre avós,[51] o outro sobre as viúvas na França do Antigo Regime.[52] Certamente, depois dos anos 1980, a ciência histórica evoluiu e novos domínios foram abertos ou revisitados, entre outros uma história política profundamente renovada em sua concepção e em suas abordagens. Não é de estranhar que a influência direta ou indireta de Philippe Ariès sobre os historiadores de hoje permaneça considerável, tenham eles consciência ou não.

François Lebrun

Obras de Philippe Ariès

ARIÈS, Philippe. *Les traditions sociales dans les pays de France.* Paris: Nouvelle France, 1943.

______. *Histoire des populations françaises et de leurs attitudes devant la vie depuis le XVIIIe siècle.* Paris: Self, 1948.

______. Ariès, Attitudes devant la vie et devant la mort du XVII au XIXème siècle. *Population*, jan.-mar., 1949, p.163-470.

______. Sur les origines de la contraception en France. *Population*, 1953, jul.-set., p.465-472.

______. *Le temps de l'histoire*, 1954. [Ed. Bras.: *O tempo da história*. Lisboa: Relógio d'Água, 1992.]

______. La famille d'Ancien Régime. *Revue des travaux de l'Académie des Sciences Morales et Politiques*, ano 109, série 4, jan.-jun. 1956, p.46-55.

______. *L'enfant et la vie familiale sous l'Ancien Régime.* Paris: Plon, 1960. [Ed. Bras.: *A criança e a vida familiar no Antigo Regime.* Lisboa: Relógio d'água, 2000.]

______. Contribution à l'étude du culte des morts à l'époque contemporaine. *Revue des Travaux de l'Académie des Sciences Morales et Politiques*, v.109, 1966, p.25-34.

______. La mort inversée: Le changement des attitudes devant la mort dans les sociétés occidentales. *Archives Européennes de Sociologie*, v.8, 1967, p.169-195.

______. *L'enfant et la vie familiale sous l'Ancien Régime.* Paris: Seuil, 1973.

51 Gourdon, *Histoire des grands-parents.*

52 Beauvalet-Boutoyrie, *Être veuve sous l'Ancien Régime.*

ARIÈS, Philippe. *Western Attitudes toward Death*: from the Middle Ages to the Present. Baltimore-London: The Johns Hopkins University Press, 1974.

______. *Essais sur l'histoire de la mort en Occident*: du Moyen Âge à nos jours Paris: Seuil, 1975. [Ed. Bras.: *História da morte no Ocidente*: da Idade Média aos nossos dias. Rio de Janeiro: Ediouro, 2003.]

______. *L'homme devant la mort*. Paris: Seuil, 1977. [Ed. Bras.: *O homem perante a morte*. Lisboa: Europa-América, 2000. 2v.]

______. *Un historien du dimanche.* Paris: Seuil, 1980. [Ed. Bras.: *Um historiador diletante.* Rio de Janeiro: Bretrand Brasil, 1994.]

______. *Essais de mémoire.* Paris: Seuil, 1993.

______. *Le présent quotidien*: 1955-1966. Paris: Seuil, 1997.

Obras sobre Phillipe Ariès

Como introdução à obra de Philippe Ariès, leremos com proveito de uma parte os dois artigos de dicionários que lhe são consagrados, o de André Burguière, em *Dictionnaire des sciences historiques* (BURGUIÈRE, André. Paris: PUF, 1986, p.67-70) e o de Roger Chartier em *Dictionnaire des intellectuels français* (WINOCK, Jacques et Michel (orgs.). Paris: Seuil, 1996, p.82-84); de outra parte os dois prefácios de Roger Chartier para a reedição de *Le temps de l'histoire*, 1986 (p.9-31) e para *Essais de mémoire*, 1993 (p.7-24).

Além disso, Guillaume Gros defendeu em fevereiro de 2002 uma tese no Institut d'Études Politique de Paris (sob a orientação de Serge Berstein) intitulada *Philippe Ariès (1914-1984)*. Un traditionaliste non-conformiste: de l'Action Française à l'École des Hautes Études en Sciences Sociales, 3v., datil., 750p. Agradeço a Guillaume Gros pela gentileza de ter me transmitido seu trabalho (a sair brevemente).

George Mosse*

Para fazer História é preciso manter-se sempre à margem.

George Lachmann Mosse faleceu aos 80 anos, em 22 de janeiro de 1999, sem que sua obra tivesse chegado, durante sua vida, a suscitar o interesse dos historiadores franceses. A barreira linguística, no entanto, bem menos cerrada que outrora, aí serviu de freio: no momento em que estas linhas são escritas, apenas dois de seus livros foram traduzidos na França; o primeiro, dois anos antes de sua morte, o segundo, a título póstumo.[1] Que saibamos, uma única entrevista foi realizada em língua francesa e, no máximo, dois curtos artigos foram-lhe dedicados em uma revista de grande circulação.[2] A revista dos *Annales* homenageou-o somente após sua morte.[3] Inversamente, é revelador que seja em um periódico anglo-saxão que um historiador francês tenha resenhado, aliás de modo bastante crítico, um de seus maiores livros.[4]

---

* Este texto é a síntese, adaptada, de Audoin-Rouzeau, George L. Mosse: réflexions sur une méconnaissance française. *Annales, Histoire, Sciences Sociales*, ano 56, n.1, 2001, p.183-186 e de Id., Prefácio. In: Mosse, *De la Grande Guerre au totalitarisme*, p.I-XVII.

1 Trata-se de *The Image of Man*, traduzido para o francês como *L'image de l'homme* e de *Fallen Soldiers*, traduzido para o francês como o já citado *De la Grande Guerre au totalitarisme*.

2 Cabanes, Du Baroque au nazisme: une histoire religieuse da la politique. Entretien avec George Mosse. *Revue Européenne d'Histoire*, v.1, n.2, 1994, p.247-252. Cabanes, Les deux guerres de George Mosse, *L'Histoire*, n.199, maio 1996, p.13-14, e Becker, Barbarie de la Grande Guerre, *L'Historie*, n.241, mar. 2000, p.23.

3 Refiro-me ao já citado Audoin-Rouzeau, George L. Mosse: réflexions sur une méconnaissance française.

4 Trata-se da resenha de *Fallen Soldiers Prost*, Antoine. The impact of war on French and German political cultures, *The Historical Journal*, v.37, n.1, 1994, p.209-217.

Há de se convir que isso é bem pouco para uma obra considerável, essencial à compreensão do século XX europeu, e que, para completar, espalhou-se por quase meio século. Uma obra que se iniciou desde os primórdios dos anos 1950 com o estudo da Reforma na Inglaterra no século XVI,[5] que continuou no decorrer da década seguinte com um primeiro trabalho de história intelectual contemporânea,[6] depois progressivamente focada[7] sobre o que se tornou, em larga medida, o único tema de George Mosse: a Alemanha, o nazismo, o racismo e o antissemitismo. Toda sua obra foi de pesquisa, frequentemente direta, às vezes indireta, sobre a história alemã do entreguerras. Continuada até os últimos dias de vida do historiador, ela é, repitamos, de uma importância decisiva: ao orientar seu trabalho, desde os anos 1960, para uma história cultural, esta que será dali em diante menos atenta à história das ideias que à das representações, das atitudes, das práticas, das sensibilidades da maioria, o legado de George Mosse é imenso. A historiografia atual dos fascismos, anglo-saxã, italiana, alemã (esta mais tardiamente, é verdade), foi impregnada em profundidade pela abordagem que George Mosse fez até o fim de seus dias.

Um judeu alemão no exílio

Não podemos compreender nada nem do próprio homem nem da obra de George Mosse se perdermos de vista a que ponto sua vida foi imbricada na catástrofe alemã do início do século XX, a que foi da derrota de 1918 à chegada do nazismo ao poder e ao segundo conflito mundial. Com efeito, foi em 20 de setembro de 1918, data da derrota da Alemanha, que George Mosse nasceu em Berlim, em uma família da alta burguesia judaica. O avô materno de George, Rudolph Mosse, falecido em 1920, fundara em 1872 o jornal *Berliner Tageblatt* cujo enorme sucesso permitira a construção, na sequência, de um grande império de imprensa e de edição. Quando Hitler chegou ao poder em 30 de janeiro de 1933, George não tinha ainda 15 anos.

5 Ver em particular Mosse, *The Holy Pretence*.

6 Mosse, *The Culture of Western Europe*. A primeira edição foi publicada em Chicago em 1961, a segunda em Londres em 1963.

7 Assim desde a publicação de Mosse, *The Crisis of German Ideology*.

A origem judaica de sua família, a posição estratégica ocupada pela editora familiar no campo cultural e político da Alemanha de Weimar, a oposição firme do *Berliner Tageblatt* ao nazismo não deixaram escolha aos pais de George senão o exílio. Ele próprio teve de atravessar em plena noite o lago Constance em direção à Suíça (onde o esperava um carro dirigido pelo motorista da família), quinze minutos somente antes que uma nova legislação impusesse a necessidade de visto aos candidatos à imigração: "Consegui escapar graças a certa inclinação dos alemães pelo respeito às regras", explica ele com humor mórbido. "Creio que devo a isso o fato de continuar vivo."[8]

Não sabemos muito mais coisas sobre o que tenha significado para sua família e para ele próprio essa ruptura de 1933 e esse banimento da Alemanha nova, senão que a imigração foi primeiro vivenciada como um estado provisório: o pai de George não estava convencido que a Noite das Facas Longas, em 30 de junho de 1934, anunciava o fim do regime hitlerista? O rapaz, em todo caso, viveu uma imigração que ele mesmo qualifica como privilegiada: depois da Suíça, Paris, antes de ser recebido como interno na Bootham School, na cidade de York, onde ele prosseguiu os estudos interrompidos pelo exílio.

Em outubro de 1937, ele começa seus estudos de História em Cambridge (Downing College), onde fez sua aprendizagem política, no quadro do Socialist Club e da Cambridge Union Society em particular. Ali se debate durante noites inteiras, e também se vota, como nas Comunas, saindo pela porta *yes* ou *no*. Fala-se principalmente da guerra da Espanha: esta, explica George Mosse (que já havia arrecadado fundos para os republicanos no Yorkshire), "foi nosso combate contra o fascismo". Mas é para acrescentar logo, com sua costumeira lucidez: "Discutimos muito, e poucos, muito poucos entre nós partiram para as Brigadas Internacionais".[9] Encontramos nessa lembrança um dos traços essenciais do historiador, além do humor sobre si mesmo: sua recusa a qualquer postura de vítima, recusa que contrasta com as sensibilidades hoje dominantes nos Estados Unidos e na Europa: "Não pertenço", escreve, "a uma geração mais recente para a qual a vitimização é uma insígnia de orgulho mais que uma frustração ou uma marca de

8 Cabanes, Les deux guerres de G. Mosse, p.13.

9 Ibid., p.14.

caráter".[10] Do período de sua vida em que ele foi antes de tudo um jovem exilado judeu alemão, George Mosse diz ter aprendido essa lição essencial:

> Para fazer história, é preciso sempre manter-se à margem, decompor friamente um mecanismo, não adotar uma atitude de vítima, por mais difícil que isso possa ser, para com os movimentos que lhe foram hostis, como o nacional-socialismo.[11]

A aproximação da guerra interrompeu novamente os estudos de George Mosse. Desta vez, a família sai da Europa para os Estados Unidos. Lá, dali em diante, se desenvolverão sua vida e sua carreira de historiador. Diplomado em Harveford College (Pennsylvania), depois doutor na Universidade de Harvard em 1946, ele ensina primeiro na Universidade de Iowa de 1944 a 1955, depois como professor associado na Universidade de Winsconsin-Madison. Apesar de antimarxista, ou talvez por isso mesmo, ele desempenha então um papel importante na "dramaturgia"[12] do movimento estudantil norte-americano dos anos 1960. Em Madison, ele ainda se torna, em 1965, titular de uma cadeira de História, a qual ocupará até a aposentadoria em 1988.

Sem entrar em todos os detalhes da carreira de George Mosse, é preciso todavia assinalar que sua imensa notoriedade – exceto na França, repitamos – levou-o a ensinar no mundo inteiro, principalmente em Stanford, na Universidade Hebraica de Jerusalém, em Munique, Cornell, Amsterdã, Tel-Aviv, Cambridge. Ele recebeu também várias das mais altas distinções acadêmicas. Eis aí, bem resumidamente, sua biografia acadêmica. No entanto, o essencial está em outro lugar, que aflora, apesar de tudo, nas resenhas biográficas ou necrológicas que lhe foram dedicadas:[13] George Mosse

---

10 Mosse, apud Aschheim, George Mosse at 80: A Critical Laudation, *Journal of Contemporary History*, v.34, n.2, abr. 1999, p.306. Esse artigo, especialmente completo sobre o homem e sobre a obra do historiador, se deve a um antigo aluno e um amigo próximo, professor na Universidade Hebraica de Jerusalém. Foi publicado na revista de que George Mosse fora, com Walter Lacqueur, fundador.

11 Cabanes, Du Baroque au nazisme, p.248.

12 A expressão é de um de seus antigos alunos, Paulk Breines, apud Cabanes, Du Baroque au nazisme, p.247.

13 Ver em especial a que lhe dedicou o *Le Monde* com oito dias de atraso: Uran, George Mosse, un chercheur de réputation internationale [George Mosse, buscador de reputação internacional], *Le Monde,* 31 jan.-1 fev., 1999, p.11.

era um grande professor. Tudo indica que ele exerceu sobre suas plateias uma impressão profunda, e nada de mais característico, a esse respeito, que a maneira pela qual ele reconhece sua dívida para com os universitários norte-americanos dos anos 1960:

> Eu dava aulas de história das ideias, com plateias importantes. Esse tipo de curso tinha sucesso na época. E depois, os estudantes gostavam de todas as ideias que vinham da Alemanha. Eu lhes dizia às vezes, em tom de brincadeira, que eles gostavam de tudo o que tinha um sotaque alemão. Minhas aulas se prolongavam frequentemente em conversas, na cafeteria. [...] No fim das contas, creio que esses anos 1960-1968 foram os melhores para meu ensino. Aprendi muito no contato com meus alunos, graças à sua vivacidade de espírito.[14]

O autor dessas linhas, que encontrou George Mosse apenas quando ele já tinha 70 anos, pode testemunhá-lo à sua maneira: o carisma desse homem pequenino não deixava dúvida. Mesmo em seu francês tão rudimentar, a originalidade de seu discurso era impressionante.

A questão nazista

É no campo religioso que mergulham as raízes de seu esforço histórico. Na origem, efetivamente, George Mosse não é um historiador do período contemporâneo, mas da Reforma e da Inglaterra do século XVI: seus primeiros livros relacionam-se à luta pela soberania entre a Igreja e o poder político.[15] Uma reviravolta acontece com a publicação de *The Culture of Western Europe.*[16] Volumoso trabalho de história intelectual da Europa ocidental, muito datado em alguns aspectos: grandes obras, grandes autores – às vezes entrelaçados de um pouco de "espírito público". Até em algumas de suas audácias (um capítulo dedicado a Freud e à psicanálise), esse trabalho, feito de atalhos rápidos e de vastas perspectivas um pouco abstratas,

---

14 Cabanes, Du Baroque au nazisme: une histoire religieuse de la politique. Entretien avec George Mosse, p.249. Sobre esse período da vida de George Mosse, ver em particular: Drescher et al., *Political Symbolism in Modern Europe.*

15 Mosse, *The Struggle for Sovereignity in England* e Id., *The Holy Pretence.*

16 A primeira edição foi publicada em Chicago em 1961, a segunda em Londres em 1963.

constitui uma forma de História que não é mais, hoje, a nossa. Entretanto, ele impressiona por tudo o que anuncia: a sensibilidade ao religioso, evidentemente, e também a sobredeterminação do conjunto do livro pelos totalitarismos do século XX – e pelo nazismo em particular. Os capítulos sobre o romantismo, o nacionalismo e o racismo que introduzem a obra formam assim a matriz da catástrofe europeia que estava por vir. Sentimos bem: os anos 1930 vividos por George Mosse estão lá, evidentes desde a origem.

Eles o estão mais ainda na obra seguinte, desta vez deliberadamente focada no que será, dali em diante, o verdadeiro – e mesmo, em ampla medida, o único assunto de George Mosse: a Alemanha, o nazismo, o racismo e o antissemitismo. *The Crisis of German Ideology*, como indica seu subtítulo, vai em busca das "origens intelectuais do Terceiro Reich". Trata-se, desta vez de uma história da corrente *Völkisch* na qual o historiador se revela um intencionalista precursor (e continuará a sê-lo), e em certa medida também um adepto do *Sonderweg*, de um "caminho separado" da Alemanha cujas raízes devem ser procuradas, segundo ele, no romantismo alemão e nas modalidades da unificação bismarckiana. Essa tentativa de contextualização do nazismo mostra que seu autor, já então, tende a se libertar de uma história intelectual entendida no sentido tradicional do termo para dirigir-se a uma história cultural: assim seu interesse bem pronunciado, bastante acentuado pela esfera educativa, pelos fenômenos de sociabilidade e de aculturação da juventude; assim sua preocupação com os fenômenos de recepção, de interiorização; assim sua atenção às práticas, também. Tudo, nesse livro, põe em evidência a normalidade dos que abraçaram as ideias do nazismo e tende a reduzir a excepcionalidade do fenômeno. A última frase é, a esse respeito, instrutiva: "Por que milhares de pessoas responderam ao chamado *Völkisch*? A essa questão, tentamos trazer uma resposta".[17]

A questão em si, explicará retrospectivamente o historiador, fora-lhe inspirada amplamente pela confrontação direta com o movimento de massa dos estudantes norte-americanos dos anos 1960, através de seu gosto pela ação coletiva e seu sentimento de "participar de alguma coisa".[18] Quanto à resposta, George Mosse havia na verdade apenas começado a trazê-la. Parece de fato que quase toda sua obra não foi outra coisa que pesquisa,

---

17 Ibid., p.317.

18 Cabanes, Du Baroque au nazisme, p.249.

frequentemente direta, às vezes indireta, de uma resposta cada vez mais completa, cada vez mais profunda, à questão colocada no fim de *The Crisis of German Ideology*.

Com o risco, consciente, de inscrever o nazismo em uma perspectiva teleológica: quase tudo, na obra de Mosse, procede da história alemã do entreguerras; tudo ou quase tudo leva a ela. Como ele mesmo escreveu em um discurso proferido em Jerusalém, em 1986, por ocasião de sua aposentadoria:

> Todos os meus livros, de uma maneira ou de outra, estavam relacionados à catástrofe que atingiu os judeus quando de minha juventude, catástrofe que sempre olhei não como um acidente, como uma falha estrutural ou como uma continuidade de hábitos burocráticos, mas aparentemente como uma construção no coração de nossa sociedade e de nossas atitudes em relação à vida.[19]

Daí uma série de obras, todas relacionadas, de muito perto ou de um pouco mais longe, à "questão nazista" e à Solução Final, e cuja publicação se estende por uns vinte anos. Vinte anos de uma excepcional fecundidade, no decorrer dos quais o historiador publica vários trabalhos essenciais: *Nazi Culture*; *The Nationalization of the Masses*; *Towards the Final Solution*; *Masses and Man* e *Nationalism and Sexuality*. Tais títulos são em si muito eloquentes. O próprio George Mosse os explica em 1969:

> É chegado o tempo de ir além das elites e de se dirigir para uma investigação em profundidade das práticas populares e dos sentimentos. Em uma época de política de massa e de cultura de massa, o historiador dos fenômenos intelectuais necessita de novas abordagens suscetíveis de levar em conta esses aspectos populares que tiveram um papel tão importante na evolução dos homens e da sociedade.[20]

---

19 Mosse apud Aschheim, George Mosse at 80: a Critical Laudation, p.301.

20 Mosse, History, Anthropology and Mass Movements, *American Historical Review*, 1969, v.75, n.2, p.447 apud Winter; Lefebvre, De l'histoire intellectuelle à l'histoire culturelle: la contribution de George L. Mosse. *Annales. Histoire, Sciences Sociales*, ano 56, n.1, 2001. p.177-181. (Winter muito contribuiu para tornar George Mosse conhecido na França ao longo dos últimos dez anos.) Notaremos também com interesse que, com *The Nationalization of the Masses*, em 1975, a imagem aparece em seus livros, e se torna parte integrante desses últimos.

Nesse sentido, o legado de George Mosse para a história do nacionalismo europeu, a história da Alemanha, a do totalitarismo, é imensa: a historiografia atual dos fascismos, anglo-saxões, italiana, alemã (essa última mais tardiamente, é verdade), foi impregnada em profundidade pela abordagem feita por George Mosse entre os anos 1960 e 1980.

O que impressiona de imediato nesse último – e isso encontra sua hostilidade, já destacada, à vitimização –, é talvez, antes de tudo, a falta de inibição ante a seu objeto de estudo. Que o julguemos por essas poucas linhas de agradecimentos escritas em dezembro de 1973 para introduzir um de seus maiores livros, *The Nationalization of the Masses*:

> Aprendi muito com o engenheiro diplomado Albert Speer, de quem, em várias ocasiões, deu-se ao trabalho de responder a uma miríade de questões e que leu o original deste livro, impedindo-me assim de cometer vários erros. Não é frequente que um historiador tenha a oportunidade de testar sua tese com um participante dos acontecimentos que ele analisa. Albert Speer foi um laço importante entre o início da história da liturgia política na Alemanha e seu uso pelo nacional-socialismo que ele mesmo tão amplamente conduziu.[21]

Vinte anos depois, o historiador voltou a essa espantosa colaboração na entrevista que concedeu a Bruno Cabanes: "Nunca, sem meus encontros com Speer, eu poderia ter escrito *The Nationalization of the Masses* [...]".[22] Naquela ocasião, George Mosse revela, além disso, que ele então encontrou outros "ideólogos nazistas" e mesmo assistiu, sob um nome de empréstimo e usurpando o título de conde, a reuniões dos *alte Kamaraden*. "Ao ouvir os antigos nazistas", acrescenta, "tive o sentimento de que eles não tinham mudado, que eles não podiam mais mudar".[23]

Já então compreendemos o que faz a originalidade da operação histórica concebida por George Mosse em relação do nazismo. Recusa, para começar, qualquer referência à noção de propaganda:

> Eis aqui uma palavra que eu ainda queria ver eliminada para sempre dos trabalhos dos historiadores. Garanto-lhes que se o que chamamos a 'propaganda

21 Mosse, *The Nationalization of the Masses,* p.VIII.
22 Cabanes, Du Baroque au nazisme, p.250.
23 Ibid., p.251.

> de Goebbels' tivesse sido apenas "propaganda", ela não teria funcionado tão bem. [...] Então, na propaganda, eu não creio nem um pouco. Não se trata apenas de submeter indivíduos a uma "lavagem cerebral" ideológica. Prefiro falar de religião cívica e vislumbrar um movimento como o nazismo do ponto de vista da participação em rituais coletivos. Creio mais uma vez que falando de "propaganda", evitamos compreender o nazismo ou o fascismo de seu interior: estamos ainda, e é bem normal, sob influência da historiografia antifascista, em particular da ideologia marxista [...].[24]

E como se aquilo não fosse suficiente, acrescenta:

> Fico sempre impressionado que se considere o fascismo ou o nacional-socialismo sem essa vontade de compreender, com olhos de democratas, o que era afinal a democracia nos anos 1930. Vocês sabem, é preciso entender que o nacional-socialismo ou o fascismo davam muito mais às pessoas o sentimento de participação da vida política que as democracias dos anos 1930.[25]

É preciso ser George Mosse, alemão, judeu, definitivamente exilado desde 1933 – e, acrescentemos, já que ele mesmo desejara que isso fosse sabido – homossexual –[26] para ousar pregar uma abordagem histórica tão decidida a se situar assim no "olho" do fascismo e do nazismo a fim de melhor apreendê-los. E isso – é importante destacar – como "intencionalista" convicto, persuadido de que o genocídio dos judeus inscrevia-se absolutamente na vontade principal dos dirigentes nazistas, que a guerra apenas tornara enfim possível de se realizar.

Daí sua maneira tão inovadora de abordar o que chama de *new politics*, e em especial os fascismos, sob o ângulo religioso. Já em 1966 ele afirma no início de *Nazi Culture*: "O nazismo era uma religião".[27] Nessa obra que se pretende uma coletânea de textos, mas que é muito mais que isso, e cuja introdução impressiona ainda hoje por sua atualidade, o autor acentua nitidamente as expectativas da sociedade alemã – expectativas quase escato-

---

24 Ibid., p.250-251.

25 Ibid., p.248.

26 Ele mesmo se considera, como judeu e homossexual, um duplo *outsider*. Ver Aschheim, George Mosse at 80: a Critical Laudation, p.304.

27 Mosse, *Nazi Culture*: Intellectual, Cultural and Social Life in the Third Reich, p.XXXI.

lógicas, elas mesmas amplamente preexistentes ao nazismo –, assim como a dimensão artística do projeto nazista. Havia ali, vinte anos apenas após o fim da Segunda Guerra, uma série de intuições surpreendentes, e não há dúvida de que muitos dos debates atuais sobre o nazismo foram iniciados por George Mosse já em meados dos anos 1960. De livro em livro, ele não para de aprofundar continuamente o estudo das práticas e dos mitos, o do culto e das concentrações de massa, enfim o dos monumentos, da dramaturgia, da estética política. E é nessa ótica que ele desenvolve pela primeira vez em 1975 o conceito de *secular religion*, de "religião civil".[28] A partir de então, ele convida a uma "história religiosa do político": certamente centrada no nazismo, porém, mais amplamente, no nacionalismo europeu ("a mais possante ideologia dos tempos modernos" segundo ele),[29] nacionalismo compreendido no sentido mais amplo e no qual o historiador pretende ver o verdadeiro húmus do fenômeno fascista. Essa história religiosa do político se encontra na mesma ocasião "desideologizada", visto que, segundo Mosse, a "religião secular" fascista não pode ser analisada em termos de racionalidade política tradicional. No centro das *new politics*, o historiador situa, portanto, de imediato, a dimensão emocional.

Corpo e política

Todos os livros de George Mosse estão ligados entre si, cada um amarrando alguns fios que, prolongados, comporão a trama do seguinte. Em 1985, todavia, com *Nationalism and Sexuality*, o historiador, então com quase 70 anos, parece ter imprimido à sua abordagem uma nova inflexão. Dali em diante, uma dimensão nunca ausente de suas outras obras, mas que restara embrionária no âmago de cada uma delas, ocupa a frente de cena: trata-se do corpo, de seu lugar e de seu estatuto na cultura política europeia.[30] Pois a beleza corporal está no centro do livro, um livro que tenta a junção entre nacionalismo, definição da "respeitabilidade" corporal e sexual, enfim, racismo. George Mosse ataca assim o estereótipo da mascu-

28 Mosse, *The Nationalization of the Masses*, p.4.

29 Mosse, *Nationalism and Sexuality. Respectability and Abnorrmal Sexuality in Modern Europe*, p.1.

30 O estudo será mais sistematizado em Mosse, *The Image of Man*.

linidade moderna, viril mas casta, enquanto uma fronteira dali em diante hermética se instala entre o normal e o anormal. Assim ele mostra como o nacionalismo promoveu um ideal grego de beleza física masculina – mas de beleza física dessensualizada –, antes de culminar na relação dos fascismos com o corpo e com a sexualidade. Ele descreve desde então a preocupação central do corpo – mas de um corpo dessexualizado – no seio do projeto nazista, mostrando ao mesmo tempo a que ponto a dimensão "homoerótica" do *Männerbund* é marcada pela ambiguidade, tanto que ela traz no seu desdobramento incentivos possíveis à homossexualidade.

Com esse livro, o historiador entra finalmente no domínio tão pouco explorado da dimensão corporal do político. A abordagem não deixa de ter relação com a de Michel Foucault, cuja obra George Mosse conhece, sem, todavia, parece, dar-lhe muita atenção. No entanto, é ali que ele desenvolve com a maior nitidez uma leitura das sociedades europeias dos séculos XIX e XX em termos de "*outsiders*" e de "*insiders*", numa tentativa de pensar globalmente os processos de exclusão do desvio tanto sexual quanto racial. Daí, na análise do racismo europeu em Mosse, o papel central dos estereótipos visuais no seio das representações da alteridade.[31] Como ele mesmo explica em uma entrevista ao *Jerusalem Post* em setembro de 1991,

> o estereótipo do judeu não é único. É o mesmo estereótipo de todos os *outsiders*: desviados sexuais, ciganos, doentes mentais, pessoas portadoras de doenças hereditárias. Todos se assemelham. São exatamente idênticos. E todos fazem parte dos que Hitler queria exterminar e que ele exterminou. Todos são o oposto da classe média, da ideia de beleza mesclada de controle de si, de energia, de todos esses tipos de coisas.[32]

Mas para aqui o ataque contra os "valores tradicionais"e o que Mosse chama – um pouco precipitadamente, é verdade – *a bourgeois society*. Pois apesar de se perceber ele mesmo como duplamente *outsider*, o historiador não se presta absolutamente ao jogo fácil da estigmatização dos valores tradicionais sob o pretexto do uso que dela fez a extrema direita europeia, e os fascismos em primeiro lugar: "Seria um erro julgar a respeitabilidade apenas

31 Mosse, *Towards the Final Solution*.

32 Mosse apud Aschheim, George Mosse at 80: a Critical Laudation, p.311.

pelo uso que o racismo e o fascismo dela fizeram", escreve, aliás, em conclusão. "Da mesma forma, não devemos esquecer que uma sociedade necessita de uma coesão: sem ela, não são apenas as ditaduras, mas também os regimes parlamentares que não podem funcionar".[33] Na verdade, George Mosse não é subversivo no sentido em que normalmente entendemos: graças a seu olhar quase antropológico pousado sobre os pressupostos mais enraizados das sociedades europeias contemporâneas, ele chama a atenção para as coisas tais como estas estão inscritas em nós. Desse ponto de vista, por exemplo, ele chega a considerar em 1966, em sua conclusão pessimista de *Nazi Culture*, que o substrato que alimentara as representações dos fascismos continuava nosso: necessidade de uma comunidade orgânica, de uma continuidade histórica, em particular, de uma normalidade bem estabelecida. George Mosse, historiador incômodo, historiador da "deliciosa subversão",[34] para retomar aqui a expressão de um de seus amigos: "Gosto de provocar", confessou ele, "quebrar os tabus, mas de modo puramente teórico [...] para levar as pessoas a pensar, mas sem consequências, na prática cotidiana".[35]

George Mosse, aliás, não se escondeu que podia partilhar as representações da maioria, incluindo as que pretendia desmistificar. Ele, tão fascinado e tão severo em relação ao nacionalismo europeu dos séculos XIX e XX, evoca nesses termos a própria emoção ante a experiência israelense:

> Lembro-me intensamente de minha alegria quando vi judeus vigorosos e cheios de confiança em si quando de minha primeira visita e, apesar de isso ter sido, uma vez mais, um estereótipo, eu estava apenas consciente do contraste entre o presente e o humilhante passado. Eu sabia perfeitamente tudo o que aquele 'novo judeu' representava de normalização, de assimilação aos ideais gerais da classe média que, aliás, eu jurava detestar. Mas eu não era de nenhuma ajuda a mim mesmo. Confrontado a esse ideal sionista, minha razão e meu saber histórico estavam vencidos. Eu mesmo estava longe de ser imunizado contra essas forças irracionais cuja existência deplorava como historiador e que, particularmente, no âmbito do grupo, considero o meu.[36]

---

33 Mosse, *Nationalism and Sexualité,* p.190-191.
34 Aschheim, George Mosse at 80: a Critical Laudation, p.304.
35 Ibid., p.306.
36 Ibid., p.311.

Muito de George Mosse, sem dúvida, reside nessa rara probidade intelectual e nesse olhar dirigido à sua pessoa.

Um monumento aos soldados da Primeira Guerra Mundial

Fallen Soldiers,[37] publicado em 1990, é entre as obras de George Mosse a que teve mais influência sobre a historiografia francesa recente, e sem dúvida não é por acaso que o livro foi traduzido em francês, com um título na verdade bem distante do original: *De la Grande Guerre au totalitarisme* [Da grande guerra ao totalitarismo]. A obra contrasta bastante nitidamente com os outros livros de George Mosse, inclusive seus últimos escritos.[38] O historiador tinha, aliás, perfeita consciência disso. Quatro anos após a publicação, é nesses termos que ele resumia sua problemática principal e exprimia sua especificidade em relação ao resto de sua obra:

> Esse livro, como todos os meus outros trabalhos, parte de uma questão única que é: "quais são as consequências da experiência da morte em massa, durante a Primeira Guerra?" Mas encontramos, creio, em *Fallen Soldiers*, muitas ideias que eu desenvolvera anteriormente, e certos temas – penso na masculinidade – que estarão presentes em meu próximo livro. Portanto é um pouco um livro à parte, que não se pode facilmente classificar em uma das minhas especialidades, o fascismo, o nazismo, o judaísmo [...].[39]

Efetivamente. Até aqui, voltado para sua pesquisa das raízes dos fascismos no meio fértil do nacionalismo europeu do século XIX e do início do XX, e, mais amplamente, no do sistema de normas das sociedades ocidentais da época contemporânea. George Mosse quase não havia atentado para a Primeira Guerra, tampouco à Segunda. Se ele adota, em muitos de seus livros, e contrariamente a tantos historiadores, a cesura de 1918 mais

---

37 Mosse, *Fallen Soldiers*: Reshaping the Memory of the World Wars. O título original poderia ser traduzido assim: "Soldados que tombaram: a refundição da memória das duas guerras mundiais".

38 Em particular, *The Image of Man* e *The Fascist Revolution*.

39 Mosse apud Cabanes, Du Baroque au nazisme, p.249.

que a de 1914 para separar os séculos XIX e XX, é preciso esperar o lançamento de *Nationalism and Sexuality*, em 1985, para que um capítulo inteiro seja dedicado à Primeira Guerra. Aliás, capítulo notável, no qual muitos temas desenvolvidos em *Fallen Soldiers* já estão em gestação: a guerra como convite a se conformar ao modelo viril; o mito dos jovens voluntários, eles próprios portadores de outro mito, o da "experiência de guerra"; as representações escatológicas empreendidas para sujar o inimigo; as formas de exorcismo da derrota alemã por meio da busca do desempenho esportivo; a radicalização do antissemitismo alemão durante e depois da guerra; os corpos francos e o fascismo como continuidade da guerra contra um adversário agora interno; e, para terminar, a análise de um verdadeiro *Sonderweg* da Alemanha do pós-1918 na maneira como esse país "recuperou" após sua derrota, ou antes nunca o conseguiu no decorrer dos anos 1920 e 1930.

São os mesmos temas, aprofundados e sistematizados, que encontramos cinco anos mais tarde em *Fallen Soldiers*. Mas o mito dos jovens engajados voluntários, tão ativo na Inglaterra e na Alemanha em 1914, está ali bem mais longamente desenvolvido, em particular por meio da análise de suas raízes que mergulham na guerra da Liberação alemã de 1813; mais desenvolvida também, a transmissão do mito valorizando a experiência de guerra por esses mesmos jovens voluntários após 1918, seguido por seu desabamento – definitivo no Ocidente, parece – após o segundo conflito mundial. George Mosse insiste também especialmente no que ele chama "a apropriação" da natureza na comemoração dos mortos nos campos de batalha durante o entreguerras, uma apropriação que, pela "ruralização" da comemoração, teria levado a tornar aceitável a morte em massa do primeiro conflito mundial.

Por meio de outra noção, a de *trivialization*, George Mosse evidencia o processo de banalização da experiência de guerra, durante e após o conflito, banalização de que é testemunha a imensa produção de imagens e de objetos – incluindo comemorativos – que acompanhou o massacre e os anos que lhe seguiram. O termo refere-se também à popularidade particular dessa produção de massa, produção cuja eficácia no enquadramento das populações em guerra, depois na construção de uma lembrança em parte despersonalizada desta, permanece, para George Mosse a chave da aceitação de um segundo massacre duas décadas mais tarde. Graças, sem dúvida, ao amor de George Mosse pela imagem e pelo objeto, não parece duvidoso que ele tenha tido aí uma grande intuição: mede-se cada vez melhor, hoje, essa extraordinária presença das imagens e dos objetos nas representações dos contemporâneos do conflito, a ponto de ter constituído sem dúvida uma dimensão essencial de sua cultura de guerra.

É preciso insistir sobretudo em uma noção capital, que constitui um legado muito importante de George Mosse para a historiografia atual do fenômeno guerreiro: o conceito de "*brutalization*". Traduzido às vezes na França como "*ensauvagement*",[40] ele é cada vez mais empregado, com frequência a torto e a direito, sem que seja indicado, aliás, o nome de seu inventor: sinal de sucesso, sem dúvida, mas que torna ainda mais necessário um retorno às fontes. Essa noção faz referência à maneira pela qual, segundo George Mosse, uma guerra de um tipo novo, de uma violência ainda desconhecida no Ocidente, "tornou brutais" os que dela participaram, ou ao menos uma parte entre eles. Ideia simples. Ideia que nenhum historiador havia emitido, até onde eu sei, antes dele. Desde então, é aqui que, segundo Mosse, convém buscar, especialmente, um dos laços principais entre a experiência de guerra além Reno e a brutalidade nova do campo político alemão quando do entreguerras. A "brutalização" dos soldados alemães vencidos entre 1914 e 1918 – soldados ainda mais brutalizados, acrescentaremos nós, por terem sido vencidos – é assim situada na origem do endurecimento do campo político sob Weimar e à origem da vitória final do nazismo, já então incompreensível sem uma referência constante à Primeira Guerra.[41]

É necessário destacar aqui a dívida que toda uma parte da historiografia atual do primeiro conflito mundial[42] contraiu em relação aos trabalhos de George Mosse. Em relação aos conceitos que ele estabeleceu, sua visão de conjunto do conflito, sua maneira de ligá-lo às práticas políticas do entreguerras, enfim, de sua vontade de reatar os fios rompidos artificialmente demais entre 1914-1918 e 1939-1945. De dez anos para cá, uma massa considerável de trabalhos de jovens historiadores norte-americanos, alemães, britânicos, italianos, ingleses (e, felizmente, franceses) engajou-se cons-

---

40 Asselvajamento. (N. T.)

41 Notemos também, por exemplo, o uso muito eficaz por Omer Bartov do conceito de "brutalização" em seu livro *L'armée de Hitler*, p.317.

42 Queremos aqui falar do Centre de Recherche de l'Historial de Péronne (Somme), criado em 1989, e presidido por Jean-Jacques Becker. Uma homenagem, aliás, foi prestada a George Mosse em Péronne, em janeiro de 2000, sob a forma de uma jornada de estudos chamada: "Les histoires culturelles de la Grande Guerre. Hommage à George Mosse".

cientemente ou não, com base em pistas ou intuições emanadas da obra do historiador. Ainda que seu autor não a tenha desenvolvido especificamente, a noção central de "cultura de guerra" – definida como a maneira com que os contemporâneos de um conflito o representam e se representam nele –, certamente não poderia ter emergido sem sua contribuição.

A obra de George Mosse seria, no entanto, sem defeitos? Não, sem dúvida.[43] Dizê-lo é outra maneira de voltar sobre esse desconhecimento francês já evocado. Um desconhecimento no qual o grande historiador não deixa de ter uma parte de responsabilidade.

A intuição e os arquivos

George Mosse sempre se pretendeu comparativo. No entanto, ele se interessa prioritariamente pela Alemanha; a Itália e a Inglaterra, secundariamente. Entretanto, se a França nunca esteve ausente de seu campo de visão, não o ofenderíamos se disséssemos que ele a conhece mal. Em relação a esse país, multiplicam-se os erros de apreciação da parte dele: *Fallen soldiers*, por exemplo, persiste em ignorar tudo sobre a força do pacifismo francês no decorrer do entreguerras, e se recusa a considerar a especificidade radical dos antigos combatentes franceses – tão bem descrita por Antoine Prost[44] – ante os veteranos alemães ou mesmo italianos. Tal desconhecimento da França num período em que, me parece, a historiografia francesa acentuou sua tendência ao recolhimento sobre o domínio de influência nacional, certamente não facilitou a aceitação da obra do historiador germano-norte-americano.

Mas esta sofria outras deficiências: George Mosse não discerne na Revolução Francesa a origem de sua "civilização das massas"? Na verdade, com certeza não nos enganamos ao dizer que ele não comungava muito com o culto a 1789. Pior ainda: ele nunca deixava de insistir sobre a profundidade do antissemitismo francês anterior a 1914, e não excluía de modo algum a França do campo de suas pesquisas sobre as origens do fascismo europeu.

A todos esses elementos, juntam-se sem dúvida os limites de um método. George Mosse era antes de tudo o homem das intuições. No estudo do

43 Ver em especial Prost, *The Impact of War on French and German Political Cultures.*

44 Prost, *Les anciens combattants et la société française*, p.237, 261 e 268.

passado, privilegiava a problemática, e era excelente também na descoberta de conexões ocultas entre fenômenos aparentemente separados – suas obras oferecem, aliás, exemplos prodigiosos dessa capacidade de ligar entre eles fios que ninguém além dele teria pensado em reunir. Não era o homem dos volumosos *corpus* de arquivo, das extensas bibliografias, das tomadas do *parti pris* da exaustão. A maior parte de seus livros é de ensaios, eles mesmos baseados em exemplos.

A isso se acrescenta a discordância entre as teses de George Mosse e os horizontes de expectativas dos historiadores e do público francês, no momento em que sua obra foi descoberta e, de certa maneira, "interiorizada". Os anos 1970 foram assim os da descoberta de Norbert Elias cuja tradução em 1973 de *O processo civilizador* foi, na época, "uma genuína revelação para o público francês".[45] E esse sucesso foi duradouro entre os historiadores desse país, como revelam, por exemplo, vastas partes da obra de Alain Corbin. Entretanto, nada de mais estranho ao pensamento de George Mosse que a tese da "civilização dos costumes". Sua hipótese da "brutalização" toma-lhe mesmo o exato contrapé ao postular a emergência de uma brutalidade nova no seio das sociedades europeias, a datar da experiência matricial do primeiro conflito mundial. Assim o terreno não estava livre para a recepção do pensamento de George Mosse por seus colegas franceses.[46] Todos esses elementos sem dúvida influenciaram o fato de sua obra ter ficado externa à historiografia nacional.

Avaliamos assim com que dificuldades se confrontou – e continuará talvez a se confrontar – a penetração do pensamento de George Mosse na França. No total, a ignorância que sua obra sofreu clareia com uma luz sem dúvida bem pouco favorável cinquenta anos de práticas intelectuais francesas em história contemporânea. Referente a tudo o que o grande historiador propôs, é mais que chegada a hora de pôr fim a uma ignorância prolongada por tempo demais e de recuperar o tempo perdido.

Stéphane Audoin-Rouzeau

45 Burguière, *Dictionnaire des sciences historiques*, p.239.

46 Para uma discussão da tese da "brutalização" oposta à da "civilização dos costumes", ver Audoin-Rouzeau; Becker, *Retrouver la guerre*, p.14-18. Agradeço, aliás, a Christophe Prochasson por ter-me sugerido essa hipótese explicativa suplementar do déficit de recepção de George Mosse na França.

Obras de George Mosse

MOSSE, George. *The Struggle for Sovereignity in England*: from the Reign of Queen Elizabeth to the Petition of Rights Oxford: Basil Blackwell, 1950.

______. *The Reformation*. New York: Henry Holt & Co, 1953.

______. *The Culture of Western Europe*: The Nineteenth and Twentieth Centuries. An Introduction. London: John Murray, 1963.

______. *The Crisis of German Ideology*: Intellectual Origins of Third Reich. New York: The Universal Library, Grosset & Dunlap, 1964.

______. *Nazi Culture*: Intellectual, Cultural and Social Life in the Third Reich. London: W. H. Allen, 1966.

______. History, Anthropology and Mass Movements. *American Historical Review*, v.75, n.2, dez. 1969, p.447-452.

______. *The Nationalization of the Masses*: Political Symbolism and Mass Movements in German from the Napoleonic Wars through the Third Reich. London: Cornell University Press, 1975.

______. *Towards the Final Solution*: A History of European Racism. New York: Howard Fertig, 1978.

______. *Germans and Jews*: The Right, the Left, and the Search for a "Third Force" in Pre-Nazi Germany. New York: Howard Fertig, 1970.

______. *Masses and Man*: Nationalist and Fascist Perceptions of Reality. New York: Howard Fertig, 1980.

______. *German Jews beyond Judaism*. Bloomington: Indiana University Press, 1985.

______. *Nationalism and Sexuality*: Respectability and Abnormal Sexuality in Modern Europe. New York: Howard Fertig, 1985.

______. *Confronting the Nation*: Jewish and Western Nationalism. Hanover-London: Brandeis University Press, 1993.

______. *Fallen Soldiers*: Reshaping the Memory of World Wars. New York-Oxford: Oxford University Press, 1990.

______. *The Image of Man*: *The Creation of Modern Masculinity*. New York: Oxford University Press, 1996.

______. *The Fascist Revolution*: Towards a General Theory of Fascism. New York: Howard Fertig, 1999.

Georges Duby

Estou pronto para dizer que o que escrevo é minha história.

Numerosos são os professores que fizeram a experiência: iniciar jovens estudantes na história da Idade Média remete frequentemente a acompanhá-los em sua descoberta da obra de Georges Duby (1919-1996). E o depoimento dos pesquisadores ou dos livreiros não desmentiria essa impressão: a história medieval, tal como ela se pensa, seja lida, seja ensinada, está amplamente dominada por essa figura imponente. Inevitável, ele é, segundo a fórmula de Pierre Tourbet, "historiador das estruturas de um modo feudal sem ângulos mortos".[1] Quer abordemos a história medieval pela encosta abrupta da história econômica e social, quer pelos caminhos escarpados da espiritualidade e dos sistemas ideológicos ou pelas vias mais desviadas da criação artística, é sempre na obra de Georges Duby que terminamos.

Como e por que o historiador da região do Mâconnais adquiriu essa posição central na cena francesa da escrita histórica? De certa maneira, a história desse brilhante sucesso ainda não foi escrita. Para compreendê-la, seria preciso evidentemente reconstituir Georges Duby nos contextos moventes das correntes historiográficas a partir de 1945 e compreender como, sem ser um teórico da História propriamente dito, ele se situou sempre nas zonas das mais fortes confluências epistemológicas. Entre estruturalismo e marxismo, história das mentalidades e genealogia das construções discursivas, sociologia crítica e história do evento criador, a obra de Georges Duby

1 Toubet, Georges Duby, un héritage scientifique. In: Bleton-Ruget; Pacaut; Rubellin (coords.), *Georges Duby, regards croisés sur l'oeuvre*, p.13.

empresta das principais influências que atravessam a história francesa das ciências humanas, sem nunca se deixar completamente levar por uma delas. Todavia, para compreender como ele chegou a converter essa fortuna acadêmica em triunfo público – eleito professor no Collège de France em 1970, entra para a Académie Française em 1987 – seria preciso fazer intervir muitos outros fatores: história da edição e da recepção, por um público leitor ampliado, das contribuições da historiografia científica; história das mídias (de que Georges Duby foi um ator) e da maneira como o rádio e a televisão expandiram o "gosto pela Idade Média".

Quaisquer que tenham sido as causas, os efeitos desse "evento historiográfico" que fez de Georges Duby um autor central fazem-se sentir ainda hoje. A evolução de sua escrita – deixando de lado pouco a pouco seu texto de notas de rodapé que o ancoravam ao solo da erudição para fazê-lo aceder ao céu tão esperado da criação literária – sem dúvida também contribuiu para "santuarizar" a obra de Georges Duby. O destino póstumo de um historiador é, em geral, ser retomado, corrigido, contestado. Esse trabalho crítico começou em vários países europeus e nos Estados Unidos. Na França, a celebração ainda não deu lugar ao debate, e aquele que ousa infringir essa lei não escrita "faz-se imediatamente o efeito de um iconoclasta vociferando sob as cúpulas de Vézelay". Como nota Jacques Dalarun,

> aqui, sua posição eminente faz que ele, até o presente, tenha sido chamado a socorrer uns e outros, e mesmo para ilustrar teses contraditórias. Raramente é afrontado, nele e por ele. A Idade Média sabia bem que tal é o destino das autoridades; elas são na maior parte das vezes desviadas ou contornadas.[2]

Alain de Lille afirmava com efeito desde o século XII que os teólogos têm um nariz de cera que pode ser torcido em qualquer sentido.

O olho geográfico e a lição das paisagens

No início dos anos 1980, Pierre Nora exortou alguns historiadores consagrados a escrever suas *ego-histórias*. Duby curvou-se com reserva a esse

---

2 Dalarun, L'oeuvre critique: à propos de la poétique de l'histoire dans l'oeuvre de Georges Duby. In: Bleton-Ruget; Pacaut; Rubellin (coords.), op. cit., p.30.

exercício de introspecção, que Pierre Bordieu chamará mais tarde, com tanta maldade quanto lucidez, o relato "sem método de vidas sem história".[3] O medievalista escolhe então desvendar apenas uma parte de si, a do "*ego faber*": a vida pública de um historiador profissional. No entanto, esta não preenchia toda sua existência. Em outros textos, o historiador compraz-se em se definir como um passeador, apaixonado por música e por arte contemporânea, que passa mais tempo perambulando nos museus que absorto nas tarefas universitárias. Essa postura de amador esclarecido e de artista diletante sem dúvida é, em parte, arranjada; ela se distingue, em todo caso, do autorretrato, mais difundido, do acadêmico como trabalhador sobrecarregado.

Paris, Lyon, Mâcon, Aix: a vida de Georges Duby se passou em poucos lugares. Na contribuição aos *Ensaios de ego-história*, ele opõe a atmosfera sufocante da Paris de sua infância à descoberta luminosa de Aix e da Provença, os anos estudiosos de formação universitária na Faculdade de Lyon e os passeios em bicicleta nos campos do Mâconnais, quando era estudante secundarista nos anos 1930 ou jovem doutorando, dez anos mais tarde. Nascido em Paris em 7 de outubro de 1919, ele segue, com efeito, seus estudos secundários em Mâcon a partir de 1932 antes de ir para Lyon, onde foi aluno e depois professor-assistente de 1937 a 1950. Após breve passagem pela Universidade de Besançon, é nomeado professor em Aix-en-Provence em 1951, onde convive com Paul Veyne, Michel Vovelle e Maurice Agulhon. Mesmo eleito professor do Collège de France em 1970, Georges Duby partilhará sempre sua vida entre Paris e a Provença.

Essa ligação aos lugares e às paisagens da França rural determina sem dúvida suas primeiras escolhas de pesquisa. Pois é em Geografia que Georges Duby começa seus estudos, e ele nunca deixará, em seus escritos posteriores, de homenagear essa disciplina, "a mais estimulante das ciências do homem"[4] porque ela é "ciência de ar livre".[5] A geografia de inspiração vidaliana é então dominante no campo das ciências humanas. André Allix e André Gilbert, dois alunos de Raoul Blanchard, animam a Escola de Grenoble que transmite as lições do mestre, Paul Vidal de La Blache. Reavalia-se

3 "Os universitários felizes (os únicos a quem se pede esse exercício de escola...) não têm história e não é necessariamente fazer-lhes um favor, nem à história, pedir-lhes que contem sem método suas vidas sem história." Bourdieu, *Méditations pascaliennes*, p.44.

4 Duby, L'art, l'écriture et l'histoire (entretien avec Georges Duby), *Le débat*, 92, 1996, p.175.

5 Id., Le plaisir de l'historien. In: Nora (org.), *Essais d'égo-histoire*, p.117.

hoje a influência dessa escola geográfica francesa sobre os historiadores que participam, nos anos 1930, da aventura intelectual dos *Annales*.[6] Georges Duby descobre esse método, que entende a paisagem como um arquivo a decifrar em *Les caractéres originaux de l'histoire rurale française* de Marc Bloch. E, por intermédio de André Allix, conhecerá Lucien Febvre, que tenta então instrumentalizar a Geografia em seu combate contra a sociologia durkheimiana.

A delimitação do assunto da tese de Georges Duby, elaborada logo após a guerra com o prudente Charles-Edmond Perrin, professor da Sorbonne, também comprova essa influência. Esta rompe com as tradições universitárias dos anos 1930 e do imediato pós-guerra: Georges Duby escolheu um campo de pesquisa (a história dos tempos feudais) no qual os juristas são os senhores. Eles impõem uma concepção rígida das relações sociais que se exprime principalmente em *O que é o feudalismo?* de François-Louis Ganshof.[7] Como escrevia Lucien Febvre, "os camponeses só lavravam cartulários, com títulos à guisa de arado".[8] Entretanto, Georges Duby não havia feito a Escola de Chartres; é a sensibilidade às paisagens e às obras de arte mais que o "gosto pelo arquivo" que o atraíra à Idade Média. Aliás, haviam-lhe feito implicitamente essa crítica quando da defesa de sua tese complementar.[9]

É verdade que ele avalizou essa concepção dominante da história medieval: Ganshof é citado na tese, e seu primeiro artigo especializado, publicado na revista *Le Moyen Âge*, em 1946-1947, trata das instituições judiciárias na virada do Ano Mil na região de Mâcon;[10] sem dúvida essa prudência explica a recepção favorável que os historiadores do Direito reservaram à tese.[11]

6 Ainda que, segundo Pierre Tourbet, Georges Duby julgue severamente a escola geográfica vidaliana culpada por atrasar a recepção na França dos conhecimentos da história da ocupação dos solos, tal como os alemães a praticavam desde Karl Lamprecht (*Siedlungsgeschichte*). Toubert, Préface. In: Bloch, *Les caractéres originaux de l'histoire rurale française*, p.5-41.

7 Guerreau, *Le féodalisme*, p.78-80.

8 Febvre, Compte rendu de Les Caractères originaux de Marc Bloch, *Revue Historique*, v.169, n.132, p.191.

9 Duby, *Recueil des pancartes de l'abbaye de La Ferté-sur-Grosne (1113-1179)*.

10 Id., Recherches sur l'évolution des institutions judiciaires pendant le Xème et le XIème siècles dans le sud de la Bourgogne, *Le Moyen Âge*, v.52, 1946, p.149-194 e v.53, 1947, p.15-38.

11 Ver principalmente a resenha elogiosa David, Sur la société médiévale, un maître ouvrage, *Annales. Économies, Sociétés, Civilisations*, ano 10, n.3, 1955, p.381-391. De modo geral, sobre a acolhida da tese de Georges Duby, remetemos ao excelente estudo Iogna-Prat, L'atelier de l'historien. In: Duby, *Qu'est-ce que la société féodale?*, p.VII-XXXIII.

Apesar disso, por sua abordagem, Georges Duby rompe radicalmente com essa tradição da história da feudalidade, tomando por objeto não uma instituição, ou um grupo social juridicamente determinado, mas – como ele escreve já nas primeiras linhas da introdução – "o âmbito estreito de uma pequena província". *La société aux XIe et XIIe siècles dans la région mâconnaise*: é difícil captar hoje a audácia de sua iniciativa, de tal forma o modelo da monografia regional tornou-se, a partir dos anos 1960, e por muito tempo, a norma em matéria doutoral. Esse modelo, Georges Duby o empresta, portanto, dos geógrafos, depois das teses pioneiras de Albert Demangeon sobre a Picardia[12] ou de Raoul Blanchard sobre a Flandres[13] e até as de seus alunos Daniel Faucher sobre as planícies do Médio Ródano[14] e André Allix sobre l'Oisans.[15] Mas o que vem a ser uma região? Um "indivíduo geográfico", responde Paul Vidal de La Blache. Os geógrafos vidalianos, e Georges Duby depois deles, tinham se dado conta das críticas das ciências sociais, denunciando a noção de região natural, para valorizar a ação dos homens em seus meios.[16] A região do Mâconnais de Georges Duby é antes de tudo uma paisagem documental: é o espaço esclarecido pelos registros da abadia de Cluny, que o jovem historiador decide utilizar não como depoimentos sobre a vida religiosa, mas como uma fonte de história social. Como os abades cluniacenses eram animados por uma intensa vontade de racionalizar a gestão de seus domínios, o conjunto dos campos circundantes sai da bruma arquivística que cobre habitualmente a história dos séculos XI e XII.

É o primeiro como historiador das sociedades rurais que Duby chega à notoriedade. A partir de 1951, Paul Lemerle, que dirige a prestigiosa "Collection Historique" [Coleção Histórica] das edições Aubier, encomenda-lhe uma síntese sobre a história dos campos medievais: será a *Economia rural e vida no campo no Ocidente*, publicado em 1962, traduzido em várias

---

12 Demangeon, *La Picardie et les régions voisines*.

13 Blanchard, *La Flandre*.

14 Faucher, *Plaines et bassins du Rhône moyen entre Bas-Dauphiné et Provence*.

15 *Allix, Un pays de haute montagne*.

16 Ver particularmente Simiand, Compte-rendu de Demangeon, Blanchard, Vallaux, Vacher et Sion, *L'Année sociologique*, v.11, 1906-1909, p.723-732. Esse conflito entre monografia regional e morfologia social, fundador para a epistemologia da história, é analisado por Chartier, L'histoire entre géographie et sociologie, *Actes de la recherche en sciences sociales*, v.35, 1980, p.27-36 [reeditado em Chartier, *Au bord de la falaise*, p.213-233].

línguas e reeditado constantemente desde então, em todo caso, nunca substituído. Entrementes, ele publicou numerosos artigos acadêmicos – especialmente sobre a história das técnicas agrárias – e fundou com o geógrafo Daniel Faucher, em 1960, *Études Rurales*.[17] É nessa revista multidisciplinar que ele publicou, em 1991, seu último artigo dedicado à história rural, que se referia, de modo significativo, à história da sensibilidade à paisagem.[18]

Além de suas escolhas iniciais de pesquisa para a monografia regional e de sua predileção pela história dos campos, o gosto geográfico de Georges Duby educou seu olhar de historiador: "Por ter me interrogado constantemente diante dos planos, diante dos mapas, adquiri a necessidade de dar, assim que possível, consistência visual aos fenômenos de sociabilidade situando-os, inscrevendo-os exatamente no espaço":[19] sem dúvida por isso, ele manifesta sempre uma preocupação cartográfica pouco comum nos historiadores de sua geração.[20] Mais profundamente, a noção de paisagem – tão fundamental na geografia regional clássica – constitui o legado mais precioso dessa disciplina à obra de Georges Duby. Daniel Russo demonstrou que ela percorria todos seus escritos, inclusive os que se referiam à arte medieval.[21] Que imaginemos, por exemplo, a abertura, tão justamente famosa, de *O tempo das catedrais* evocando as "vastas solidões" do Ano Mil, antes que o labor dos homens os tornasse habitáveis e familiares. Pois se o medievalista buscava reconstituir com precisão a paisagem onde se move o homem medieval, manifestando sempre o que ele chama "a atenção necessariamente dirigida ao mais tangível", é porque a paisagem é para ele "a tradução, a inscrição de uma cultura no solo da globalidade".

17 É também com um geógrafo, André Wallon, que ele dirige na editora Seuil uma monumental *Histoire de la France rurale* em quatro volumes (1975-1976). Ele completará essa empreitada de direção editorial por uma *Histoire de la France urbaine* em cinco volumes (1980-1985), assim como uma *História da vida privada* também em cinco volumes, mas em codireção com Philippe Ariès (1985-1987).

18 Duby, Quelques notes pour une histoire de la sensibilité au paysage, *Études rurales*, n.121-124, 1991, p.11-14.

19 Id., Le plaisir de l'historien, op. cit., p.117.

20 Ver sobre esse ponto Boucheron, Représenter l'espace féodal: un défi à relever, *Espaces Temps*, v.68/69/70, 1998, p.59-66.

21 Russo, L'oeuvre d'art et ses significations: autour de la notion de paysage dans l'oeuvre de Georges Duby. In: Duby; Duhamel-Amado; Lobrichon. *L'écriture de l'histoire*. Bruxelles: De Boeck, 1996, p.37-49.

Da história do cultivo à história cultural: há, nesse itinerário de historiador, não um desvio ou um cruzamento dos caminhos, mas sim um aprofundamento. E por um paradoxo apenas aparente, esse aprofundamento é conforme à lição das paisagens, tal como Duby relembra em *A história contínua*:

> O estudo das paisagens também me permitira entrever que, dentre os fatores cuja conjunção comanda o destino das sociedades humanas, os que tocam à natureza, isto é, à matéria, não estão obrigatoriamente na frente de outros que aludem à cultura, portanto, ao espírito. Essas considerações me preparavam para inverter as relações de subordinação entre a história econômica e a das sociedades.[22]

Entre materialismo histórico e história das mentalidades

Assim expressa, a questão das relações entre "a matéria" e "o espírito" traz evidentemente o problema da relação entre Georges Duby e o marxismo. O historiador nunca buscou minimizar sua dívida para com o pensamento marxista, lembrando naturalmente quanto a leitura de Louis Althusser ou de Étienne Balibar são essenciais para sua reflexão.[23] Em seus *Dialogues* [Diálogos] com Guy Lardreau,[24] Duby presta-se de boa vontade à esquerdização teórica a que o filósofo tenta submeter sua obra. Essa relação apaziguada com o marxismo se deve sem dúvida à sua história pessoal: como esse pensamento nunca tinha sido para ele o evangelho de uma crença política, Duby não se sentiu obrigado, como tantos outros, a renegá-lo ruidosamente fazendo a contrição pelos crimes do stalinismo.

> Para mim, o marxismo não foi nem o suporte de um entusiasmo político, nem um dogma intangível. É para mim, entre outras, uma ferramenta de análise, e de muito excepcional eficácia heurística.[25]

---

22 Duby, *L'histoire continue.* Paris: Odile Jacob, 1990, p.15-16.

23 Ver em especial a entrevista que ele concede a Casanova, Histoire sociale et histoire des mentalités, *La Nouvelle Critique*, 215, 1970, p.11-19 [reeditada em Casanova; Hincker. *Aujourd'hui l'histoire*, p.201-217].

24 Duby; Lardreau, *Dialogues*.

25 Duby, *Dialogues*, p.164.

Ele postula assim uma leitura livre de Marx, um pouco como os antropólogos André Meillassoux ou Maurice Godelier cuja obra *L'idéel et le matériel* [O ideal e o material] revela um companheirismo evidente com a abordagem do medievalista. O efeito de distância (civilizações longínquas ou tempos antigos) que torna possível tal desprendimento:

> Em Marx, tudo o que não toca propriamente ao modo de produção capitalista permanece muito em filigranas, em suscetibilidades. Um simples esboço. O que deixa aos medievalistas essa grande comodidade de que falei.[26]

A confrontação entre *Guerreiros e camponeses* e *As três ordens ou o imaginário do feudalismo* revela essa "flexibilidade conceitual" que Georges Duby reivindicava. Lemos às vezes que *Guerreiros e camponeses* seria o livro mais "marxista" de Duby. Na verdade, o historiador adota nele sem complexo os conceitos de luta de classes ou de sistema de produção, em uma perspectiva que se apresenta claramente como um "ensaio". Retomando a matéria de sua síntese sobre a economia rural, ele tenta, "mais livremente e com mais força",[27] compreender as origens do grande crescimento europeu. Para ele, não há dúvida: são as "conquistas camponesas" que explicam a arrancada econômica do século XI, com o modo de produção senhorial caracterizado então pela arrecadação dos produtos do labor camponês em benefício da aristocracia combatente. Esboçando assim o quadro do dinamismo das "forças produtivas", Duby rompe com o modelo historiográfico dominante: o dos historiadores economistas dos *Annales* inspirados por Henri Pirenne, para quem é a aventura gloriosa do negócio internacional que explica o impulso da economia europeia.

Esse sistema imperativo colidia, no entanto, com uma contradição: se o senhorio do século XI é bem uma forma de piratagem dos frutos do crescimento, como explicar que ela se torne, no séculos XII e XIII, um acelerador do progresso? Em *Economia rural e vida no campo*, Georges Duby denunciava com virulência essa "aristocracia inteiramente dominada pelo gosto do luxo e pela preocupação em manifestar sua grandeza pela destruição das riquezas". Para compreender como essa mesma aristocracia torna-se

26 Ibid., p.1651.

27 Id., *L'histoire continue*, p.101.

promotora do grande impulso econômico, ele engaja com *Guerreiros e camponeses* uma reflexão dialética sobre as relações entre violência e crescimento, destruição de riquezas e produção de bens. Foi-lhe necessário desde então renunciar a certo economismo e admitir, por exemplo, que a teoria do dom desenvolvida por Marcel Mauss era mais apta para descrever a preeminência das trocas não lucrativas na sociedade medieval. A circulação dos bens ali está inteiramente estruturada pela despesa aristocrática: viver nobremente é gastar a mancheias, com largueza e prodigalidade. Eis por que o motor do crescimento econômico é, ultimamente, uma "atitude mental": aquela, profundamente antiprodutiva, de uma classe dominante que só pode manter seu poder social ao se cercar de uma auréola de "generosidades necessárias".

A lição de *Guerreiros e camponeses* aparece límpida desde então: quem quer compreender as verdadeiras razões do impulso econômico europeu da sociedade medieval não pode se contentar em reconstituir técnicas de cultivo ou em avaliar receitas. É preciso apreender certa concepção do mundo. Pois desde que a floresta recua, é também o paganismo que regride; e a conquista dos solos avança ao mesmo ritmo que a cristianização da sociedade. Leitor de Althusser, Duby não podia admitir a ideia de "determinação em última instância": a infraestrutura econômica não é mais "real" que a superestrutura ideológica. Evocando a trajetória intelectual de Georges Duby e notadamente suas relações com o materialismo histórico, Pierre Bonnassie exprime em termos sugestivos essa questão crucial na obra do medievalista. É um fato: o camponês é esse homem que curva a espinha sob os golpes do dono.

> Mas o vilão recebe golpes porque é julgado desprezível? Ou é julgado desprezível porque recebe golpes? Quem é o primeiro: a realidade da clava ou a ideia que os que a recebem são destinados a sofrê-la? O material ou o ideal?[28]

Assim, para compreender a perenidade da sociedade feudal, é preciso também entender o poder da ideologia que a conforta. Tal é o projeto de *As três ordens ou o imaginário do feudalismo*. Lançado em 1978, esse livro é talvez o mais ambicioso de Georges Duby: ele reúne os resultados dos

28 Bonnassie, Le rapport de l'homme à la terre ou les deux sens du mot "culture". In: Duby; Duhamel-Amado; Lobrichon, op. cit., p.88.

primeiros anos do seminário no Collège de France, e constitui a primeira resposta a esse programa de história social total que ele pretendia ali conduzir. Trata-se de fazer a arqueologia de uma concepção de mundo: a de uma sociedade organizada de acordo com a ordem divina, fundada sobre os princípios sagrados da obediência e da desigualdade providencial, e rigorosamente hierarquizada por uma tripartição funcional. Os que trabalham, os que rezam, os que combatem: *laboratores, oratores, bellatores*. Se Georges Duby tem tanto cuidado em fazer a história dessa figura imaginária, não é porque ele cede a essa história das ideias de que sempre se fez o acusador (ao menos, argumentava desde 1957, o marxismo nos preserva dessa "história de filósofo").[29] Com a Igreja detendo o monopólio da produção ideológica, ele se aplica a descrever concretamente os conflitos e as tensões que percorrem a instituição eclesial para melhor explicar os avatares do imaginário do feudalismo, esse "objeto muito real apesar de imaterial".

Da gleba dos camponeses ao céu das ideias – assim que se resume às vezes o encaminhamento científico de Georges Duby, especialista das sociedades rurais que se converte progressivamente em historiador das mentalidades ao mesmo tempo em que se construía sua fortuna acadêmica. Isso resulta sem dúvida de uma concepção preguiçosamente escalonada das "instâncias" históricas, em que a camada superior das "representações" vem coroar o conjunto, como a cereja sobre o bolo.[30] A própria cronologia da produção científica de Georges Duby contradiz tal esquema. Já em 1958, ele publica, nos *Annales*, curto artigo cujo título estoura como um *slogan*: "A feudalidade? Uma mentalidade medieval". Tomando regressivamente toda a tradição jurídica ilustrada por Ganshof, ele pretende que a feudalidade "foi inicialmente uma disposição de espírito". Texto provocador que, na opinião de Jacques Le Goff, não evita os "ultrajes" comuns a essa geração de historiadores inebriados pela descoberta de um novo objeto histórico.[31]

---

29 Trata-se da abertura de uma nota crítica ao tom muito polêmico que ele dedica ao segundo volume de *Histoire de la pensée* de Jacques Chevalier. Duby, Histoire de la pensée, *Annales. Économies, Sociétés, Civilisations*, 1957, v.12, n.4, p.674-675.

30 Ver, sobre esse ponto, as reflexões de Schmitt, Représentations. In: Duby; Duhamel-Amado; Lobrichon, op. cit.

31 Le Goff, Georges Duby (1919-1996), *Cahiers de civilisation médiévale*, ano 40, n.158, 1997, p.201. A versão italiana desse artigo desenvolve a questão das relações entre Duby e os *Annales*: Id., Il medioevo di Georges Duby Il Medioevo di Georges Duby. In: Romagnoli (org.), *Medioevo e oltre*: Georges Duby e la storiografia del nostro tempo. Bologna: CLUEB, 1999, p.11-31.

Se Georges Duby reconhecia uma filiação com a Escola dos *Annales*", era na verdade menos com a história econômica quantitativa e serial dos alunos de Fernand Braudel que com a história das "sensibilidades" inspirada por Lucien Febvre.[32] Duby evocava frequentemente sua admiração pelo historiador modernista. É aliás com seu mais brilhante discípulo, Robert Mandrou, que ele começara, ainda em 1958, a redação de uma síntese intitulada *Histoire de la civilisation française* [História da civilização francesa]. Homem de fidelidades e de leituras, Duby não era, entretanto, um homem de revistas. Sem dúvida, ele tinha aversão a se fechar em uma rede e se mantinha à distância das lutas de clãs que animavam a vida científica da VI seção da École Pratique des Hautes Études. Não podemos, todavia, duvidar de sua camaradagem com a equipe dos *Annales*. É nessa revista que ele publica em 1964 o artigo fundamental sobre os jovens na aristocracia do século XII, demonstrando como o conflito de gerações estrutura a sociedade feudal.[33]

Mesmo que ele se ponha em cena, em *A história contínua*, como o "franco-atirador" desse batalhão temerário que abalaria o curso da pesquisa histórica, ninguém dúvida que Duby adotou uma posição distanciada e prudente na matéria. Aliás, é talvez o que compreendeu Charles Samarran, historiador positivista que figurava entre os adversários mais determinados da Escola dos *Annales*. Ao escolher (continuamos em 1958) o jovem medievalista para escrever o artigo "L'histoire des mentalités" no volume da *Encyclopédie* da Pléiade que dirigia, Samarran designava habilmente um membro promissor e famoso, mas já deslocado, da "nova história".[34] Publicado em 1961, esse artigo figura entre os raros textos teóricos de Georges Duby.[35] Ao fazer referência essencialmente à psicologia social, ele expressa a recusa tenaz à psicanálise comum à sua geração. Duby, aliás, não contribui de fato a suspender as ambiguidades dessa noção um pouco vaga, sobre

32 Assim, no ano de sua morte, como ele reconhece francamente na entrevista que concede a Pierre Nora: "Fernand Braudel, que frequentei intimamente, não me influenciou". Duby, L'art, l'écriture et l'histoire, op. cit., p.175.

33 Duby, Dans la France du Nord-Ouest au XIIe siècle: les "jeunes" dans la société aristocratique, *Annales. Économies, Sociétés, Civilisations,* ano 19, n.5, 1964, p.835-846. Note-se que é, em 1974, que Georges Duby publica seu último artigo nos *Annales*.

34 Id., L'histoire des mentalités. In: Samarran, *L'histoire et ses méthodes*.

35 Ver essa análise em Delacroix; Dosse; Garcia, *Les courants historiques en France, 19e-20e siècle*, p.206-210.

a qual os epistemólogos da disciplina muito escreveram, e da qual ele, e muitos outros, mantiveram-se a distância desde os anos 1980: "É preciso reconhecer: o termo mentalidades não é satisfatório; o conceito não lhe é vantajoso. É preciso aperfeiçoá-lo".[36]

"Desconfio das teorias":[37] na verdade, Georges Duby é um homem mais de método que de sistema. Se é prolixo sobre seu ofício, permanece sempre evasivo sobre suas referências conceituais. Do estruturalismo e dos trabalhos dos linguistas, admite que foram "uma chicotada" para a pesquisa histórica, sem se explicar melhor. A maior parte de suas influências permanece assim escondidas em sua obra. A sociologia crítica de Pierre Bourdieu? Ela inspira incontestavelmente suas análises sobre a dominação senhorial, e sobre o papel que nela tem distinção cultural. Os antropólogos são citados com um pouco mais de frequência, Claude Lévi-Strauss (referência obrigatória para todos os estudos sobre estruturas de parentesco), Maurice Godelier principalmente. Sociólogos e antropólogos sem dúvida contribuíram para modelar a concepção de Georges Duby sobre o "papel do mental" nas sociedades.[38] O que ele espreita, no fundo, é menos uma mentalidade que uma ideologia, menos um sistema de práticas e de crenças que um sistema de valor fundando a "instituição imaginária da sociedade", para retomar o título do essencial livro do filósofo Cornelius Castoriadis, ao qual ele reconhecia sua dívida no ocaso de sua vida.[39]

As "novas audiências"

Ao fazer o balanço de sua trajetória intelectual em *A história contínua*, Georges Duby apresenta-se como um entusiasmado pela "poderosa corrente" que "pelo efeito conjugado dos desafios da antropologia estrutural e do degelo do pensamento marxista, desviou o curso da pesquisa em

36 Id., *Mâle moyen âge*, p.255.

37 Id., *L'histoire continue*, p.106.

38 Id., Le mental dans le fonctionnement des sciences humaines, *L'Arc*, n.72, 1978, p.90-92.

39 Deby, ao evocar *As três ordens ou o imaginário do feudalismo,* escreve: "Quanto à palavra 'imaginário', devia-a, creio, a Castoriadis, cujo livro *A instituição imaginária da sociedade*, lançado três anos antes do meu, desenvolvia a ideia de sociedade que se autoinstitui principalmente pela imagem que faz dela mesma". Id., L'art, l'écriture et l'histoire, op. cit., p.188.

História".[40] É um fato: ele terá seguido as linhas do mais forte aclive, "tomando emprestadas as teorias" como se escorrega sobre a onda, sem nunca se deixar descobrir nem submergir. Todavia, pretender explicar o movimento que anima sua obra apenas pela dinâmica intelectual das ciências humanas a partir dos anos 1950, seria voltar a afundar nessa história incorpórea das ideias, essa "*Geistesgeschischte* sem amarras" que ele denunciou incansavelmente. Pois a evolução da produção científica de Georges Duby não seria compreensível se não evocássemos as condições muito concretas da expansão contínua de seu público leitor.

Aqui novamente o historiador beneficiou-se de um contexto favorável, que ele analisa com lucidez quando evoca, sempre em *A história contínua*, a expansão do "mercado do livro de história" e sua entrada "no campo das produções literárias de grande consumo".[41] Essa modificação, que pertence à história cultural da França dos anos 1970, explica-se antes de tudo, para Georges Duby, por uma estratégia de editores: a opção de encomendar obras suscetíveis de interessar um público amplo não mais –, como se fazia até então – a hábeis propagadores, mas a profissionais reconhecidos, saídos da incubadora da Nova História. Foi ainda necessário enfrentar o desafio dessas "novas audiências", adaptar a elas seus temas, seu tom e sua elaboração. O sucesso de Georges Duby depende da conversão literária: ele consistiu, em suma, em se situar bem no que Pierre Bourdieu chama o "segundo mercado", sem, no entanto, se desvalorizar em sua reputação acadêmica.

"Fui solicitado": é dessa maneira, um pouco arrogante, que Georges Duby descreve sua nova posição de autor de livros de história. É verdade que, entre todos os seus livros, apenas *As três ordens* não é uma obra encomendada. A história de Duby é também a de seus editores. O encontro com Albert Skira convence-o a unir seu ofício de historiador e seu "gosto enorme" pela obra de arte: daí resultarão os três volumes de *O tempo das catedrais*, lançados em 1966 e 1967 que tiveram, segundo a própria confissão de Duby, um efeito liberador sobre sua escrita. O texto buscava menos demonstrar que sugerir, acompanhando as imagens para "manter uma emoção estética". Se o livro tornou-se um clássico, isso se deve menos à originalidade de suas análises – Duby, ao experimentar ali a sociologia da

40 Id., *L'histoire continue*, p.125.

41 Ibid., p.150-151.

criação artística, prosseguia seu projeto de história social total – que a seu poder de evocação.

O encontro com Pierre Nora é igualmente decisivo: antes de publicar a maior parte de seus livros na "Bibliothèque des Histoires" [Biblioteca de Histórias] de Gallimard, é ele quem encomenda a Duby, para a coleção "Archives" [Arquivos] quem ele dirige para a Julliard, a antologia de textos *O Ano Mil*. Esse livro marca uma reviravolta, desta vez no material utilizado pelo historiador: "Um pouco como um escultor que abandona a madeira pelo mármore"[42] Duby deixa de lado a rugosidade dos documentos do ofício (mapas, instruções ou inventários de senhorias) por fontes narrativas, menos secas e mais reluzentes. Essa mudança de fontes é também, como observou Enrico Artifoni, uma mudança na relação com as fontes. Debruçando-se dali em diante sobre crônicas, romances e textos literários, Georges Duby contesta "a confiança que ele tinha na relação entre as palavras e as coisas".[43]

"Toda obra importante naquela época era encomendada": evocando assim a condição artística no século XIV, talvez Georges Duby se traísse – caso que era frequente quando ele falava dos criadores na Idade Média – em um fragmento de autobiografia velada. Pois as solicitações eram muitas. Elas podiam ser políticas, como quando Edgard Faure, ministro da Agricultura, engajou seu colaborador Armand Wallon na direção de uma *Histoire de la France rurale* com Georges Duby. Elas eram também, e cada vez mais, midiáticas: Duby participou ativamente da adaptação televisiva de seu *O tempo das catedrais*, assim como de outros documentários históricos, e se valendo da confiança dessa experiência que ele aceitou, em 1985, a presidência de uma sociedade de produção de programas culturais (a Sept) ancestral do canal de televisão Arte. Sem desprezar nenhum meio de comunicação, é diante do microfone da rádio que ele conta pela primeira vez a vida de Guillaume le Maréchal.

O lançamento em livro de *Guilherme Marechal ou o melhor cavaleiro do mundo* em 1984, marca um momento importante nessa estratégia de investimento no campo da produção histórica. O livro reúne, em uma magistral encenação romanesca, todos os temas de pesquisa de Georges Duby sobre

42 Ibid., p.136.

43 Artifoni, Georges Duby e la storia delle parole. In: Romagnoli (org.), op. cit., p.189.

as estruturas da nobreza, a antropologia da guerra e os valores da cavalaria.[44] Sem dúvida, ele se entrega ao modelo biográfico para melhor subvertê-lo: o que não o impede de quebrar um dos tabus mais implantados da Escola dos *Annales*, o que separava hermeticamente a história erudita da popularização histórica, em que a biografia era o gênero mais desprezado. Ao escrever *Guilherme Marechal*, Georges Duby não trabalha pelo "retorno da biografia" – nunca se parou de escrevê-la – mas por sua revalorização para uma nova história triunfante.[45]

O mesmo raciocínio vale aliás, dez anos antes, para *O domingo de Bouvines* de 1973. O livro sai em uma coleção de prestígio ("Trente journées qui ont fait la France" [Trinta dias que fizeram a França], da Gallimard), mas que continuava o último refúgio de uma história factual ao mesmo tempo muito literária e muito tradicional, em todo caso rebelde à lição dos *Annales*. Duby se apodera da história-batalha como de um bastião estratégico: é verdade – veremos – do ponto de vista da teoria da temporalidade, mas também o é do ponto de vista da prática editorial. Tal é igualmente o papel de Georges Duby na historiografia francesa: ele trabalhou para a dominação do que chamava os "historiadores profissionais" (quer dizer, para o essencial, os acadêmicos) em um mercado que estivera até então dividido, e no qual os benefícios simbólicos eram com frequência inversamente proporcionais aos benefícios materiais.

"Do mais claro ao mais obscuro": a história das mulheres

Os três volumes de *Damas do século XII* representavam, no espírito de Georges Duby, a conclusão de um itinerário de pesquisa.[46] Duby chegou às mulheres pela história do casamento e, se remontarmos ainda mais longe,

44 Assim Duby evoca, em sua última entrevista de 1996, uma "*mise en spectacle* de tudo o que até o presente eu tinha descoberto dessa sociedade" (Duby, L'art, l'écriture et l'histoire, op. cit., p.189).

45 Essa evolução é bem expressa por Bernard Guenée: "A biografia torna-se um gênero difícil, talvez impossível. Por pouco, a biografia, que há algum tempo era esmagada pelo excesso de desprezo, hoje não estaria paralisada por ter sido colocada tão alto" (Guenée, *Entre l'Église et l'État*, p.13).

46 Duby, *Dames du XIIème siècle*, I; *Héloïse, Aliénor, Iseut et quelques autres*, II; *Le souvenir des aïeules*, III; *Ève et les prêtres*.

pelo estudo do parentesco. Já em 1973, ele começa a integrar a análise das estruturas familiais à sua história da sociedade feudal, estimando que se trata da principal lacuna do modelo marxista. A investigação é coletiva; ela é conduzida em conjunto com Jacques Le Goff e dá lugar à criação de uma equipe de pesquisa associada ao Centre National de la Recherche Scientifique (CNRS) – fato raro na carreira de Georges Duby, bem pouco engajado na organização administrativa. Retomando as concepções de Karl Schmid e da Escola de Friburgo, ele tenta teorizar a passagem dos grupos familiais "horizontais" da aristocracia da Alta Idade Média (*Sippen*) às linhagens "verticais" de após o Ano Mil (*Geschlechter*) em que a ascendência conta mais que a aliança.

Fiel a seu método, Duby acompanha o estudo dessa mutação das estruturas sociais pela análise da ideologia que a justifica: o impulso da literatura genealógica e da consciência de estirpe na aristocracia do século XII. Sem essas linhagens de machos enraizadas, nada de estrutura feudal: esta regula, portanto, tão bem o intercâmbio do sangue como a distribuição dos bens. A valorização do casamento é, de fato, a pedra angular do edifício, e é por isso que Georges Duby dedica-lhe daqui em diante toda sua atenção. Em *Le chevalier, la femme et le prêtre* [O cavaleiro, a dama e o padre], descreve o antagonismo crescente entre as estratégias matrimoniais da nobreza, em que a mulher intervém apenas como instrumento de troca, e a sacralização do casamento pela Igreja, que tenta dele fazer um sacramento baseado no consentimento mútuo dos noivos.

A história das mulheres, tal como escrita e concebida por Georges Duby, é, de início, a da dominação masculina. Ligado ao modelo antropológico da troca matrimonial desenvolvido por Claude Lévi-Strauss, ele descreve com vigor um *Idade média, idade do homem* rude e brutal, regulado pela ordem patriarcal. O amor cortês? Para ele, não passa de uma ficção literária, em que simulacros de desejo se desdobram em torno da esposa do senhor. A mulher é apenas um chamariz nessa parada do poder que diverte os jovens cavaleiros submetidos aos rigores da ordem genealógica, assim como não passa, no discurso dos clérigos, "jamais de um reflexo de uma imagem de Deus". Aliás, Duby acrescenta: "Um reflexo, sabemos bem, não age por vontade própria. Somente o homem está em posição de agir".[47] Sem dúvida, Georges Duby se convencera, no fim da vida, que os textos literários que lia

47 Id., *Dames du XIIème siècle*, III, p.81.

e relia sem parar não lhe permitiam fazer outra coisa senão uma história dos discursos e das representações. Manipulada e muda, a mulher se esquivava sem cessar à sua busca. E é com essa constatação, falsamente desencantada, que ele deixa suas *Damas do século XII*: "Entrevi apenas sombras, flutuantes, esquivas. Nenhuma de suas palavras me alcançou diretamente".[48]

Parece que, de fato, ele exagerou sobre o silêncio e a instrumentalização das mulheres ("fortes, bem mais fortes do que eu imaginava"). Ao menos o que tenta mostrar com sólidos argumentos uma tendência da historiografia feminista norte-americana. Apesar de saudar o papel crucial que manteve Georges Duby na conquista de uma respeitabilidade científica para a *gender history*, ela questiona novamente uma historiografia que se prende, precisamente, apenas ao reflexo das mulheres no discurso dos homens.[49] Assim a pesquisa nos cartulários revela uma sociedade feudal menos patriarcal e menos misógina que Georges Duby imaginara, em que as mulheres têm uma capacidade de agir que o historiador lhes recusava.[50] Ei-lo, em suma, "atacado de surpresa no terreno onde havia travado seus primeiros combates".[51] Seu ponto de vista se explicaria em parte por suas escolhas documentais e sua vontade de privilegiar um pequeno número de fontes narrativas.

É um fato: as "damas do século XII" não são todas as mulheres da Idade Média. Georges Duby permanece instalado em sua época de predileção, sem se aventurar além do século XIII quando os discursos das mulheres são menos abafados pelo ruído de fundo da sociedade masculina. Ele continua fiel a um grupo social: o das damas ociosas e sonhadoras da aristocracia, enquanto, por outros meios, a historiografia desenvolve a figura da mulher no trabalho.[52] Podemos também encontrar outras razões para essa parcialidade: sempre preocupado em defender sua posição no centro do campo da

48 Ibid., p.217.

49 A crítica não visa apenas aos escritos de Georges Duby, mas aos que ele coordenou, especialmente o que dirigiu com Michelle Perrot, uma *História das mulheres no Ocidente*, que saiu primeiramente na Itália pela Laterza (1990-1991) e que depois foi traduzida para o francês para as edições Plon (1991-1992). De modo significativo, Georges Duby desejou completar essa série por uma obra inteiramente dedicada às *Imagens da mulher*.

50 Livingstone, Pour une révision du "mâle" Moyen Âge de Georges Duby. *Clio. Histoire, femmes et société*, n.8, 1998 (*Georges Duby et l'histoire des femmes*), p.139-154.

51 Segundo a expressão de Kalpisch-Zuber, "Avant-propos". *Clio Histoire, femmes et société*, n.8, 1998, p.11.

52 Ver em especial Groppi, *Il lavoro delle donne*.

produção histórica, Georges Duby certamente quis reagir ao desafio que constituía para ele o sucesso de obras de grande tiragem que apresentavam a Idade Média como a era de ouro do desenvolvimento feminino.[53] A difusão dessa ideia preconcebida encontrava-se aliás facilitada por "esses idílios insossos com que nos mantém hoje na França o romance histórico em seu impetuoso e preocupante florescimento".[54] O historiador visa com certeza aqui *O quarto das senhoras* de Jeanne Bourin cujo enorme sucesso de vendas em 1979 o fez perder a fleuma.[55]

Está em jogo a última empreitada de Georges Duby como o conjunto de sua obra: as solicitações exteriores se conjugam com a dinâmica interna da pesquisa para definir um ângulo de visão cujas legitimidade e singularidade o historiador defende soberanamente. Ninguém dúvida aliás que essa tendência de escrita, que o leva sempre da estrutura social ao indivíduo, corresponde também a um motivo íntimo – "é que eu fui constantemente do mais claro ao mais obscuro".[56] A história das mulheres permite a Georges Duby desdobrar sua poética da opacidade e da penumbra cuja constância foi observada em sua obra por Jacques Dalarun. "A obra de arte surge do obscuro. Ela o renega".[57] O historiador é aquele que dissipa um pouco as brumas, tateia na escuridão, e descreve o momento em que, mal se entrevê um reflexo, ele se desfaz. Assim não se pode excluir que seja também por razões de estilo que Georges Duby tenha minimizado a liberdade de agir e de falar das mulheres na Idade Média.

"Meu ofício de escritor": a composição de intrigas da história

Com *Damas do século XII*, Georges Duby terá então chegado ao fim de uma abordagem científica, mas também ao mais profundo de um imaginá-

---

53 É o caso, notadamente, Pernoud, *La femme au temps des cathédrales*.

54 Duby, Que sait-on de l'amour en France au XIIe siècle?, (reeditado em Id., *Féodalité*, p.1399-1411).

55 Prefaciado por Régine Pernoud, *O quarto das senhoras* vendeu mais de 1,6 milhão de exemplares. Sobre esse fenômeno editorial e de opinião, Amalvi, *Le goût du Moyen Âge*, p.62-63.

56 Id., *L'histoire continue*, p.212.

57 Apud Dalarun, L'abîme et l'architecte. In: Duby; Duhamel-Amado; Lobrichon, op. cit., p.15.

rio, sempre assumindo sinceramente sua ambição literária. Esta se exprime principalmente no desaparecimento progressivo das notas de pé de página, que os historiadores profissionais muito criticaram, mas que ele justificava assim, sem falso pudor: "É também para dar a esses livros, sob a capa da NRF,[58] um pouco a aparência de romances".[59] Da história ao romance? A oposição é esquemática demais para ser pertinente. Se Georges Duby não cessou de "refinar a escrita",[60] é primeiro por preocupação – puramente de historiador – em explicar a complexidade crescente dos problemas que ele abordava. Observaremos, aliás, que, bem distante de qualquer concepção arrogante da popularização, é à medida que ampliava sua audiência que Duby trabalhava para enriquecer seu estilo. Assim ele evolui do fraseado amplo e suntuoso do *O tempo das catedrais* ao estilo mais denso e mais flexível de *O domingo de Bouviers*, até essa "escrita de tensão, de vigor e de veemência" de *Damas do século XII* que martela suas fórmulas para melhor marcar as etapas de seu encaminhamento.[61]

Por que negá-lo? Esse estilo audacioso sem dúvida tem muito a ver com a sedução que a obra de Duby exerce. Alguns se irritaram com a invasão progressiva do "eu" na prosa do historiador. É verdade que essa subjetividade assumida abria caminho para a "hipertrofia do sujeito historiador" característica da produção dos anos 1990, e que nem sempre deu resultados muito felizes.[62] Podemos, não obstante, censurar Georges Duby por ter sido imitado por menos talentosos que ele? Vale mais a pena tentar entender as razões dessa implicação crescente do historiador em sua escrita, que não se poderia se resumir a uma simples vaidade literária.

"É minha maneira de advertir o leitor", explica Georges Duby.[63] Se quase não é versado em epistemologia, permanece prolixo quando se trata de contar seu método de trabalho, suas maneiras de ler e de escrever. Essa descrição concreta do ofício do historiador dá, aliás, todo o valor à autobiogra-

58 Referência à *Nouvelle Revue Française*, revista de literatura criada em 1909 pela Gallimard (N. T.)

59 Duby; Lardreau, *Dialogues*, p.160.

60 Duby, *L'histoire continue*, p.134.

61 Segundo a expressão de Bohler, "Eu não vislumbrei senão sombras flutuantes, incessantes... – O trabalho da escritura". *Clio. Histoire, femmes et société*, n.8, 1998, p.45.

62 Boutry, Assurances et errances de la raison historienne. In: Boutier; Julia, *Passés recomposés*, p.56-68.

63 Duby, *L'histoire continue*, p.81.

fia intelectual que ele publica em 1991 sob o título de *A história contínua*. Põe-se em cena como um autor em conversa com outros autores, seus "camaradas, os intelectuais do século XII".[64] Ao longo de sua carreira, Georges Duby reduziu, aliás, o círculo de seus "íntimos": os volumes da *Histoire* [História] de Raoul de la Glabre, *L'histoire des comtes de Guines* [A história dos condes de Guînes] de Lambert d'Ardres... Aqui há um pequeno número de textos aos quais voltava constantemente, e que o acompanhavam no aprofundamento de sua reflexão. Ler, comentar, e recomeçar: o método de trabalho que ele operava no decorrer de seus seminários emprestava algo da ruminação monástica.

Se Duby dizia frequentemente "eu", era, pois, para nada esconder das condições concretas de seu trabalho, e relatar sua leitura dos textos, esperando assim advertir o leitor contra as armadilhas de sua interpretação. Eis por que o autor retorna constantemente aos relatos históricos que ele constrói, para exprimir as dúvidas, as dificuldades, os impasses. Ele conta e se conta. Assim se engaja em "dois projetos narrativos simultâneos": a composição de intrigas do passado e a encenação das dificuldades do historiador no trabalho dessa narração. A análise linguística desse procedimento de escrita demonstra que ele não contribui em nada para desestabilizar o conhecimento histórico. Ao contrário, ao exibir suas falhas e suas insuficiências, "tem paradoxalmente por efeito reforçar a credibilidade de seu discurso".[65]

Sem dúvida, é preciso insistir: o estilo em Duby não tem nada de artifício, ou complemento espiritual, mas participa plenamente de sua concepção de conjunto da operação histórica. Entretanto, mesmo se ele continua no campo oposto às teses "narrativistas" que confundem o relato histórico com a intriga romanesca (a subjetividade dele, ao contrário, serve para validar o relato do historiador). Duby não concebe história sem narração. Ele é, em sentido pleno, um historiador do acontecimento. É preciso entrar outra vez em acordo sobre o que quer dizer acontecimento. Em *O domingo de Bouvines*, ele se preocupa evidentemente menos em contar a batalha de 27 de julho de 1214 que em entender o que a tornou possível e reconstituir o

64 Id., Table ronde avec Jacques Bonnet, Jean-Claude Bringuier, Hubert Damisch, Julia Kristeva, Michel de Certeau, *L'Arc*, n.72, 1978, p.84.

65 Velciv-Canivez, Histoire et intertextualité: l'écriture de Georges Duby, *Revue Historique*, v.302, n.1, 2000, p.187-206.

que a tornou memorável: "A esse ensaio de antropologia da guerra feudal, acrescentei a tentativa de uma história da lembrança".[66] Duby se defende portanto de trabalhar pela reabilitação da história factual:

> Não é por ele em si, efetivamente, que o acontecimento é dissecado, desarticulado. É para que revele, pelo abalo de que é a causa, e que, sem ele, passaria despercebido. O contragolpe nos interessa mais que o próprio golpe: esse turbilhão que faz emergir das profundezas coisas que escapam de ordinário ao olhar do historiador. Com efeito, os acontecimentos desencadeiam uma efervescência de discurso. Eles relatam o inabitual. Mas no fluxo de palavras algumas são arrastadas, que podemos perceber ouvindo com atenção e que revelam as estruturas latentes.[67]

Nesse texto essencial, Duby reúne um pensamento que articula a impaciência do tempo curto e a latência da estrutura, o ruído do acontecimento e o discurso da ordem social. Será preciso invocar a concepção foucaultiana do enunciado discursivo? Sem dúvida, mesmo que Georges Duby se oponha aqui novamente a explicitar suas referências teóricas.[68] Ao menos concede, quando se trata de elaborar um balanço historiográfico em 1980: "Ninguém, nos últimos anos, ajudou os historiadores a ajustar a trama de seu interrogatório melhor que Foucault".[69] Ajustar a trama, isto é, libertar-se da tirania do tempo longo, e não mais temer interessar-se, de mais perto, à emergência de uma revelação, à experiência de uma voz, ao surgimento de um discurso. Assim a composição da intriga do passado é, em Duby, tudo menos uma revisão caso a caso: ela traz uma construção complexa da temporalidade, ao mesmo tempo que uma reflexão sobre a força do discurso.

Paul Ricoeur mostrou como, em *As três ordens*, "o autor *dramatiza* uma construção ideológica pela construção de uma *quase-intriga*".[70] Essa trama

---

66 Duby, *L'histoire continue*, p.156.

67 Duby; Lardreau, *Dialogues*, p.1553.

68 "Se fosse necessário resumir em uma fórmula, eu diria que Duby é a história da época da filosofia de Foucault", escreve justamente Guy Lardreau no prefácio a suas entrevistas com o historiador (ibid., p.157).

69 Deby, Orientations des recherches historiques en France, 1950-1980. In: *Qu'est-ce que la société féodale?*, p.1540. Esse texto foi redigido em 1980 e publicado em inglês anos depois: Id., Evolution of Historical Research in France after 1950, *Odysseus*, 2, 1991, p.48-59.

70 Paul Ricoeur, *Temps et récit*, t.I, p.386.

põe em cena um velho bispo carolíngio, Adalberão de Laon, que inventa, pouco depois do Ano Mil, a famosa ideologia das três ordens. Para exprimir a realidade social de um mundo novo? Muito pelo contrário, ele execra essa novidade. Ele descreve, portanto, a sociedade tal como deveria ser, e tal como não é mais, precisamente. O paradoxo é que essa ideologia, que recorre ao passado para refutar o presente, fala de futuro. Ela terminará por se encarnar realmente na sociedade, que a partir do século XII, se modela sobre a ideologia das três ordens de Adalberão.

Esse fato de pensamento tem valor de parábola. Jacques Dalarun notou justamente que era com *As três ordens* que Georges Duby inventara o plano-tipo da maior parte de suas obras: projetar na frente do livro um "fragmento crítico", isto é, um fato singular ou detonador (a enunciação da trifuncionalidade em *As três ordens,* o casamento de Philippe I em *Le chevalier, la femme et le prêtre*, a morte do cavaleiro em *Guilherme Marechal...*), depois voltar bem atrás para reconstituir a gênese, integrar em seguida a crise no relato de uma oscilação de estrutura antes de esboçar a história de seus renascimentos, de sua memória ou de seu apagamento.[71]

Portanto, para Georges Duby, escrever a História é sempre descrever a resolução de uma crise, que faz oscilar o mundo de uma ordem antiga a uma nova ordem. Para identificar esse ponto de ruptura, é preciso espreitar a emergência de um discurso, que sai da ganga dos discursos convencionais. Não é, no fundo, o que Georges Duby nunca deixou de fazer, desde a sua tese sobre a região de Mâcon? Lembremos em uma palavra o ponto de partida da investigação: a partir de 1930, o jovem medievalista observava uma mudança brutal no aspecto de sua documentação. A velha diplomacia carolíngia desaba; os diplomas, enrolados em suas fórmulas jurídicas imutáveis, dão lugar a resumos breves febris e narrativos. Eles falam da desordem. Para Duby, não há dúvida: a forma dos atos se despedaça de um golpe sob a pressão do acontecimento.

Sobre essas bases, Duby elabora o modelo de uma mutação rápida e repentina da sociedade medieval por volta do Ano Mil. Assim, ele propõe datar dos anos 980-1030 aproximadamente uma mudança radical das relações sociais, reconduzindo a cronologia de Marc Bloch (que via nascer a sociedade feudal duas vezes, no século X e depois no século XII) em uma espécie de

71 Dalarun, L'abîme et l'architecte, op. cit., p.27-28.

evento cardinal, que ele chamará mais tarde, a partir do fim dos anos 1970, de "revolução feudal". Reforçado pelos trabalhos dos historiadores que observavam, aliás, uma evolução similar – por vezes deslocada, muitas vezes atenuada, mas sempre decisiva –, entusiasmado pelo desenvolvimento de seu próprio modelo de composição da intriga, Georges Duby certamente impôs a seu pensamento uma "rigidez conceitual"[72] que o tornava mais vulnerável às críticas.

Essa concepção dramática da mudança social é efetivamente contestada. A pesquisa atual insiste, por exemplo, mais na estabilidade do grupo aristocrático que preserva, intacto, do Ano Mil, seu poder social de parte e de outro: se a palavra *miles* entra em cena surpreendentemente na documentação, talvez não seja necessariamente porque os cavaleiros formam um grupo de homens novos. A antropologia das práticas jurídicas matiza também a oposição, talvez dividida demais, entre a ordem pública pós-carolíngia e a violência privada dos tempos feudais.[73] A carga mais severa contra as teorias do mestre foi disparada por um de seus antigos alunos, Dominique Barthélemy, que denuncia, em bloco, seu "mutacionismo".[74] À revolução feudal de Georges Duby, ele sugere substituir uma "revelação feudal".[75] Para o historiador da região de Vendôme, a mudança documental é apenas um acontecimento de papel. Ele obedece a um ritmo próprio; em um momento, exprime uma mudança social que começou antes dele e continuou depois.

Como frequentemente em História, em que a revolução faz nascer o Antigo Regime, os "mutacionistas" ignoravam que o eram, antes de ser denunciados como tais. Foram então principalmente os amigos e os discípulos de Georges Duby – que, em todo caso, tinham encontrado no "modelo de Mâcon" um instrumento de análise eficaz para suas pesquisas –, que se en-

72 Segundo a expressão e a análise de Feller, Statut de la terre et statut des personnes: l'alleu paysan dans l'historiographie depuis Georges Duby, op. cit., p.155.

73 Para um balanço rápido e moderado de suas críticas, ver Iogna-Prat, L'atelier de l'historien, op. cit., p.XVIII-XXI.

74 Principalmente Barthélemy, La mutation féodale a-t-elle eu lieu? (note critique). *Annales. Économies, Sociétés, Civilisations*, ano 47, n.3, 1992, p.767-777. O autor retomou este em *La mutation de l'An Mil a-t-elle eu lieu?*, no qual se aplica mais diretamente às teses de Duby.

75 Refere-se ao título que ele dá à segunda parte de sua tese, tratando do período 970-1150: Barthélemy, *La société dans le comté de Vendôme de l'An Mil au XIVème siècle*. Paris, Fayard, p.273 e ss.

contraram na linha de frente. Georges Duby sem dúvida nunca tinha desejado estar à frente de uma "escola" qualquer, ou defender febrilmente tal ou tal "modelo". Ele aceitava de boa vontade críticas e revisões, talvez precisamente porque se esforçava então para colocar, pelo trabalho da escrita, sua concepção da composição da intriga histórica fora do alcance de qualquer refutação empírica. Apesar de tudo, reconhecia na véspera de sua morte: "Permanceço, pois, firme em minhas posições".[76] Sem dúvida porque receava que, além do problema da cronologia ou da intensidade da mutação feudal, além mesmo da relação entre evento e emergência discursiva, seria a própria ideia de sistema social que seus detratores imaginavam atacar.

A obra está concluída, a história continua

Com o lançamento, seis meses antes de sua morte, do terceiro volume de *Damas do século XII*, Georges Duby considerará concluída sua obra. Na verdade, se considerarmos a coerência de conjunto de um itinerário de pesquisa que o conduzirá dos trigos de Mâcon aos sonhos de Heloísa, essa obra sem dúvida já o estava. Esse itinerário podia tomar atalhos ou caminhos ocultos, no entanto, nunca desviou do objetivo que o historiador tinha se incumbido: construir uma compreensão global da sociedade feudal. Como tomá-lo hoje evitando fazer um "caminho de peregrinação"?[77] Georges Duby pretendia-se, plenamente, historiador. E foi, com a aplicação e o senso de concreto que lhe haviam sido inculcados por sua formação geográfica. No momento em que se multiplicam os estudos sobre a "poética" de Georges Duby, sem dúvida vale a pena lembrar a solidez de suas contribuições empíricas. Em seu prefácio para *A economia rural e a vida no campo*, ele comparava sua síntese aos inventários dos senhorios que se cobriam de rasuras: "Esse livro, se atingir seu objetivo, devia ser em pouco tempo destruído por aqueles que dele se servirão". Após quarenta anos de pesquisas ativas em matéria de história rural, é fácil fazer o balanço: o livro foi emendado, matizado, completado, mas não ultrapassado.

76 Duby, L'art, l'écriture et l'histoire, op. cit., p.179.

77 Dalarun, L'oeuvre critique..., op. cit., p.30.

Quer dizer que os historiadores estão condenados a celebrar devotamente a obra de Duby? De modo algum: vimos que críticas, sérias e legítimas, hoje discutem novamente sua concepção da mudança social ou da dominação masculina. Mas vimos também que essas críticas corriam sempre o risco de dar um passo em falso em relação à coerência interna de uma obra cuja ambição, evidentemente, ultrapassava o âmbito da pesquisa histórica: Duby foi historiador, mas foi também mais que isso – ou, em todo caso, outra coisa. Esse outro do historiador não procura ser teórico, contentando-se de recorrer livremente às fontes que então estancavam o campo das ciências humanas. Mas por sua escrita – entendida aqui não como beleza de estilo, mas como composição da intriga do tempo histórico – lhe dá uma expressão sincera e singular.

Pois a Idade Média de Duby não era absolutamente a Idade Média. Ainda que aspirasse a escrever uma história total da sociedade feudal, ele o fez a partir de um terreno estritamente delimitado. Do ponto de vista geográfico, é na França do norte, no essencial, que recolhia os textos narrativos e literários, materiais quase únicos de sua história dos sistemas de valor e das atitudes mentais. Cronologicamente, aventurou-se muito raramente abaixo do Ano Mil[78] e além da batalha de Bouvines de 1214.[79] Mas a delimitação vale também do ponto de vista temático: mesmo que Georges Duby seja considerado, especialmente em seus escritos sobre arte, um historiador penetrante do cristianismo medieval,[80] nunca integrou de fato a instituição eclesial em seu modelo de sociedade feudal. Na última página de *A história contínua*, ele transforma esse remorso em promessa, convocando seus sucessores a empreender uma história social da Igreja – na realidade já largamente engajada.[81]

Propor uma obra fechada, que dessa maneira resistirá sempre, de certo modo, à crítica empírica, e designar as vias pelas quais, sem ele, a história

78 Se excluirmos *Guerreiros e camponeses*, que tem grande parte destinada ao período bárbaro e carolíngio.

79 Assim, em sua *Histoire de France* de 1987, os séculos XIV e XV – período no entanto essencial à história dos poderes que abordava – são evocados apenas brevemente.

80 Ver sobre esse ponto Vauchez, La rose et le réséda: Georges Duby historien du christianisme médiéval. In: Duby; Duhamel-Amado; Lobrichon, op. cit., p.455-465.

81 Remetemos sobre esse ponto às observações de Iogna-Prat, L'atelier de l'historien, op. cit., p.XVI-XVIII.

continua: tal é o sucesso de Georges Duby. Mas todo sucesso não repousa sobre um mal-entendido? Georges Duby encontra-se hoje em posição central na historiografia francesa, quando ele se pretendia sem dúvida primeiro historiador do singular, da margem e da distância. Nós o tomamos por um historiador total do período feudal embora ele talvez tenha buscado principalmente descrever suas descontinuidades e fraturas. "Quanto a mim, estou pronto para dizer que o que escrevo é *minha* história."[82]

Patrick Boucheron

Trabalhos de Georges Duby

DUBY, Georges. Recherches sur l'évolution des institutions judiciaires pendant le Xème et le XIème siècles dans le sud de la Bourgogne, *Le Moyen Âge*, v.52, 1946, p.149-194 e v.53, 1947, p.15-38.

______. *Recueil des pancartes de l'abbaye de La Ferté-sur-Grosne (1113-1179)*. Gap: Ophrys, 1953.

______. Jacques Chevalier, Histoire de la Pensée. *Annales. Économies, Sociétés, Civilisations*, 1957, v.12, n.4, p.674-675.

______. L'histoire des mentalités. In: SAMARRAN, Charles (org.). *L'histoire et ses méthodes*. Paris: Gallimard, 1961, p.937-966.

______. *L'économie rurale et la vie des campagnes dans le Occident*. Paris: Aubier, 1962. [Ed. Bras.: *Economia rural e vida no campo no Ocidente*. Lisboa: Edições 70, 1987.]

______. Dans la France du Nord-Ouest au XIIe siècle: les "jeunes" dans la société aristocratique. *Annales. Économies, Sociétés, Civilisations*, ano 19, n.5, 1964, p.835-846.

______. *L'an Mil*. Paris: Gallimard- Julliard, 1967. [Ed. Bras.: *O ano mil*. Lisboa: Edições 70, 1986.]

______. *Guerriers et paysans*. Paris: Gallimard, 1973. [Ed. Bras.: *Guerreiros e camponeses*. Lisboa: Estampa, 1980.]

______. *Le dimanche de Bouvines*. Paris: Gallimard, 1973. [Ed. Bras.: *O domingo de Bouvines*: 27 jullho de 1214. Rio de Janeiro: Paz e Terra, 1993.]

______. *Histoire de la France rurale*. Paris: Seuil, 1975-1976.

______. Le mental dans le fonctionnement des sciences humaines. *L'Arc*, n.72, 1978, p.90-92.

______. *Histoire de la France urbaine*. Paris: Seuil, 1980-1985.

______. *Le chevalier, la femme et le prêtre*. Paris: Hachette, 1981.

82. Duby; Lardreau, op. cit., p.158.

DUBY, Georges. *Guillaume le Maréchal ou le meilleur chevalier du monde*. Paris: Fayard, 1984. [Ed. Bras.: *Guilherme Marechal ou o melhor cavaleiro do mundo*. Rio de Janeiro: Graal, 1988.]

______. *Mâle moyen âge*: de l 'amour et autres essais. Paris: Flammarion, 1988. [Ed. Bras.: *Idade média, idade dos homens*: do amor e outros ensaios. São Paulo: Companhia das Letras, 1989.]

______. (org.). *L'histoire continue*. Paris: Odile Jacob, 1990. [Ed. Bras.: *A história contínua*. Rio de Janeiro: Jorge Zahar, 1993.]

______. *Dames du XIIe siècle*. Paris, Gallimard, 1995-1996. [Ed. Bras.: *Damas do século XII*. São Paulo: Cia. das Letras, 1995.]

______. L'art, l'écriture et l'histoire: entretien avec Georges Duby, *Le débat*, 92, 1996, p.174-191.

______. *Féodalité*. Paris: Gallimard, 1996.

______. Orientations des recherches historiques en France, 1950-1980. In: *Qu'est-ce que la société féodale?*. Paris: Flammarion, 2002, p.1536-1555.

______. *Qu'est-ce que la société féodale?* Paris: Flammarion, 2002.

______. Quelques notes pour une histoire de la sensibilité au paysage. *Études rurales*, n.121-124, 1991, p.11-14.

______; ARIÈS, Philippe (coords.). *Histoire da la vie privée*. Paris: Seuil, 1985-1987. [Ed. Bras.: *História da vida privada*. São Paulo: Cia. das Letras, 1990-1995.]

______; LARDREAU, Guy. *Dialogues*: Georges Duby, Guy Lardreau. Paris: Flammarion, 1980.

______; PERROT, Michelle (orgs.). *Histoire des femmes en Occident*. Paris: Plon, 1991-1992. [Ed. Bras.: *História das mulheres no Ocidente*. Porto: Afrontamento, 1993-1995.}

______; ______. *Images de femmes*. Paris, Plon: 1992. [Ed. Bras.: *Imagens da Mulher*. Porto: Afrontamento, 1992.]

A maior parte das obras importantes de Georges Duby está daqui em diante reunida em três grandes volumes:

- *Qu'est-ce que la société féodale?* Paris: Flammarion, 2002.
- *Féodalité*. Paris: Gallimard, 1996.
- *L'art et la société*: Moyen Âge – XXème siècle. Paris: Gallimard, 2002.

Livros que não foram reeditados nessas coletâneas:

Os três volumes de *Dames du XIIème siècle*. Paris: Gallimard, 1995-1996.

Histoire de la France: Le Moyen Âge, de Hugues Capet à Jeanne d'Arc (987-1460). Paris: Hachette, 1990.

Georges Duby se exprimiu frequentemente sobre seu trabalho de historiador. Além de sua importante autobiografia intelectual: *Passions communes*, avec Bronislaw Gremek. Paris: Seuil, 1992.

Trabalhos sobre Georges Duby

Dentre os diferentes estudos dedicados a Georges Duby, os mais importantes estão reunidos nos seguintes volumes:

DUBY, Georges; DUHAMEL-AMADO, Claudie; LOBRICHON, Guy. *L'écriture de l'histoire*. Bruxelles: De Boeck, 1996.

ROMAGNOLI, Daneila (org.). *Medioevo e oltre*: Georges Duby e la storiografia del nostro tempo. Bologna: Clueb, 1999.

BLETON-RUGET, Annie; PACAUT, Marcel; RUBELLIN, Michel (coords.). *Georges Duby, regards croisés sur l'oeuvre*: femmes et féodalités. Lyon: PUL, 2000

Por fim, as duas melhores introduções à obra de Georges Duby são facilmente acessíveis, pois se trata incontestavelmente do prefácio ao volume *Féodalité* (Jacques Dalarun, "L'abîme et l'architecte", p.IX-XXVII, retomando boa parte de sua contribuição publicada com o mesmo título em *Georges Duby*. L'écriture de l'histoire, op. cit., p.11-36) e da apresentação do volume *Qu'est-ce que la féodalité?* (IOGNA-PRAT, Dominique. L'atelier de l'historien, p.VII-XXXIII).

Dossiês especiais

Georges Duby. *Études Rurales*, 145-146, 1997.

Georges Duby et l'histoire des femmes. *Clio*, 9, 1998.

A bibliografia das obras de Georges Duby estabelecida por Guy Lobrichon (*L'écriture de l'histoire*, op. cit., p.467-487) foi completada por Fabrizia Dalcò (*Medioevo e oltre*, op. cit., p.215-243). Atualizada em *Qu'est-ce que la féodalité?* (p.XXXV-LVII), comporta 369 títulos.

Jacques Le Goff

Outra Idade Média, é uma Idade Média total que se elabora tão bem a partir de fontes literárias, arqueológicas, artísticas, jurídicas.

Desenraizar a Idade Média

Quando começa suas pesquisas, no início dos anos 1950, Jacques Le Goff parece referir-se menos a uma tradição medievalista à transformar ou à rejeitar a seguir, que a uma concepção global e totalizante da História. Essa concepção, que pode estar ligada ao mesmo tempo ao programa dos *Annales*, à obra de Fernand Braudel e ao marxismo, não gozava de reconhecimento garantido na universidade francesa, longe disso. É essa orientação que, antes da construção gradual de uma "antropologia histórica", a partir dos anos 1960, pode explicar as primeiras escolhas de campos de pesquisa, mas também a decisão de começar sua carreira, ao inverso das práticas universitárias comuns, por obras de síntese, sobre os mercadores e os banqueiros,[1] os intelectuais medievais[2] e a Idade Média ocidental em seu conjunto.[3]

Esse primeiro distanciamento desdobra-se em um segundo, quanto aos objetos tratados, bem distintos do que constituía então a tradição medieva-

1 Le Goff, *Marchands et banquiers du Moyen Âge*.

2 Id., *Les intellectuels au Moyen Âge*.

3 Id., *Le Moyen Âge*, reeditado em 1971 como *La civilisation de l'Occident médiéval*.

lista francesa, centrada principalmente na história das instituições feudais e monárquicas, ilustrada principalmente por Louis Halphen. Certamente essa história começava a sofrer os efeitos das proposições de Marc Bloch em prol de uma história social da feudalidade, apta a ultrapassar as descrições formais e institucionais: apesar da interrupção trágica de *A sociedade feudal* de Bloch, Georges Duby havia dado sequência, com sua tese sobre a sociedade feudal na região de Mâcon.[4] Essa direção fecunda foi continuada, paralelamente à obra de Jacques Le Goff, ao longo das gerações e das mutações conceituais operadas sucessivamente por Robert Fossier, Pierre Toubert e Dominique Barthélemy. Jacques Le Goff leu Marc Bloch já em seus tempos de formação na École Normale, mas, apesar da grande admiração que tem pelo historiador e pelo cidadão, podemos considerar que, no início, ele guardou da obra de Bloch apenas a lição de globalidade de *A sociedade feudal*. O interesse por *Os reis taumaturgos* e por *Apologia da história* foi mais tardio. Jacques Le Goff dialogou constantemente e colaborou às vezes com os representantes da nova história social do feudalismo, mas seu objetivo está em outro lugar.

Em primeiro lugar, é o "amor pelas cidades" (ao qual o título de um de seus trabalhos recentes faz alusão)[5] que o desvia da história feudal. Seus primeiros objetos, os universitários e os mercadores, estão estreitamente associados à cidade. Grande número de campos de estudo futuros devia se abrir no âmbito urbano. Em segundo lugar – e isso decorre da preocupação de globalidade evocada anteriormente –, a articulação entre cultura e sociedade aparece-lhe como um problema importante: mesmo a história social totalizante de Marc Bloch atribuía papel apenas suplementar e auxiliar às estruturas culturais e ideológicas. A história das mentalidades, tais como fora definida por Bloch e Febvre, continuava bem mais social do que cultural. E quando Georges Duby "passou" ao cultural nos anos 1970, depois de ter concluído os grandes trabalhos da história social do feudalismo, a relação entre os campos de estudos permaneceu incerta, pendurada unicamente na mediação de Cluny.

Paradoxalmente, é "desmedievalizando" a história da Idade Média que Jacques Le Goff construiu sua obra: são contextos contemporanistas, anti-

---

4 Duby, *La société aux XIe et XIIe siècles dans la région mâconnaise*. Paris: EHESS, 1953.

5 Le Goff, *Por amor às cidades*.

quistas e modernistas que lhe forneceram as primeiras temáticas. Ao mundo contemporâneo, ele tomou emprestada a interrogação sobre os "intelectuais" da Idade Média. Certamente, a primeira oportunidade foi fortuita. A redação para se diplomar no ensino superior, quando de uma estada em Praga durante seus estudos na École Normale, levou-o a uma monografia sobre um estudante tcheco da universidade de Paris, publicada já em 1948.[6] Uma segunda temporada universitária na École Française de Roma ofereceu a oportunidade de uma pesquisa sobre as despesas universitárias em Pádua, publicada em 1956.[7] Mas a questão discutida sobre o papel do intelectual, no momento dos confrontos entre o existencialismo e o marxismo, expandiu o objetivo e pode ser lida em filigrana nas páginas do pequeno livro de 1957, publicado em na coleção "Microcosme" [Microcosmo] da Seuil, cooperativa que militava então a favor da educação popular. Outro contexto contemporâneo pôs em cena o engajamento do intelectual e pode explicar o interesse permanente de Jacques Le Goff pelos teólogos da Idade Média: a preparação do concílio Vaticano II (1962-1965) e a questão dos padres-trabalhadores tinham mobilizado dois grandes teólogos dominicanos engajados, os padres Congar e Chenu, que relacionavam constantemente seu compromisso social ao trabalho de erudição sobre a teologia medieval. Ora, Jacques Le Goff encontrara relativamente cedo o padre Chenu e o integrara durante algum tempo aos trabalhos de seu grupo de estudos.[8] Naturalmente, Le Goff pratica um anacronismo consciente e metódico quando fala dos "intelectuais", termo que aparece no léxico somente na época do caso Dreyfus. A transferência lexical e conceitual consiste em levantar para a história cultural do saber medieval uma questão relevante da história social: quais papéis, quais funções preenchiam esses homens que as instituições medievais preparavam para os estudos abstratos, teóricos? Mas esses universitários não eram simples objetos institucionais: como percebiam e transformavam seu papel?

6 Id, Un étudiant tchèque à l'Université de Paris au XIVe siècle, *Revue des Études Slaves*, v.24, 1948, p.143-170.

7 Id., Dépenses universitaires à Padoue au XVe siècle, *Mélanges d'archeologie et d'histoire*, n.68, 1956, p.377-295 [reeditado em Id., *Pour un autre Moyen Âge*, p.147-161].

8 Ver seus dois artigos de homenagem: Id., Le père Chenu et la société médiévale, *Revue des Sciences Philosophiques et Théologiques*, v.81, n.3, 1997, p.371-380 e Id., L'intellectualité dominicaine au Moyen Âge et sa relation au monde de la ville et de l'Université, *Les Cahiers du Centre d'Études du Saulchoir*, n.5, 1997, p.57-66.

É possível também que o assunto da tese de doutorado de Estado primeiro escolhido por Jacques Le Goff – antes de desistir, em um contexto que examinaremos adiante – esteja ligado a essa preocupação social. Tratava-se de estudar "as atitudes da Idade Média em relação ao trabalho". Aqui, novamente, a ruptura com a tradição universitária era nítida: mais distante da monografia, geograficamente circunscrita, "representações" (para empregar um vocabulário usado mais tardiamente) eram estudadas na maneira como modelavam a realidade. Ali, mais uma vez, a problemática partia de um anacronismo metódico: a noção abstrata de trabalho parecia estreitamente ligada à revolução industrial e à divisão quantificada das tarefas repetitivas. Aqui, ainda, exercia a influência dos debates contemporâneos, em especial o caráter central da noção de trabalho em Marx.

A contribuição antiquista pode parecer secundária, no entanto, dos dois mestres da Sorbonne cuja influência Jacques Le Goff invoca, o segundo, ao lado de Charles-Edmond Perrin, foi o antiquista William Seston. Aliás, é preciso mencionar o diálogo constante com dois especialistas do mundo grego seus contemporâneos, Jean-Pierre Vernant e Pierre Vidal-Naquet. A história antiga renovada trazia dois elementos essenciais ao método de Jacques Le Goff: a ideia de representação construtora do modelo social, desenvolvida cedo por Vernant no âmbito de uma "psicologia histórica" herdada de Meyerson, e a prática da leitura densa dos textos.

Por fim, no âmbito da história moderna, a figura de Fernand Braudel conclui essa paisagem das referências essenciais. Jacques Le Goff o encontrara já em 1950, no júri do concurso da agregação em História. O princípio das durações, da história-mundo, e a atenção dirigida às trocas certamente tiveram um papel importante na elaboração da obra de Jacques Le Goff. Outro encontro, nas mesmas circunstâncias, com Maurice Lombard, grande especialista dos intercâmbios entre a Europa ocidental e o mundo árabe na Idade Média, cujo seminário logo acompanhou, fez crescer ainda mais seu interesse pelas trocas. O trabalho sobre os mercadores e os banqueiros da Idade Média decorre daí provavelmente. Uma parte desconhecida de sua obra, deixada de lado e retomada por Jean-Claude Hocquet, carrega esse traço: vários artigos sobre o sal, sua produção, sua circulação e seu controle revelam a orientação para a história macro-histórica das trocas (seis artigos, de 1956 a 1968); pensamos, é claro, ao ouro de Pierre Chaunu, ao alume de Jean Delumeau, ou às peles de Robert Delort, matérias de ampla circulação em mundos aparentemente pouco móveis.

O encontro com Braudel põe em prática um último enquadre contextual, no âmbito da instituição. De fato, Jacques Le Goff tinha tudo para prosseguir uma carreira universitária clássica: normalista, ele seguiu um percurso esperado; um ano no exterior (em Praga) para o diploma do ensino superior, a agregação em História, um ano no ensino secundário no liceu de Amiens (1950-1951), uma bolsa no Lincoln College em Oxford (1951-1952), uma temporada na École Française de Roma, incubadora dos medievalistas franceses (1952-1953), um cargo de assistente na universidade de Lille (1954-1959), dois períodos alocado no Centre National de la Recherches Scientifique (1953-1954 e 1959-1960). Mas, em 1960, aos 36 anos, convidado por Fernand Braudel, ele escolhe uma carreira então mais arriscada, na VI seção da École Pratique des Hautes Études (EPHE), onde foi sucessivamente chefe de trabalhos, professor-assistente e orientador (1960-1962). Seu gosto precoce pela experimentação (vimos isso a respeito do anacronismo metódico) encontrou, nesse estabelecimento, então marginal, um lugar de florescimento de onde pôde lançar suas grandes interrogações sobre a nova história com a série *História*, codirigida com Pierre Nora em 1974, depois com o volume dedicado a *A nova história*, que ele editou com Roger Chartier e Jacques Revel em 1978. Por outro lado, a prática comum à EPHE, do questionário e da investigação coletiva, diametralmente oposta à redação solitária da tese de Estado, orientou uma grande parte de seu trabalho. Por fim, nesse local, ele investiu cedo na redação dos *Annales. Économie, Sociétés, Civilisations* que dirigiu em companhia de Marc Ferro e de Emmanuel Le Roy Ladurie a partir de 1969.[9]

A esse panorama dos contextos de pesquisa, seria necessário acrescentar um, que procede mais das escolhas individuais que das circunstâncias e meios: a Europa letrada e cidadã. Desde sua passagem por Praga no dia seguinte à guerra, muito tempo antes que a construção política da Europa[10] suscitasse peregrinações e visitas Jacques Le Goff tinha se afeiçoado às diversas nações da Europa, principalmente à Europa do Leste. A pertinência

9 Ver Revel, L'homme des *Annales*?. In: Revel; Schmitt. *L'ogre historien: autour de Jacques Le Goff*, p.33-54.

10 À qual ele é muito ligado, como revelam dois pequenos volumes recentes: Le Goff, *La vieille Europe et la nôtre* e Id., *L'Europe racontée aux jeunes*, 1996.

desse fato não é puramente biográfica: por uma parte, o contato repetido com tradições historiográficas diferentes e diversas favoreceu seu gosto do desenraizamento intelectual; de outra parte, acentuou, nele, a certeza de que o mundo medieval não podia ser compreendido senão em larga escala.

Da globalidade das civilizações à antropologia histórica

A lição principal do empreendimento de Jacques Le Goff é, na verdade, a da globalidade dos processos históricos, em que os acontecimentos políticos constituem apenas um aspecto visível, porém, menor. Esse ponto de vista aparece claramente já em *A civilização do Ocidente medieval*, obra publicada na coleção "Les grandes civilisations" [As grandes civilizações] destinada a um público amplo. Esse livro desempenhou um papel essencial na difusão de uma nova visão da Idade Média; ele suscitou vocações de medievalistas e permanece uma obra de referência.

A introdução marca bem a nova orientação: trata-se finalmente de sair de uma compreensão polêmica da Idade Média, que o século XIX tinha constituído como referência política. De um lado, tínhamos a "era das catedrais e da fé" dos tradicionalistas, do outro, os republicanos denunciavam o período do obscurantismo clerical e da violência feudal. Jacques Le Goff propunha uma visão global da Idade Média, orientada principalmente para a densidade concreta e lenta da vida medieval, em especial no âmbito urbano: o quadro cronológico é tratado em cento e vinte páginas, enquanto a parte intitulada "a civilização medieval", que, na verdade, cobre o das "mentalidades", ocupa mais de trezentas. Entre dois capítulos de transição, desde a Antiguidade e em direção à Renascença, quatro vigorosos capítulos dedicados à Idade Média central (séculos X-XIII), constroem uma legítima antropologia histórica, que parte das "estruturas espaciais e temporais" da existência comum mesclando-lhes audaciosamente a percepções sobre a natureza e as vias de comunicação das considerações sobre as fronteiras mentais (a cristandade e além). Depois o autor passa à "vida material", em um capítulo que reabilita as aptidões medievais à inovação técnica e econômica. O capítulo sobre a "sociedade cristã" insere uma análise em termos de classes na descrição de um mundo dominado por uma Igreja que perde seu caráter massivo e indiferenciado. Finalmente, o capítulo "Mentalidades, sensibilidades, atitudes" abre o campo novo do estudo dos valores coletivos, cujo programa Lucien Febvre traçara.

O próprio estilo do livro comporta aspectos novos: Jacques Le Goff utiliza uma gama de fontes muito ampla, mas privilegia o relato e os detalhes reveladores. A abundante ilustração do volume está longe de ser decorativa: longas legendas e remissões constantes no texto fazem da imagem uma fonte independente, cujas contribuições não se sobreporão às das fontes escritas. Pois, para retomar uma expressão de Pierre Toubert, para o historiador, "tudo é documento". Esse ponto de vista decorre da intuição da globalidade e assinala o estilo de pesquisa e de ensino de Jacques Le Goff: vai-volta constante entre o deciframento minucioso de fontes aparentemente banais ou insignificantes e a produção de hipóteses amplas. Trata-se de um desses combates dos mais necessários e dos mais fecundos de Jacques Le Goff lutar pelo discurso e pelo exemplo contra a fragmentação da pesquisa medievalista em campos ou disciplinas artificialmente separadas (História, História da Arte, História das Ciências, História da Filosofia, História do Direito etc.).

É preciso insistir nisso, porque a lição foi às vezes memorizada e corremos o risco de esquecer seu percurso difícil: durante muito tempo, os historiadores ignoraram soberbamente fontes julgadas como pouco fiáveis por sua ligação a gêneros intemporais ou a finalidades específicas, como os textos literários, os relatos hagiográficos ou os exempla dos sermões (que foram o objeto de uma longa pesquisa em companhia de Jean-Claude Schmitt e de Claude Bremond). Mesmo quando Marc Bloch se interessava por uma *Vie de saint Edouard le Confesseur* [Vida de santo Eduardo, o Confessor] a ponto de fazer-lhe uma edição em *Analecta Bollandiana*, buscava ali essencialmente informações sobre a propaganda da monarquia angevina. O gosto pela leitura dos textos ordinários procede provavelmente, em Jacques Le Goff, de uma influência dos antropólogos – e principalmente de Lévi-Strauss –, que viam as estruturas globais trabalhar os textos mais descabidos ou os mais fantasiosos. A "Mélusine maternelle et défricheuse",[11] escrita com Emmanuel Le Roy Ladurie, ou "Lévi-Strauss en Brocéliande",[12] es-

11 Le Goff; Le Roy Ladurie, Mélusine maternelle et défricheuse. *Annales. Économies, Sociétés, Civilisations,* ano 26, n.3-4, 1971, p.587-622.

12 Le Goff; Vidal-Naquet. Lévi-Strauss en Brocéliande. In: Bellour; Clément. *Claude Lévi-Strauss.*

crito com Pierre Vidal-Naquet, põem em relevo evidentemente essa leitura estrutural. Tal orientação antropológica levara-o a cruzar os temas "folclóricos" com as fontes hagiográficas, em especial a respeito de São Marcel de Paris. Porém, esse interesse pelos relatos "folclóricos" não poderia se reduzir a uma atração de época pelos métodos formais ou estruturais de descrição e de interpretação. Jacques Le Goff demonstrou que certo retorno dos temas lendários profanos ou sua integração à narrativa cristã correspondia a uma fase nova de dominação da Igreja, dali em diante segura o bastante de seu poderio para enfrentar culturas locais, resistentes e residuais, e para neutralizá-las, integrando-as.

A influência da antropologia estrutural não deve tampouco se confundir com a fundação de uma antropologia histórica que levou certo tempo para encontrar seu nome de batismo, mas que estava em gestação real desde os inícios dos anos 1960. O título da direção de estudos na EPHE e depois na École des Hautes Études em Sciences Sociales (EHESS), permite seguir as etapas dessa formalização de uma disciplina: em 1962-1963, ano inaugural, o título dado era: "História das ideias religiosas e dos grupos sociais (séculos XI-XV)". De 1963 a 1973, trata-se de "História e sociologia do Ocidente medieval"; em 1973-1974, o programa indica: "Antropologia cultural do Ocidente medieval", antes de mencionar a forma definitiva: "Antropologia histórica do Ocidente medieval".

O abandono gradual do rótulo sociológico marcou um distanciamento da problemática marxista, cuja temática, mais que a doutrina, dirigia os objetivos do importante colóquio "Heresias e sociedades", organizado em 1962 em Royaumont por Jacques Le Goff. A dissidência religiosa era então concebida como a projeção dos conflitos sociais. A intensa frequentação dos textos pastorais e teológicos, especialmente por ocasião dos primeiros artigos sobre o tempo da Igreja, no início dos anos 1960, levou Jacques Le Goff a abandonar a tentação dualista e a se interessar pela complexidade e pela contradição das tendências no próprio interior da Igreja. É nesse momento que as ordens mendicantes, criação do "belo século XIII" tornam-se atores essenciais na historiografia de Jacques Le Goff.

O modelo antropológico, em Jacques Le Goff, assumiu o sonho de uma história "total", perseguido, como vimos, desde os primeiros trabalhos. Aqui, novamente, o desenraizamento sistemático guiou a abordagem; assim como o antropólogo, que não dispõe de nenhuma familiaridade vivida com a população que estuda, deve tentar reconstituir-lhe os contextos elementares de experiência, o historiador-antropólogo resiste à tentação da familiaridade por continuidade e à analogia da disposição das fontes com seu próprio saber. Jacques Le Goff elaborou, portanto, um questionário tratando das categorias elementares de compreensão do mundo se não inconscientes, ao menos não explícitas (construção mental do espaço, do tempo), sobre os modos de classificação da sociedade medieval, sobre as dimensões essenciais e ignoradas da experiência cotidiana e subjetiva (o gesto, o sonho, a memória, o corpo). Vemos, apesar da dispersão aparente dos livros e dos artigos, que a antropologia histórica de Jacques Le Goff é coerente e sistemática. Antropologia cultural e cognitiva, ela deixa parcialmente de lado, sem lhe negar a necessidade, a antropologia social, abordada todavia, pelo viés de diversas pesquisas sobre as atitudes diante do trabalho e sobre os modos de categorização das populações medievais. A emergência da noção abstrata e nova de "trabalhador" (*laborator*) foi analisada em dois sentidos, como manifestação de uma orientação nova da avaliação da atividade produtora e como emergência de um esquema ideológico antigo, que retomava sentido pela valorização do labor no meio cristão. Essa segunda direção foi retomada em seguida por Georges Duby em seu livro *As três ordens*. Já a primeira deu lugar a inúmeros artigos sobre a valorização ou a desvalorização imaginária conceitual e lexical dos ofícios.

Um antropólogo do tempo e do espaço medievais

Sem dúvida essa parte de sua antropologia histórica, consagrada às duas categorias principais da percepção do mundo, que mais ocupou Jacques Le Goff. A intuição de partida é que o espaço e o tempo são objetos de história simultaneamente como modos de distribuição material das ações humanas e como formas simbólicas, irredutíveis a nossas percepções.

A percepção do espaço é determinada pelo conhecimento dos homens, mas também por seus sonhos e por suas aspirações. Assim, Jacques Le Goff mostrou, ao longo dos artigos, mas seguindo uma intuição exposta em *A civilização do Ocidente medieval*, que o par estruturante em matéria de espaço era o que opunha a cidade e a floresta. O imaginário literário e religioso faz da floresta o lugar de indeterminação, da selvageria, ao passo que a Jerusalém celeste, pátria dos bem-aventurados, é representada como uma cidade perfeita. A noção de cristandade é também uma categoria que mistura a constatação e o sonho de expansão. O título de um curto artigo muito esclarecedor e engenhoso mostra bem o método e as visadas dessa pesquisa sobre o espaço: "La perception de l'espace de la chrétienté par la curie romaine et l'organisation d'un concile ecuménique en 1274".[13] Uma investigação importante que ele dirigiu, e cujos resultados forneceu brevemente,[14] mostrou a fecundidade de uma abordagem que consiste em utilizar as percepções dos agentes para delas tirar certa medida objetiva do espaço. Ao estudar a relação entre o tamanho das cidades e a implantação de conventos de frades mendicantes, ele pôde estabelecer uma lei quase quantitativa, que permite, em sentido inverso, avaliar a população de uma cidade sobre a qual faltam os recursos quantitativos.

O primeiro artigo, famoso com justiça, que indica a adesão de Jacques Le Goff à antropologia histórica, publicado em 1960, era precisamente dedicado ao tempo medieval: "Au Moyen Âge: temps de l'Église et temps d'un marchand".[15] Jacques Le Goff opõe aqui um tempo da Igreja, tempo cíclico e lento, marcado pela imposição de ritmos litúrgicos, compatível com o tempo senhorial e o agrário por uma referência negociada com um tempo natural, a um tempo dos comerciantes, quantificado, mensurável e abstrato. Encontramos nesse texto todos os atrativos do método de Jacques Le Goff: uma atenção particular aos objetos práticos (as páginas sobre os sinos e os relógios constituem uma peça de antologia), uma sensibilidade às alternâncias de tensão e de negociação (o tempo da Igreja não transcreve o tempo agrário; ele o anexa gradualmente), uma acolhida entusiasmada às reviravoltas doutrinais (as poucas frases sobre a relação entre o tempo dos

13 Le Goff, La perception de l'espace de la chrétienté par la curie romaine et l'organisation d'un concile ecuménique. *Colloque international du CNRS*, n.518, 1997, p.481-489 [reeditado e corrigido em Id., *L'imaginaire médiéval*, p.76-83].

14 Le Goff, Apostolat et fait urbain dans la France médiévale: l'implantation des ordres mendiants, XIIIe-XVe siècles. Programme-questionnaire pour une enquête. *Revue d'histoire de l'Église de France*. v.54. n.152, 1968, p.69-76 e Id. Ordres mendiants et urbanisation dans la France Médiévale. État de l'enquête, *Annales. Économies, Sociétés, Civilisations*, ano 25, n.4, 1970, p.924-946.

15 Id, Au Moyen Âge: temps de l'Église et temps d'un marchan. *Annales. Économies, Sociétés, Civilisations*, ano 15, n.3, 1960, p.417-433 [reeditado em Id., *Pour un autre Moyen Âge*, p.46-65].

comerciantes e as inovações da Filosofia e da Teologia do tempo no fim do século XIII são particularmente brilhantes). Devemos tirar consequências mais gerais desse artigo: é necessário conjugar constantemente as análises de doutrina e as descrições de estruturas e de práticas; o tempo pertinente em historiografia é constituído pela dualidade irredutível das durações lentas e das mutações bruscas. Isso nos leva a um conceito célebre, mas com frequência mal compreendido, o de "longa Idade Média", período que se estenderia do século IV ao século XVIII. Não se trata nem de um imperialismo de medievalista nem de uma aplicação das teses de Fernand Braudel sobre a longa duração. Na verdade, o que caracteriza essa longa Idade Média é a ação efetiva da Igreja, instituição múltipla de transformação e de conservação das estruturas sociais, exercendo suas capacidades de negociação a partir de um lugar capital, mas minoritário: a cidade. A grande mudança induzida pela revolução industrial urbaniza as sociedades ocidentais fora desse controle e "ruraliza" a Igreja. Encontraríamos aqui as intuições do economista Karl Polanyi, lido e admirado por Jacques Le Goff, sobre a economia "incrustada" (*embedded*) das sociedades do Antigo Regime. A longa Idade Média é também o período durante o qual as instâncias econômicas e políticas da vida social não atingiram sua autonomia de funcionamento e em que as doutrinas ainda não dispensam a mediação religiosa. A lição merece ser repetida e meditada, de tanto que os recortes mecânicos e escolares dos períodos da História, auxiliados pelas reivindicações ideológicas do protestantismo, exageraram a importância da Renascença e da Reforma. Ainda hoje, a deplorável periodização da história das ciências faz ignorar uma continuidade real e produtiva entre as ciências medievais e a ciência dita moderna.

Um dos livros mais famosos de Jacques Le Goff, *O nascimento do purgatório*, manifesta as contribuições dessa antropologia cultural do tempo e do espaço. A grande descoberta desse livro é que o purgatório foi inventado como lugar do além no fim do século XII. Após uma longa e minuciosa análise dos antecedentes dessa instância intermediária entre o paraíso e o inferno, no qual, depois do julgamento individual, as almas dos pecadores não condenados se purificam de suas faltas pelo sofrimento, com a ajuda dos vivos e de suas preces, Jacques Le Goff constata que a transformação do adjetivo "purgatório" em um substantivo que designa ao mesmo tempo um lugar e um tempo se não determinados, ao menos delimitados, corresponde a uma promoção da ideia de julgamento individual, a uma indulgência maior em relação aos pecados ligados a uma atividade produtiva. Como define o pequeno livro *A bolsa e a vida*, que seguiu e completou essa análise, o agiota, ladrão do tempo divino, podia ter acesso ao perdão sofrendo no tempo medido da penitência e da restituição. Esse conjunto constitui um instrumento de primeira qualidade para compreender o início de uma economia ocidental e de seu "círculo virtuoso".

A problemática da subjetividade medieval

No questionário de antropologia geral formulado por Marcel Mauss nos anos 1930, o problema da definição da pessoa ocupava um lugar importante e Jacques Le Goff abordou com prudência a questão do indivíduo medieval, tomando-a inicialmente de viés, antes de enfrentá-la mais abertamente em sua grande biografia *São Luís*. Em um primeiro momento, ele se propôs a estudar as formas ou os acidentes da subjetividade medieval, a partir das representações do corpo, dos gestos, dos afetos, da memória, dos sonhos. A originalidade do ponto de vista de Jacques Le Goff, além da escolha de seus temas dificilmente acessíveis nas fontes, é problematizar a relação entre o individual e o coletivo. O que há de mais singular que um sonho? No entanto, Jacques Le Goff mostra como a repressão da expressão do sonho, incluindo uma crítica da autobiografia onírica, liga-se à construção da Igreja cristã, enquanto na Idade Média central, em relação com a promoção do julgamento divino individual, o sonho pode receber uma dignidade nova. Os trabalhos sobre o riso, que ainda estão apenas esboçados, visam a mesma articulação complexa entre a espontaneidade natural e os efeitos do controle e da contestação desse controle. Da mesma forma, a noção contemporânea do imaginário é enquadrada por uma reflexão sobre as categorias medievais que distribuem historicamente os fenômenos surpreendentes, contados, vistos ou descritos (os *mirabilia*, os milagres, as ficções). Esse enfrentamento constante entre a descrição contemporânea das categorias de construção da personalidade medieval e a antropologia própria construída pelos atores faz a riqueza desse trabalho: as fontes cooperam, mas também resistem.

A pesquisa múltipla sobre as categorias da construção do sujeito em relação com a coletividade não pressupõe de forma alguma um julgamento sobre a questão indecidível da emergência do indivíduo, questão cuja resposta é tautologicamente dada pela definição que se tem do próprio conceito de indivíduo. Em compensação, a questão ao mesmo tempo mais geral e mais concreta sobre autonomia da ação individual continua colocada por essa antropologia da subjetividade. O importante livro *São Luís*, a ler face a face à compilação de artigos sobre São Francisco publicada em 1999, agrupa todas essas interrogações; longe de constituir um "retorno do biográfico", ou uma concessão a um gênero popular, a obra, longamente amadurecida, levanta a questão central da constituição de um indivíduo medieval. Certamente, esse indivíduo é muito singular, mas a riqueza e a contradição das fontes permitem lançar hipóteses gerais a seu propósito.

A própria composição do livro é reveladora dessa preocupação: três partes, de tamanho semelhante, dividem as mil páginas do texto. A primeira ("A vida de São Luís") constitui sozinha uma biografia completa, que lapida amplamente em torno do personagem; ao fio cronológico (1214-1270) prende-se uma série de pequenos quadros sobre o crescimento do Estado monárquico, o perigo mongol, a cerimônia cristã do casamento, sobre as cruzadas, a boa moeda etc. Essa parte, mesmo que esteja centrada no rei, constitui um genuíno quadro sintético da Europa do século XIII. Precedendo uma última seção ("são Luís, rei ideal e único"), sobre a qual retornaremos, a segunda ("A produção da memória real. São Luís terá existido?") analisa em dez capítulos o viés produzido pelas diversas fontes contemporâneas. A existência de São Luís desaparece atrás de sua essência imaginada ou elaborada segundo os interesses, os pontos cegos ou as escolhas.

O São Luís dos hagiógrafos franciscanos e dominicanos reproduz modelos provados de santidade laica e moderna. Trata-se ao mesmo tempo de mostrar uma nova atestação de São Francisco e de São Domingos e de provar que as preferências do monarca eram pelas ordens mendicantes, admiradas e tratadas com carinho. Os monges de São Denis, que souberam captar a celebração historiográfica da monarquia capetiana, elaboram, a partir de esquemas monásticos antigos, a figura nova do soberano da nação francesa. A mais íntima das testemunhas, Joinville, companheiro próximo da primeira cruzada do rei, constrói um monumento à própria glória em seu retiro na Champanha. Em suma, nenhuma das fontes poderia pretender a uma autenticidade particular. Os cronistas mais antigos também não podem se beneficiar do suplemento de credibilidade que lhes poderia conceder a ausência de interesse imediato na criação da memória de Luís IX. Essa influência dos interesses sobre a constituição da memória do rei nada tem de mecânico. Jacques Le Goff mostra, ao contrário, o aspecto criativo dessa construção: o belíssimo capítulo sobre as figuras bíblicas aproximadas à do rei na cultura eclesiástica da época expõe claramente que a Bíblia permite um uso criativo dos modelos; a escolha inédita do de Josias separa a vida do rei em dois momentos, antes e após a cruzada de 1248-1250. De fato, a partir do retorno à França e da grande ordenança de 1254, o governo monárquico se encaminha para uma conduta mais austera dos negócios públicos. Jacques Le Goff afasta o ceticismo historiográfico ao fazer seguir, e não preceder, a biografia dessa desconstrução das fontes. A segunda parte matiza a narração da primeira parte sem a abalar. No trajeto, o indivíduo Luís IX soube defender sua individualidade contra a corrosão crítica: algo como uma substância irredutível resiste. São Luís existiu de fato.

Mas Jacques Le Goff não se contenta com esse equilíbrio entre a narração e sua análise da situação. A estranheza da composição de conjunto prossegue com a terceira parte do livro, que reúne uma série de dossiês temáticos sobre as relações do rei com seus próximos, a religião, o Estado etc. Dessa série, guardaremos apenas um exemplo, dado pelo capítulo V ("São Luís, rei feudal ou moderno?). O debate apresentado foi recentemente renovado. O século XIX havia forjado em São Luís o tipo acabado do rei nacional e moderno, que soube consolidar a aliança celebrada no século XII entre as elites urbanas, a Igreja e os reis. O século de São Luís aparecia como um momento de equilíbrio que devia servir de modelo à harmonia encontrada entre a nação e o Estado, monárquico ou republicano. Na sequência, meio século de história social da feudalidade havia largamente desgastado essa imagem relativizando o alcance das iniciativas protoestatais do rei e insistindo sobre a pregnância longa e forte dos modos de dominação senhorial. Depois, desde mais ou menos vinte anos, os trabalhos de John Baldwin e de Thomas Bisson, assim como as grandes investigações sobre a gênese do Estado moderno mostraram a precocidade da centralização real sem a reduzir ao domínio estreito da administração pública; é sob o reinado de Felipe Augusto, avô de Luís IX, que se identificava a grande reviravolta. A originalidade de Jacques Le Goff consiste em reescrever esse debate passando pela ação própria e singular de São Luís, em prender-se às inflexões pessoais que ele parece ter dado ao curso monárquico do governo. Jamais o autor cai na facilidade de se desviar de seu objeto próprio (quem era São Luís, rei da França?) desvencilhando-se sobre o contexto, nem sobre as lições do retrospectivo *après-coup*. Ao famoso caso de Coucy, em que o monarca marca fortemente a superioridade da justiça real e natural sobre os direitos senhoriais, opondo-se à justiça expeditiva de um grande barão, podemos opor práticas que parecem arcaicas: a constituição de apanágios e o tratado de Paris de 1259 que confirma ao rei da Inglaterra a posse de terras francesas em troca do reconhecimento de soberania proferida em termos de homenagem vassalar. Por esse pesado tributo pago à cultura feudal, São Luís teria posto em perigo a modernização estatal da França; se o acaso biológico não tivesse privado de herdeiros Alphonse de Poitiers, irmão do rei, seu extenso principado meridional poderia ter-se tornado a Borgonha da Idade Média central. As fantasias inglesas de vassalagem, por sua vez, levariam diretamente à Guerra dos Cem Anos, instalando direitos reconhecidos no seio de um sistema de valores antigo, é verdade, mas sempre legítimo. Na verdade, as coisas são mais complicadas: as mesmas escolhas podem ser lidas em uma ótica exatamente inversa. A respeito dos apanágios, vistos, para o século XIV, como um arcaísmo ainda mais evidente, Françoise Autrand propôs uma leitura "moderna" do apanágio, pensado como um meio de eficácia administrativa que descentraliza o Estado ao exportar localmente seus modelos, bastante distanciado de uma devolução senhorial. Da mesma forma, para o caso inglês, uma interpretação política do tratado de Paris pode sugerir em São Luís um hábil contorno da continuidade entre Inglaterra e Normandia, uma separação nova entre os modos de dominação senhorial e as relações de Estado a Estado sob os ouropéis da homenagem.

Tal é a ambivalência de São Luís, em que é bem difícil distinguir entre a ingenuidade servida pelo acaso, a astúcia instintiva ou o cálculo político. Nessa parte, essa ambivalência não procede mais da incerteza sobre a sinceridade das fontes, mas da multiplicidade das situações pragmáticas nas quais o indivíduo São Luis está engajado. Em uma série de situações práticas que mostram que no interior de cada esfera de ação particular (a família, o exército, a cruzada, a Igreja, a devoção singular), constroem-se diversos Luíses autônomos, na confluência de uma singularidade pouco acessível, de um contexto de conjunto e de situações práticas.

Trabalhos abertos

Esse percurso da obra de Jacques Le Goff visou a destacar a coerência e a firmeza do propósito totalizante e novo de uma antropologia histórica. Mas, em troca, forçou a mão eludindo um aspecto essencial desse trabalho: sua abertura múltipla. Jacques Le Goff aprecia a forma do artigo que esboça pistas sem fechar um domínio. No vasto programa virtual de uma antropologia total, certos compartimentos ainda estão pouco preenchidos. Por exemplo, Jacques Le Goff destacou constantemente a necessidade de levar em conta a história do Direito e de tirá-la das mãos dos especialistas. Entretanto, esse projeto foi delineado somente em um artigo,[16] mas que influenciou fortemente a pesquisa na Itália. Poderíamos acrescentar um artigo programatico em favor de uma antropologia política,[17] da qual todas as proposições não foram retomadas em 1989 no segundo volume dirigido por Jacques Le Goff de *L'histoire de France* [A história da França], dedicado ao Estado e a seus poderes.

Retomando a leitura das milhares de páginas escritas por Jacques Le Goff, frequentemente reeditadas, poderíamos facilmente estabelecer uma longa lista de assuntos, de pistas de aberturas que não foram ainda exploradas por ele nem pelos inúmeros pesquisadores que seguiram suas direções no domínio da história dos gestos, das imagens, das cores, das representações cartográficas, do além, das tradições folclóricas, da ideologia econômica dos clérigos etc. Para retomar uma expressão que ele aprecia e que deu título a duas coletâneas de seus trabalhos, Jacques Le Goff fez nascer muitas "outras Idades Médias".

Além do medievalismo, podemos guardar três lições importantes dessa grande obra. Interessa tomar a sério os atores da História e seus discursos, sem condescendência nem ingenuidade: as fontes, desde que consideradas em extensão ("tudo é documento") e em intenção (nada se dá diretamente), permanecem objetos vivos e complexos que nenhum tratamento esgota;

16 Id., Histoire médiévale et histoire du droit: un dialogue difficile. In: Grossi, *Storia sociale e dimensione giuridica*, p.23-63 e Id., Repliche. In: Ibid., p.449-453.

17 Id., Is Politics still the Backbone of History?. In: Gilbert; Felix, op. cit. Graubard, Stephen (orgs.). *Historical Studies Today.* New York: Norton, p.337-355. [editado em francês, Id., L'histoire politique estrutura-elle toujours l'épine dorsale de l'histoire? In: *L'imaginaire médiéval*, p.333-349].

uma sadia compreensão dos processos históricos implica uma constante variação das distâncias focais e das direções de observação, entre longa duração e instante de mutação, entre estruturas e conceitos, entre o alto e o baixo; o historiador não deve resolver a tensão fecunda e difícil entre sua vocação de generalista e seu dever de *expertise*.

Alain Boureau

Trabalhos de Jacques Le Goff[18]

LE GOFF, Jacques. Un étudiant tchèque à l'Université de Paris au XIVe siècle. *Revue des Études Slaves*, v.24, 1948, p.143-170.

______. Dépenses universitaires à Padoue au XVe siècle, *Mélanges d'archeologie et d'histoire*, n.68, 1956, p.377-295. [Ed. Bras.: *Despesas universitárias em Pádua no século XV*.]

______. *Marchands et banquiers du Moyen Âge*. Paris: PUF, 1956. [Ed. Bras.: *Mercadores e banqueiros da Idade Média*. São Paulo: Martins Fontes, 1991.]

______. *Les intellectuels au Moyen Âge*. Paris: Seuil, 1957. [Ed. Bras.: *Os intelectuais na Idade Média*. Rio de Janeiro: José Olympio, 2003.]

______. Au Moyen Âge: temps de l'Église et temps d'un marchand. *Annales. Économies, Sociétés, Civilisations*, ano 15, n.3, 1960, p.417-433

______. *La civilisation de l'Occident médiéval*. Paris: Arthaud, 1964. [Ed. Bras.: *A civilização do Ocidente medieval*. Bauru: Edusc, 2005.]

______. Apostolat et fait urbain dans la France médiévale: l'implantation des ordres mendiants, XIIIe-XVe siècles. Programme-questionnaire pour une enquête. *Revue d'histoire de l'Église de France*. v.54. n.152, 1968, p.69-76.

______. Ordres mendiants et urbanisation dans la France Médiévale. État de l'enquête, *Annales* ano 25, n.4, 1970, p.924-946.

______. Is Politics Still the Backbone of History?. In: GILBERT, Felix; GRAUBARD, Stephen (orgs.). *Historical Studies Today*. New York: Norton, 1972, p.337-355.

18 Da imensa produção de Jacques Le Goff, mantivemos, por razões de espaço, apenas uma pequena parte dos títulos. Para uma bibliografia mais completa, ver J. Revel e J.-C. Schmitt (sob a direção de), *L'ogre historien*: Autour de Jacques Le Goff, Paris: Gallimard, 1998, p.337-353, ou o site <http://www.ehess.fr> (links: *centres de recherches, division histoire, groupe d'anthropologie historique de l'Occident médiéval*). Grande número de artigos essenciais foi reunido em *Pour un autre Moyen Âge* e em *L'imaginaire médiéval*, coletâneas reimpressas em *Un autre Moyen Âge*. Dois livros prestaram uma homenagem coletiva a Le Goff: *L'ogre historien*, op. cit., e Miri Rubin (dir.), *The Work of Jacques Le Goff and the Challenges of Medieval History*, Woodbridge: The Boydell Press, 1997.

LE GOFF, Jacques. *La naissance du Purgatoire.* Paris: Gallimard, 1981. [Ed. Bras.: *O nascimento do purgatório*. Lisboa: Estampa, 1995.]

______. *L'imaginaire médiéval*: essais. Paris: Gallimard, 1985. [Ed. Bras.: *O imaginário medieval.* Lisboa: Estampa, 1994.]

______. Histoire médiévale et histoire du droit: un dialogue difficile. In: GROSSI, Paolo. *Storia sociale e dimensione giuridica: strumento d'indagine e ipotesi di lavoro.* Milano: Giuffrè, 1986, p.23-63.

______. *La bourse et la vie*: économie et religion au Moyen Âge. Paris: Hachette, 1986. [Ed. Bras.: *A bolsa e a vida*: a usura na Idade Média. São Paulo: Brasiliense, 1989.]

______. Repliche. In: GROSSI, Paolo. *Storia sociale e dimensione giuridica*: strumento d'indagine e ipotesi di lavoro. Milano: Giuffrè, 1986, p.449-453.

______. *La vieille Europe et la nôtre.* Paris: Seuil, 1994.

______. *Une vie pour l'histoire*: entretiens avec Marc Heurgon. Paris: Découverte, 1996.

______. *Saint Louis.* Paris: Gallimard, 1996. [Ed. Bras.: *São Luís*. Rio de Janeiro: Record, 1999.]

______. *L'Europe racontée aux jeunes.* Paris: Seuil, 1996.

______. L'intellectualité dominicaine au Moyen Âge et sa relation au monde de la ville et de L'Université. *Les Cahiers du Centre d'Études du Saulchoir*, n.5, 1997, p.57-66.

______. Le père Chenu et la société médiévale. *Revue des Sciences Philosophiques et Théologiques*, v.81, n.3, 1997, p.371-380.

______. *Pour l'amour des villes*: entretiens avec Jean Lebrun. Paris: Textuel, 1997. [Ed. Bras.: *Por amor às cidade*: conversas com Jean Lebrun. São Paulo: Unesp, 2000.]

______. La perception de l'espace de la chrétienté par la curie romaine. *Économies, Sociétés, Civilisations,* aine et l'organisation d'un concile ecuménique. *Colloque international du CNRS*, n.518, 1997, p.481-489 (Reeditado e corrigido em Id., *L'imaginaire médiéval*, p.76-83).

______. *Histoire et mémoire*. Paris: Gallimard, 1998.

______. *Un autre Moyen Âge*. Paris: Gallimard, 1999.

______. *Saint François d'Assise.* Paris: Gallimard, 1999. [Ed. Bras.: *São Francisco de Assis*. Rio de Janeiro: Record, 1999.]

______. *Un Moyen Âge en images* Paris: Hazan, 2000.

______. *Cinq personnages d'hier pour aujourd'hui.* Paris: La Fabrique, 2001.

______; CHARTIER, Roger; REVEL, Jacques (coords.). *La nouvelle histoire*. Paris: Retz, 1978. [Ed. Bras.: *A história nova*. São Paulo: Martins Fontes, 2005.]

______; LAUDUREI, Emmanuel Le Roy. Mélusine maternelle et défricheuse. *Annales. Économies, Sociétés, Civilisations,* ano 26, n.3-4, 1971, p.587-622.

______; NORA, Pierre (coords.). Faire l'histoire. Paris: Gallimard, 1974. [Ed. Bras.: *História*. Rio de Janeiro: Francisco Alves, 1976.]

______; VIDAL-NAQUET, Pierre. Lévi-Strauss en Brocéliande. In: BELLOUR, Raymond; CLÉMENT, Catherine (orgs.). *Claude Lévi-Strauss.* Paris: Gallimard, 1979, p.274-297.

Coordenação de obras coletivas

LE GOFF, Jacques. *L'État et ses pouvoirs.* Paris: Seuil, 1989.

______. *Hérésies et sociétés dans l'Europe pré-industrielle, XIe-XVIIe siècle.* Paris: Mouton, 1968.

______; BRÉMOND; Claude; SCHMITT, Jean-Claude. "Exemplum" Turnhout, Brépols *Typologie des sources du Moyen Âge occidental,* 40, 1982.

______; CARDINI, Franco; CASTELNUOVO, Enrico; CHERUBINI, Giovanni. *L'homme médiéval.* Paris: Seuil, 1989.

______; CHEDEVILLE, André; ROSSIAUD, Jacques. *La ville en France au Moyen Âge*: des Carolingiens à la Renaissance. Paris: Seuil, 1980.

______; LOBRICHON, Guy. *Le Moyen Âge aujourd'hui*: trois regards contemporains sur le Moyen Âge: histoire, théologie, cinéma: atas do encontro de Cerisy-la-Salle, jul. 1991. Paris: Le Léopard d'Or, 1997.

______; RÉMOND, René. *Histoire de la France religieuse*. Paris: Seuil, 1988.

______; SCHMITT, Jean-Claude. *Le charivari.* Paris: EHESS, 1981.

______; ______. *Dictionnaire raisonné de l'Occident médiéval*. Paris: Fayard, 1999.

Karl Ferdinand Werner

No cruzamento da genealogia e da história social,
das estruturas e dos acontecimentos.

Tão frequentemente quanto podia, Karl Ferdinand Werner assistia e participava do seminário de Georges Duby no Collège de France. Ali, ele encontrava esporadicamente alguns eminentes colegas parisienses, Jean-François Lemarignier, Jacques Le Goff, Bernard Guenée, Pierre Toubert, Robert Fossier. Ali, ele tomava com frequência a palavra, com uma voz possante e um ritmo rápido, partilhando sua imensa experiência, seu conhecimento sem igual das fontes da Alta Idade Média, tocante tanto à França quanto à Alemanha. Destoava sem ofender, e o mestre do local lhe tinha amizade. Ele não tinha curso a ministrar, alunos a supervisionar, teses a orientar, mas não cessava de dar palestras, de receber e auxiliar os doutorandos, de sugerir pesquisas novas. Karl Ferdinand Werner era assim profundamente imerso no medievalismo francês, tornando-se o mais alemão dos medievalistas franceses e o mais francês dos medievalistas alemães.

Nascido em Neunkirchen em 1924 no Sarre então sob controle francês, era um perfeito conhecedor dessa língua. Ele resolve fazer seus estudos superiores em Heidelberg. Ao escolher a História como campo privilegiado de pesquisa e de trabalho, tornou-se aluno de Fritz Ernst sob cuja orientação elaborou em 1950 sua dissertação de doutorado: *Andreas von Marchiennes und der Reditus regni Francorum as stirpem Karoli*, da qual publica uma pequena parte em 1952 em *Deutsches Archiv*.[1] Por intermédio do monge do século XII, ele abordava de imediato suas duas áreas de predileção: a historiografia e o período carolíngio-capetiano. A orientação para a França era tão evidente que ele logo publicou um artigo sobre as principais correntes da pesquisa medieval francesa.[2] Mas já estava engajado, sob a direção do mesmo professor, na preparação de sua habilitação. Esta foi obtida em 1961, com o título *Die Entstehung des Fürstentums (8.-10. Jarhrundert)* [O nascimento dos principados (séculos VIII-X)]. O subtítulo era mais esclarecedor: *Studien zur fränkischen Reichsstruktur, zum Fürstentumbegriff und zur Geschichte des nichtköniglichen Herrschertums* (Estudos sobre a estrutura do reino franco, sobre o conceito de principado e sobre a história da soberania não real). Essa obra inovadora em muitos aspectos e ponto de partida de incontáveis artigos e conferências, guarda ainda uma parte de seu mistério, pois nunca foi publicada, apesar das promessas de seu autor. É preciso então contentar-se em saber o que dela foi extraído aqui ou ali.

Durante os dez anos que levaram o doutor em História à sua habilitação, Karl Ferdinand Werner avançou bastante em suas pesquisas: prova disso são principalmente três contribuições importantes, de uma possante erudição, publicadas em uma revista hoje desaparecida (*Die Welt als Geschichte*): investigações sobre os primeiros tempos dos principados na França, séculos IX-X.[3] Tratava-se da análise dos primórdios dos condados de Anjou, do Maine, dos Robertiens e dos Vermandois. Isso significava que nosso autor vasculhara e esquadrinhara uma documentação de difícil acesso e muito dispersa, permitindo-lhe entrar em contato com algumas grandes famílias nobres fundamentais dos últimos tempos carolíngios e dos primeiros tempos capetianos.[4] Esse trabalho de formiga terminou em duas outras

1 Werner, Andreas von Marchiennes und die Geschichtsschreibung von Anchin und Marchiennes in der zweiten Hälfte des 12. Jahrhunderts. *Deutsches Archiv für Erforschung des Mittelaters*, v.9, 1952, p.402-463.

2 Id., Hauptströmungen der neueren französischen Mittelalterforschung, *Die Welt als Geschichte*, v.13, 1953, p.187-197.

3 Id., Untersuchungen zur Frühzeit des franzöisischen Fürstentums (9-10. Jahrhundert). *Die Welt als Geschichte*, v.18, 1958, p.256-289; Id., Untersuchungen zur Frühzeit des franzöisischen Fürstentums (9-10. Jahrhundert). *Die Welt als Geschichte*, v.19, 1959, p.146-193 e Id., Untersuchungen zur Frühzeit des franzöisischen Fürstentums (9-10. Jahrhundert). *Die Welt als Geschichte*, v.20, 1960, p.87-119.

4 Ele havia reunido um importante dossiê de atos públicos e privados dos séculos X-XII, que prometia publicar, no total, várias centenas de documentos.

publicações: uma disponibilizava ao público medievalista alemão amplo sobrevoo da bibliografia francesa, em que quase 500 publicações estavam mencionadas,[5] a outra conduzia a um volumoso artigo do livro que acompanhava a exposição *Karl der Große* [Carlos Magno], com uma apresentação aprofundada das dinastias nobres dominantes dos tempos carolíngios, logo enriquecida por um complemento adiantado até o Ano Mil (1967).[6] Essas duas realizações já ilustravam um traço impactante da personalidade de Karl Ferdinand Werner: certo gosto pela desmesura, por obras gigantescas, que ele conseguia dominar. Em 1965, nosso homem inaugurava a cátedra de história medieval da Universidade de Mannheim, para onde não deixava de voltar sempre que podia. No momento em que publicava suas conclusões sobre a nobreza carolíngia, ele não receou produzir um livreto sobre a imagem da História que os nazistas e os historiadores daquela época possuíam,[7] em que ele foi "um dos primeiros a descrever a intricamento passivo da ciência histórica no regime nacional-socialista".[8] Com constância e firmeza, Werner nunca deixou de se distinguir desse momento doloroso da história de seu país, e entre seus convidados nunca incluiu alguém que tivesse sido comprometido com aquele período. Sentia-se no dever de oferecer aos franceses e à França, a seu modo, uma espécie de reparação. Posteriormente, ele nunca se sentiu impedido de fazer história do tempo presente, apesar de ser classificado como medievalista. É outro traço de sua pessoa: uma incansável curiosidade que o levava a todos os períodos da História.

No Institut Historique Allemand de Paris

Reumindo, Karl Ferdinand Werner era de fato o homem procurado pela comissão encarregada de contratar um novo diretor para o Instituto Historique Allemand de Paris. Alguns passos para trás podem ser úteis para a

5 *Historische Zeitschrift, Sonderheft*, 1, *Literaturberichte über Neuergscheinungen zur außerdeutschen Geschichte*, Munique, 1962, p.467-512.

6 Id, Bedeutende Adelsfamilienim Reich Karls des Großen. In: Beumann (org.), *Karl der Große*, I, p.83-42, e Id., Die Nachkommen Karsl des großen bis um das Jahr 1000. In: Ibid., IV, p.403-483.

7 Id., *Das NS-Geschcichtsbild und die deutsche Geschichtswissenschaft*.

8 Paravicini, Un grand historien allemand du Moyen Âge français: Karl Ferdinand Werner a 70 ans, *Revue des questions allemandes*, v.49, n.1, 1994, p.100-101.

compreensão. Em 1958 fora criado um centro alemão de pesquisas históricas (Deutsche historische Forschungsstelle), ocupando um andar do número 5 da Rua du Havre, no 8º distrito de Paris. Seus fundadores chamavam-se Heinrich Büttner, Eugen Ewig, Paul Egon Hübinger, Gerd Tellenbach. A ideia principal era intensificar os contatos entre França e Alemanha no domínio da História, mas já se via que o período medieval era o mais bem representado por aqueles professores muito conhecidos. Como dinheiro não era problema, e como uma estreita colaboração se estabelecera entre o general de Gaulle e o chanceler Adenauer, logo foi necessário anexar outro andar do mesmo prédio. Em 1964, o Centro tornou-se Instituto Histórico Alemão de Paris (Deutsche historische Institut in Paris), a exemplo do que existia já em Roma. Eis a instituição cuja direção foi oferecida ao professor francófilo e francófono de Mannheim. Aos programas já estabelecidos, ele trazia o seu, gigantesco, de uma prosopografia das pessoas do Ocidente de 200 a 1200 – assunto ao qual retornaremos. O crescimento da biblioteca, o aumento do número de bolsistas e de pesquisadores, o afluxo de leitores levaram, em 1971, à mudança para um imóvel do número 9 da Rua de Maspero (16º distrito de Paris), aguardando a obrigação rapidamente percebida de se reforçar as estruturas ameaçadas pelo peso dos livros (1981-1982). A história francesa de Karl Ferdinand Werner confunde-se desde então com a daquela instituição, que deixa esse endereço após a partida do mestre.

Este mergulhou fundo no trabalho, na pesquisa, na gestão e ocupou tranquilamente um lugar entre os medievalistas franceses: não se tornara ele, entre outros, o chantre dos Robertianos, curiosamente negligenciados pelos historiadores franceses, salvo raríssimas exceções? Esse mergulho significava participações ativas em incontáveis colóquios e mesas-redondas, a entrada em instituições prestigiadas. A Académie de Sciences, Arts et Lettres de Dijon foi a primeira a distingui-lo, com a Société Nationale des Antiquaires de France, onde, em 1978, de associado tornou-se correspondente estrangeiro. A publicação de seus estudos sobre as origens da história da França[9] acelerou o ritmo das láureas, prêmio da Académie des Sciences Morales et Politiques, eleição como correspondente estrangeiro nas Inscriptions et Belles Lettres, membro associado do Institut de France em

9 Werner, *Structures politiques dans le monde franc (VIe-XIIe siècles)*: études sur les origines de la France e de l'Allemagne.

1991, Comité de la Société de l'Histoire de la France. A Sorbonne agraciou--o em 1989 com o título de doutor *honoris causa*, seguida pela universidade de Orléans.

Desde 1976, universidades francesas solicitavam-no para dar palestras sobre a Alemanha carolíngia e otoniana no âmbito do programa de agregação em História. Isso se tornou então um hábito. Notaremos, a título de exemplo, que entre março de 1985 e março de 1986 ele fez quinze apresentações na França, na Inglaterra, na Bélgica, na Itália; aquilo lhe fazia às vezes de ensino e lhe oferecia o meio de difundir as conclusões de sua pesquisa. Os projetos, os artigos, os livros se sucediam: mais de uma centena, raramente sucintos Toda expressão escrita era acompanhada de uma quantidade prodigiosa notas, até o dia em que o cansaço, o corre-corre ou a limitação dos editores substituíram as notas de rodapé por uma bibliografia final, nem sempre resumida, colocada ao fim do artigo.

Para o que concerne às publicações, havia uma, principal, ambiciosa, imensa à sua maneira e que ele levava particularmente a sério: *Francia*. O Instituto Histórico Alemão de Paris necessitava ter o próprio periódico. Era fácil adivinhar o que se encontraria ali: história francesa e alemã, de novo história, sempre história, sob todas as formas, em francês e em alemão, em artigos de síntese e em miscelâneas, em revisões curtas ou longas. Uma ideia forte, engenhosa ganhava terreno: as revisões dos livros escritos em alemão seriam certificadas por francófonos e vice-versa. O princípio não mudou e é preciso mantê-lo. O título da revista – será que podemos falar de "revista" para um volume anual de mil páginas, então em um único bloco, hoje fragmentado em três tomos? – não veio talvez de pronto à mente de seu criador. Ele parou em *Francia*, que remetia ao império carolíngio, não à pequena ou à grande França, mas à *Francia* europeia, da Bretanha à Polônia. Pena que o subtítulo tenha sido dado apenas em alemão: *Forschungen zur westeuropäischen Geschichte*; por que não ir até o fim da primeira intenção, acrescentando: "Recherches sur l'histoire de l'Europe occidentale" [Estudos sobre a história da Europa ocidental], já que era um periódico bilíngue? Essa falha – se é que existe uma – não retardou a difusão da nova publicação, que teve um sucesso bem merecido, graças, também devemos dizer, ao dinamismo desprendido dos colaboradores pelos quais Karl Ferdinand Werner soubera se cercar. A Rua du Maspero tornava-se um lugar de reunião onde se encontravam todos os amadores da história do Império, principalmente às quintas-feiras, no saguão do primeiro andar, onde os ouvintes se acotovelavam, espalhando-se até nas escadas.

Seria ele ainda um professor alemão? Werner foi convidado uma única vez a discursar em Reichenau, diante da prestigiosa sociedade do Círculo de Constance, quando muitos dos temas tratados teriam justificado sua presença.[10] Ele precisou esperar um pouco para tornar-se membro correspondente da direção central dos *Monumenta Germaniae Historica de Munique* e da Academia de Ciências da Baviera. Mas será que ele não ficou contente por estar totalmente à esquerda do Reno? Quando se tratou de dedicar-lhe um volume de miscelânea – a *Festschrift* que coroa a carreira dos professores do outro lado do Reno – ficou combinado que seria escrito apenas por franceses, já que ele não tinha alunos em universidades alemãs.[11] Essa orientação única está hoje esquecida, visto que suas diferentes coletâneas de artigos (1979, 1984, 1998,[12] e uma por vir) mesclam os dois idiomas. Mas é verdade que a escolha da língua francesa favoreceu consideravelmente a difusão de seus trabalhos junto a pesquisadores da França. É assim que sua participação em *Histoire de la France* [História da França] foi lida por grande número de medievalistas, dos quais apenas uma pequena parte decifrou a centena de páginas – tão preciosas, no entanto –, de *Die Welt als Geschichte*. O professor de Manneheim escrevia muito mais sobre a história da França que sobre a do Império. Entretanto teve de fazê-lo para explicar sua visão da função imperial;[13] mas ele pensava então mais como estrangeiro francês do que como filho do país.

Ele não desdenhava as mídias; vimo-lo falar sobre um tema moderno em *Dossiers de l'écran*,[14] escrever na *Revue Parlementaire*,[15] participar da concepção de um museu na Picardia. Cerca de cem publicações, dissemos. Isso

10 A sessão de que participou tratava do século XII e ele proferiu uma palestra intitulada Königtum und Fürstentum im französischen 12. Jahrhundert, *Vorträge und Forschungen*, v.12, Konstanz-Stuttgart, 1968, p.177-225 (reeditado em Id., *Structures politiques dans le monde franc (VIe-XIIe siècles)*).

11 Id., *Madia in Francia*.

12 Id., *Structures politiques du monde franc (VIème-XIIème siècles)*; Id., *Vom Frankreich zur Entfaltung Deutschlands und Frankreichs* e Id., *Einheit der Geschichte*.

13 Id., L'empire carolingien et le Saint Empire. In: Duverger, *Le concept d'Empire*, p.151-198.

14 Tratava-se do "caso Kappler" (1977).

15 Werner, Comment la France est en train de converser avec le passé, *La Revue Parlementaire*, n.766, 1986.

significava uma grande variedade de centros de interesse. No momento de prestar conta, é seguramente imperativo fazer uma triagem. Nem tudo será abordado aqui, mas tudo será evocado em um momento ou em outro. Para a clareza do exposto, as grandes orientações serão retomadas aproximadamente na ordem em que apareceram.

Hipóteses

Com André de Marchiennes, como já dissemos, Karl Ferdinand Werner entra na historiografia e na história da França dos carolíngios e dos Capetos. O tema abordado tornou-se familiar; trata-se da ligação da dinastia capetiana à dos carolíngios quando do casamento de Philippe Auguste com Isabelle de Hainaut. Afinal, de acordo com os escritores dessa época, os soberanos da França conseguiam ou retomavam legitimidade. Aimoin de Fleury e Adémar de Chabanes o detiveram novamente nesse domínio da História.[16] E a *Vie de Clotilde* [A vida de Clotilde]. Karl Ferdinand Werner desejava tirar da sombra esse último texto, pois a comemoração do batismo de Clovis convidava-o a tanto.[17] Ele não teve nenhuma dificuldade para datar a obra no século X; faltava encontrar o ambiente onde tinha sido escrita e, caso isso não fosse possível, seu autor. De um lado, uma ligação engenhosa foi feita entre a viúva Clotilde, seu falecido marido Clóvis e seu filho Clotário e, do outro, a viúva Gerberge, seu marido, o rei Luís IV e seu filho, o rei Lotário, cujos nomes são tomados aos merovíngios. A semelhança das situações e dos nomes, incitava a pensar que o autor de *Vie de Clotilde* propunha um modelo à viúva recente do rei da França; o texto devia então ser imediatamente posterior à morte de Luís IV, ocorrida em 954. Entretanto, naquele momento, a rainha Gerberge tinha encomendado ao escolastra de Montier-en-Der, Adson, uma reflexão sobre o Apocalipse. Não podería-

16 Id., Die literarischen Vorbilder des Aimoin von Fleury und die Entstehung seiner "Gesta Francorum". In: Jauss; Schaller, *Medium Aevum Vivum*, p.69-103 e Id., Ademar von Chabannes und die Historia pontificum et comitum Engolismensium, *Deutsches Archiv für Erforschung des Mittelaters*, v.19, 1963, p.297-326.

17 Id., Der Autor der Vita sanctae Chrotildis: ein Beitrag zur Idee der "heiligen Königin" und des "Römischen Reiches" im X. Jahrhundert, *Mittellateinisches Jahrbuch*, 24/25, 1989/1990, p.517-551.

mos imaginar que o mesmo autor tivesse, em paralelo, escrito esta *Vida*? Isso seria ainda mais admissível, pois sua tradição de hagiógrafo está hoje bem estabelecida. A ideia tornou-se hipótese, depois logo certeza. Dada a *auctoritas* do historiador que lançava essa engenhosa suposição, não a contestamos, e mesmo que hoje se tenha demonstrado que a autoria de Adson é muito improvável, essa atribuição aleatória é por vezes ainda repetida. Karl Ferdinand Werner impulsionara a essa interpretação por seu gosto da antroponímia e da prosopografia, que sugeriam a aproximação que ele fez. Com um mesmo ardor, o *Waltharius*, um poema de origem incerta, prendeu sua atenção e uma hipótese brotou: o autor não seria ninguém mais que Ermoldus Nigellus, aquitanense do século IX, bom conhecedor da Aquitânia e do ambiente de Luís, o Piedoso. Aqui, novamente, a argumentação apoia-se em numerosas constatações, mas é preciso esperar o resultado de trabalhos em curso para confirmar a certeza dessa hipótese inesperada.[18] Nosso autor, na verdade, não conseguia resistir à ideia de contestar atribuições consideradas hipotéticas. Com a ajuda de comparações históricas, ele se arriscava em novas proposições, sem levar suficientemente em conta as opiniões dos filólogos. Bem recentemente, ele mais uma vez se lançou em tal empreitada, com poucas chances de sucesso em nos convencer que o *Ecbasis cujusdam captivi* ilustrava o conflito entre Champanha e Lorena nos anos 1030.[19] É mais sensato manter a datação em torno do ano 1100.

Príncipes e principados

A reflexão sobre o nascimento dos ducados dos séculos VIII ao X constituiu o ponto de partida de uma grande parte da produção histórica de Karl Ferdinand Werner. A ideia era naturalmente ambiciosa, pois referia à totalidade do império de Carlos Magno e de Luís, o Piedoso, e um longo período, visto que levava da ascensão de Pepino, o Breve, à de Hugo Capeto.[20]

18 Essa análise e a hipótese concordante figuram no estudo sobre Luís, o Piedoso (ver nota 30).

19 Id., Politische und kirchliche Konflikte, *Lotharingien und Burgund im Spiegel des lat. Tierepos (10.-11.Jh)*, v.61, 1997, p.1-33.

20 Id., Les duchés "nationaux" d'Allemagne ao IXe et au Xe siècle", *Actes du Congrès de la Société des Historiens Médiévistes*, p.29-46; La genèse des duchés en France et en Allemagne, *Nascità del'Europa et Europa Carolingia: un'equazione da verificare*, p.175-223.

Ela devia se apoiar em um número considerável de situações diversas, da Saxe à Aquitânia. A documentação estava relativamente bem reunida, sobre os grandes ducados alemães, sobre a Borgonha e a Aquitânia. Restava a Nêustria, que foi objeto de pesquisas às quais já aludimos e que levaram Werner a publicações sobre os principados angevino, champanhês, robertiano, assim como à realização de um grande colóquio por seu instituto.

Contra a tradição dos príncipes ambiciosos que agrupavam vários condados no século IX para formar ducados, contra a menção de *Stammesherzogtümer* na Alemanha, Karl Ferdinand Werner mostrou que o Império carolíngio era constituído por *regna*, isto é, de espaços correspondendo ou não a antigos reinos, nitidamente delimitados e designados (Baviera, Alemania, Saxe, Francônia, Lotaríngia, Nêustria, Borgonha, Aquitânia, Provença), em cujos comandos estavam colocados marqueses/duques; dali nasceram os ducados/*regna* do século X, tanto na França quanto na Alemanha. Se alguns correspondiam a espaços étnicos, aos antigos *Stämme*, era uma coincidência, não o fruto de uma vontade do poder central. Quanto aos titulares dessas funções ducais, eram "príncipes não reais". No fim do século IX, os novos reis foram eleitos nesse grupo. Foi assim com o "triplo marquês" (*trimarchio*) que eram o robertiano de Nêustria e o rei da Borgonha, Rodolfo. É seguindo essa partilha geográfica que se distribuíram os contingentes do *indiculus loricatorium* de 982, estudado por Werner em Spoleto, e que relata a "lista dos soldados encouraçados" estabelecida antes da incursão do imperador Oto II na Itália.[21] Assim, portanto, o duque-marquês exercia os poderes em nome do rei e não tinha, como se dizia, usurpado dos condados a ponto de transformar seu poder de conde em poder ducal. Graças a essa descrição relativamente simples, a evolução territorial da Europa carolíngia do século IX ao XI tornava-se clara e a instalação das grandes famílias principescas, próximas uma da outra, uma consequência lógica. A relação entre o príncipe e o serviço do rei de uma parte, entre o príncipe e o território de outro, era evidente. De lá, decorriam naturalmente também os estudos direcionados às famílias dirigentes, as elites, as dinastias designadas por seus antropônimos, e também os da gestão, da administração desses territórios. Karl

21 Werner, Heeresorganisation und Kriegführung im deutschen Königreich des 10. Und 11 Jahrunderts, *Settimane di studio del Centro italiano di studi sull'alto medioevo*, n.15, 1968, p.791-856.

Ferdinand Werner engajou-se naturalmente nessas duas direções: a pesquisa sistemática dos grupos dirigentes e o estudo da gestão governamental.

Entre as pesquisas principescas, a mais nova era sobre os antepassados dos Capetos. Na falta de nos determos sobre os outros exemplos, não podemos deixar de fazer observações sobre o que Karl Ferdinand Werner privilegiou particularmente. Os Capetos eram os descendentes diretos dos robertianos. Estes surgiram às margens do Loire, provindo da região do médio Reno (Lorsch), com o conde Robert, durante no reinado de Carlos, o Calvo. Esse conde foi encarregado da marcha de Bretanha para resistir aos normandos; ele morreu em 866 em Brissarthe e os bens que acumulou foram dispersos. Seu filho Eudes retomou a missão da família, tornou-se conde de Paris, foi eleito rei em 888, e seu segundo filho Robert foi também rei em 922-923. Hugo Capeto, filho do duque Hugo, o Grande, era o neto desse rei Roberto I. É pena que Karl Ferdinand Werner, que espreitou os robertianos nas fontes do centro e do oeste da França, não tenha editado os atos desses príncipes, cujo material reuniu; teria sido o coroamento de seus achados sobre essa família tão importante para a história da França dos séculos IX e X. Graças a suas pesquisas, o conhecimento que possuímos sobre o fim dos séculos IX e X foi consideravelmente enriquecido e diversificado, principalmente sobre a Nêustria. Por detrás dessa história, havia antes de tudo homens, famílias, alianças, poderes, domínios; era tempo de reunir todas as fontes que permitiriam progredir nesse domínio.

Desde 1967, em Mannheim, Karl Ferdinand Werner havia lançado uma grande empreitada, mais ambiciosa que se poderia imaginar: recensear todas as pessoas que viveram entre 200 e 1200 no Ocidente europeu. O objetivo era incitar uma interrogação social, familiar, institucional, pelas vias da estatística, da genealogia, da onomástica e da antroponímia, do estudo da nobreza e da liberdade. Um conhecimento total da sociedade estava começado pelo viés da *Personenforschung* (pesquisas sobre as pessoas); Proc, ou *Prosopographia Regnorum Occidentalium*, tal era intitulado o projeto.[22] Dia após dia, em todas as fontes da referida época, alguns colaboradores deviam recuperar os nomes das pessoas e relatá-los em fichas preparadas e triadas de acordo com os gêneros. Deveriam chegar à identificação de famílias, de grupos sociais, à comparação das funções. Em dois anos, 131 mil

22 Id., Prosopographia regnorum occidentalium (Proc), *Onoma*, v.16, 1971, p.112-115.

fichas tinham sido preparadas; o programa previa um aumento de 50 mil por ano, ou seja, mais de mil por semana. Era assim que o iniciador via o caminhar de sua pesquisa. Esta foi introduzida no programa do Instituto parisiense. Proc tornou-se Prol (*Prosopographia Regnum Orbis Latini*) sem que isso desvirtuasse a intenção primeira. Logo se levantou a questão do tratamento da massa. Sobre esse ponto, Karl Ferdinand Werner distinguia-se de Léopold Génicot que, graças à informática e com a ajuda do Cetedoc de Louvain, entabulava o tratamento das fontes narrativas e diplomáticas dos antigos territórios belgas. Em 1977, o diretor do IHAP exprimia seu ceticismo diante do que para ele era apenas linguística, estatística e não história; de resto, as máquinas propostas mostravam-se custosas e obsoletas tão logo eram criadas. Sobre esse ponto, o inventivo diretor enganava-se de rumo. Continuava a explorar as listas de nomes segundo as leis antigas da prosopografia "como uma ciência auxiliar da história no cruzamento da genealogia e da história social, das estruturas e dos acontecimentos".[23] Ele tinha dominado perfeitamente seu mundo de príncipes carolíngios; considerava possível ampliar sua gama. É utilizando os atos privados do séculos IX ao XI, com suas ricas listas de testemunhas, recorrendo às coleções de originais, aos cartulários e às cópias de eruditos por demais negligenciadas que ele vislumbrava explorar o melhor possível os recursos de um período que nos comprazíamos em considerar pobre em documentação. Werner continua a ter razão nesse ponto. Teve muitas vezes a oportunidade de demonstrá-lo nos encontros que tinham como tema a antroponímia e a história das famílias e de sua querida nobreza.

A nobreza

Se julgarmos pela satisfação expressa por Karl Ferdinand Werner quando da publicação de seu último livro, *Naissance de la noblesse*,[24] compreenderemos que esse tema histórico representava para ele um objeto favorito de reflexão e de aprofundamento. Partindo da época intermediária entre os

---

23 Id., Problèmes de l'exploitation des documents textuels concernant les noms et les personnes du monde latin (IIIe-XIIe siècles), *Informatique et histoire médiévale*, 1977, p.205-212.

24 Id., *Naissance de la noblesse*.

carolíngios e o período feudal, pretendeu sempre demonstrar que havia uma perfeita continuidade desde a República e o Império romanos até meados da Idade Média: a nobreza sempre existira, a cavalaria também. Em 1985, ante a seus colegas do Institut de France, proferiu uma palestra intitulada: "Du nouveau sur un vieux thème. Les origines de la 'noblesse' et de la 'chevalerie'" [Do novo sobre um velho tema: as origens da "nobreza e da "cavalaria"].[25] Ainda que com diplomacia, tratava-se nada menos que uma firme crítica da posição expressa por Marc Bloch no famoso *A sociedade feudal*.

Esse último, de fato, via a nobreza medieval como proveniente da cavalaria. Muitos historiadores demonstraram sem dificuldade posteriormente que essa nobreza tinha, na verdade, suas raízes na época carolíngia, como provavam várias genealogias que se estabeleciam com base em fontes diversas. Karl Ferdinand Werner seguia uma via idêntica; ele ia mais longe que Karl Schmid e Gerd Tellenbach defendendo o tema da continuidade da Antiguidade à Idade Média; o que o levou assim a aliar-se às teses da manutenção da fiscalidade antiga até o coração da Idade Média. As genealogias construídas na época feudal, no entanto, a manutenção da lembrança dos antepassados demonstravam, cada uma melhor que a outra, que no coração da Idade Média os homens tinham perfeitamente consciência dessa continuidade das linhagens, que eles cantavam as origens dos mais brilhantes dignitários e príncipes, no mínimo, para chamar a atenção para a novidade de famílias nobres incapazes de fazer a mesma demonstração para o que lhes dizia respeito. Marc Bloch não estava mais lá para responder a essas críticas, mas podemos imaginar que o teria feito sem dificuldade. A seus olhos não havia dúvida alguma de que a cavalaria do século XII estava de fato na origem de numerosas linhagens senhoriais; isso foi demonstrado várias vezes; quanto às dos príncipes, estavam na continuação do que se chamava mais de aristocracia carolíngia que de nobreza. O historiador francês utilizava duas palavras onde seu colega alemão mantinha apenas a segunda. Diante disso, Karl Ferdinand Werner descreveu de modo admirável o lugar da nobreza e da aristocracia na história política e institucional da Europa ocidental medieval. Seu livro pecou pela escolha de um título imposto erroneamente por uma preocupação comercial; convinha ver ali uma "história

25 Id., Du nouveau sur un vieux thème: les origines de la "noblesse" et de la "chevalerie". *Compte-rendus de l' Académie des Inscriptions et Belles Lettres*, 1985, p.186-200.

da nobreza" e não um "nascimento da nobreza". Aqui também podemos dar crédito a Karl Ferdinand Werner por não ter se enganado sobre o significado de sua demonstração. Prova disso são suas notáveis contribuições aos volumes de *Karl der Große* – que já mencionamos. Em um primeiro momento, ele produziu uma síntese sobre as famílias nobres importantes do império de Carlos Magno,[26] contribuição de peso para a história da aristocracia universal; em seguida, ao custo de pesquisas colossais, entregou um complemento à famosa obra de Erich Brandenburg sobre os descendentes de Carlos Magno. Graças a pesquisas pessoais muito diversas, conseguiu aumentar consideravelmente a lista dos que no século XI podiam cientemente invocar para si o sangue de Carlos Magno.[27]

O ensino da História

Uma das forças de Karl Ferdinand Werner foi mesclar constantemente a erudição mais exigente e a popularização de seus conhecimentos. Ele foi um ativo autor de artigos de síntese para o *Lexikon des Mittelalters*[28] e os *Historische Grundbegriffe*.[29] O mais belo exemplo de sua modéstia é sua contribuição ao ensino pelo ajuste de uma carta mural histórica sobre o império franco (*Das Frankenreich 486-911*). Ele não recusou sua participação em histórias gerais, e os franceses são gratos por sua grande contribuição à história da Europa dirigida por Th. Schieffer: ali publica cerca de cinquenta páginas muito densas sobre a Francia ocidental e a França de 888 a 1060, em um texto que não teve correspondente em língua francesa durante quase um século, ou seja, desde as grandes teses da época de F. Lot.[30] Outra contribuição integrava-se na *Historia mundi* e dizia respeito ao crescimento dos Estados nacionais ocidentais,[31] traduzindo uma grande maturidade de

26 Id., Bedeutende Adelsfamilien im Reich Karls des Großen, op. cit.

27 Id., Die Nachkommen Karsl des großen bis um das Jahr 1000, op. cit.

28 Id., Adel. In: *Lexikon des Mittelalters*, p.118–126.

29 Id., Artikel, Volk, Nation, Nationalismus, Masse (Abschnitt III-V). In: *Geschichtliche Grundbegriffe*, 7, p.171-281.

30 Id., Westfranken-Frankreich unter den Spätkarolingern und frühen Kapetingern (888-1060). In: *Handbuch der Europäischen Geschichte*, I, p.731-783.

31 Id., Aufstieg der westlichen Nationalstaaten: Krise der Theokratie". In: Bruner; Valjavec. *Historia mundi*, VI, p.121-189

julgamento. O interesse manifestado assim pela história política desse período e desse país estava de acordo com a tradição dos historiadores alemães que lançam de bom grado seus olhares para os soberanos e seu governo. As publicações de Karl Ferdinand Werner sobre os principados o designavam naturalmente para produzir essas diferentes contribuições.

Mas sua obra principal foi o primeiro volume da *Histoire de France* organizada por Jean Favier.[32] A escolha do organizador pelo historiador alemão para relatar os primeiros tempos da Gália e da França revelou-se judiciosa: a obra foi unanimemente notada pelos leitores e pela crítica. Já os primeiros capítulos que nos fazem voltar ao paleolítico denotam um conhecimento surpreendente da França pré-histórica; sobretudo, a unicidade de escrita permite ter um ponto de vista contínuo ao longo de todos esses séculos. A Gália romana encontra-se perfeitamente incluída entre os celtas e os francos, em vez de ser tratada à parte. Quanto aos capítulos que correspondem aos cinco primeiros séculos da Idade Média, oferecem ao autor a oportunidade de integrar pesquisas e hipóteses que tinham sido, ou deviam ser, o objeto de uma reflexão atualizada sobre Clóvis, o século VII, Carlos Magno, Luís, o Piedoso, Hugo Capeto. Vale a pena, portanto, voltar a esses aportes recentes.

O reinado de Clóvis não é mais um ponto de partida, um momento de ruptura, um agregado de novidades, mas uma simples mudança de regime, de forma alguma a conquista de um chefe bárbaro "que tem sangue nas mãos".[33] Certamente, segundo Werner, que apoiava seus dizeres em observações límpidas, Childerico já estava integrado ao mundo romano e, por múltiplos aspectos, os francos agiam à romana. Por exemplo, a revista das armas de Soisson, durante a qual, segundo Grégoire de Tours, Clóvis puniu com a morte um soldado impertinente, era uma prática romana anual, não uma iniciativa franca. Os prefeitos dos palácios merovíngios, principalmente os pipinidas, faziam parte desse grupo de príncipes não reais tão queridos a Werner: eles formavam uma verdadeira dinastia no poder durante um século antes de sua chegada ao trono. Compreendemos melhor desde então por que Proc devia começar com o século III. Sem a história da

32 O volume intitula-se *Les origines (avant l'an mil). Favier, Histoire de France.*

33 Id., Conquête franque de la Gaule ou changement de régime? Childéric-Clovis, rois des Francs 482-1983. *Catalogue de l'exposition "De Tournai à Paris, naissance d'une nation"*. Tournai, 1983, p.5-14. (Reeditado em *Vom Frankreich zur Entfaltung Deutschlands und Frankreichs.* Sigmaringen: Jan Thorbecke, 1984, p.466 e ss.)

nobreza senatorial, como compreender os nobres merovíngios, os bispos, os condes?

Um pouco adiante, no capítulo dedicado aos primeiros carolíngios, lemos, em inciso: "O fututo Carlos Magno nasceu em 747 e recebeu na sua maioridade o governo do ducado de Le Mans". Essa frase parece insignificante, no entanto, ela reporta a um estudo rico e onze anos anterior de quase quarenta páginas.[34] Pois era um fato novo. Contra a data aceita de 742, tomada desde sempre a Eginhard, quase nunca contestada, Karl Ferdinand Werner, mais atento a fontes contemporâneas, mostrava de modo convincente que Carlos Magno nascera somente em 747, três anos após a data sugerida para o casamento de seus pais pelos *Annales de Lorsch*. Um jovem historiador alemão, Matthias Becher, aproximando de mais perto os dados e por outras vias, sugere hoje a data de 2 de abril de 748, corrigindo em quase nada a sugestão do mestre. Essa novidade não era insignificante; ela torna plausível vários atos posteriores como remissão a Carlos, em sua maioridade, do governo do ducado de Le Mans em 759. No entanto, alguns historiadores, mesmo próximos de Karl Ferdinand Werner, preferem manter a datação antiga, sem no entanto justificar sua recusa. Essa reconsideração erudita de dado aparentemente definitivo está, de fato, na linha do professor alemão, o qual considera como um procedimentos fundamentais o retorno às fontes e a retomada dos dossiês desde início, a derrubada de ideias preconcebidas e das afirmações sem provas. Não se tratava então, nesse caso como em outros, das fantasias de um pesquisador esforçando-se para propor uma interpretação diferente a partir de uma fonte banal, mas sim de um estudo recomeçado que chega a conclusões inéditas e fundadas.

O mesmo ocorreu em sua volumosa empreitada de reabilitação do filho de Carlos Magno, seu sucessor único, Luís, o Piedoso.[35] A escolha desse nome de Luís foi objeto de uma reflexão que ligava uma vez mais os francos carolíngios aos soberanos merovíngios; o historiador dirige sua atenção para a simbologia dos nomes conservados, dos locais escolhidos, dos atos. Se Carlos Magno, dizia ele, levara sua mulher Hildegarde até Chasseneuil

34 Id., Das Geburtsdatum Karls des Gro en, *Francia*, n.1, 1973, p.115-157 (reeditado em *Bulletin de la Société Nationale des Antiquaires de France*, 1975, p.116-143).

35 Id., Hludowicus Augustus. Gouverner L'Empire chrétien, idées et réalités. In: Collins; Godman (orgs.), *Charlemagne's Heir: new perspectives on the reign of Louis the Pious (814-840)*, p.3-123.

em Poitou em 778 no fim de sua gravidez, era com intenções precisas. Dos gêmeos que nasceram no palácio real no verão de 778, um foi chamado Luís, na verdade Clóvis (já vimos anteriormente) e veio à luz no reino que lhe era destinado, a Aquitânia. Quanto a considerar que esse imperador Luís foi um homem fraco e de pouca envergadura, não pode se tratar disso: Luís foi realmente devoto como indica a alcunha rapidamente imposta; ele era principalmente muito humano (poderíamos também dizer clemente, *mansuetus* em latim), o que não o impedia de ter a energia necessária a um imperador responsável por um Estado tão extenso. Por ocasião do colóquio reunido em Oxford em 1986, Luís, o Piedoso – ou o Debonário, se se quiser – Karl Ferdinand Werner foi um chantre inspirado.

O século X, abordado no devido tempo, foi também apresentado de modo renovado, graças aos estudos feitos, como dissemos, sobre os principados provenientes da Nêustria. Contra a descrição – demasiado frequente – apocalíptica do declínio da França carolíngia a partir de Carlos, o Calvo, e de seu desastroso édito de Pîtres, Karl Ferdinand Werner defende a ideia de uma nova constituição do reino. Os mestres dos *regna* exerciam poderes quase reais, tanto que o rei ficava limitado a seu fisco, ante aos "ducados" nascentes de Aquitânia, da Nêustria, da Borgonha. Eudes e Roberto, os filhos de Roberto, o Forte, acrescentavam a seus lucros um patrimônio poderoso que constituía um verdadeiro anteparo (Karl Ferdinand Werner fala de "parede") diante das terras da Francia do rei, antigo território dos palácios reais. Portanto, em favor dos príncipes, há a "devolução dos poderes públicos com o consentimento da realeza".

Aqui novamente nosso autor garante que a evolução transcorreu sem choque, como disse e escreveu a respeito dos tempos mais antigos; nada de ruptura brutal, de mudança inesperada, mas uma lenta transformação, globalmente lógica. Nessa demonstração, ele insinuava uma hipótese, que mais uma vez tornou-se rapidamente uma lei a seus olhos, como se os textos a institucionalizassem: trata-se da pretensa impossibilidade para o robertiano de conservar seus *honores* simultaneamente à função real; isso seria uma regra carolíngia. Foi assim, escrevia, que o rei Eudes de 888, uma vez eleito, teve de deixar seus bens pessoais para seu irmão Roberto; este, por sua vez eleito rei em 922, fez em seguida o mesmo em benefício de seu filho Hugo; e, por fim, esse Hugo (o Grande) não pôde aceitar o cetro em 936 porque não tinha herdeiro a quem confiar os *honores* (condados, abadias) de sua família. E isso teria sido feito para respeitar as práticas carolíngias. Entretanto, pelo que sabemos, nenhum carolíngio esteve nessa situação; cada novo rei dispunha do fisco ou do que dele restava, guardava para si alguma abadia e não tinha que transmitir patrimônio a quem quer que fosse. Aqui há em Karl Ferdinand Werner um ponto de vista absolutamente contestável. Em todo caso, Hugo Capeto não se incomodou com escrúpulos desse tipo – se é que teve algum – e foi ao criar o domínio da coroa constituída pelos bens reunidos de suas honrarias, de seu patrimônio e do fisco, que ele pôde criar o núcleo da futura potência dos Capetos. Ao chegar a esse ponto, Karl Ferdinand Werner faz uma concessão a muitos historiadores franceses descrevendo o primeiro capetiano como um duque poderoso mas um rei fraco.[36] Defensor natural do Capetos, teria Werner se recusado a seguir as retificações que foram reabilitadas nas circunstâncias por historiadores dos amigos de Hugo Capeto, menos pessimistas que ele?[37]

Além dos inúmeros campos que Karl Ferdinand Werner trabalhou, de sua atividade e de uma bibliografia abundantes, é o homem, o historiador, que nos interessa e não uma análise completa de sua bibliografia. O que retemos, o que retivemos dele antes de tudo? Uma grande força de trabalho, em um corpo sólido e possante, uma inteligência incessantemente alerta, uma curiosidade insaciável, uma cultura muito vasta em todos os domínios e em todos os períodos, certa facilidade de escrita, uma preocupação permanente com as referências e as explicações, uma frequentação incessante das fontes, uma convivialidade excepcional. Karl Ferdinand Werner estava dedicado à história da França e dos franceses do primeiro milênio após Cristo. Ele recusava, como já dissemos, qualquer ruptura da continuidade dos romanos aos galo-francos, qualquer mudança brusca. Na História, os acontecimentos, os homens dessa época, ele derrubava as ideias preconcebidas, as soluções presumidas, retomava a análise ao nível mais profundo e sugeria outras respostas; é o que vimos com Clóvis, Carlos Magno, Luís, o Piedoso, Hugo Capeto, mas também com o poder real, os *missi dominici*,[38] a nobreza,

36 Id., Hugues Capet. Duc puissant-roi faible. Un essai d'explication. In: Heber-Suffrin; Heitz; Richè (orgs.). *Xe siècle*: Recherches nouvelles, p.9-11.

37 Essa é a opinião de Georges Duby no capítulo que escreveu em *Histoire de la France*, I, p.258-260.

38 Id., Missus-Marchio-Comes: entre l'administration centrale et l'administration locale de l'Empire carolingien. In: Paravicini, *Histoire comparée de l'administration (IVe-XVIIIe siècles)*, p.191-239.

a cavalaria, a paz de Deus.[39] Werner não recuava jamais diante da amplitude de uma tarefa; o adjetivo "colossal" aplicado com tanta satisfação pelos franceses às realizações alemãs, poderia se aplicar a ele em muitos casos.

Ei-lo acompanhando neste livro por três grandes medievalistas franceses. Ele tem aqui seu lugar, de tal forma quis trabalhar em colaboração estreita com eles, bem como fez questão de trançar, sem descanso, laços entre seu país de origem e o que ele adotou, dos quais quis fazer conjuntamente a História. De suas hipóteses, algumas das quais, como vimos, eram questionáveis, ficam muitas novidades, achados, soluções intuitivas. Suas contribuições à história dos dois países são incontestáveis, elas já entraram para os compêndios. Isso não é uma consagração?

Michel Parisse

Obras de Karl Ferdinand Werner

WERNER, Karl Ferdinand. Andreas von Marchiennes und die Geschichtsschreibung von Anchin und Marchiennes in der zweiten Hälfte des 12. Jahrhunderts. *Deutsches Archiv für Erforschung des Mittelaters*, v.9, 1952, p.402-463.

______. Hauptströmungen der neueren französischen Mittelalterforschung, *Die Welt als Geschichte*, v.13, 1953, p.187-197.

______. Aufstieg der westlichen Nationalstaaten: Krise der Theokratie. In: BRUNER, Otto; VALJAVEC, Fritz (orgs.). *Historia Mundi*, v.6, Bern: Francke, 1958, p.121-189.

______. Untersuchungen zur Frühzeit des französischen Fürstentums (9-10. Jahrhundert). *Die Welt als Geschichte*, v.18, 1958, p.256-289.

______. Untersuchungen zur Frühzeit des französischen Fürstentums (9-10. Jahrhundert). *Die Welt als Geschichte*, v.19, 1959, p.146-193.

______. Untersuchungen zur Frühzeit des französischen Fürstentums (9-10. Jahrhundert). *Die Welt als Geschichte*, v.20, 1960, p.87-119.

______. Die Nachkommen Karsl des großen bis um das Jahr 1000. In: BEUMANN, Helmut (org.). *Karl der Große:* Lebenswerk und Nachleben. Düsseldorf: Schwann, 1967, p.403-483.

______. Die literarischen Vorbilder des Aimoin von Fleury und die Entstehung seiner Gesta Francorum. In: JAUSS, Hans Robert; SCHALLER, Dieter (org.) *Medium Aevum Vivum:* Festschrift fur Walter Bust. Heidelberg: C. Winter, 1960, p.69-103.

39 Id., Observations sur le rôle des évêques dans le mouvement de paix aux Xe et XIe siècles, *Mediaevalia christiana, XIe-XIIIe siècles, hommage à Raymonde Foreville*, 1989, p.155-195.

WERNER, Karl Ferdinand. Ademar von Chabannes und die Historia pontificum et comitum Engolismensium *Deutsches Archiv für Erforschung des Mittelaters*, v.19, 1963, p.297-326.

______. Bedeutende Adelsfamilien im Reich Karls des Großen. In: BEUMANN, Helmut (org.). *Karl der Große:* Lebenswerk und Nachleben. Düsseldorf: Schwann, 1965, p.83-142.

______. Königtum und Fürstentum im französischen 12. Jahrhundert. *Vorträge und Forschungen*, v.12, Konstanz-Stuttgart, 1968, p.177-225. (reeditado em *Structures politiques dans le monde franc (VIe-XIIe siècles)*: études sur les origines de la France e de l'Allemagne. London: Variorum reprints, 1979.)

______. Heeresorganisation und Kriegführung im deutschen Königreich des 10. und 11. Jahrhunderts. *Settimane di studio del Centro italiano di studi sull'alto medioevo*, n.15, 1968, p.791-843.

______. Prosopographia regnorum occidentalium (Proc). *Onoma*, v.16, 1971, p.112-115.

______. Westfranken-Frankreich unter den Spätkarolingern und frühen Kapetingern (888-1060). In: *Handbuch der Europäischen Geschichte.* Sttutgart: Klett-Cota, 1976, p.731-783.

______. Les duchés "nationaux" d'Allemagne au IXe et au Xe siècle. *Actes des congrès de la Société des historiens médiévistes de l'enseignement supérieur public.* 4e congrès, Bordeaux, 1973. Les Principautés au Moyen Âge. p.29-46.

______. Das Geburtsdatum Karls des Großen, *Francia*, n.1, 1973, p.115-157 [reeditado em *Bulletin de la Société Nationale des Antiquaires de France*, 1975, p.116-143].

______. Missus-Marchio-Comes: entre l'administration centrale et l'administration locale de l'Empire carolingien. In: PARAVICINI, Werner (org.). *Histoire comparée de l'administration (IVe-XVIIIe siècles).* Müchen: Artemis, 1980, p.191–239.

______. L'empire carolingien et le Saint Empire. In: DUVERGER, Maurice. *Le concept d'Empire.* Paris: PUF, 1980, p.151-198.

______. Adel. In: *Lexikon des Mittelalters.* München-Zürich: Artemis, 1980, p.118–126.

______; KLAUSS, Hildebrand (orgs). *Deutschland und Frankreich 1936-1939*, München: Artemis, 1981.

______. La genèse des duchés en France et en Allemagne. In: Nascita dell'Europa ed Europa carolingia: un' equazione da verificare. Spoleto: Presso la sede del Centro italiano di studi sull'alto medioevo, v.27, 1981 p.175-207.

______. Conquête franque de la Gaule ou changement de régime?. Childéric-Clovis, rois des Francs 482-1983. *Catalogue de l'exposition "De Tournai à Paris, naissance d'une nation"*. Tournai, 1983, p.5-14. [reeditado em *Vom Frankreich zur Entfaltung Deutschlands und Frankreichs.* Sigmaringen: Jan Thorbecke, 1984, p.466 e ss.]

______. *Beiträge:* Festgabe zu seinem sechzigsten Geburtstag. Sigmaringen: Thorbekke, 1984.

______. *Vom Frankreich zur Entfaltung Deutschlands und Frankreichs.* Sigmaringen: Jan Thorbecke, 1984.

WERNER, Karl Ferdinand. *Compte-rendus de l' Académie des Inscriptions et Belles Lettres*, 1985, p.186-200.

______. Hugues Capet, Duc puissant-roi faible: Un essai d'explication. In: HEBER-SUFFRIN, François; HEITZ, Carol; RICHÈ, Pierre (orgs.). *Xème siècle:* Recherches nouvelles. Paris: Centre National de la Recherche Scientifique, 1987, p.9-11.

______. Der Autor der Vita sanctae Chrotildis: Ein Beitrag zur Idee der "heiligen Königin" und des "Römischen Reiches" im X. Jahrhundert. BERSCHIN, W. (org.) *Lateinische Kultur im 10. Jahrhundert:* Akten des 1. Internationalen Mittelateinerkongresses, Hidelberg, 12-15 septembre 1988, *Mittellateinisches Jahrbuch*, band 24/25, 1989-1990.

______. Observations sur le rôle des évêques dans le mouvement de paix aux Xe et XIe siècles. *Mediaevalia christiana, XIe-XIIIe siècles, hommage à Raymonde Foreville*, Paris, 1989, p.155-195.

______. *Media in Francia*: recueil de mélanges offerts à Karl Ferdinand Werner à l'occasion de son 65e anniversaire par ses amis et collègues français. Maulévrier: Hérault, 1989.

______. Hludowicus Augustus. Gouverner L'Empire chrétien, idées et réalités. In: COLLINS, Roger; GODMAN, Peter (orgs.). *Charlemagne's Heir: new perspectives on the reign of Louis the Pious (814-840).* Oxford: Oxford University Press, 1990, p.3-123.

______. Artikel, Volk, Nation, Nationalismus, Masse (Abschnitt III-V). In: *Geschichtliche Grundbegriffe*, 7, Stuttgart: Klett-Cota, 1992, p.171-281.

______. Du nouveau sur un vieux thème: les origines de la "noblesse" et de la "chevalerie". *Comptes-rendus de l'Académie des Inscriptions et Belles-Lettres*, 1985.

______. Politische und kirchliche Konflikte. *Lotharingien und Burgund im Spiegel des lat. Tierepos (10.-11.Jh)*, n.61, 1997, p.1-33.

______. *Naissance de la noblesse. L'essor des élites politiques en Europe*. Paris: Fayard, 1998.

______. *Einheit der Geschichte:* Studien zur Historiographie. Sigmaringen: Jan Thorbecke, 1999.

François Furet

Problemas da Revolução e dilemas da democracia.

Situar François Furet em sua cronologia pode ser um bom meio para travar conhecimento com uma obra estreitamente ligada aos grandes debates contemporâneos. François Furet pertence a essa geração de jovens franceses para quem a guerra representou a irrupção da tragédia na felicidade da infância. Ele nasceu em 1927; muito cedo, portanto, para ver sua juventude brutalmente arrancada à despreocupação; tarde demais, porém, para fazer as escolhas heroicas dos ligeiramente mais velhos e se engajar de outra forma que de modo efêmero e marginal. Para ele, como para tantos jovens de sua idade, a entrada na vida política, assim como a escolha da História como disciplina principal, foram maneiras de conjurar a má consciência nascida dessa situação falaciosa.

Primeiro, o engajamento político. Com um avô paterno dreyfusista, um avô materno senador republicano pelo departamento de Allier, um tio deputado socialista, ele pertencia incontestavelmente a um meio de burguesia esclarecida, laica, indiferente à religião, e firmemente ligada à esquerda. Mas para o rapaz que tinha 18 anos em 1945, não havia muito mais – se nos lembrarmos do descrédito que então atingia a Seção Francesa da Internacional Operária (SFIO) – que duas opções possíveis: gaullismo e comunismo, ambos suspeitos de limitação nacionalista aos olhos do jovem Furet, mas ambos ambos também os únicos capazes de fazer esquecer o drama do fracasso. Entre um e outro, a tradição familiar republicana, hostil ao recurso a um homem providencial, não permitia a hesitação. Furet se alia em 1949, em plena guerra fria ao comunismo – no pior momento, dirá mais tarde. Ele explicou longamente em que a adesão ao partido comunista podia preencher as aspirações dos jovens burgueses que se sabiam privilegiados e sentiam uma vaga culpa por isso: dava-lhes a ilusão de um pertencimento mítico à classe operária, e lhes oferecia, por meio do poderoso sistema da interpretação marxista, o conforto de uma explicação global do mundo.

Foi da ambição generalista que dependeram as escolhas intelectuais de François Furet. Ele tinha feito uma licenciatura em Letras, depois direito, hesitara muito tempo entre seguir sua formação em Letras, Direito, Filosofia, História. Se escolheu a História, que logo depois ficou no centro de sua vida de pesquisador, foi por ser a disciplina mais abrangente. Toda a sua geração vivia na crença, então canônica, no engendramento do homem pela História. E para aqueles que o marxismo seduzira, a disciplina histórica era o terreno mais definido para se por à prova a teoria. A pequena trupe de candidatos à agregação em História trabalhava então na Sorbonne com Pierre Vilar, e principalmente com Ernest Labrousse, grande historiador marxista daquela universidade. Foi com ele que François Furet escolheu, na órbita da história social, seu tema de tese sobre a burguesia parisiense do século XVIII. Essa investigação, conduzida a partir dos arquivos notariais, devia, na mente do mestre como na do aluno, permitir a compreensão do ator-chave da Revolução Francesa, e, portanto, o esclarecimento sobre as origens do grande acontecimento: o diploma do ensino superior já levara o rapaz a refletir sobre a noite de 4 de Agosto.

A Revolução, todavia, não passa de uma curiosidade dentre outras para o jovem Furet, cujos interesses eram então bastante ecléticos, e cujos primeiros trabalhos eram ditados pelas necessidades das pesquisas coletivas da École des Hautes Études en Sciences Sociales, onde Fernand Braudel o recrutara. Furet a abandona provisoriamente, como também seu tema de tese: inúmeras vezes ele reconheceu não ter sido um pesquisador precoce e ter compreendido bem tarde onde estavam os seus verdadeiros interesses. Foi o acaso de uma encomenda de um editor que o reconduziu aos estudos revolucionários: os dois volumes de *La Révolution* [A revolução], escrita em colaboração com Denis Richet.

O acontecimento determinante na história desse período não é, entretanto, intelectual, mas político: a ruptura com o Partido Comunista. Se

François Furet variou um pouco a data de seu desligamento, é porque há rupturas e rupturas, e para grande parte dos jovens comunistas, o desencanto precedeu a desfiliação oficial. Duas datas são então defensáveis, e nada há nada mais tolo que atribuir a uma reconstrução estratégica o fato de indicar ora uma ora outra: com 1953, e os acontecimentos de Berlim, começa o trabalho de luto; 1956, com os acontecimentos de Budapeste, o tiro de misericórdia o liquida para sempre. Pois o mais impressionante nesse adeus não é tanto sua data precisa, mas sua radicalidade: após deixar o Partido, François Furet jamais cedeu nem às tentações de reparação, tão usuais nos decepcionados com o comunismo, nem às transferências da crença messiânica para terras distantes, nem às formações substitutivas que então exerceram fascinação sobre os intelectuais franceses; ele permaneceu impermeável ao estruturalismo, assim como ao terceiro-mundismo e à exaltação chinesa. Essa radicalidade, entretanto, foi vivida sem ressentimento e sem complacência. Ele não praticou nem a justificação retrospectiva (tivemos motivos para errar), nem a flagelação (nós nos acusamos de infâmia), nem o lamento patético (fomos enganados). Furet reconheceu inúmeras vezes sua dívida em relação ao que, de modo geral, se aprendia no Partido Comunista. Mas, a partir do momento em que o encanto se quebrou – e isso bem antes de a derrocada do regime revelar seu desastroso balanço –, é toda a paisagem política e cultural que se encontrou radicalmente modificada para ele.

Apesar de não dramatizada, essa ruptura teve consequências duradouras sobre a pesquisa de François Furet. Descobrindo o fracasso das políticas voluntaristas, foi levado a repensar a parte do político nas sociedades democráticas. Daí, uma redefinição da Revolução Francesa como momento fundador da consciência política moderna: é ela, com efeito, que faz ver como nunca antes a divisão do mundo entre o Bem e o Mal, a divisão da duração em um antes e um depois incomensuráveis, a divisão dos homens entre partidários e adversários, e sustenta a convicção de que a ação humana não tem limites objetivos. Daí, ainda, a análise do fosso que separa a experiência soviética da imagem que ela passou de si, e das razões pela quais os intelectuais demoraram tanto a vê-lo. Daí também a interpretação das três grandes formas política inventadas pelo século XX: fascismo, nazismo, comunismo. Portanto, a imbricação dos interesses historiográficos e dos debates políticos contemporâneos, o constante vaivém entre o passado e o presente – visíveis também na prática regular do jornalismo – que dão sua unidade aos livros e aos artigos de François Furet e fazem a novidade de seu questionamento. É impressionante ver o historiador destacar incessantemente a singularidade do surgimento revolucionário, uma singularidade da qual os franceses, por conta de ter estabelecido laços emotivos e quase domésticos com sua Revolução, perderam completamente o sentido.

Dessa proximidade com as questões controvertidas da época vem também o rumor polêmico que cercava seu trabalho. François Furet não é, com efeito, de um desses autores cuja obra é um monumento devotamente frequentado e unanimemente celebrado. Desde a origem, seus livros ocasionaram, nos meios universitários, um debate sem indulgência. Essa polêmica, exagerada e simplificadora como todas as polêmicas, certamente teve um papel na radicalização do pensamento de Furet: a resposta agressiva da historiografia marxista ao livro – que, no entanto, ainda era ortodoxo – publicado com Denis Richet, levou-o a repensar a Revolução. Fruto da circunstância política, ela foi também produto do drible de Furet em relação ao momento historiográfico: enquanto os historiadores de sua geração privilegiavam a longa duração, ele escolheu fixar-se em dez curtos anos convulsivos da história francesa, e é esse rotulo – historiador da Revolução – que o torna famoso; enquanto o relato desses dez anos era fixado em uma interpretação quase canônica, que supunha uma obrigação afetiva com o acontecimento – é preciso, dizia-se então, amar a Revolução para compreender-lhe a história – ela a perturba profundamente, e sem prudência acadêmica excessiva; enquanto reinava na história contemporânea o tabu que impedia qualquer comparação entre nazismo e comunismo, ele o derruba resolutamente; enquanto a escola à qual se ligava institucionalmente era a dos *Annales* e a da história social, ele escolheu enfatizar uma história política tida por elas como antiquada e superficial.

É da polêmica nascida desse distanciamento que devemos partir. Podemos reduzir a obra de François Furet à história da Revolução Francesa? Podemos, no interior dessa história, fazer dele o arauto de um combate, ideológico no fundo, levado contra a historiografia dita, segundo o caso, "marxista", ou mais exatamente "jacobina", da Revolução? Podemos atribuir-lhe a intenção de revestir com a mesma túnica de infâmia o regime comunista e o nazista, indevidamente amalgamados? Podemos, enfim, identificá-lo a uma escolha metodológica, que privilegiaria a história política e ilustraria o adágio voltairiano segundo o qual as ideias dirigem o mundo? É preciso examinar cada uma dessas interrogações para avaliar-lhes o fundamento, corrigi-las às vezes, matizá-las sempre.

Uma nação em revolução

Para começar, é forçoso corrigir a imagem de um François Furet fechado em uma especialidade estreita, a Revolução Francesa, e lembrar a diversidade e a abertura de seus interesses –, o que um simples olhar sobre sua bibliografia basta para estabelecer. Ao longo de suas pesquisas, ele cruzou um bom número de assuntos. A tese que havia iniciado, e que depois abandonou, voltava-se para a burguesia parisiense no século das Luzes, e algo dela fica no que Furet escreve com Adeline Daumard sobre as estruturas sociais na Paris do século XVIII.[1] No decorrer dos anos, ele se interessou pelo lucro industrial no século XIX;[2] pelo comércio dos livros no século XVIII;[3] pela alfabetização dos franceses, de Calvino a Jules Ferry;[4] pela repartição das grandes forças políticas no território francês, (em uma grande pesquisa, infelizmente inacabada, sobre os Vermelhos e os Brancos). Em muitas de suas obras, Furet aplicou procedimentos da história serial dos *Annales* aos domínios da história intelectual. Se abandonarmos agora os livros para passarmos aos inúmeros artigos, perceberemos que ele se questionou sobre os Estados Unidos, o Estado de Israel, o nascimento da disciplina histórica, a história quantitativa e a construção do fato histórico, as relações entre História e Etnologia. O fenômeno terrorista, a ideia comunista, ocuparam-no por muito tempo. Isso quer dizer que há na obra muitos outros textos além dos que ele consagrou à Revolução Francesa.

Compreendemos, certamente, que sejam esses livros que tenham feito sua notoriedade,[5] já que tocam no ponto mais nevrálgico da história na-

1 Furet; Daumard, *Structures et relations sociales à Paris au milieu du XVIIIe siècle*.

2 Furet; Gillet, *Le mouvement du profit en France au XIXe siècle*.

3 Furet, *Livre et société dans la France du XVIIIe siècle* [Livro e sociedade na França do século XVIII].

4 Furet; Ozouf, *Lire et écrire: l'alphabétisation de français de Calvin à Jules Ferry*.

5 Além dos já citados, escritos em colaboração com Denis Richet, citemos, para o essencial: Furet, *Penser la Révolution française* e Furet; Ozouf, *Dictionnaire critique de la Révolution Française*.

cional francesa. Compreendemos ainda melhor quanto uma das motivações principais do projeto é de devolver à Revolução Francesa seu caráter problemático. Podemos, portanto, manter a imagem de um François Furet historiador da Revolução. Porém, com duas condições: a primeira, é que se evite fazer da Revolução Francesa esse acontecimento disruptivo, singular, dramático, que levava Fernand Braudel a desencorajar os jovens historiadores sem assunto para suas teses a fazer essa escolha, que ele julgava limitada, e bastante simplória. O que interessa Furet no assunto Revolução Francesa é, na realidade, todo um ciclo revolucionário: para cima, um longo século XVIII, que manifesta, vindo de muito longe, um inversão da ordem do mundo. Estava estabelecido que a Revolução torna visível, mais que faz surgir, algo que já está cumprido: um processo de dessacralização de há muito iniciado, operando de modo furtivo independentemente de qualquer paroxismo revolucionário, e marcado pela imensa ambição dos homens de se reapropriarem do que, durante tanto tempo, tinha sido o poder de Deus. De outra parte, para a frente, ele se representava um século XIX, talvez mesmo um século XX, que não terminasse de desdobrar as consequências da Revolução: pois a nação francesa oscila permanentemente entre o imperativo de terminar a Revolução e o de relançá-la, não consegue enraizar em instituições estáveis os princípios que ela professa. A Revolução pode até, de fato, inventar uma sociedade nova, mas não chega a se dar uma Constituição durável. E inaugura um vertiginoso repertório político. Monarquia constitucional, república, império, monarquia restaurada, depois novamente república e mais uma vez império, que ao longo de todo o século XIX, "reprisa", como se diz no teatro, e em um *tempo* ofegante, as formas políticas experimentadas durante a Revolução, cuja fascinação apagou-se tão pouco que inspiram ainda os regimes do século XX.

Historiador, portanto, não de um evento singular, mas de uma nação revolucionária. E, ainda por cima, historiador que não limita suas curiosidades a uma nação em particular. Pois a segunda condição para fazer de François Furet um historiador da Revolução é deixar de lado o epíteto, que encerra o sentido da Revolução dentro das fronteiras da França metropolitana. Vemos Furet, de fato, examinar sempre o acontecimento do ângulo comparativo. Quando escolhe a Inglaterra como ponto de comparação, destaca que nada na Revolução Francesa lembra a ideia e a prática inglesas de um meio-termo entre duas soberanias: a Revolução Francesa jamais é moderada e, de imediato, há somente desprezo pelo equilíbrio dos poderes. Quando escolhe os Estados Unidos, é para destacar que a viagem transatlântica permitiu aos norte-americanos viver a ruptura não como um salto vertiginoso para um futuro indeterminado, mas como o retorno, uma vez deixado para trás o estado social aristocrático, a uma História e valores originários: o que os franceses, que criam a ideia de um Antigo Regime definitivamente repudiado, não podem sequer imaginar. Essa comparação permite a Furet compreender melhor qual foi o caráter da ideia francesa de Revolução e qual foi seu destino. De um lado, o sucesso: como abre um porvir ilimitado, cada geração pode nela depositar uma expectativa nova, capaz de sobreviver a todas as experiências. Do outro, o fracasso: ela vive da ilusão de uma ruptura quando nenhum povo pode romper com seu passado, o que mostram bem as refutações que o transcorrer da História lhe inflige.

O historiador ganha com essa abertura da reflexão é ver a Revolução como um revelador de todos os grandes problemas da democracia moderna: o rompimento do laço social tradicional, a natureza frágil da nova ordem política, a tensão entre os direitos universais do homem e a comunidade nacional, o construtivismo que anima a sociedade moderna, a dinâmica da igualdade; a obra trata da Revolução como do patrimônio político da Europa, e mesmo, no século XX, do mundo inteiro. Compreendemos melhor então por que Furet passou do estudo da Revolução Francesa ao da Revolução de 1917: esta pareceu cumprir a revolução social sobre a qual Marx profetizara que sucederia à revolução política dos franceses, e essa Revolução por recomeçar a partir de uma experiência inacabada alimentou as simpatias de toda a esquerda europeia. Porém, principalmente, François Furet encontra numa como noutra objetos privilegiados para tratar as grandes questões de sua vida: como surge nos homens o extravagante projeto de refazer completamente o contrato social? Por que a liberdade da aurora das revoluções degenera tão rapidamente para um crepúsculo mortífero? O que explica que um povo ponha-se a odiar coletivamente sua tradição? Por qual mistério de sedução as ideologias condenadas resistem aos desmentidos que a realidade lhes impõe? De um ponto a outro de sua obra, vemos assim Furet passar da Revolução Francesa, tragédia transplantada sobre uma esperança, à ilusão comunista, esperança transplantada sobre uma tragédia, percorrendo no intervalo todas as metamorfoses da paixão revolucionária.

A questão do Terror

Passemos imediatamente – e para não deixar a Revolução – a outra maneira um tanto redutora de apresentar a obra, que é sua identificação com a polêmica travada com a historiografia chamada, segundo os casos, "marxista" – ou mais corretamente "jacobina" – da Revolução Francesa, que foi durante muito tempo dominante na França. Tão dominante que o primeiro livro de François Furet sobre a Revolução, escrito em colaboração com Denis Richet, e de inspiração ainda muito labroussiana (a Revolução aqui é sempre "burguesa", e sempre dotada de uma inevitável necessidade histórica) teve o efeito de um tiro de revólver em um concerto. As modestas inovações de dois autores, que não tinham as Luzes como francamente burguesas, e recusavam distinguir Gironde e Montagne por suas posições sociais, suscitaram imediatamente a hostilidade violenta do *establishment* universitário. Violência benéfica, pois ela obrigou Furet a tornar precisas suas ideias; para alguns, a agravar seu caso; para outros, a melhor defendê-lo. Será este o assunto, em 1977, de *Pensando a Revolução Francesa*, verdadeira reviravolta da obra.

A interpretação que Furet propõe da Revolução é para começar uma recusa: uma renúncia à ideia – amplamente presente ainda no livro anterior – segundo a qual a Revolução é o produto de uma estratégia de classe, destinada a instalar a burguesia no poder. A Revolução, segundo ele, não pode ser chamada "burguesa" no sentido de Marx – que foi também um daqueles historiadores da Restauração – pois a burguesia que faz 1789, e do qual, aliás, ela não é o único ator, é massivamente composta por praticantes do direito, advogados, juízes e procuradores: burgueses sem dúvida, mas no sentido antigo do termo, e que não são absolutamente portadores de um desenvolvimento capitalista. Aliás, se a Revolução Francesa é tão simplesmente o advento da sociedade burguesa, tese comum aos liberais e a Marx, o problema está em resolver o seguinte enigma: como uma mesma classe pode produzir simultaneamente Mirabeau e a monarquia constitucional, Robespierre e a ditadura jacobina, Barras e a República termidoriana, Bonaparte e o despotismo do Estado centralizado? Ao mesmo tempo, Furet rompe também com outra ideia, dessa vez propriamente marxista, que vê essa Revolução burguesa como a gestação de uma revolução por vir, a do proletariado, autenticamente emancipadora: ideia que teve a vantagem paradoxal, para a historiografia dominante, de integrar à Revolução burguesa o episódio terrorista da Revolução Francesa, certamente o menos burguês.

Esse desacoplamento entre Revolução e classe social levou, portanto, Furet a substituir à definição da Revolução como gesto da burguesia sua própria definição: a Revolução como mundo dos indivíduos autônomos, que se propõem a reconstruir a cidade sobre vontades livres quebrando com sua tradição. E ela acarreta diversas consequências, que são objeto, cada uma, de um veemente debate. Alguns exemplos bastarão.

Definir a Revolução como a fundação convencional da sociedade com base na razão e na vontade tem como efeito não mais permitir sua divisão entre uma fase liberal e uma fase iliberal; distinção, no entanto, exata no âmbito dos fatos, visto que a suspensão do direito sucede à declaração dos direitos. Furet a manteve, aliás, em seus primeiros escritos, chegou a usar a metáfora de uma derrapagem de 1793 em relação a 1789, mas não deixou em seguida de matizá-la. Pois nos escritos da maturidade, a Revolução nunca foi moderada: desde a origem, os homens da Revolução desprezam a teoria das contraforças, que associam simultaneamente à aristocracia e ao empirismo à inglesa, dois monstros a seus olhos. A Revolução não é jamais uma monarquia constitucional, mas uma república com um poder legislativo todo-poderoso em que somente se preservou o antigo rei como simples delegado da Assembleia. Dessa forma, comporta desde a origem uma visão hiperbólica da soberania do povo, emprestada ao absolutismo e elementos potencialmente perigosos para a liberdade.

Isso acarreta evidentemente uma nova interpretação do Terror, em que François Furet recusa-se a ver o produto puro das circunstâncias e a resposta improvisada, ofegante e necessária aos inimigos da Revolução. Para Furet, as circunstâncias da radicalização revolucionária existem de fato, a guerra estranha com seu cortejo de pulsões e de medos principalmente, e o conflito religioso. Mas de um lado, recusa confundir a inevitável violência revolucionária, nascida da insurreição popular, com o Terror: este é um sistema político, exercido por um Estado em nome de uma necessidade histórica, que contém seus aparelhos institucionais, o tribunal revolucionário, suas leis especiais que definem os suspeitos e os privam de todos os meios de defesa. Em suma, o Terror é um regime de violência imposto de cima para baixo. Ora, tudo o que Furet escreveu sobre o Terror mostra que o sistema instalou-se pouco a pouco sobre uma visão maniqueísta do mundo político, a saber, a impossibilidade em pensar o adversário político em outros termos que não os do complô e da guerra, e uma fé quase mágica no voluntarismo político; a crença fundamental que a política pode mudar de cima abaixo e instantaneamente a sociedade se o Estado recorrer suficientemente à violência. Dito de outro modo, se há, bem entendido, circunstâncias que radicalizam o conflito, elas exageram sobre razões de base, a intolerância ideológica inseparável das iniciativas que pretendem romper com o passado, a incapacidade de organizar o pluralismo político, a propensão a fazer da política uma guerra.

Se a Revolução enfim não exprime mais uma necessidade da História, seu surgimento encontra seu caráter enigmático e devolve aos atores sua iniciativa histórica. Furet é então levado a acentuar ao longo de seus textos o papel dos indivíduos na História e a dar importância à liberdade humana e, à medida que aborda a história contemporânea, isso acontece cada vez mais. Como entrar na história do século XX sem Mussolini, Hitler, Stalin, as personalidades monstruosas que o marcaram? Como entender a improvável existência do Estado de Israel sem a vontade fabulosa de individualidades visionárias?

Seguir Furet em algumas dessas análises é descobrir um pensamento em movimento. Se compararmos o livro de 1965 – François Furet nunca o julgou importante para a compreensão de seu itinerário histórico – ao livro programático de 1977, constatamos que a Revolução tomou ali um caráter bem mais unitário: a oposição entre 1789 e 1793 é dali em diante muito menos decisiva do que parecia, em relação à irrupção da democracia em um país ainda há pouco definido pelo Antigo Regime. Se agora passarmos de *Pensando a revolução* aos escritos ulteriores, constataremos uma nova inflexão. Ali, o evento revolucionário é essa torrente que escapa amplamente à iniciativa de seus atores, em conformidade com uma interpretação clássica da historiografia revolucionária. Aqui, Furet torna-se cada vez mais sensível ao imprevisível na História. Do mesmo modo, enquanto em 1977 sustentava a tese, um pouco peremptória, de que é preciso escolher entre praticar uma história crítica a la Tocqueville ou uma história fusional a la Michelet, redescobre este último em seus escritos posteriores, e admite que ele compreendeu melhor que ninguém o caráter ilimitado dessa soberania real que se transmite do Antigo Regime à Revolução, e devolveu toda a sua carga simbólica ao processo do rei. Mas essa evolução não reflete nada mais que o trabalho daquele que não cessa de esvaziar seu assunto e de criticar-se.

Poderíamos dizer o mesmo do trabalho de reformulação por Furet de suas próprias sentenças, incluindo as que lhe valeram a notoriedade. "A Revolução acabou", fórmula que fez correr rios de tinta, queria dizer, em primeiro lugar, que os franceses não creem mais na Revolução como modalidade privilegiada da mudança, mas que, não obstante, os resultados da Revolução Francesa são aceitos e integrados na França de um ponto a outro do leque político nacional. Em segundo lugar, Furet enfatizou de preferência a maneira pela qual esses resultados não cessam de ser retrabalhados pela sociedade francesa: um processo, mais que uma averiguação.

Mas a evolução mais flagrante, e também mais problemática, é a que levou François Furet a reavaliar o discurso pensado dos atores. Em *Pensando a revolução*, sustentava, de modo bastante adequado, que o principal dever do historiador da Revolução era a distância em relação à interpretação que os próprios atores fazem do acontecimento – atitude desconfiada que garante sua independência e desestimula uma identificação que foi desastrosa para a historiografia revolucionária. De fato, enquanto o historiador dos tempos merovíngios, por exemplo, pode tranquilamente começar suas pesquisas sem revelar suas afiliações, o historiador da Revolução é exortado a declinar suas preferências partidárias antes mesmo de iniciar seu trabalho. Mas nos anos que se seguiram, vimos Furet atribuir cada vez mais espaço à maneira pela qual os contemporâneos pensaram e exprimiram o que estavam fazendo, e aos termos com os quais formularam suas questões, que permanecem essenciais até nossos dias. Para dizê-lo de outro modo, o depoimento dos atores, sem ser tomado, no entanto, por uma consciência clara, parece-lhe ter se tornado digno de uma escuta confiante: Furet chega a sustentar que a Revolução é provavelmente "o período da história em que é mais enganoso fazer abstração das intenções e das ideias dos atores para analisar o que eles fizeram". Singularidade que se explica pelo investimento dos homens de 1789 na fundação convencional da sociedade. Em *Pensando a revolução*, os homens faziam a história sem saber que a faziam. Nos textos do bicentenário, eles fazem a história sem saber tudo do que fazem, mas a fazem bastante. Está claro que com esse bastante, que não é tudo, mas que também não é nada, entramos em um equilíbrio sutil em que contam a inteligência e a arte de um historiador, mas também sempre contestável visto que está aberto a todas as avaliações e autoriza uma retomada infinita das interpretações.

Reflexões sobre o totalitarismo

O que havia desde o início impressionado François Furet no acontecimento revolucionário era sua capacidade em levar até suas consequências extremas a ideia de uma criação do homem por ele mesmo: o jacobinismo alimenta-se de uma exaltação construtivista da vontade, que explica ao mesmo tempo seu prestígio sobre as mentes e a tirania que pretende exercer, não somente sobre os comportamentos, mas ainda sobre as consciências, das quais exige, mais que a obediência, a adesão entusiasta. Essa reflexão antiga tornava François Furet particularmente sensível aos despotismos que a paixão da comunidade e da unidade podem produzir nas sociedades democráticas. Ela o levava naturalmente a se interessar pelas grandes formas políticas, fascismo e comunismo, por meio das quais os homens do século XX viveram a política revolucionária, a buscar as razões da fascinação que exerceram sobre as massas. Na História e no destino desses novos despotismos, ele encontrava mais uma vez o problema de sua vida, ao qual o desabamento do comunismo depois da queda do Muro acabava de dar um epílogo. Daí o projeto de escrever esse *O passado de uma ilusão*, seu último livro, cuja intenção ele precisou: "Compreender as representações imaginárias pelas quais tantos homens viveram a política revolucionária no século XX".

Era também para reatar com o problema ao qual a Revolução o havia iniciado: o da distância entre a realidade e a ideologia, e da sedução que esta, a despeito de todos os desmentidos, continua a exercer sobre os homens. Daí o título do livro *O passado de uma ilusão*, vocábulo que sancionava, sem dúvida, o fato para François Furet de ser ele próprio proveniente da ilusão, mas que, de imediato, levantava interrogações: não era estranho usar essa palavra para "caracterizar a crença quimérica em uma realidade, e a realidade em si"?[6] Não seria, em um sentido, mais correto falar de mentira?

6 É a objeção que lhe fez Lewin, Illusion communiste ou réalité soviétique?, *Le Monde Diplomatique*, v.513, n.12, 1996, p.17-18.

Mas, precisamente, a escolha da palavra ilusão explica bem a situação ambígua que François Furet descreve: de um lado, é constitutiva da realidade do regime comunista, que a empunha como sua verdade e dela se sustenta continuamente; do outro, não se identifica com a mentira deliberada, na medida em que os próprios atores a compartilham (com a nuança de que a compartilham tanto menos tempo quanto vivem à sua órbita: a ilusão, com as expectativas que suscitava, perdurou sobretudo longe da cena principal). O objeto de *O passado de uma ilusão* consiste precisamente em explorar essa zona nebulosa, e em viajar constantemente da realidade objetiva aos sentimentos que os homens dela têm.

Estudar os regimes inéditos surgidos após o trauma da guerra de 1914 era, além do comunismo, estudar o fascismo e precisar confrontar os dois regimes nascidos das democracias modernas; era também afrontar uma nova polêmica. Pois o que, nesse livro prolífico, absorveu os críticos principalmente foi a vontade de comparar: uma comparação bem longe de ser uma iniciativa sem exemplo, praticada entre as duas guerras por toda literatura política, mas tornada um escândalo moral desde que comunistas foram mortos durante a Segunda Guerra na luta antifascista.

A argumentação, frequentemente rude, dos comentaristas malevolentes de Furet consistiu em sugerir que a comparação é um amálgama. Sob a aparência de confrontação, ele teria colocado o mesmo rótulo em duas realidades incomparáveis. Nesse sentido, o livro revelaria apenas um anticomunismo grosseiro: produto tardio da Guerra Fria,[7] ou novo paradigma anticomunista.[8] Nada, entretanto, é mais fácil de estabelecer que a circunspecção com a qual Furet utiliza o conceito de totalitarismo, incapaz, segundo ele, de explicar as origens tão diferentes dos regimes de Hitler e Stalin, e a minúcia com a qual ele se dedica ao que é o objeto de qualquer comparação, o repertório das semelhanças e das diferenças.

No capítulo das semelhanças, fascismo e comunismo têm uma data de nascimento em comum: ambos nasceram das ruínas da Primeira Guerra, longamente analisada aqui – e um dos grandes interesses do *O passado de uma ilusão* – como o abalo que radicalizou, generalizou, brutalizou as pai-

7 Hobsbawm, Histoire et illusion, *Le Débat*, n.89, 1996, p.128.

8 Traverso, De l'anticommunisme, l'histoire du XXe siècle relue par Nolte, Furet et Courtois, *L'homme et la société*, n.140-141, abr.-set. 2001.

xões coletivas, e reabriu, inclusive à direita, o jogo revolucionário. De outra parte, têm uma fonte comum: o ódio à burguesia liberal e à abstração democrática moderna; um projeto comum, visto que um e outro querem responder aos dilemas da democracia, sociedade de indivíduos separados, reconstituindo uma comunidade fraternal; traços comuns, enfim: a onipotência do partido, a ambição de ligar ao coletivo todos os aspectos da vida individual, o controle da informação, a organização do entusiasmo. Ambos os regimes exaltam o futuro, desprezam o direito, assimilam a política à guerra.

Mas o capítulo das diferenças não é menos extenso. Pois se o ódio à burguesia, classe que apenas os interesses definem, é muito bem compartilhado entre as tiranias do século XX, a natureza desse ódio é radicalmente diferente. É em nome dos valores da hierarquia que o fascismo combate a burguesia como prosaica e niveladora, portanto nociva à ideia de uma raça superior eleita. É em nome dos valores da solidariedade que o comunismo a combate como egoísta e falsamente igualitária. O ódio à igualdade anima o fascismo, o ódio à desigualdade o comunismo – que um e outro se acabem no despotismo não permite tratá-los da mesma maneira. O comunismo, "patologia do universal", perverte intenções e valores mais honoráveis que o fascismo, "patologia do particular". Ali reside, aliás, um dos segredos da longa fascinação que ele exerceu: pois se ele se opõe à democracia, é também, em certo sentido, seu filho; e, além disso, seu universalismo igualitário e sua profecia da emancipação dos homens oferecem um espaço muito mais amplo à paixão revolucionária. Da mesma maneira, o pacifismo dos comunistas – mesmo que esse ódio à guerra não tenha impedido um feroz guerra civil na União Soviética – valeu-lhes em relação ao belicismo declarado dos nazistas, uma simpatia durável. O livro de François Furet é, portanto, contrariamente à sua reputação, uma contribuição preciosa à descoberta dos traços que distinguem os dois regimes. O trabalho de comparação não obscurece nunca a especificidade das paixões e dos crimes de cada um dos regimes, e valoriza ao mesmo tempo uma rivalidade e uma complementaridade.

Pois as duas tiranias alimentaram-se uma da outra. Um dos pontos mais insistentes da demonstração de Furet consiste em mostrar como o antifascismo foi utilizado para camuflar a natureza do regime comunista. Sem dúvida, com demasiada frequência ele deixa de especificar que o que ele condena ao longo de todo *O passado de uma ilusão,* não é absolutamente o antifascismo, mas sua instrumentalização. Na falta de evidenciá-lo o bastante, ele abriu a guarda para uma nova acusação: a de ter subscrito as teses de Ernst Nolte, que postula entre os dois regimes uma relação de engendramento. Acusação insustentável, entretanto, se nos dermos ao trabalho de voltar ao debate epistolar levado pelos dois autores.[9] Nolte tira os movimentos fascistas da ameaça bolchevique, vê em Hitler um puro produto de Stalin, apresenta os crimes do primeiro como uma réplica aos crimes do segundo. Furet responde que ele se condena então a ignorar as raízes do nazismo no pensamento alemão e se expõe à acusação de querer desculpar o regime. E nada é mais claro que sua conclusão: ninguém pode concluir um laço de causalidade da antecedência do *gulag* sobre Auschwitz.

A última obra de François Furet conclui então todo seu trabalho de questionamento crítico sobre as democracias liberais e evidencia seu dilema principal: como remediar o déficit político de sociedades que não comportam mais nenhuma crença comum ao corpo de cidadãos sem reiterar as experiências voluntaristas que balizaram a história. Da Revolução Francesa à Revolução Russa, ambas imbuídas da esperança de um mundo novo a construir, mas ambas soçobradas em seu contrário mortífero, o nó está então atado.

Um combate contra a ilusão da necessidade

As objeções não faltaram a essa construção iconoclasta. Mas o iconoclasmo não devia parar por aí. E critica-se muitas vezes a preferência cada vez mais marcada de Furet pela história política. O grande livro que ele dedicou ao século XIX (cujo título emblemático é *La révolution* [A revolução],[10] modo de indicar que esse livro é menos a história do século XIX que a da Revolução Francesa no século XIX) como o que ele dedicou ao século XX,[11] negligencia partes inteiras da História: nada sobre a história econômica, nada sobre a história das ciências, nada sobre a sociedade como tal. Daí,

9 Furet; Nolte, *Fascisme et communisme.*

10 Furet, *La révolution.*

11 Id., *Le passé d'une illusion.*

uma imagem de Furet triplamente marginal: o acusador da história social, o praticante de uma história abstrata das ideias, o militante da análise política e ideológica como instância principal da história: todos os pontos sobre os quais é necessário se deter.

Teria ele sido um acusador da história social? Ele próprio a ilustrou, lembremos, em áreas reputadas como as mais refratárias a seus procedimentos: a obra que consagrou à difusão do livro na França das Luzes, *Livre et société*,[12] trata o livro, ao contrário, da tradição literária e do individualismo romântico, como uma mercadoria, que combina as curiosidades intelectuais à lei da oferta e da procura. A obra dedicada à alfabetização dos franceses[13] atribui à vontade política um papel apenas mínimo nos progressos da alfabetização, eles também comandados pela demanda social e pelos fatores econômicos. A crítica da história social recai sobre ele em um ponto preciso: quando escolhe – como é o caso em seus últimos textos – estudar uma ideologia, a causalidade social é de pouco interesse: o comunismo jamais foi a expressão dos interesses dos trabalhadores, não mais que o liberalismo é a expressão da burguesia ou o fascismo a criação do grande capital. Pode-se, partindo de uma classe, ou de um cálculo racional qualquer, compreender a ilusão comunista, trabalho mental que consiste em crer que uma ideia política constantemente desmentida pelo processo histórico que se pretensamente lhe serviria de prova; ilusão que leva os homens e as mulheres a contrapelo de seus instintos, de seus interesses, de suas vidas. Ilusão, enfim, que, segundo Furet, não apenas acompanhou a história do comunismo, mas verdadeiramente a fez.

Para Furet, portanto, não há agressividade metodológica, mesmo se o cortante do assunto e o gosto da provocação deem a entender isso por instantes. A negação de tal método, ou de tal autoridade, em Furet, não deve jamais ser tirada do contexto no qual está inscrita. Não há recusa de Marx cuja leitura continua a lhe parecer indispensável para o estudo do capitalismo. Não há em nenhum lugar a ideia de que a história da classe operária dos camponeses e dos burgueses não represente interesse. Não há descrédito inapelável da história social, mas apenas a ideia de que ela não poderia servir a tudo. Da mesma forma que não há explicação monocausal, não existe

12 Id., *Livre et société dans la France du XVIIIème siècle*.

13 Id., *Lire et écrire*.

método capaz de fornecer um modelo de inteligibilidade válido universalmente. Todo objeto reclama, portanto, seu método, o que Pascal, contra Descartes, já nos ensinara.

Fica sem dúvida uma predileção pela história política, e Furet é de fato um dos que mais contribuíram ao retorno fortalecido de uma análise política por muito tempo desacreditada na historiografia francesa. Mas de qual história política se trata, precisamente? Não é uma história institucional; não é a história que praticava o positivismo, reduzida a uma insignificante minoria do pessoal dirigente. É uma instância abrangente: ela engloba a história das histórias da Revolução, isto é, a sedimentação pela qual o objeto Revolução é percebido: uma das contribuições essenciais de François Furet à história da Revolução é ter feito reler uma historiografia do século XIX, julgada com frequência antiquada e, no entanto, rica e conflituosa ao mesmo tempo, portadora já das grandes questões de nosso tempo. A história política, tal como a concebe Furet engloba também o social, pois é sobre o palco recentemente desobstruído pela Revolução que se desfraldam doravante as oposições sociais. Por fim, ela engloba as produções meditadas do espírito, não à maneira de uma história das ideias que cortaria a obra de suas raízes e de seus prolongamentos, mas com a esperança de compreender como elas se tornam subitamente influentes.

Isso leva a um último ataque feito a François Furet: o de ter sido um partidário de uma história abstrata das ideias. Ele mesmo abriu a guarda para a crítica dando como subtítulo a seu último livro "ensaio sobre a *ideia* comunista". Entretanto, não há sobre esse ponto, nenhuma intolerância em Furet. E nada permite melhor responder a essa crítica rebatida que o texto de 1992 publicado nos *Annales*[14] sobre a relação dos conceitos jurídicos e da conjuntura revolucionária em resposta a um texto de Michel Tropper: como integrista do conceito, estima que o historiador deve se prender à estrita formulação jurídica. Furet responde brilhantemente sobre o exemplo da Constituinte, em que os votos decisivos – o das duas câmaras – sempre estiveram na dependência das circunstâncias concretas do voto, em que jogavam ao mesmo tempo a pressão das tribunas e a força dos impulsos coletivos. É preciso, portanto, unir sem cessar a história dos conceitos cons-

14 Furet, Concepts juridiques et conjoncture révolutionnaire, *Annales. Économies, Sociétés, Civilisations*, ano 47, n.6, 1992, p.1185-1194.

titucionais e dos homens que os imaginam à das circunstâncias, das práticas políticas, das representações e das paixões das multidões: a guerra de 1914-1918 é, assim, em *O passado de uma ilusão*, analisada como a radicalização das paixões e dos comportamentos coletivos. E com esse adjetivo, percebemos também a que ponto é injusto ver na História praticada por Furet uma simples história das subjetividades. No livro dedicado à ilusão comunista, ele não quis estudar especialmente os intelectuais. A ilusão, segundo ele, não é própria apenas aos escritores e aos pensadores. Ela é muito mais espalhada, como mostram os escrutínios do pós-guerra imediato. Os homens a buscam nos modismos, onde a encontram sob todas as formas possíveis, do fervor militante à vaga ideia de um sentido da História. Mas para todos ela ilustra o caráter de uma época em que a política é o lugar privilegiado da divisão entre o bem e o mal. Ela é o próprio centro a partir do qual os homens do século XX imaginaram sua situação no mundo.

Dito isso, o livro dá lugar amplo aos intelectuais, assim como os últimos escritos sobre a Revolução privilegiam cada vez mais os retratos dos atores. Por quê? Primeiro, porque a profissão desses homens é escrever e porque eles deixam testemunhos articulados. É também porque tiram seu poder de sua capacidade de encarnar as paixões coletivas. É, enfim, porque refazer seu itinerário dá a François Furet a oportunidade de expressar um talento cada vez mais impressionante à medida que sua obra prossegue: o de captar uma personalidade e de retraçar um itinerário intelectual.

Assim, a obra é salpicada de retratos inesquecíveis, frequentemente colhidos em uma fórmula decisiva. Abramos o *Dicionário crítico da Revolução Francesa*. Ali encontramos Mirabeau, "esse homem dispersivo, intermitente, infiel, venal, que agarrou no ar a oportunidade de sua vida: tornar-se a voz da nova nação". Barnave, rapaz stendhaliano, "elegante, talentoso, amável, e escondendo sob sua graça um olhar clínico sobre o mundo". Bonaparte, "que tira o que há de realeza em ser um herói da República". Abramos *O passado de um ilusão*, para ali encontrar Pierre Pascal, cristão de extrema esquerda aliado da República soviética, testemunha moral entorpecido pela mentira organizada do regime. Georg Lukács, quase feliz por ser em pessoa um saco de pancadas da União Soviética. Bernard Shaw, nacional-bolchevista improvável, para quem "Stalin é um bom Fabien". Por meio de todos esses retratos, compreendemos também as preferências existenciais de François Furet. O que faz para ele um personagem cativante é o percurso agitado, o destino atípico, o pequeno detalhe que perturba a vida e a faz derivar para uma margem inesperada. Chateaubriand, que reúne mil homens em um, fascina-o, "católico demais para o que tem de liberal, fiel demais aos Bourbons para quem aceita a Revolução, aristocrático demais para o que ele compreendeu do inevitável fim do meio em que viveu". Ele admira profundamente Tocqueville e seu amigo Kergorlay,[15] que, "nascidos em um mundo que viveu a Revolução como um crime e o Império como uma usurpação", não ficaram prisioneiros nem dos interesses, nem dos preconceitos desse mundo, e souberam casar a crítica da sociedade democrática com sua aceitação. Sentimos que François Furet os admira por sua capacidade de dissociar sua inteligência e seus sentimentos, e por meio dessa admiração, não está proibido ler também seja um autorretrato, seja um programa.

Chegou o tempo, parece-me, de ler François Furet de outro modo que pelo espelho deformante da polêmica. E como nossa conjuntura política e intelectual felizmente desalojou a Revolução de sua posição de fim último da História e amorteceu – sem, no entanto, não sonhemos, apagá-lo – o humor belicoso dos historiadores, parece evidente que na coleira desse fluxo agitado, veremos melhor em seus livros o que foi longamente escondido: a abertura das curiosidades, o brilho da escrita, a ambição do objetivo reunida à moderação da abordagem, e a luta travada menos contra a ilusão comunista que contra a ilusão da necessidade nos historiadores.

Mona Ozouf

Trabalhos de François Furet

FURET, François. *Livre et société dans la France du XVIIIe siècle*. Paris: Mouton, 1965-1970.

______. Des aristocrates aux yeux grands ouverts. *Le Nouvel Observateur*, 11 mar. 1978.

______. *Penser la révolution française*. Paris: Gallimard, 1978. [Ed. Bras.: *Pensando a Revolução Francesa*. Rio de Janeiro: Paz e Terra, 1989.]

______. Concepts juridiques et conjoncture révolutionnaire, *Annales. Économies, Sociétés, Civilisations*, ano 47, n.6, 1992, p.1185-1194.

15 Furet, Des aristocrates aux yeux grands ouverts, *Le Nouvel Observateur*, 11 mar. 1978.

FURET, François. *La Révolution*: de Turgot à Jules Ferry, 1770-1880. Paris, Hachette, 1988.

______. *Le passé d'une illusion*: essai sur l'idée communiste au XXe siècle. Paris: Laffont-Calmann Lévy, 1995. [Ed. Bras.: *O passado de uma ilusão*: ensaio sobre a ideia comunista no século XX. Lisboa: Presença, 1996.]

______; BOUVIER; Jean; GILLET, Marcel. *Le mouvement du profit en France au XIXe siècle*. Paris-La Haye: Mouton, 1965.

______; DAUMARD, Adeline. *Structures et relations sociales à Paris au milieu du XVIIIe siècle*. Paris: Armand Colin, 1961.

______; NOLTE, Ernst. *Fascisme et communisme*. Paris: Plon, 1998.

______; OZOUF, Jacques (orgs.). *Dictionnaire critique de la Révolution Française*. Paris: Flammarion, 1988. [Ed. Bras.: *Dicionário crítico da Revolução Francesa*. Rio de Janeiro: Nova Fronteira, 1989.]

______; ______. *Lire et écrire:* l'alphabétisation de Francais de Calvin à Jules Ferry. Paris: Minuit, 1977.

______; RICHET, Denis. *La Révolution Française*. Paris: Hachette, 1965-1966.

Paul Veyne

Um historiador não dá a palavra aos romanos: ele fala por eles.

Paul Veyne é inapreensível e imprevisível; ele se situa à distância dos lugares-comuns. A obra, cambiante, diz o que é sua maneira de ser, cultivada cuidadosamente, em toda liberdade, uma liberdade instintiva, sempre em perigo e sempre a preservar. A mola propulsora é uma curiosidade intelectual sem limites, nunca satisfeita, apaixonada, generosa e desinteressada, fonte de uma cultura impressionante, de uma bulimia de saber inalterável, de um trabalho incessante guiado simultaneamente por uma intuição incomum e por construções intelectuais tão amplas quanto pessoais, o "método Veyne". O retrato, contrastado e contraditório, aliado à energia transbordante, o rigor do "especialista" que faz uma altíssima ideia de seu ofício, a virtuosidade crítica e interpretativa, o espírito de contradição, o riso salutar e a ironia, o gosto pela surpresa, em suma, uma maiêutica não assumida em um aristotélico com uma pitada de rebelde, pudico, explorador incansável de tudo o que se relaciona à experiência vivida dos humanos no que ela tem de aberto, de incerto, de raro.

Duvidamos, nessas condições, que possa se tratar de um historiador como os outros, apesar do percurso brilhante e, no fim das contas, clássico no âmago da instituição universitária, ao menos até a eleição para o Collège de France, sintomática, em seu caso, de uma ambição que vai muito além do sucesso completo de uma carreira. A cátedra de história romana convinha à sua maneira de estar em outros lugares, à margem dos jogos e dos lugares de poder tradicionais e ali onde não era obrigatoriamente esperado, a sua preocupação constante de dar vida a um pensamento não conformista, original, em ruptura com o meio científico de que era originário. Historiador inclassificável, Paul Veyne construiu sabiamente seu itinerário, reagindo às correntes de pensamento da época, fazendo prevaler em teoria e de fato uma concepção da escrita da história que é dele, propondo aos historiadores da gerações futuras um método renovado e exigente (outros dirão desconfortável) aplicado à história antiga e, em especial, romana.

Um "persa" no mundo da história antiga

Quando, no início dos anos 1950, Paul Veyne escolheu dedicar-se à Antiguidade clássica, o caminho mais nobre era o da filosofia e o da arqueologia. A École d'Athènes e a École de Rome (da qual foi membro) acolhiam jovens pesquisadores, com mais frequência aprovados na agregação em Letras Clássicas ou de gramática e versados nas disciplinas ditas "auxiliares" da história (antiga): a escavação fornecedora de objetos (os *realia*) e de arquiteturas variadas, a numismática, a epigrafia, a paleografia, a papirologia, a cerâmica. Simplificando, podemos dizer que a herança do positivismo dominava as disciplinas voltadas para a Antiguidade grega e romana, que a história antiga, ensinada nas faculdades de Letras, ocupava todo o espaço nos concursos da agregação em História, perpetuava-se como disciplina de erudição e fundamento da civilização ocidental, cuja memória mantinha ao serviço da ideia republicana. Apesar de Marcel Piganiol, a corporação dos historiadores antiquários estava muito pouco preocupada com a luta travada pela Escola dos *Annales*, à qual eram mais sensíveis os medievalistas e os modernistas. O rigor crítico, matriz de precisão e de realidade, a acumulação detalhada dos conhecimentos, o encontro entre os textos e as fontes ditas primárias definiam uma história antiga em busca de uma gramática, mais que de uma semiótica. O empirismo guardião da tradição reinava nas disciplinas em que a desconfiança era grande em relação às teorias, quaisquer que fossem, em que a unidade da civilização clássica grega e romana era afirmada e preservada nos ensinamentos.

Durante os vinte anos seguintes, alguns pioneiros não conseguiram perturbar esse equilíbrio aparente. A epigrafia brilhava em todo seu esplendor:

a grega sob a férula de Louis Robert (diretor da École Partique des Hautes Études), "imenso conhecedor" (Paul Veyne) de erudição incomparável; a romana sob a autoridade científica inconteste de Hans-Georg Pflaum (Centre National de la Recherche Scientifique), no entanto mantido à distância da universidade propriamente dita. A história política, administrativa, institucional abria-se lentamente à geografia histórica e à história social pelo viés das pesquisas de campo e pelas virtudes do método prosopográfico cujos interesse e novidade foram mostrados em *The Roman Revolution* [A revolução romana] de Ronald Syme (livro de 1939, traduzido em francês apenas em 1967). Os trabalhos de Michel Rostovtsev sobre a economia e a sociedade tiveram pouca repercussão; foi preciso esperar 1988 pela edição em francês de *Social and Economic History of the Roman Empire* publicada em 1926. As especializações limitadas eram a regra dominante e mesmo entre os helenistas muito poucos eram os que refletiam abertamente sobre seu ofício e sua disciplina ou olhavam para a esfera dos trabalhos etnográficos ou da antropologia e da sociologia. Georges Dumézil era ignorado pelos romanistas.

Vozes discordantes se levantaram sem encontrar, de início, grande eco. Henri-Irénée Marrou, historiador cristão e engajado, dedicara uma obra importante – e criticada – a sua disciplina em 1954.[1] Jean-Pierre Vernant, filósofo, e seu "grupo" propeliam resolutamente a história grega para o âmbito do diálogo com as ciências humanas. Na Itália, a nova geração de arqueólogos marxizantes do grupo dos *Dialoghi di Archeologia*, revista criada em 1967, estava impaciente para reconstruir a história nacional. Na França, o prestígio crescente dos estudos históricos incitava à história antiga jovens especialistas formados tanto em História e Geografia quanto nos idiomas antigos, ali onde, nos vizinhos europeus, a formação clássica permanecia a regra para se preparar ao estudo da Antiguidade. Nesse mesmo tempo, enquanto a importância dos *Annales*, sob direção do mestre Fernand Braudel, não cessava de crescer, e com ela, o sucesso da história econômica e social, historiadores da Antiguidade, menos atraídos pela atividade arqueológica, tentavam participar da criação de modelos de sociedades pré-industriais suscetíveis de servir também ao estudo das sociedades antigas. Apesar das aparências, os historiadores antiquários, divididos em especialidades

1 Marou, *De la connaissance historique*.

estreitas, inseriam-se em correntes de pesquisa muito variadas, cujas clivagens passavam por escolhas ideológicas e políticas mais ou menos marcadas. As rivalidades pessoais ocultavam mal as lutas de poder e as "escolas" de pensamento. Os acontecimentos de maio de 1968 foram o sinal de uma liberação nova tanto do discurso histórico (os *Annales* fazem uma "muda" em 1969) como das ambições.

O movimento começado antes da revolta estudantil espalha-se em seguida. Os cargos em história antiga mulitiplicam-se na universidade e no Centre National de la Recherche Scientifique, a província tem cada vez mais um papel pioneiro, os trabalhos são mais numerosos, as políticas editoriais garantem a difusão das teses, dos livros e das revistas variados e incluem as traduções de obras estrangeiras antigas que continuavam confidenciais na França, e de obras marcantes da atualidade científica. As correntes historiográficas concorrentes se afirmam: a história marxista dali em diante é admitida (Pierre Lévêque e Yvon Garlan), a história antropológica se estrutura em debate (o Centre Louis Gernet), a história estrutural totalizante atrai um número crescente de jovens historiadores e a história política afasta-se da história factual para espreitar a esfera das ciências políticas (Claude Nicolet). A ampliação dos campos de pesquisa incita as pesquisas a "revirar a casa" e a explorar as "mentalidades", as ideologias, as artes figurativas. Os historiadores tornam-se mais atentos às imagens, um domínio familiar aos antiquários havia muito tempo. Uma nova arqueologia coloca-se em prática e afirma sua autonomia como disciplina incontestável. Seus promotores se esforçam para dialogar com historiadores cujo discurso privilegia excessivamente os textos. Os estudos galo-romanos, por iniciativa particular de Christian Goudineau, integram mais sistematicamente a dimensão arqueológica e incitam à invenção de uma política da arqueologia nacional, voluntarista e eficaz. Essa mutação não apagou as tradições mais enraizadas. O empirismo permanece, pela força das coisas e da documentação, a atitude mais difundida na corporação. O triunfo dos *Annales* engendrou contestações e críticas, renegações e recuos sobre a prática tradicional do ofício. Diagnosticamos uma "crise". É mais justo sem dúvida falar de volta à análise, em uma conjuntura e um ambiente que mudam rapidamente e onde o latim e o grego são praticados apenas por uma elite muito restrita.

Paul Veyne fez o trabalho que se impusera à margem de uma historiografia em plena evolução, e em grande parte contra ela. Suas primeiras obras trazem a marca de uma formação clássica impecável que lhe permite brilhar nos exercícios de erudição, especialmente sobre os problemas de direito público relativos a cidades e sua liberdade.[2] Todavia, o literário sente-se tolhido pelo erudito puro, ele que tem como projeto uma tese sobre o dom na Antiguidade greco-romana, tema na intersecção da economia, da sociedade, do simbólico e das representações. O estudo de 1961 sobre Trimalcion,[3] inovador, abala os prejulgamentos, eleva uma ficção romanesca à dignidade de fonte incontestável de uma história social renovada. O artigo sobre os *alimenta* de Trajano de 1965 aborda um problema de história financeira do ângulo do evergetismo, continuando o estudo sobre o Arco de Trajano em Benevento (os *Ligures Baebiani*) e anunciando as problemáticas desenvolvidas em seguida na tese sobre *Le pain et le cirque* [Pão e circo]. Essa obra, que deu lugar, como reconhece o autor, a

> três redações sucessivas que pouco se assemelhavam, é estranha à universidade, exceto em dois pontos: a segunda versão serviu-me em Aix como tese de doutorado de Estado...[4]

O latinista havia definitivamente se distanciado da tradição "humanista", mas se mostrava pouco inclinado a seguir os caminhos da "nova história" sem reagir. A ruptura tomou a forma de uma provocação à maneira de declaração de guerra. A exemplo de Henri-Irénée Marrou, em quem se inspirava, Paul Veyne editou um tratado de epistemologia, impregnado de filosofia, que desmistificava, não sem espírito polêmico nem falsa ingenuidade, o que os historiadores tentavam reconstruir. Não podemos dizer que ele invocava aqui os *Annales*, apesar da gratidão com Marc Bloch e apesar da *captatio benevolentiae* feita adiante.[5]

---

2 Veyne, La table de Ligures Baebiani et l'institution alimentaire de Trajan. *Mélanges d'archéologie et d'histoire*, n.69, 1957, p.81-135; Id., La table de Ligures Baebiani et l'institution alimentaire de Trajan. *Mélanges d'archéologie et d'histoire*, n.70, p.177-241; Id., Ordo et Populus, génies et chefs de file. *Mélanges d'archéologie et d'histoire*, n.73, 1961, p.229-274; Le Marsyas colonial et l'indépendance des cités, *Revue de philologie*, n.35, 1961, p.87-98.

3 Id., Vie de Trimalcion. *Annales. Économies, Sociétés, Civilisations*, ano 16, n.2, 1961. p.213-247.

4 Id., *Le pain et le cirque*, p.11.

5 "Chamaremos portanto não factual a historicidade sobre a qual não temos consciência como tal; a expressão será utilizada nesse sentido nesse livro, e é justiça, pois a Escola [dos *Annales*] e suas ideias provaram suficientemente sua fecundidade." Ibid., p.31.

A partir do sucesso dos *Annales* e sua influência aumentada sobre os historiadores, o debate com as ciências humanas ou sociais, conduzido por Fernand Braudel havia muito tempo, dava o sentimento de que a História era imperialista e queria reunir sob sua bandeira o conjunto das disciplinas. Era antes inesperado que um antiquário, ainda por cima provinciano (mas até que ponto?), enfrentasse o desafio. O epistemólogo Paul Veyne, saudado por Raymond Aron a despeito de reservas sobre o tratamento por demais superficial da Sociologia,[6] herdeiro do espírito de Voltaire e de Montesquieu, abraçava de um só lance todas as querelas, verdadeiras ou falsas, que animavam os círculos parisienses e duelava com todas as escolas em nome de um pensamento que recusava rótulo e fechamento sectário. Ele exprimia em algumas frases sua incredulidade diante da doutrina marxista da História, atacava as pretensões de uma Sociologia com objetivo científico e negava aos historiadores qualquer capacidade para captar evoluções objetivas. Habituado aos exercícios literários, e externo, por princípio, à corporação dos universitários, ele havia sobretudo imposto seu estilo atípico, codificado na aula inaugural de 1976, *O inventário das diferenças*. Ali, encontrava um caminho para dar atualidade, isto é, vida, a uma Antiguidade de que a época se desviava.

A História e as "ciências humanas": Paul Veyne define essas últimas como "as ciências morais e políticas". Vem à memória, em eco, o Voltaire de *Ensaio sobre os costumes*. Desde o início dos anos 1980, a historiografia entrou em uma zona de turbulência que nada mais é que uma fase de crescimento. Não descobrimos satisfação nem inquietude sobre o assunto em Paul Veyne. Seu trabalho não foi de fato modificado. A dívida quitada com René Char, o vizinho ao pé do Ventoux, por um volumoso trabalho sobre o poeta-herói e o que diz sua poesia não marca uma ruptura propriamente dita: essa pesquisa sobre os traços ilustra uma de suas preocupações fundamentais. O historiador está talvez, desde o início dos anos 1990, mais diretamente atento à questão das imagens e das representações que ele submete, como é de seu costume, a uma crítica afiada, caçando os dogmas e as regras, beneficiando, na medida do possível, os conhecimento recentes da erudição, passeando um olhar interrogador sobre um mundo "abolido" e

6 Aron, Comment l'historien écrit l'épistémologie: à propos du livre de Paul Veyne. *Annales. Économies, Sociétés, Civilisations*, ano 26, n.6, 1971, p.1319-1354.

exótico, como atestam o artigo sobre "a plebe média",[7] cujos atores estão liberados das falsas determinações que impedem de compreendê-los e de fazê-los reviver, ou a apresentação em 2001 da arte palmirena em favor de um longo prefácio sobre a cidade caravaneira.[8] Essa maneira veyniana, diferente, de olhar, no cruzamento de uma época movente e de uma cultura pessoal fora do comum, produziu uma concepção original da história que o autor aplicou prioritariamente e exclusivamente à história da Antiguidade, sobretudo romana.

"Novas luzes" para a história romana

Paul Veyne nunca separou a reflexão sobre a escrita da história, a epistemologia, da própria escrita da história, a atividade do pesquisador. O estilo inimitável resulta da intrusão constante da teoria na elaboração do relato, de uma reflexão sempre alerta e exigente, em grande parte ao estado de programa. De partida, podemos notar a insatisfação de um espírito atraído pela filosofia diante das produções universitárias ou especializadas encerradas em suas especialidades e baseadas em princípios não assumidos. Nutrido de cultura germânica, leitor dos anglo-americanos, Paul Veyne tomou antipatia pela história metódica originada do positivismo. A noção de um sentido de História definido pelo progresso linear ou dialético da humanidade parece-lhe uma vigarice intelectual. O racionalismo vindo do cientismo repousa sobre concepções clássicas e errôneas da natureza e do homem. Um *aggiornamento* ganha terreno: Freud, a fenomenologia, a linguística geral que o gramático Veyne conhece bem passaram por ali, sem esquecer Max Weber, Raymond Aron, Michel Foucault... É claro que Paul Veyne evita apresentar-se como filósofo e pede que o escutem como um especialista da Antiguidade, que busca sua reflexão em Platão ou Aristóteles, o que nem sempre foi compreendido. *Como se escreve a história* é antes de tudo um recomeçar do zero de uma prática assumida sem dissimulação nem falsa

7 Id., La "plèbe moyenne" sous le Haut-Empire romain. *Annales. Histoire, Sciences Sociales*, ano 55, n.6, 2000, p.1169-1199.

8 Veyne, En guise d'introduction: la ville de Rome et la plebe moyenne. In: *La société romaine*, p.I-XLVI. Ver bibliografia.

vergonha, discutindo ponto por ponto, no repúdio das filosofias da História e do humanismo antropocêntrico.

Paul Veyne não se resigna nem à banalidade tediosa da erudição nem ao empirismo lógico, nem aos "programas de verdade". A História tal como a definimos abstratamente não existe. O trabalho do historiador não consiste em descobrir um sentido oculto da evolução dos homens no tempo: nem Marx nem os positivistas, nem o estruturalismo globalizante dos *Annales* podem pretender oferecer uma explicação que seria a verdade pura. A história dita científica, apesar do que pretende, não estabelece leis no sentido das ciências da natureza; ela não pode jamais voltar às causas nem avaliar-lhes a eficiência. Seu domínio é o do vivido, dos feitos humanos, do "sublunar" aristotélico. Este é de uma diversidade infinita que desafia a compreensão total do passado. Paul Veyne compartilha com Henri-Irénée Marrou a ideia de que a história dá espaço à intervenção do historiador, que recorta arbitrariamente no vivido, introduz uma limitação na descrição do real, concorda com os *Annales* sobre a ideia da construção do objeto histórico. Mas não é suficiente livrar-se de uma falsa ciência. Como avançar propondo um novo método para escrever a história? Para começar, cercando exatamente o porquê de um conhecimento do passado e sua legitimidade: a História existe porque o que escapa à ciência é tão digno de conhecimento desinteressado quanto a própria ciência. Essa curiosidade pura – a História séria – está focada sobre o conhecimento do específico, do que é inteligível (generalizável) no vivido (o individual). Para isso, não é verdade que o historiador esteja engessado em sua subjetividade. É o próprio sentido de uma atividade voltada para o conhecimento pela curiosidade intelectual e, portanto, objetiva, "subtendida por uma norma de veracidade", quando na verdade a História não se limita a objetivos precisos: tudo é digno de história.

A história segundo Paul Veyne é uma história verdadeira e "completa", o que não quer dizer portadora de verdade e nem total. Os feitos humanos não se reduzem aos acontecimentos políticos, mas englobam todos os feitos não factuais que convém fazer aceder à historicidade. Para estudá-los e torná-los inteligíveis, Paul Veyne preconiza uma história por *itens* ou palavras-chave escolhidas que determinam as intrigas, isto é, as ligações ou articulações específicas, identifica as regularidades, preconiza o recurso aos ideal-tipos weberianos. A conceitualização evita que historiador se perca no labirinto do vivenciado, mas também que proceda por generalizações abusivas. O conhecimento histórico passa por um "inventário completo das diferenças", isto é, que à imagem da Sociologia – de que ela não se distingue no fundo – a História tenta entender como um feito humano conceitualizado se individualiza, toma sua coloração particular, mas fora de qualquer contexto espaço-temporal, de qualquer periodização redutora e deformante. Nas pegadas de Foucault, que "revoluciona a História", Paul Veyne incita mais longe ainda a crítica e sua reconstrução programática. Expulsa da história veyniana, a cronologia deixa de ser o vetor essencial e tranquilizador da História, assim como todas as racionalizações pseudocientíficas ou "falsos objetos naturais" elaborados ao longo das eras pelas ciências humanas e as ciências da natureza. A História, a racionalidade não existem mais no absoluto que o poder, o Estado ou a política. Paul Veyne espera do historiador que ele rompa com as ilusões da continuidade espaço-temporal e não ceda mais às racionalizações idealistas da história ao longo da qual não há progresso demonstrável. O homem de hoje não sabe mais sobre o que faz nem aonde vai que os de outrora. Paul Veyne compartilha o positivismo radical de Foucault, que negava que a História dos historiadores tenha sabido se munir de bons métodos para reproduzir uma época com a neutralidade de seus enunciados e em suas práticas. Ele rechaça uma concepção autoritarista e antropocêntrica que não estaria isenta de ideologia interessada – a História é fonte de poder – em seus procedimentos de interpretação do passado.

Da reflexão epistemológica à aplicação de que ela era a mola propulsora, a passagem ocorre com todo rigor. Nenhum trabalho de Paul Veyne segue plano cronológico nem se desloca em um espaço predefinido. O discurso ignora a retórica, tirando algumas regras formais de apresentação. Como pano de fundo, uma afirmação inúmeras vezes repetida, extraída por acaso de uma leitura: "Os gregos estão em Rome; o Império romano é a civilização helenística, nas mãos brutais (aqui novamente nada de sermões humanistas) de um aparelho de Estado de origem italiana".[9] A história de Roma não é o que dela se fez em nome de um ideal humanista. Não há mais milagre romano que "milagre grego". Como abordar seu estudo? Evitando colocar distância entre Roma e nós, pois nada seria tão ilusório que tentar pensar na história de Roma com as próprias palavras dos romanos. Estes tinham somente

9 Id., Introduction. In: Ariès; Duby. *Histoire de la vie privée*, v.I, p.14.

uma maneira própria de responder às questões que toda sociedade humana se faz, o que os torna estranhos e exóticos a nossos olhos. Sob a influência confessada de Foucault, Paul Veyne diz que "o objeto é apenas o correlato da prática", que "existe apenas o determinado", que "o homem não pode pensar qualquer coisa a qualquer momento".[10] Essa estranheza, esse exotismo, o historiador só pode descrevê-los em comparação com tempos e espaços indefinidamente variados. Por que os combates de gladiadores e por que seu lento fim no século IV?[11] Seria falso e vão invocar sentimentos e ideias humanitários e cristãos impostos de cima para baixo. Assim como os espetáculos de gladiadores foram o resultado de uma prática política que queria que o imperador se contentasse em controlar o "rebanho" dos cidadãos, assim também o imperador autoritário e monárquico do século IV deixou de ser um pastor para tornar-se um pai, um pai que protege naturalmente seus filhos contra os espetáculos sangrentos. Quanto ao César, ele é imperador apenas por delegação. A monarquia romana reclamava do titular que ele provasse seu valor, que ele acedesse por seus atos ao reconhecimento dos cidadãos, que se tornaram seus súditos apenas tardiamente. O imperador investido legalmente era "grande e amado de todos", dispunha de todos os poderes, o que não impedia as reclamações, as críticas, a repressão, mesmo se o príncipe não tivesse nenhum interesse em dizimar seus cidadãos sobre os quais presumia-se que velasse. Cada César escolhia como bem entendesse um estilo de governo na ausência de "papel tradicional" definido e codificado.

Paul Veyne acha pouco interessante reproduzir a visão que tinham os romanos de sua sociedade: sob as estruturas convenientes, estão os sistemas de relações. Abordada pelas margens (os libertos, o evergetismo, a vida privada) e por vieses inabituais (a censura, a opinião, o folclore, a plebe média, o luxo e a autarquia), a sociedade romana aparece irredutível a uma hierarquia de ordens e de classes que era apenas um de seus componentes e não determinava senão raramente as relações sociais condicionadas pela visão que cada um pode ter e não pela busca de um equilíbrio inexistente. O famoso artigo de 1961, intitulado "Vie de Trimalcion", foi a oportunidade de refutar as análises de tipo capitalista, de afirmar o caráter particular da

10 Id., *Le quotidien et l'intéressant*, p.205.

11 Devemos em grande parte a Paul Veyne a edição póstuma do trabalho inacabado de Ville, *La gladiature en Occident*.

sociedade antiga (que não escapa ao arcaísmo) e o desconforto social dos ricos alforriados sem patrão (os *libertini*) cujas reações adaptam-se ao ambiente político e social. Jamais a sociedade romana é definida globalmente, e com razão. As descrições de Paul Veyne fogem às explicações prontas. O que surpreende, por exemplo, é a regularidade com a qual, no mundo romano, cada vez que se trata de economia e de sociedade, o discurso moralizador domina, mas também que as regras editadas não são quase aplicadas. Explicação: o medo do novo incitava o legislador a incluir, para melhor controlá-las, as inovações na lei que, por esse motivo, estava em constante evolução, o que explica a tonalidade de uma disciplina sufocante imposta por um poder "caporalista". Da mesma forma, apesar dos princípios proclamados, os senadores romanos entregavam-se ao comércio e à agiotagem ao passo que escravos, considerados sem existência, tinham capacidades jurídicas de homens livres quando eram feitos testas de ferro. O grande livro sobre *Le pain et le cirque* revela um método a chegar, insatisfeito com ele mesmo. Todas as explicações avançadas para compreender o evergetismo levam pouco em conta a singularidade de um fenômeno estranho e ambíguo, o da generosidade voluntária e compulsiva, gratuita e reclamada, incitada às vezes até o absurdo, a ruína. Não pode se tratar de uma racionalização do desperdício, o que seria a corrupção, o consumo ostensivo, a redistribuição, a fiscalidade, a caridade ou a assistência, a despolitização ou o interesse de classe. O evergeta praticava o mecenato para uma cidade,[12] o evergetismo desvelava um efeito da riqueza (e não do poder), a distância social que esta criava no contexto de uma cidade sem real autonomia. Os *itens* são identificados e definidos em função de uma especificidade relevante de uma prática que é ela mesma histórica e evolui com a política: o evergetismo cívico não era o mesmo que o da oligarquia senatorial, que por sua vez se diferenciava do imperial. Na abordagem, o conceito é principal – a política ou a cidade – e passa antes da descrição da prática: estamos mais perto de Max Weber que de Michel Foucault.

As pesquisas de Paul Veyne têm em comum, além de um trabalho introspectivo, o estudo de práticas coletivas e das representações que as acompanham, o que traduz também a atenção crescente dada à religião, às imagens, a cultura. O ideal romano, tal como o expressam as fontes, é o aristocrático associado os valores da cidade impregnado sob aparência

12 "Todo mecenas atualiza suas potencialidades." Id., *Le pain et le cirque*, p.102.

de moral estoica. Essas generalizações moralizadoras, essas "formas adequadas", na verdade, funcionavam como um cimento que tranquilizava a comunidade fazendo-a entender que ela estava protegida contra as forças da destruição. O direito romano não era feito para ser aplicado e não se conformava a regras humanitárias baseadas na natureza. O estoicismo de Sêneca era apenas um conservadorismo individualista, sob aparência universalista. O filósofo está muito pouco preocupado em contestar a escravidão, pois a desigualdade está ancorada na sociedade e a escravidão pertence à ordem do mundo, o que explica que a imagem dos outros humanos, o escravo deve, antes de tudo, aprender a comportar-se como bom escravo: "constataremos com facilidade que a moralização da escravidão não a suavizou apesar disso".[13] O universalismo tímido dos estoicos nunca chegou a considerar a escravidão injusta. Tudo se passa como se os romanos não tivessem feito nada mais que frutificar a herança da razão grega, ela própria prisioneira de seus preconceitos e de um divórcio entre os princípios de humanidade reservados às relações aristocráticas e os comportamentos guiados pelo interesse coletivo e pela força. O imperialismo romano não tinha mais necessidade de profunda justificativa; ele já tivera outras anteriormente e Roma não podia ter a consciência pesada por seu império ser o mais imponente que já existira. Que se questionasse a vida privada, a vida afetiva, as elegias eróticas, a religião ou os mitos dos gregos, percebe-se que esse mundo que nos é estranho era rebelde às racionalizações vindas do século das Luzes. É o que mostra aqui a coluna trajana ou as imagens imperiais nas moedas: essas imagens não eram feitas para serem vistas ou lidas em detalhes; elas exprimiam dado estado do poder – o qual nada tinha a ver com uma democracia moderna ou uma monarquia absoluta à maneira de Luís XIV, que visava a manter o sentimento da superioridade monárquica, o consenso em torno da pessoa imperial e de seu carisma.

Mal-estar na história romana

Não basta mexer no vespeiro e onde nem todo mundo pode se arriscar. Se Paul Veyne incomoda, não é porque descreve um mundo greco-romano

13 L'empire romain. In: Ariès; Duby, op. cit., p.77.

distante de nós, pré-capitalista, estranho a nossos valores modernos. Há "primitivismo" em seu modo de conceber a sociedade romana, o exercício da autoridade, a economia, a moral, a sexualidade. A desconstrução sistemática dos discursos mais bem assentados, exceto algumas concessões ao primado da cidade e da política, à ausência de racismo romano, à dignidade do cidadão, é frequentemente percebida como uma afronta periódica à integridade profissional dos antiquários ligados a seu ofício, de que eles gostam e que praticam com toda a seriedade desejável. A escrita é polêmica e irrita por sua prolixidade difusa, suas contradições, propositais ou involuntárias, à imagem de um pensamento da História em ruptura declarada com o que se diz ou faz naquele momento. Sob risco de sair da rota:

> Se a História se atribui assim por tarefa conceitualizar, a fim de cercar a originalidade das coisas, então, meus caros colegas, um duplo desespero me toma: tudo ou quase tudo ainda está por fazer, a história romana está por ser escrita, e vocês não devem contar comigo para isso.[14]

Entre paradoxo, ironia, provocação, distância ou autocrítica, é difícil escolher. O resultado aí está. A pedagogia é rude, o método de comunicação impertinente. Poderia ser de outro modo? Como não buscar a surpresa quando se faz da virtude de surpreender o motor da escrita da história? Como podemos estabelecer como programa a especificidade de cada coisa quando os historiadores se atribuem o dever de compreender e sintetizar? Como propor a cada um que experimente as alegrias intelectuais do ascetismo sem deixar de reconhecer que nada é mais incerto que esse exercício? Além disso, penetrado de cultura clássica, habituado aos métodos tradicionais da erudição, apto a captar imediatamente o que a atualidade traz de melhor e de novo em matéria intelectual, Paul Veyne não seria, em sua maneira singular, um dos que participaram plenamente das ampliações sucessivas dos campos – ele diz "a expansão dos questionários" – da história de Roma e arrastado em seus traços os especialistas mais escrupulosos?

As humildes tarefas cotidianas do especialista demandam uma paciência infinita e passam, por isso mesmo, por ingratas. O próprio Paul Veyne julgou que seu livro *Le pain et le cirque* era construído "ao contrário", mas

14 Id., *L'inventaire des différences*, p.45.

ele pensa então a seu método revisto e corrigido dali em diante por influência de Foucault. Não se privaram de criticá-lo por não levar em conta escrupulosamente dossiês documentais e os dados que eles contêm. Em relação ao evergetismo dos notáveis, observamos que a atenção à cronologia, às variações regionais não tinha rigor, como pudemos destacar que Paul Veyne parece falar do mesmo evergetismo, enquanto as cidades gregas da época helenística e as cidades gregas do império romano não pertencem ao mesmo mundo. O espanto é grande também quando constatamos que a parte ocidental do império não aparece por assim dizer o que pode se explicar, é verdade, pelas faltas bibliográficas no momento da redação do livro. A leitura factual dos documentos caso por caso, como reconhece o próprio Paul Veyne, não tem a ambição da interpretação que não comece senão com a classificação, a qual nunca pode pretender à exaustividade. A descrição do conteúdo de uma inscrição e de sua lógica interna obedece, em compensação, a regras imprescritíveis que condicionam sua utilização posterior sob risco de fazer dizer a um documento epigráfico ou iconográfico o que ele não diz. Que compreendamos bem. O esquecimento de um texto, a escolha dos exemplos fazem parte dos riscos do ofício de historiador e não invalidam com frequência os discursos históricos que se fundem nessas condições. Lucien Febvre não reconhecia que as cifras podiam ser falsas sem influir no perfil da curva?

A crítica é sem dúvida à altura do projeto, que é de tudo compreender. De qualquer modo, não podemos criticar Paul Veyne por desprezar o trabalho preparatório ao "relato" e por louvar uma História livre da erudição! *O inventário das diferenças* lembra fortemente que o conhecimento histórico compõe-se de dois elementos: a erudição e a conceitualização. Sobre a interpretação, as críticas também não faltam. O evergetismo visto por Paul Veyne apareceu como amputado de uma parte de si, sua realidade econômica, e deixado por demais à vontade dos notáveis que o usavam por pura vaidade. Ainda que Paul Veyne afirme que o evergetismo não é uma prática individual, mas coletiva, mantemos a explicação feita pela Psicologia, sem imputar a ela que não se trata de Psicologia "eterna", mas de um efeito das contradições permanentes entre as reações individuais e a pressão externa. Mais justa parece a incredulidade diante de uma descrição que tende a negar também a dimensão política do evergetismo: compreendemos mal o que seria somente uma prática formal, desinteressada, visando apenas à satisfação pessoal do evergeta. É difícil pensar ao mesmo tempo que o mundo cotidiano da cidade tenha por horizonte somente a cidade e descrevê-lo como vazio de relações políticas. A especificidade das coisas não implica a estranheza absoluta dos elementos: é preciso de fato dar nome aos bois. É improvável que os eleitores, ao designarem um futuro evergeta, tenham apenas buscado agradá-lo. Aqui está a questão. Como estabelecer quais ideias vinham ou não à mente dos homens de uma época? Como, sob as palavras dos atores, reconhecer seus desejos, suas ações, seus cálculos, suas práticas? Como afirmar que houve ou não mudanças decisivas de "mentalidades" e achar a boa explicação para elas?

O trabalho histórico é invenção e fazer de cultura e de imaginação, desde que se queira tomar a medida exata do que implicam as palavras, os conceitos, as ferramentas que utilizavam os historiadores de Roma e os outros.

> Esse apetite de inteligibilidade acaba de nascer: é no entanto ele que traz o futuro de nossa ciência. Vivemos em uma época de transição [...] Ainda não é um reflexo corrente o de conceitualizar, de se entregar a essa fadiga do intelecto que é comparável ao esforço da visão...[15]

A ideia que o discurso histórico constrói e dá espaço às qualidades individuais do historiador é correta, mas ela remonta a Henri-Irénée Marrou e aos *Annales*. Em 1976, as novas gerações, influenciadas mais ou menos pelo marxismo e pelo estruturalismo, tinham consciência de que o empirismo era somente uma maneira de descrever o passado, privado de perspectivas novas e atraentes. Todavia, Paul Veyne introduziu dados que não são evidentes e que suscitam legitimamente a desconfiança crítica. Admitamos que não haja verdade. Admitamos que a História seja apenas um campo de aplicação das ciências humanas (mas o que devemos entender por "ciências humanas" e o que são as "ciências sociais" em relação a elas?): tudo isso estava no ar. Mas por que preferir os modelos intelectuais de Max Weber e Michel Foucault? Por que conceder à Sociologia e à Filosofia o primeiro lugar na elaboração da escrita da história?

Aqui desponta um mal-estar. Os historiadores não têm medo da Filosofia quando ela não dá lição, quando os ajuda melhor avaliar a riqueza

15 Ibid., p.25.

das experiências humanas e a tentar identificá-las no passado. O que Paul Veyne propõe é mais radical. Ele recusa o tempo como elemento explicativo. Diz aos historiadores que sua maneira de fazer a História não é interessante, pois contorna as coisas, que eles se contentam em repetir ao infinito ideias que quase não variam, já que são apenas um revestimento dos fatos e não os fatos em si, um revestimento escolhido e por assim dizer falsificador:

> Eles pretendem dizer qual foi a realidade das sociedades de outrora e não se preocupam em compartilhar sucessivamente os desconhecimentos e as ilusões dessas diversas sociedades sobre elas mesmas. Um historiador não faz os romanos falarem... ele fala no lugar deles...[16]

A História conceitualizada que ele pratica insiste na multiplicidade dos tempos, tempos autônomos que desafiam a periodização. Os empréstimos conceituais a Max Weber ou a Michel Foucault formam um arcabouço que permite construir uma explicação nos limites do possível, insistindo nos "desconhecimentos", nos silêncios, nas rupturas, nos raciocínios dos atores.

> A reflexão histórica é uma crítica que baixa as pretensões do saber e que se limita a dizer a verdade sobre as verdades, sem presumir que existe uma política verdadeira ou uma ciência com maiúscula. [...] Apenas a reflexão histórica pode explicitar os programas de verdade e mostrar suas variações; mas essa reflexão não é uma luz constante e não marca uma etapa no caminho da humanidade.[17]

Queiramos ou não, compartilhemos ou não o entusiasmo de Paul Veyne pelo pensamento de Michel Foucault, que consideremos excessivo atribuir ou não a este filósofo a visão das escolhas de um projeto que leva a negar a história a ponto de desconstruí-la, a história romana tornou-se outra com Paul Veyne. Não podemos mais usar termos como "classes", "propaganda", "ideologia", "monarquia absoluta", ou ainda "cultura", "moral", "direito romano" etc., sem deixar claras suas significações no contexto das socieda-

16 Ibid., p.24.

17 Id., *Les grecs ont-ils cru à leurs mythes?*, p.136-137.

des romanas, sem experimentar a validade do conceito. Depois de outros, e com outros, mas acrescentando-lhe sua maneira ou seu estilo, Paul Veyne tentou livrar a história romana das deformações acumuladas pelo humanismo laico ou cristão e por outras escolas de pensamento para descrever o mais fielmente possível, sem pretender chegar a uma verdade incognoscível, os motivos profundos das ações e das relações entre os homens no mundo romano. Os conceitos que daí decorrem são infinitamente variados e são elaborados caso a caso. Não podemos deixar de destacar, apesar de tudo, o que contém de contradição um corte epistemológico radical acompanhado de um corte radical entre Roma e nós: o distanciamento definitivo de aventuras humanas, de "intrigas", que Paul Veyne propõe, aliás, devolver pelo viés da renovação dos métodos à curiosidade de muitos.

Ler Paul Veyne nunca é repousante ou fácil. O relato, a intriga são salpicados de considerações metodológicas e de interpretações explicativas complexas, visando balizar o terreno, mas também não fechar o discurso em raciocínios que teriam a última palavra. A História é um romance verídico que convém tornar inteligível. Um programa ambicioso de reescritura da história romana implica que avancemos a passos firmes, o que não isenta de dever afrontar contradições dificilmente superáveis pela singularidade de um fato. O trabalho do historiador, pela força das coisas, consistiu sobretudo em provar com o objetivo de suscitar o espanto, o interesse e a curiosidade, de abrir novas perspectivas, de privilegiar um novo olhar sobre Roma. Basta consultar as notas de rodapé para percebermos que a erudição das mais finas faz bom arranjo com a escrita da história que Paul Veyne pratica. Essa história responde apenas de longe ao que nomeamos habitualmente como tal: a Sociologia, a Filosofia, a Psicologia, a Economia, a Antropologia e a Etnografia são chamadas como reforço quando se trata de reduzir as lacunas e os interstícios. Nesse exercício se exprime plenamente a virtude essencial do historiador Paul Veyne: a imaginação bem compreendida, isto é, a criatividade colocada sob o controle do saber. Nesse sentido, Paul Veyne ilustra perfeitamente um conhecimento do último terço do século XX, a saber que, se a história científica não existe, ela ganha forma e vigor por intermédio dos historiadores que a constroem, o que não quer dizer que a intriga esteja nas mãos da subjetividade do autor, mas releva, ao jogo da verdade, por uma parte de um trabalho de si sobre si abrindo caminho para um conhecimento positivo:

> A reflexão histórica é uma crítica que baixa as pretensões do saber e que se limita a dizer a verdade sobre as verdades, sem presumir que existe uma política verdadeira ou uma ciência com maiúscula. [...] Apenas a reflexão histórica pode explicitar os programas de verdade e mostrar suas variações; mas essa reflexão não é uma luz constante e não marca uma etapa no caminho da humanidade.[18]

Nada nunca é adquirido... se não o esforço metódico de compreensão dos fatos passados, esforço ele próprio dotado de uma história própria. E a aposta, constante, consiste em pousar a paixão ativa do historiador como constitutiva, também, da construção com todo o rigor – isto é, em boa escala – de uma "curiosidade desinteressada" aplicada ao que já foi, ao outro, às diferenças, à estranheza.

Patrick Le Roux

Obras de Paul Veyne

VEYNE, Paul. La table de Ligures Baebiani et l'institution alimentaire de Trajan. *Mélanges d'archéologie et d'histoire*, v.69, 1957, p.81-135.

______. Vie de Trimalcion. *Annales. Économies, Sociétés, Civilisations*, ano 16, n.2, 1961, p.213-247.

______. Le Marsyas colonial et l'indépendance des cités. *Revue de philologie*, n.35, 1961, p.87-98.

______. Ordo et Populus, génies et chefs de file. *Mélanges d'archéologie et d'histoire*, n.73, 1961, p.229-274.

______. Les alimenta de Trajan. In: PIGANIOL, André et al. *Les empereurs romains d'Espagne*. Paris: CNRS, 1965, p.163-179.

______. La table de Ligures Baebiani et l'institution alimentaire de Trajan. *Mélanges d'archéologie et d'histoire*, n.70, 1965, p.177-241.

______. *Comment on écrit l'histoire*: essai d'épistémologie. Paris, Seuil, 1971. [Ed. Bras.: *Como se escreve a história*. Brasília, UNB, 1998.]

______. Y a-t-il eu un impérialisme romain? *Mélanges de l'École Française de Rome. Antiquité*, v.87, n.2, 1975, p.793-855.

______. *L'inventaire des différences*: leçon inaugurale au Collège de France, Paris, Seuil, 1976. [Ed. Port.: *O inventário das diferenças*. Lisboa: Gradiva, 1989.]

______. *Le pain et le cirque*: sociologie historique d'un pluralisme politique. Paris: Seuil, 1976.

18 Ibid., p.136-137.

VEYNE, Paul. *L'élégie érotique romaine*: l'amour, la poésie et l'occident. Paris: Seuil, 1983.

______. *Les Grecs ont-ils cru à leurs mythes?* – essai sur l'imagination constituante. Paris: Seuil, 1983. [Ed. Port.: *Acreditaram os gregos em seus mitos?*: ensaio sobre a imaginação constituinte. Lisboa: Edições 70, 1987.]

______. L'empire romain. In: ARIÈS, Philippe; DUBY, Georges (coords.). *Histoire de la vie privée*: de l'empire romain à l'An mil. Paris: Seuil, 1985.

______. Introduction. In: ARIÈS, Philippe; DUBY, Georges (coords.). *Histoire de la vie privée*: de l'empire romain à l'An mil. Paris: Seuil, 1985.

______. Humanitas: Romani e no. In: GIARDINA, Andrea; ANDREAU, Jean. *L'uomo romano*. Roma: Laterza, 1989, p.387-415. [Reed. *L'homme romain,* Paris: Seuil, 2002.]

______. *René Char et ses poèmes*. Paris: Gallimard, 1990.

______. Le renouveau de l'histoire ancienne prépare t-il un nouveau siècle des Lumières? In: *Les Grecs, les Romains et nous*: l'Antiquité est-elle moderne? Paris: Le Monde, 1991, p.434-458.

______. (org.). *Sénèque. Entretiens. Lettres à Lucilius.* Paris: Laffont, 1993.

______. *Le quotidien et l'intéressant*: entretiens avec Catherine Darbo-Peschanski. Paris: Les Belles Lettres, 1995.

______. La "plèbe moyenne" sous le Haut-Empire romain. *Annales. Histoire, Sciences Sociales*, ano 55, n.6, 2000, p.1169-1199.

______. *La société romaine*. Paris: Seuil, 2001. [Ed. Port.: *A sociedade romana*. Lisboa: Edições 70, 1993.]

______; FRONTISI-DUCROUX, Françoise; LISSARAGUE, François. *Les mistères du gynécée.* Paris: Gallimard, 1998.

______. Lisibilité des images, propagande et apparat monarchique dans L'Empire romain, Revue Historique, v.304, n.1, 2001, p.3-30.

______. Préface. In: DEGEORGE, Gérard. *Palmyre metrópole caravanière.* Paris: Imprimerie Nationale Éditions, 2001, p.8-57.

Pierre Vidal-Naquet

A História era minha paixão, e mesmo, se preferirem, minha religião.

"Jean Moulin é um herói ou um anti-herói? Para compreender a natureza da iniciativa de 'des-heroização' de que é hoje objeto, vale a pena, como veremos, evocar – ainda que rapidamente – a história das iniciativas análogas que começam na Antiguidade."[1] Assim Pierre Vidal-Naquet introduz uma digressão que o conduzirá de Jean Moulin a Gilgamesh, para explicar a diferença entre História e heroização. Esse exemplo é um dentre dezenas que podemos tomar de sua obra para lembrar a extensão de seus interesses: os cerca de trinta livros de História revisados aqui explicam muito parcialmente uma atividade de escrita cotidiana. É preciso acrescentar mais de uma centena de artigos e de prefácios de livros[2] e, sem dúvida, várias centenas de participações em jornais. Na profusão dessa atividade, foi preciso escolher: aqui trata-se sobretudo de suas pesquisas sobre a Antiguidade grega, mas, para abordar certos temas e para falar de método, às vezes foram utilizados exemplos fora dessa área.

Pierre Vidal-Naquet nasceu em 1930 em Paris.[3] Ele decidiu fazer História quando cursava o primeiro ano da preparação para a entrada em Letras

1 Vidal-Naquet, *Le trait empoisonné*, p.39.

2 Benabou, Pierre Vidal-Naquet préfacier, ou une forme latérale de l'histoire. In: Hartog; Schmitt-Pantel; Schnapp, *Pierre Vidal-Naquet, un historien dans la cité*, p.58-66.

3 O percurso e a obra de Pierre Vidal-Naquet foram objeto de uma série de estudos reunidos, entre outros, em Hartog; Schmitt-Pantel; Schnapp, op. cit.

na École Normale Supérieure; a história contemporânea, principalmente, o atrai.[4] A primeira inflexão para a Antiguidade é marcada por sua monografia de conclusão de curso cujo tema é "a concepção platônica de História":[5] Pierre Vidal-Naquet quer compreender com quais esquemas Platão pensou a História, e dedicará posteriormente vários estudos à figura de um Platão historiador.

Após a agregação, torna-se professor de História antiga na faculdade de Letras de Caen, em 1956. Desde então exerceu seu ofício continuamente, como pesquisador e professor em diversas faculdades, no Centre National de Recherche Scientifique (CNRS) e na École de Hautes Études em Sciences Sociales (EHESS).

O primeiro livro de historiador publicado por Pierre Vidal-Naquet é *L'affaire Audin* [O caso Audin] em 1958, obra que "estabelece os fatos" referentes ao desaparecimento de um jovem matemático após ser preso pelo exército francês na Argélia em junho de 1957. Pierre Vidal-Naquet desmonta ali os mecanismos da mentira de Estado e se questiona sobre o uso da tortura no âmago da guerra da Argélia, administrando a prova queo que dá para ele a prova de que o ofício de historiador é mais feito de subversão que de conformismo.[6] Assim, desde o início, ele é ao mesmo tempo um especialista em história antiga e um homem que põe seu conhecimento de historiador a serviço das causas do presente. Essa dupla orientação é uma das características mais marcantes de sua trajetória intelectual e a razão principal do fascínio que ele exerce. Longe de ser um desdobramento, ela tem uma real coerência, a de um homem que tenta escrever e viver como historiador.

Por que a Grécia?

Antes mesmo da monografia sobre Platão, a Grécia está presente nas leituras de Pierre Vidal-Naquet, e isso desde a infância: primeiro com uma coletânea sobre as lendas da guerra de Troia, depois com a tradução fran-

4 Vidal-Naquet, *Mémoires I*, p.218.

5 Um estudo dessa monografia foi feito por Brunschwig, Le philosophe, héros secret de l'historien. In: Hartog; Schmitt-Pantel; Schnapp, op. cit., p.138-153.

6 Pierre Vidal-Naquet é um dos signatários do "Manifesto dos 121 sobre o direito à insubmissão na guerra da Argélia", publicado em 6 de setembro de 1960. Por esse fato, foi suspenso de suas funções de assistente em Caen, desconto de vencimentos, até o outono de 1961, quando foi nomeado para Lille.

cesa da *Ilíada* de Homero.[7] Além da fascinação infantil, compartilhada por muitos, por um mundo de heróis, Pierre Vidal-Naquet explica sua escolha da Grécia pela distância que tal campo de pesquisas lhe permitiria tomar em relação ao presente, uma distância que ele julga necessária, mas logo acrescenta que a escolha dos temas que ele tratou, a começar pelo de Clístenes e dos primórdios da democracia, não é absolutamente indiferente,[8] que tem um laço estreito como preocupações atuais.

Nos anos 1950, na França, a história antiga ainda estava fortemente marcada pela influência da geração dos historiadores dos anos 1920 e em particular pela de Gustave Glotz. A história política domina, tanto a das instituições como a dos acontecimentos; os historiadores têm uma formação filológica rígida, seus documentos são principalmente os textos literários e epigráficos, utilizam pouco os dados arqueológicos mesmo se alguns tenham se familiarizado com os campos de escavações estagiando nas Écoles Françaises de Atenas e de Roma. André Aymard ocupa então a cátedra de história grega na Sorbonne; seus dois domínios de predileção são a história da guerra e a das instituições helenísticas. Ele aconselha a Pierre Vidal-Naquet, que o procura para definir um tema de tese, a trabalhar sobre a historiografia grega do século IV a.C.[9] Outra figura importante tem o papel de "mestre": Henri-Irénée Marrou, especialista da Antiguidade tardia e autor, entre outros livros, de uma monumental *Histoire de l'éducation dans l'Antiquité* [História da educação na Antiguidade], ocupa a cátedra de história das religiões. Pierre Vidal-Naquet segue os seminários de Marrou na Sorbonne desde o bacharelado e é sob sua direção que ele escreve sua dissertação sobre Platão. Esse historiador engajado que já em janeiro de 1955 falava a seus alunos dos "policiais torturadores da Argélia" constitui de certa maneira um modelo; no entanto, não é com ele que após a agregação da história de Pierre Vidal-Naquet prosseguirá suas pesquisas.[10] Na mesma época, na intersecção da Filologia, do Direito e da História, um pesquisador segue um trajeto original, mas sua obra ainda não está difundida

7 Vidal-Naquet, *Le monde d'Homère*, p.11-12.

8 "Com certeza, eu me apoiei na Grécia desde 1951 para evitar cair na armadilha da imediaticidade", Id., *Mémoires II*, p.239.

9 "Essa tese, nunca a escrevi e os três dossiês que comecei a constituir sobre três letras gregas, 'p' de política, 'r' de retórica e 'phi' de filosofia não se expandiram exageradamente." Ibid., p.40.

10 "Nada me pareceria mais normal que continuar meu caminho universitário com Henri Marrou. Mas ele tinha uma cadeira de história das religiões." Vidal-Naquet, *Mémoires II*, p.220.

e seu curso beneficia apenas um pequeno círculo de ouvintes; trata-se de Louis Gernet, que desde 1948 dirige um seminário na VI Seção da École des Hautes Études e que trata da antropologia da Grécia antiga sob o título de "sociologia jurídica".

No fim dos anos 1950, Pierre Vidal-Naquet publica seus primeiros artigos de história antiga que serão retomados após remanejamentos em *Le chasseur noir* [O caçador negro], coletânea lançada em 1981,[11] e em 1964 um primeiro livro sobre o mundo grego, *Clisthène l'Athénien* [Clístenes, o ateniense], em colaboração com Pierre Lévêque[12] Com *Clisthène*, elaboram-se o método e uma parte dos temas que marcam a especificidade de sua abordagem.

Escrever a história das representações

Clisthène é um estudo dos temas recorrentes do espaço e do tempo no pensamento político grego durante três séculos (VI-IV a.C.) a partir do caso particular da reforma de Clístenes, aristocrata ateniense do fim do século VI. O pensamento é uma realidade histórica e como tal justifica uma abordagem histórica: Pierre Vidal-Naquet reivindica para o historiador esse "novo" território, novo porque até então pertencia preferencialmente aos filósofos e aos literatos. Entretanto, nenhum dos campos do pensamento deve escapar ao historiador:

> O pensamento, ainda que abstrato, é estranho à realidade histórica? Existe algo de estranho à realidade histórica? Há certamente *níveis* de realidade, de graus de realidade, se quisermos, mas não vemos como um pensamento, mesmo reacionário, possa ser estranho à realidade histórica.[13]

"O pensamento", "o sistema de pensamento", "as representações": Pierre Vidal-Naquet emprega essas três expressões de modo equivalente, e o

---

11 Id., Temps des dieux et temps des hommes:essai sur quelques aspects de l'expérience temporelle chez les Grecs, *Revue de l'histoire des religions*, v.157, n.1, 1960, p.55-80 e Vidal--Naquet; Lévêque, Epaminondas pythagoricien ou le problème tactique de la droite et de la gauche, *Historia*, v.9, 1960, p.294-308.

12 É preciso citar o título completo: *Clisthène l'Athénien:* essai sur la représentation de l'espace et du temps dans la pensée politique grecque de la fin du VIème siècle à la mort de Platon.

13 Id., *La démocratie grecque vue d'ailleurs*, p.134.

termo "representações" aparece em sua escrita um pouco mais tarde, e a expressão "formas de pensamento" tem ainda sua preferência no subtítulo do *Le chasseur noir*. Assim ele se dedica a fazer a história da filosofia ou a desmontar as motivações de uma tragédia como historiador.

Se as análises de alguns capítulos de *Clisthène* não suscitam grande interesse porque o clima intelectual e as "problemáticas" se deslocaram[14] ou porque as pesquisas recentes renovaram muito o campo,[15] outras análises tornaram-se "clássicos" retomados em todos os manuais de história grega, como os capítulos sobre "o espaço e o tempo cívico de *Clisthène*" e sobre "isonomia e democracia". O livro permanece, sobretudo, uma grande lição de método histórico, que poderíamos assim resumir: como apresentar uma reforma imergindo-a no contexto histórico, o do passado recente (não em termos de origens mas de modelos) e o do futuro (menos em termos de influência que de reapropriação e de transformação), e tentar tornar assim compreensível todos os seus aspectos e todo seu alcance; como, para dar todo o seu sentido a uma "ruptura", é preciso também acentuar as continuidades e o tempo longo, aceitar de certa forma que Clístenes não seja o homem providencial de uma "revolução".

Em *Clisthène*, as formas de pensamento não são evidentemente as únicas a interessar aos dois autores e é também questão de práticas institucionais muito concretas, as mesmas que vão caracterizar em seguida a vida na democracia em Atenas. É precisamente a articulação entre "formas de pensamento e formas de sociedade" o núcleo da reflexão histórica de Pierre Vidal-Naquet nos artigos publicados entre 1960 e 1979, reunidos sob a efígie do *Le Chasseur Noir*, estudos cujos temas são variados, mas respondem a essa mesma preocupação com o método.

Estabelecer as relações

Este é o título que Pierre Vidal-Naquet dá à sua "apresentação" ao *Le Chasseur Noir* cujo subtítulo é "*formes de pensée et formes de société*formas

14 Em particular os capítulos sobre "o espírito geometrico" e sobre "Clístenes Pitagórico?"

15 É o caso do capítulo "De Hipodamos a Platão" que as recentes pesquisas sobre o urbanismo antigo permitiram matizar e prolongar.

de pensamento e forma de sociedade". O "e" é primordial, explica o autor várias vezes, nessa mesma obra, e em *Mémoires*. Ele quer "fazer comunicar o que não comunica naturalmente".[16] Seu discurso do método é mais claro que um comentário.

> Textos literários, filosóficos, históricos, relatos míticos ou análises descritivas de uma parte, e de outra práticas sociais: a guerra, a escravidão, as instituições juvenis, o erigir de monumentos comemorativos; o imaginário da cidade, de seus cidadãos de um lado com o que ele tem de real, e o mundo muito concreto dos ritos, das decisões políticas, do trabalho, sobre o qual se trata de mostrar que têm também uma dimensão imaginária.[17]

Seguem dois exemplos mostrando como essa abordagem afasta Pierre Vidal-Naquet de uma análise estrutural dos mitos que não estaria ligada a um estudo das práticas sociais,[18] de um lado, e de uma história institucional, social, econômica que não levava em conta "o estudo das representações que acompanham e mesmo penetram as instituições e as práticas do jogo político e social",[19] do outro. Nada mais a dizer. Fica a extrema dificuldade de uma abordagem histórica que quer assim manter juntas formas de pensamento e formas de sociedade, sobre o fio da navalha de certa forma, entre imaginário e social, com a convicção de que há tanto pensamento "puro" quanto um social sem imaginário. O sucesso de Pierre Vidal-Naquet deve-se ao fato de ele ter conduzido sua pesquisa em dossiês relativamente circunscritos, mesmo que as conclusões tiradas de exemplos precisos possam estender-se a um campo mais vasto. Essa abordagem fez escola; para certos historiadores da Antiguidade da geração seguinte é como um tronco sobre o qual podem se enxertar variantes conforme os documentos utilizados e conforme a ênfase colocada mais de bom grado no discurso ou nas práticas sociais. Porém, quanto mais o objeto de pesquisa é vasto, menos essa abordagem é fácil de sustentar. A essa objeção, Pierre Vidal-Naquet responde

16 Vidal-Naquet, *Le Chasseur noir*, p.14.
17 Ibid., p.14.
18 A diferença se acentua nesse campo com o pensamento de Marcel Detienne.
19 Vidal-Naquet, *Le Chasseur noir*, p.14. Pierre Vidal-Naquet cita desordenadamente e de modo sem dúvida pouco nuançado os historiadores Moses Finley, Yvon Garlan, Philippe Gauthier, Claude Mossé, Edouard Will.

que ele não busca a criação de um mundo unificado sob um grande princípio, que ele prefere o modo do inacabado, do fragmentário e do crítico. Não podemos dizer de forma melhor do que esta a que ponto sua escrita da história é oposta a uma abordagem positivista e compreendemos também que a forma do artigo ou do ensaio seja a que mais lhe convém.

Esse extremo interesse pelo estabelecimento das relações entre pensamento e formas de sociedade acompanha um respeito novo – para os historiadores, entenda-se – pelos textos como *obras* literárias ou filosóficas. Pierre Vidal-Naquet pertence a uma geração intelectual em que a questão do autor foi levantada energicamente pelos literatos, inclusive no campo dos estudos clássicos. Também ele propõe as bases de uma leitura histórica das obras que, longe de recortar o texto para atender às necessidades da pesquisa histórica, faz da questão de sua especificidade um assunto da História. Ele não está sozinho nessa área, e os estudos sobre a tragédia dirigidos em conjunto com Jean-Pierre Vernant fornecem sem dúvida o mais claro exemplo desse interesse respeitoso pelos gêneros. Mas ele continua historiador antes de tudo, lembrando que o sentido do texto não se esgota em a própria estrutura, que é preciso pesquisá-lo também no contexto histórico, e nisso opõe-se, às vezes, às leituras de filólogos, cujos métodos, aliás, admira.[20]

Seus estudos sobre o teatro ateniense são de dois tipos: ele escreve artigos sobre um tema em particular em tragédias precisas, e confronta assim um texto e uma instituição, como o *Filoctetes* e o efebismo, *Oréstia* e a caça e o sacrifício, *Édipo em Colona* e o estatuto dos metecos; ele também elabora sínteses sobre os autores trágicos como Ésquilo e Sófocles, que oferecem uma leitura histórica global desse tipo de discurso.[21] O teatro tornou-se inteligível pelo pano de fundo histórico no sentido amplo (o conjunto das práticas e das instituições), mas é apenas seu espelho. Por seus escritos que seguem uma via diferente da dos helenistas literários, Vernant e Vidal-Naquet conquistaram um novo público de leitores e sua abordagem do teatro trágico ateniense é com frequência o objeto de debates no âmbito dos estudos clássicos. Para os historiadores, eles deram chaves de acesso a um

20 Os textos de Jean Bollack em particular.

21 Esses estudos estão reunidos nem Vidal-Naquet; Vernant, *Mythe et tragédie* e Id., *Mythe et Tragédie Deux*. Ver uma síntese sobre essa abordagem em Vidal-Naquet, *Le miroir brisé*.

conjunto documental de primeira importância, com o qual, não importa o tema de estudos, é preciso contar.

Antes de falar dos temas de predileção de Pierre Vidal-Naquet, lembremos a importância da Antropologia em sua elaboração.

Uma Antropologia sob medida

Pierre Vidal-Naquet faz História não como um homem isolado em sua Atlântida, mas como um homem imerso na renovação das Ciências Sociais dos anos 1960. É um leitor infatigável:

> É com frequência lendo outra coisa além de textos gregos ou de textos sobre os gregos que eu tive algumas de minhas intuições [...]. Teremos compreendido: o desvio, a passagem pelo outro, pelo que está além, foi uma das leis de minha vida científica, e aliás de minha vida simplesmente: além metodológica, além temporal, além espacial.[22]

Ele leciona em um local, a EHESS, onde todas as disciplinas das Ciências Sociais se confrontam, com a revista dos *Annales* a repercuti-lo, onde se elaboram livros coletivos que permitem avaliar a renovação dos métodos em andamento,[23] e onde se formam também colaborações ocasionais de historiadores momentaneamente reunidos por um tema comum, como este: "Lévi-Strauss en Brocéliande",[24] escrito com Jacques Le Goff. Naqueles anos, a antropologia histórica aparece como uma das maneiras de renovar a História, marcando com seu traço os trabalhos de história medieval, moderna e contemporânea, suscitando trabalhos de síntese como *La Nouvelle Histoire*. Entretanto, a história antiga em geral sente-se pouco concernida pelas problemáticas e pelos temas da história antropológica.

O uso que fizeram da Aantropologia alguns especialistas da Antiguidade clássica, entre os quais Pierre Vidal-Naquet, é de certa maneira fora da

22 Vidal-Naquet, *Mémoires II*, p.236.

23 Como os três volume de Le Goff e Nora, *Faire l'Histoire*.

24 Vidal-Naquet; Le Goff, Lévi-Strauss en Brocéliande, *Critique*, n.325, 1974, p.541-571 (reeditado e aumentado. In: Bellour; Clément, *Claude Lévi-Strauss* p.274-297).

norma, como notou François Hartog.[25] O diálogo com os antropólogos permitiu examinar a Grécia segundo uma perspectiva comparatista, não uma comparação termo a termo que dá resultados limitados e frequentemente decepcionantes (tal rito africano e tal rito espartano), mas uma comparação global entre as estruturas das sociedades. Um exemplo: o lugar da iniciação em todo um conjunto de sociedades descritas pelos antropólogos pode ajudar a compreender o lugar e a função dos rituais muito complexos que se desenvolvem na Grécia antiga em torno da passagem da adolescência à idade adulta.[26] A comparação tem, portanto, valor heurístico. Ela permite formular novas hipóteses, colocar em perspectiva fatos sociais e representações que até ali pareciam estranhas e propor um olhar diferente sobre sociedades, gregas e romanas, sobre as quais acreditávamos tudo conhecer.

A outra grande contribuição da Antropologia à história antiga é permitir aprofundar a distância entre os gregos e nosso tempo, uma distância que era menos sensível nas gerações precedentes, em que a elite social estava ainda impregnada pelas "humanidades clássicas". Esse afastamento não é obrigatoriamente prejudicial ao estudo do mundo grego. Observar que a cultura antiga não nos é imediatamente inteligível, aceitar ser desenraizado, é suscitar novamente um interesse amortecido por séculos de erudição e de escrita positivista da História, é também querer compreender de novo. Colocar outra vez instrumentos de métodos a serviço dessa curiosidade despertada é o que fez com outros Pierre Vidal-Naquet, ao privilegiar alguns campos.

As margens, a diferença

De acordo com ele, explorar as margens da sociedade grega deve permitir não reproduzir o que sociedade diz dela mesma e atualizar outro tipo de discurso. Em uma época na qual os marginais de todo tipo estão na moda,

25 Hartog, Introduction: Histoire ancienne et histoire. *Annales. Économies, Sociétés, Civilisations*, ano 37, n.5-6, 1982. p.687-696.

26 O livro de um helenista mostrou de certa maneira a via: Henri Jeanmaire publica em 1939 *Couroi et Courètes*, livro no qual ele explica o sistema das faixas etárias gregas recorrendo aos estudos etnológicos de seu tempo sobre as iniciações africanas. Dele data a explicação da *cryptie* espartana como o equivalente a um "rito de passagem" pelo jovem efebo. Pierre Vidal-Naquet refere-se frequentemente a esse livro que o marcou muito.

inclusive em História, essa preocupação com as margens pode parecer enfim bastante banal, sem dúvida. Mas Pierre Vidal-Naquet esforça-se mais uma vez em delimitar sua abordagem para se destacar de uma eventual "corrente" que, do contestador, daria uma guinada para o acadêmico. Não se trata a seus olhos de uma estratégia de reabilitação dos esquecidos da História, pois o historiador não tem o mesmo objetivo do militante – ponto nuclear ao qual voltarei. Não reabilitamos os escravos ao indicar com exatidão seu lugar no imaginário social, mas compreenderemos melhor o funcionamento real da sociedade grega. As margens são evidentemente antes de tudo reveladoras do centro. A atenção dirigida aos escravos, aos estrangeiros, aos artesãos, aos jovens, às mulheres, é também, como observou Oswyn Murray, uma maneira de recusar o "milagre grego" desconstruindo uma Grécia idealizada.[27]

Passar em revista todos os temas tratados por Pierre Vidal-Naquet tomaria rapidamente a forma de um catálogo, também de modo arbitrário vou me deter apenas em um, o da passagem da infância ao mundo adulto, tentando tornar claras suas contribuições para a história grega.

Se esse tema é recorrente em vários escritos de Pierre Vidal-Naquet, está no centro de quatro artigos[28] escritos e publicados sucessivamente, e sobre os quais podemos considerar que formam um percurso. O ponto de partida é uma pesquisa minuciosa sobre o que é um hoplita (soldado da infantaria) em Atenas e sobre a evolução dessa categoria de cidadão-soldado desde a época arcaica até o século IV a.C. O recrutamento, o treinamento, o modo de combate, a ausência de qualquer profissionalismo, o lugar ideológico do hoplita na cidade, e sua transposição na obra de Platão são estudados e levam a uma interrogação sobre o estatuto da efebia, forma ateniense do serviço militar reorganizada por Licurgo no fim do século IV a.C., e a uma questão não resolvida: o porquê do mito da festa das Apatúrias. O estudo da efebia vai se desenrolar na continuação desse artigo que de certo modo fixou o cenário histórico. Partindo da instituição conhecida no século IV a.C. apenas por um texto de Aristóteles, Pierre Vidal-Naquet vai tentar compreender

27 Murray "Pierre Vidal-Naquet et le métier d'historien de la Grèce: l'école de Paris. In: Hartog; Schmitt-Pantel; Schnapp, op. cit., p.154-168.

28 Cf. em Vidal-Naquet, *Le chasseur noir:* "A tradição do hoplita ateniense", "O caçador negro e a origem do efebo ateninse", "O cru, a criança grega e o cozido". Cf também em Vidal-Naquet; Vernant, *Mythe et tragédie*: "O Filoctetes de Sófocles e a efebia".

sua função anterior trabalhando não mais sobre descrições institucionais, mas sobre relatos míticos e ritos. É o primeiro ensaio de aplicação de uma análise estrutural dos textos, descoberta na leitura de Lévi-Strauss e praticada paralelamente por seus colegas Marcel Detienne e Jean-Pierre Vernant, análise que ele considera um instrumento heurístico absolutamente excepcional. Assim Pierre Vidal-Naquet põe-se a "pensar cotidianamente em termos de pares de oposição".[29] Ora, seu trabalho sobre a efebia o fez descobrir nos ritos de passagem elementos que enquadram com o sistema binário e que "tudo isso levou a um quadro que põe em evidência pares de oposição característicos desses ritos de passagem: preto-branco, masculino-feminino, *agros-polis*".[30] Pouco a pouco, não é apenas o relato ateniense opondo Melantos, o Negro, e Xantos, o Loiro, que encontra aqui sua explicação, mas o conjunto dos comportamentos que são atribuídos aos efebos em Atenas durante outras festas, como na prática da caça. A perspectiva amplia-se timidamente nos casos ambíguos das moças, tal como Atalante. Resta sair de Atenas. Antes, Pierre Vidal-Naquet, avalizado pelo trabalho minucioso sobre o estatuto real e imaginário do efebo ateniense, encontra uma evocação na peça *Filoctetes* de Sófocles. A demonstração é límpida: o jovem Neoptólemo, filho de Aquiles, enviado à ilha de Lemnos para convencer o herói Filoctetes a voltar a Troia – pois sem seu arco a vitória dos gregos sobre os troianos é impossível –, aparece inicialmente com os traços do efebo, e é ao longo da peça que adquire seu estatuto de homem adulto, de guerreiro e de pretendente à coroa. O trabalho muito preciso sobre o texto literário, a lembrança do contexto mítico e institucional que permite interpretá-lo, a empatia também pelos personagens, a escrita compacta e clara, tudo faz desse artigo um exemplo do que o método seguido por Pierre Vidal-Naquet pode trazer para a compreensão de um documento (forma de pensamento) e de uma instituição (forma de sociedade). O último estudo, de título um tantinho provocador "Le cru, l'enfant grec et le cuit", amplia a análise da efebia ateniense de várias maneiras: uma expansão geográfica e histórica para outras cidades (de Erétria a Esparta) e outros sistemas de organização social e pouco a pouco ao conjunto dos ritos de iniciação; uma ampliação historiográfica, em que o historiador questiona-se sobre a tradi-

29 Vidal-Naquet, *Mémoires II*, p.223.

30 Ibid., p.224.

ção da interpretação dos mitos, de Lafitau a Lévi-Strauss; e uma precisão de método, em que Pierre Vidal-Naquet distingue a abordagem daquele a quem chama "o antropólogo estruturalista", da do historiador, e se afasta de uma abordagem estrutural dos mitos menos preocupada com a historicidade. A primeira frase do artigo resume o propósito:

> O admirável trabalho dos etnólogos antigos e modernos ampliou imensamente a "tópica" do historiador, mas uma Etnologia sem História seria outra coisa que não uma espécie de turismo superior?[31]

As gentes das margens, já o dissemos, são também, cada um de modo diferente, os artesãos, os estrangeiros, os escravos, as mulheres. É preciso deixá-los, de lado, sob risco de dar apenas uma visão parcial da obra. Para prosseguir esse resumo, tomarei preferencialmente como fio condutor a obra de dois intelectuais estrangeiros que mais marcaram a reflexão de Pierre Vidal-Naquet em história antiga e que o levaram a interessar-se por campos diferentes: Moses Finley e Arnaldo Momigliano.[32]

Economias e sociedades

Já em 1963, Pierre Vidal-Naquet descobre a obra de Moses Finley, antes de encontrá-lo pessoalmente e tornar-se seu amigo.[33] O primeiro livro de Finley que Pierre Vidal-Naquet leu foi *O mundo de Ulisses*[34] que ele faz traduzir imediatamente em francês.

De 1965 a 1972, Pierre Vidal-Naquet escreve vários artigos nos quais, sem deixar de tornar conhecida a obra de Finley na França, reflete sobre questões de história econômica e social: os escravos gregos seriam uma classe?; a historiografia grega da escravidão; o lugar da economia na cidade;[35] tantas análises precisas que servem de base à síntese que escreve em 1972

---

31 Id., *Le Chasseur noir*, p.207.

32 Louis Robert, Edouard Will e Jean-Pierre Vernant, na França, marcaram fortemente, em graus diversos, a obra de Pierre Vidal-Naquet em história grega.

33 Cf. artigo sobre Moses Finley neste livro.

34 Finley, The World of Odysseus. Em 2000, Pierre Vidal-Naquet publica *Le monde d'Homère*.

35 Artigos reeditados em Vidal-Naquet, *Le chasseur noir*.

com Michel Austin, *Économies et sociétés en Grèce ancienne* [Economias e sociedades na Grécia antiga].

O que trazem então esses estudos aportam então? Eles ajustam o foco sobre um dos debates principais da análise marxista das sociedades antigas: podemos utilizar a noção de "classe" para designar os escravos gregos?[36] A resposta é matizada: para Pierre Vidal-Naquet não pode tratar-se de uma classe no sentido marxista do termo. Apenas os escravos do tipo hilotas (submetidos rurais de Esparta) parecem-lhe conscientes de pertencer ao mesmo grupo e ter interesses comuns. Prosseguindo essa reflexão, Pierre Vidal-Naquet expressa exatamente a visão que tinham os gregos da escravidão e mostra que o primeiro a teorizar sobre as formas de dependência foi o historiador grego Teopompo, no século IV a.C. Antes, não existia uma tomada de consciência da escravidão em geral, como um modo unificado de dependência. Com Teopompo, a diferença entre os dois tipos (escravidão-mercadoria do tipo ateniense e escravidão-dependência do tipo espartano) é situada em uma perspectiva histórica e as origens da escravidão remetidas ao tempo do mito.

Sempre lendo Finley e tornando-o conhecido, Pierre Vidal-Naquet aborda certos aspectos teóricos da economia antiga e destaca a ausência de autonomia da esfera econômica nas cidades gregas: o econômico seria segundo uma expressão de Finley que vem de Karl Polanyi "incrustado" ou "integrado" na sociedade.

Todas essas noções foram um pouco imobilizadas e tomaram aos olhos de alguns o aspecto de uma vulgata. É preciso lembrar aqui o imenso sucesso de *Économies et sociétés* no ensino universitário do início dos anos 1970. Lançado em uma coleção, o livro, que antes de tudo tinha finalidade pedagógica, colocava à disposição dos estudantes e dos professores uma compilação apreciável de textos, muito útil em uma época em que a aula expositiva com frequência era deixada de lado por pressão dos alunos. As sessões de trabalhos dirigidos o substituíam e a apresentação de seminário parecia ser o instrumento pedagógico por excelência. Assim, graças à Pierre Vidal-

36 Em torno de Pierre Lévêque na Universidade de Besancon agrupam-se os historiadores que conduzem então uma análise marxista das sociedades antigas. Os colóquios anuais sobre a escravidão como a revista *Les Dialogues d'Histoire Ancienne* são um dos lugares principais de confrontação e de discussão na disciplina. Pierre Vidal-Naquet segue com interesse, mas de modo frequentemente crítico os trabalhos desse grupo.

-Naquet, toda uma geração abordou a história grega estudando a integração do social e do econômico na política. Era uma ruptura em relação à tradição anterior em que as instituições políticas formavam o esqueleto de todo o ensino. Esse manual permitia abordar a vida política não mais pelo viés das engrenagens jurídicas e institucionais, mas pelo da vida concreta, tornando presentes o camponês ou o artesão, o escravo ou o latifundiário. Creio, por ter utilizado esse livro desde seu lançamento no âmbito de um ensino doravante de massa, que ele correspondia à expectativa daqueles estudantes que não aceitavam mais decorar a lista das magistraturas e faziam da democracia – cujos riscos alguns haviam experimentado na rua –, uma ideia mais concreta. O papel desse manual na formação de estudantes de História (que não se tornariam obrigatoriamente especialistas em Antiguidade) é comparável ao de *Le Chasseur noir* dez anos depois no campo da pesquisa.

A escrita da história: uma tarefa infinita

Preparando o prefácio para a tradução do livro de Finley, *Democracia antiga e moderna*, e trabalhando sobre o futuro da ideia democrática no século XVIII e durante a Revolução, Pierre Vidal-Naquet encontra a obra de Arnaldo Momigliano, o grande especialista italiano da historiografia, que exerce sobre ele uma influência decisiva.

> Depois de Marrou foi Momigliano que me ensinou que a escrita da história é uma tarefa infinita [...]. Não escrevi uma única linha sobre os problemas da historiografia antiga e moderna que não deva algo a esse imenso erudito.[37]

A maior parte das pesquisas historiográficas é reeditada com o título eloquente de La *démocratie grecque vue d'ailleurs*,[38] um "ailleurs" [de outros lugares] temporal nesse caso, muito extenso, já que vai de Platão a Ernest Renan, passando pelos teóricos da França das Luzes, pelos da Revolução e Chateaubriand. Pierre Vidal-Naquet conduz ali uma reflexão sobre a

37 Vidal-Naquet, *Mémoires II* 2, p.235.

38 Vidal-Naquet, *La démocratie grecque vue d'ailleurs*. Estudos de historiografia saídas na sequência estão reunidos em Id., *Les Grecs, les historiens, la démocratie*.

maneira pela qual a democracia tornou-se uma representação, mudando a cada vez em função de sua utilização no presente, e mais geralmente sobre o modo pelo qual toda obra torna-se rapidamente objeto de história.

Pierre Vidal-Naquet faz traduzir em francês o ensaio *Os limites da helenização* de Arnaldo Momigliano, publicado em inglês em 1976, sobre a aculturação e seus limites no mundo antigo, intitulado *Sagesses barbares* [Sábio bárbaros]. Nele, trata-se de alguns "vizinhos" dos gregos, como os gauleses, os judeus e os iranianos. Não apenas o livro abre caminho para uma reflexão sobre os contatos entre os povos na época helenística e romana – caminho que ainda não se esgotou até hoje, a julgar pelos numerosos trabalhos publicados ou em curso sobre o tema das identidades étnicas – mas acompanha também o engajamento de Pierre Vidal-Naquet em outro campo de pesquisa que ele seguirá dali em diante, em paralelo com seus estudos sobre o mundo grego: a história judaica.

O pretexto para a entrada no que se tornará "como uma segunda especialidade universitária"[39] é a redação de um prefácio para *La Guerre des Juifs* de Flávio Josefo, traduzido por Pierre Savinel, prefácio solicitado por seu amigo Jérôme Lindon, diretor das edições de Minuit. Esse ensaio de cento e dez páginas chama-se "Du bon usage de la trahison" [Do bom uso da traição]. Pierre Vidal-Naquet se interessa muito por Flávio Josefo[40] que escrevia em grego para um público romano à época dos imperadores Flavianos e cujo texto

> levantava um número imenso de questões: a do Estado e de sua significação para a história judaica, a da fidelidade e da traição, a da interpretação apocalíptica da história judaica, e, enfim, a da maneira pela qual os cristãos haviam recuperado esse historiador longamente negligenciado pelos judeus.[41]

As qualidades da análise histórica desse prefácio foram muitas vezes destacadas. Como no estudo sobre *Flavius Arrien entre deux mondes*, Pierre

39 De acordo com a expressão de Id., *Mémoires II*, p.269. Encontramos o essencial dos estudos sobre a história judaica nos três volumes da coletâneas de artigos *Les Juifs, la mémoire et le présent*.

40 "Dizer que eu trabalhava sobre Flávio Josefo é pouco: eu mergulhava nele." Id., *Mémoires II*, p.274.

41 Ibid., p.273.

Vidal-Naquet aqui administra a prova, rara, de que um trabalho obstinado de erudição pode permitir ao historiador exercer seu procedimento crítico sobre épocas e em áreas que não relevam *a priori* de seu território – muito poucos se arriscam a tal. Mas o estudo sobre Flávio Josefo tem outra dimensão: ele ancora no passado o trabalho de reflexão e de combate do historiador do presente que reflete sobre a questão palestina, entre outras.[42] Ele é o exemplo do duplo engajamento militante e historiador de Pierre Vidal-Naquet, que já é tempo de abordar.

A urgência da exigência de verdade

"O trabalho histórico não é a evocação de um passado morto, mas uma experiência viva na qual o historiador engaja a vocação de seu próprio destino".[43] Essa frase de Henri Daveson, aliás Henri-Irénée Marrou, é citada muitas vezes por Pierre Vidal-Naquet, assim como é lembrada com frequência sua admiração por Jean Jaurès, político e historiador. Pierre Vidal-Naquet não recusa o aspecto militante que o trabalho do historiador pode tomar, mas condena o espírito partidário. O importante para ele é colocar-se a serviço da verdade: a palavra-chave é "valores".

Desde *L'affaire Audin* publicado em 1958 até hoje, a "urgência da exigência de verdade" fez Pierre Vidal-Naquet escrever páginas de história. Para escrever *L'affaire Audin*, lembra ele, era preciso antes de tudo estabelecer os fatos: Audin tinha realmente fugido? Como provar a macabra encenação de seus assassinos? Do mesmo modo, para *La torture dans la République* [A tortura na República], era preciso estabelecer que três ministros haviam dado a ordem de torturar. Estabelecer fatos, naquela época, era estabelecer ao mesmo tempo responsabilidades, e revelar a mentira no mais alto escalão do Estado. O engajamento de Pierre Vidal-Naquet na vida pública é conhecido. Lembremos simplesmente que cada causa pela qual tomou partido foi para ele a oportunidade de exercer seu olhar crítico de

42 "Flávio Josefo tentara persuadir seus compatriotas a aceitar o jugo de Roma falando-lhes de perto o bastante para ser ouvido, de longe o bastante para evitar suas flechas. Esse papel de intermediário fez rir meu filho mais velho Denis. Ali, onde se vê Josefo, disse-me ele, leia-se: Pierre Vidal-Naquet entre os árabes e os judeus." Id., *Mémoires II*, p.274.

43 Davenson apud Vidal-Naquet, *Mémoires I*, p.184.

historiador, seja sob a forma rápida de uma reação publicada pela imprensa ou por outras mídias, seja sob a forma mais elaborada de um artigo ou mesmo de um livro. Não podemos citar todas as causas que ele assim investiu. Vou me deter em algumas que marcam seu itinerário: a guerra da Argélia e a questão da tortura; a contestação estudantil de maio de 1968; o genocídio judeu; o revisionismo; o caso Moulin.[44] Cada vez que Pierre Vidal-Naquet se compromete em estabelecer verdades, ele é, conforme suas palavras, "animado por uma autêntica raiva historiadora",[45] mas a escrita da história imediata não requer um método diferente do da história antiga. Às vezes mesmo os dois campos, mundo antigo, mundo moderno, unificam-se, como no livro sobre Jean Moulin,[46] que toca ao mesmo tempo ao culto heroico na Grécia antiga e a uma questão contemporânea: "O que podemos fazer de um grande homem no mundo de hoje?"

Continuar historiador antes de tudo, nunca vestir o hábito do partidário. Nessa busca existencial da verdade, Pierre Vidal-Naquet depara evidentemente com o problema do testemunho e da memória ou das memórias, particularmente quando trabalha sobre o mundo judaico. Ele reconhece que existe tensão entre verdade e memória, que a busca da memória não é a mesma coisa que a transmissão da memória. Mas aqui, novamente, o historiador, por sua abordagem – investigação, análise, reflexão –, parece-lhe particularmente inclinado a compreender que não existe uma memória pura, como não existe uma Verdade, mas verdades.

A essa figura altamente valorizada e quase heroica do "historiador", Pierre Vidal-Naquet junta no entanto o qualificativo de "traidor". É um tema recorrente em sua escrita, desde o título dado, como vimos, a um de seus ensaios: *Flavius Josèphe ou du bon usage de la trahison*. O que devemos entender disso? Antes de tudo, que há uma distância necessária à escrita da histó-

---

44 Id, *L'affaire Audin*; Id., *La raison d'État* (ver também a reedição de 2002 com um prefácio inédito do autor e os textos publicados pelo Comitê Maurice Audin); Id., *Les crimes de l'armée française*; Id., *Les Assassins de la mémoire*; Id., *Face à la raison d'État*; Vidal-Naquet; Schnapp. *Journal de la commune étudiante*.

45 Vidal-Naquet, *Mémoires II*, p.113, a respeito do caso Audin. A mesma expressão volta referente à redação do ensaio sobre maio de 1968: "Eu estava novamente em estado de raiva histórica", ibid., p.209. Escreve também: "A História era minha paixão, e mesmo, se preferirem, minha religião", ibid., p.19 e: "Não creio ter jamais escrito nada esquecendo que eu era historiador, o que não quer dizer naturalmente que nunca escrevi bobagens", ibid., p.195.

46 Id., *Le trait empoisonné*.

ria. Todo historiador tem valores, se compromete, mas deve sempre manter essa distância que lhe evita a identificação total com seu tema. Para trabalhar sobre uma sociedade passada, ele deve identificar-se pelo menos momentaneamente com os valores dessa sociedade, mas deve também saber se afastar. A mesma coisa para o presente. A traição fundamental do historiador encontra-se ali: ele não pode nunca aderir totalmente, ou, para dizer de outro modo, o ofício do historiador ensina a não ser incondicional de ninguém.

O mundo de Ulisses

Escrever algumas páginas sobre Pierre Vidal-Naquet é ao mesmo tempo fácil, pois ele próprio deu frequentemente as chaves da leitura de seu itinerário intelectual, e difícil, simplesmente porque a boa distância, que é a do traidor, às vezes faz falta... Seria preciso também recriar o olhar, ao mesmo tempo divertido e satisfeito, do próprio personagem quando desfia a ladainha de suas incapacidades: ele não é um linguista, não é um filólogo, não é um filósofo, não é um arqueólogo, não é um epigrafista, não é um helenista, não é um papirologista, não é um psicólogo.[47] Isso não o impede de provocar com frequência cada um desses especialistas em seu próprio campo, e, escrevendo por sua vez estudos de uma extrema erudição,[48] de se glorificar nesse domínio também, e de conceder a si próprio o título com o qual todo historiador pode sonhar: o de "polimorfo, flexível, generalista".

Seria preciso principalmente lembrar a constância com a qual ele desejou transmitir o que, como já compreendemos, é sua paixão: a História. Não é um homem de gabinete: tem necessidade de um público, e nos anfiteatros e depois nos seminários, ele compartilhou suas descobertas, testou suas análises, induziu seus ouvintes nas digressões às vezes estranhas aonde o levava sua erudição, incomodou as certezas, ensinou a função crítica, em suma, educou várias gerações para a História. E, além disso, como homem responsável também no jogo social e acadêmico, trabalhou anos a fio para

47 Id., *Mémoires II*, p.214.

48 Esse pequeno jogo concerne em particular id., Une énigme à Delphes. In: *Le chasseur noir*, provocação ao clã fechadíssimo dos delfinos, e Id., *Le bodereau d'ensemencement dans l'Égypte ptolémaïque*, em que o autor se obstina na papirologia.

fazer adotar sua maneira de fazer História, das margens para o centro, com certo sucesso.[49]

Pierre Vidal-Naquet não tudo isso fez sozinho. Suas admirações intelectuais quase sempre se traduziram em amizades duradouras e, para limitar-se ao mundo da história antiga, a renovação das perspectivas e dos métodos que ele iniciou é indissociável, em dois registros diferentes, das obras de Jean-Pierre Vernant e de Claude Mossé. Para a geração de historiadores que aproveitou diretamente dessa abertura para um mundo grego diferente, esses três nomes, como suas três pessoas, parecem complementares, e sua presença comum no lugar que eles criaram, o Centre Louis Gernet, uma feliz evidência.

Pierre Vidal-Naquet sempre foi fascinado pelo mundo de Homero, ao qual dedicou vários estudos aprofundados e um livro que retoma todos os temas que lhes são caros.[50] Ulisses é sem nenhuma dúvida um dos heróis de seu panteão. Assim, para terminar e sem concluir, citemos um fragmento de seu retrato de Ulisses:

> Desembarcado em Feácia, nu, tendo cumprido – quase que totalmente – um retorno "sem o concurso dos deuses nem dos homens mortais", Ulisses encontra abrigo sob uma oliveira, e, fato notável, essa oliveira é dupla, ao mesmo tempo selvagem e enxertada, oleastro e oliveira. A própria terra dos feácios é dupla, parcialmente comparável à terra de Ítaca, de Pilos e de Esparta, parcialmente à terra do mundo dos relatos [...]. É na verdade sua própria humanidade que Ulisses encontra ao desembarcar na Feácia: quando aparece a Nausícaa, é comparado a um leão caçador das montanhas, matador de gado ou matador de cervos; quando deixa a terra e retorna ao lar, é como um lavrador cansado que volta para casa.[51]

Pauline Schmitt Pantel

49 Professor de História Antiga na Universidade de Caen, em Lille, em Lyon e depois na École des Hautes Études em Sciences Sociales, fez parte das comissões do Centre National de Recherche Scientifique e do Conseil National des Universités, e dirigiu o Centre Louis Gernet, centro de pesquisas comparadas sobre as sociedades antigas, de 1984 a 1997.

50 "Valores religiosos e míticos da terra e do sacrifício na Odisseia." Vidal-Naquet, *Le chasseur noir*, p.39-68; "A Ilíada sem disfarces", Id., *La démocratie grecque vue d'ailleurs*, p.29-53 e Id., *Le monde d'Homère*.

51 Id., Valeurs religieuses et mythiques de la terre et du sacrifice dans l'Odyssée. In: *Le chasseur noir*, p.60-61.

Obras de Pierre Vidal[52]

História antiga

VIDAL-NAQUET, Pierre. *Le bodereau d'ensemencement dans l'Égypte ptolémaïque*. Bruxelas: Fondation Égyptologique Reine Elizabeth, 1967.

______. *Économies et sociétés en Grèce ancienne* (com M. Austin). Paris: Armand Colin, 1972 (trad. em inglês, italiano, alemão, espanhol, português e grego). [Ed. Port.: *Economia e sociedade na Grécia antiga*. Lisboa, Edições 70, 1972.]

______. *Mythe et tragédie en Grèce ancienne* (com J.-P. Vernant). Paris: Maspero, 1972 (traduzido em grego, inglês, português, italiano, espanhol e servo-croata). [Ed. Bras.: *Mito e tragédia na Grécia antiga*. São Paulo: Perspectiva, 1981.]

______. *Flavius Josèphe ou le bon usage de la trahison*, prefácio a La guerre des Juifs. Paris: Minuit, 1977 (traduzido em italiano e espanhol).

______. *Clisthène l'Athénien* (com Pierre Lévêque). Paris: Les Belles Lettres, 1964, reed. Macula, 1983 (traduzido em inglês).

______. *Le chasseur noir, formes de pensée et formes de sociétés dans le monde grec*. Paris: Maspero, 1981.

______. *Flavius Arrien entre deux mondes*. Paris: Minuit, 1984 (traduzido em espanhol).

______. *Mythe et tragédie deux* (com J.-P. Vernant). Paris: La Découverte, 1986.

______. *Oedipe et ses mythes*. Paris: Complexe, 1988.

______. *La démocratie grecque vue d'ailleurs*. Paris: Flammarion, 1990, col. Champs, 1996 (traduzido em inglês, alemão e grego).

______. *La Grèce ancienne* (com J.-P. Vernant): 1. *Du mythe à la raison*. Paris: Seuil, col. Points, 1990 (traduzido em seis línguas). 2. *L'espace et le temps*. Paris: Seuil, col. Points, 1991. 3. *Rites de passage et transgressions*. Paris: Seuil, col. Points, 1992.

______. *Le monde d'Homère*. Paris: Perrin, 2000 (trad. espanhola, portuguesa). [Ed. Bras.: *O mundo de Homero*. São Paulo: Companhia das Letras, 2002.]

______. *Les Grecs, les historiens, la démocratie*. Paris: La Découverte, 2000. [Ed. Bras.: *Gregos, os historiadores, a democracia*. São Paulo: Companhia das Letras, 2002.]

______. *Le miroir brisé. Tragédie athénienne et politique*. Paris: Les Belles Lettres, 2001.

______. *Fragments sur l'art anticue*. Paris: Agnès Viérot, 2002.

História moderna e contemporânea

VIDAL-NAQUET, Pierre. *L'affaire Audin*. Paris: Minuit, 1958 (trad. em polonês).

______. *La raison d'État*. Paris: Minuit, 1962.

52 Das publicações principais, apenas as que saíram como livros e compilações de artigos estão aqui contidas.

VIDAL-NAQUET, Pierre. *Journal de la commune étudiante, Textes et documents*, nov. 1967-jun. 1968, Paris: Seuil, 1969 (com Alain Schnapp), nova edição 1988 (trad. em inglês).

______. *La torture dans la République, essai d'histoire et de politique contemporaines 1954-1962*. Paris: Minuit, 1972 (trad. inglesa, italiana).

______. *Les crimes de l'armée française*. Paris: Maspero, 1975.

______. *Les Juifs, la mémoire et le présent*, v.I. Paris: Maspero, 1981, trad. em italiano.

______. *Les Assassins de la mémoire: un Eichmann de papier et autres essais sur le révisionnisme*. Paris: La Découverte, 1987, nova edição 1991 (tradução inglesa, espanhola, italiana, japonesa).

______. *Face à la raison d'État: un historien dans la guerre d'Algérie*. Paris: La Découverte, 1989.

______. *L'affaire Audin (1957-1978)*. Paris: Minuit, 1989.

______. *Les Juifs, la mémoire et le présent*, v.II. Paris: La Découverte, 1991.

______. *Le trait empoisonné. Réflexions sur l'affaire Jean Moulin*, Paris: La Découverte, 1993, reed. 2002.

______. *Les assassins de la mémoire. "Un Eichmann de papier" et autres essais sur le révisionnisme*, Paris: Seuil, col. Points, 1995.

______. *Mémoires. La brisure et l'attente: 1930-1955*, t.1, Paris: Seuil/La Découverte, 1995.

______. *Réflexions sur le génocide. Les Juifs, la mémoire et le présent* III, Paris: La Découverte, 1995 (trad. inglesa, espanhola).

______. *Mémoires. Le trouble et la lumière: 1955-1998*, t.2, Paris: Seuil/La Découverte, 1998.

______. *La raison d'État*. Textos publicados pelo Comitê Maurice Audin, prefácio inédito do autor. Paris: La Découverte, reed. 2002.

História geral

VIDAL-NAQUET, Pierre. *Le Grand livre de l'Histoire du Monde. Atlas Historique*. Paris: Hachette, 1986 (com Jacques Bertin e diversos colaboradores). Reedição Hachette, 1993 (traduzida em sete línguas).

______. *Généalogie de l'Europe. Atlas Historique*, organizador: P. Lamaison, conselheiro histórico: Pierre Vidal-Naquet, Paris: Hachette, 1994.

Peter Brown

Uma História de carne e de sangue.

Peter Brown nasceu em Dublin em 1953. Aluno de Arnaldo Momigliano em Oxford, foi *fellow* do colégio oxfordiano de All Souls, depois professor na universidade de Londres e, após 1978, em Berkeley e em Princeton, onde atualmente leciona. É membro da British Academy, equivalente inglês do Institut de France. Essa carreira brilhante é reflexo de uma atividade intelectual excepcional, dedicada há quarenta anos ao fim da Antiguidade e ao início da Idade Média.

Para compreender a obra de Peter Brown, é preciso partir do estado dos conhecimentos e das problemáticas sobre a Antiguidade tardia no início dos anos 1960. Em seguida, analisaremos suas obras agrupando-as sob diferentes temas e avaliando os debates que provocaram. Entretanto, se essa abordagem é pedagogicamente útil, é também um pouco artificial. Na verdade, certos trabalhos reúnem contribuições sobre aspectos diferentes. Além disso, alguns temas surgiram muito cedo no pensamento de Brown, mas foram desenvolvidos bem mais tarde; inversamente, Brown voltou às vezes a temas que tratara anteriormente, a fim de retificar ou completar suas argumentações. Por fim, uma terceira parte estudará a contribuição de Brown aos debates historiográficos gerais.

A respeito da decadência

A ideia de decadência romana para qualificar o fim da Antiguidade a partir do século III, remonta ao século XV, quando se inventam os termos

"Renascença", "Idade Média", e "gótico" (que significava então "bárbaro"). Essa noção, de início aplicada aos campos literários e artísticos, foi combatida sem real sucesso nos séculos XVI-XVII por historiadores do Direito (Godefroy) e da Igreja (Lenain de Tillemont), que demonstraram a criatividade do fim da Antiguidade em suas áreas. No século XVIII, sob influência das "Luzes", estendeu-se o conceito de decadência às questões políticas e religiosas (Montesquieu, Gibbon), denunciando o estabelecimento do regime imperial em detrimento da liberdade da República e a vitória do cristianismo, vista como a da intolerância. Essa ideia da decadência romana foi dominante na pesquisa do século XIX e da primeira metade do XX.

É verdade que, por volta de 1900, alguns historiadores da arte (Ailanov, Riegl) contestaram a noção da decadência e buscaram compreender as evoluções que levavam à arte bizantina, mais que julgar de acordo com os cânones clássicos, mas essa abordagem quase não saiu do campo da história da arte. Em 1938, Henri-Irénée Marrou, em sua tese sobre *Saint Augustin et la fin da la culture antique* [Santo Agostinho e o fim da cultura antiga], apresentava novamente Agostinho como "um literato da decadência". Mas em sua *Retractatio* [Retratação] de 1949, admite que não soubera julgar a época de Agostinho tomando como referência os próprios valores e que compreender a cultura literária dos séculos IV e V segundo critérios clássicos anteriores era anacrônico; na realidade, a "decadência" não existia.

Essas ideias tiveram uma grande influência sobre Peter Brown. Na mesma época, outros historiadores, tais como Santo Mazzarino, recusavam, dessa vez no campo político e social, o conceito subjetivo e estéril de uma decadência generalizada, sem deixar de admitir o de declínio efetivo em certos domínios, considerado mais objetivo. Essa abordagem foi retomada e desenvolvida por Arnold Jones.[1] Além dos merecidos elogios, julgava esse trabalho estático demais, e muito pouco preocupado com as evoluções sociais e psicológicas. Ele se perguntava, por exemplo, em que medida as tradições políticas mediterrâneas impediriam o poder imperial de levar em conta a importância das regiões nórdicas, ou se a intolerância cristã não podia explicar o fracasso da integração dos germanos arianos ao Ocidente; os verdadeiros

1 Jones, *The Later Empire, 284-602* (abreviado em Id., *The Decline of the Ancient World*), sobre o qual Brown fez uma resenha Brown, The Later Roman Empire. *The Economic History Review,* v.20, n.2, 1967, p.327-343.

bloqueios e as verdadeiras transformações talvez fossem mentais. No mesmo ano, Brown publicava seu primeiro grande livro, sobre santo Agostinho, no qual desenvolveu esse tema do laço entre os aspectos culturais e sociais.

Santo Agostinho e a Antiguidade tardia

Peter Brown começou a escrever já em 1961 um trabalho sobre santo Agostinho, publicado em 1967, *Santo Agostinho*, que completa uma série de artigos sobre os contextos sociorreligiosos dos séculos IV e V.[2] Como seu título inglês indica, tratava-se de uma abordagem que apresentava a vida de Agostinho em seu contexto histórico, e que não o explicava apenas pelo cristianismo (o que Agostinho fizera nas *Confissões*), evitando assim a hagiografia. Graças a esse "Agostinho em seu tempo", Brown abordava de modo inovador e "de dentro" a história do império romano tardio. O interesse por Agostinho persistiu depois: ele lhe dedica estudos pontuais, o bispo de Hipona está presente na maior parte de seus trabalhos, e a nova edição de *Santo Agostinho* publicada em 2000 traz importantes complementos. A importância de Agostinho como fonte essencial para a Antiguidade tardia foi em seguida reafirmada por Claude Lepelley em seus trabalhos sobre as cidades da África.

The World of Late Antiquity from Marcus Aurelius to Muhammad [O mundo da Antiguidade tardia de *Marco Aurélio a Maomé*], tornou Peter Brown conhecido além do círculo dos partidários da Antiguidade. O trabalho tinha três trunfos: uma riquíssima ilustração, uma grande clareza conceitual e um estilo no qual as ideias eram ilustradas por exemplos e não por uma erudição de tipo universitário. Nesse ensaio, Brown desenvolveu duas grandes ideias: primeiro, a Antiguidade tardia tinha sido não uma época de declínio, mas um período de uma criatividade extraordinária; depois, essas novidades manifestavam-se principalmente nos campos religioso e cultural: é então que foram estabelecidos os fundamentos da civilização europeia até o século XVIII (direito romano, monarquismo, hierarquia eclesiástica, realeza de direito divino).

2 Esses artigos e resenhas foram compilados em Brown, *Religion and Society in the Age of Saint Augustine*.

Brown recusava, portanto, as ideias de decadência ou de declínio. Ao privilegiar a história cultural e religiosa concebida em suas dimensões sociais e mentais, ele insistia nas mudanças de longa duração. Esse trabalho influenciou profundamente numerosos estudiosos pelo mundo, pois abria novos campos de pesquisa ao lado da história institucional herdada do século XIX, e porque investia o campo do religioso de maneira original. O sucesso da obra concretizou a reabilitação do fim da Antiguidade e consagrou o termo "Antiguidade tardia" (Brown já utilizara "Late Antiquity" desde 1963, mas empregava também "Later Antiquity" ou "Late Roman").

Peter Brown expõe com exatidão suas ideias em 1978 com *The Making of Late Antiquity*, em que propõe compreender as transformações dos séculos II ao VIII, que não seriam devidas à "crise do século III", mas a uma evolução social começada já no fim do século II. Recentemente, Brown organizou uma coletânea dedicada à Antiguidade tardia, definida como o período que vai de 200 a 750 d.C.

O impacto de *The World of Late Antiquity* [O mundo da Antiguidade tardia] foi objeto de uma avaliação recente.[3] Brown pensa que seu livro deveria ser corrigido em três pontos: insiste demais na oposição entre regiões mediterrâneas e regiões do interior das terras, omitindo as problemáticas ligadas às zonas fronteiras e aos contatos entre Roma e as populações europeias bárbaras; não leva suficientemente em conta o Estado romano como ator estruturante da sociedade da época; não destaca suficientemente o impacto do cristianismo sobre os comportamentos das pessoas. O primeiro ponto foi desenvolvido em *Ascensão do cristianismo* e o terceiro em *Corpo e sociedade*. Quando desse balanço, outras lacunas foram indicadas: a omissão de mulheres (preenchida em seguida por *Corpo e sociedade*), a dos nômades eurasiáticos (hunos, ávaros), a da perseguição dos cristãos e da organização da Igreja, a ausência da história da arte.

Seduzidos pelas ideias de Brown, alguns de seus epígonos foram depois longe demais apresentando a suposta "modernidade" da Antiguidade tardia como um espelho das mutações de nossa época; era esquecer que Brown insistiu na estranheza, segundo nossos valores, de alguns dos comportamentos tardo-antigos, por exemplo em *Corpo e sociedade*.

---

3 Hägg, SO Debat: The world of late antiquity revisited, *Symbolae Osloenses*, v.72, 1997, p.5-90.

O homem santo

Em 1971, influenciado pelos trabalhos de antropologia religiosa de Mary Douglas, Peter Brown publicou seu artigo "The Rise and Function of the Holy Man in Late Antiquity" [A ascensão e a função do homem santo na Antiguidade tardia],[4] que tratava principalmente sobre o Oriente; ele estendeu essa abordagem ao Ocidente em *The Cult of the Saints* [O culto aos santos], e desenvolveu na sequência temas próximos.[5] Dessa produção, podemos tirar uma ideia principal: a evolução espiritual dos séculos II ao IV passaria por uma concentração do sagrado em certo número de pessoas, vivas ou mortas; o sagrado cristão não se exprimiria do mesmo modo no Oriente (onde se manifesta pelo *holy man*, o santo asceta, depois pelo ícone), e no Ocidente (onde o sentimento do sagrado está ligado ao culto das relíquias, controlado pelos bispos). É preciso acrescentar aqui duas ideias particulares: no Oriente, o *holy man* desempenharia o papel de um patrão local para as comunidades rurais; no Ocidente, o culto das relíquias não tinha origem popular e não estava em continuidade com o paganismo, pois tratava-se de um culto organizado pelos bispos para deixar claro quem detinha o poder.

O artigo de 1971 e o livro de 1981 suscitaram imediatamente muitas discussões, e podemos distinguir três tipos de críticas:

As primeiras referiram-se ao artigo de 1971: mostram que o *holy man* podia ser também urbano, *pagão* e até mesmo feminino, que sua função de patrão era duvidosa, que outros além dele poderiam cristalizar o imaginário social.[6] Brown admite essas críticas, e em "The Saint as Exemplar" [O san-

---

4 Brown, The Rise and Function of the Holy Man in Late Antiquity, *Journal of Roman Studies*, v.61, 1971, p.80-101 [reeditado em Id., *Society and the Holy in Late Antiquity*].

5 Cf. Id., *Society and the Holy in Late Antiquity*; Id., Dalla "Plebs Romana" alla "Plebs Dei": aspetti della cristianizzazione di Roma. In: Brown et. al., *Governanti e intellettuali*, p.93-121; Brown, *Authority and the Sacred* [Autoridade e o sagrado]; Id., Arbiters of Ambiguity: a Role of the of Late Antique Holy Man, *Cassiodorus*, v.2, 1996, p.123-142; Id., The Rise and Function of the Holy Man in Late Antiquity, op. cit.; Id., Ascetism. *The Cambridge Ancient History*, v.13, 1998, p.601-631; Id., Christianization and Religious Conflict. *The Cambridge Ancient History*, v.13, 1998, p.632-664 e Id., Holy Men. *The Cambridge Ancient History*, v.14, 2000, p.781-810.

6 Rousseau, Ascetics as mediators and as teachers. In: Hayward; Howard-Johnston, *The Cult of the Saints in Late Antiquity and the Middle Ages*, p.45-59.

to como exemplo],[7] propunha compreender a exemplaridade do *holy man* por seu gênero de vida: discípulos, e não clientes, o cercariam. No já citado "The Rise and Function of the Holy Man in Late Antiquity, 1971-1997", ele escreveu que o *holy man* era apenas o microcosmo que permitia compreender toda a experiência religiosa da Antiguidade tardia. Além disso, sendo a transformação do humano em *holy man* o aspecto mais importante, a investigação podia estender-se às mulheres, e o ascetismo aparecer como um conceito mais operacional que o de *holy man*. Isso explica a variedade das abordagens que foram desenvolvidas na sequência desse artigo.[8] O segundo gênero de crítica, que se aplicava também ao artigo de 1971, referia-se à maneira pela qual era preciso ler as fontes. Brown, em *Authority and the Sacred*, admitiu que o santo homem como patrão era sem dúvida uma construção textual feita pelos monges hagiógrafos, e não uma realidade social. A compreensão do *holy man* passaria nesse caso não pelos textos hagiográficos redigidos após sua morte, mas pelo estudo das cartas que lhe foram endereçadas em vida, e que o descrevem antes de tudo como um diretor espiritual e um intercessor junto a Deus.[9] O terceiro grupo de críticas concerne o livro de 1981. Contra a explicação sociológica de Brown, Charles Piétri e Jacques Fontaine insistiram na função espiritual e pessoal do culto aos santos, e confiamos hoje em sua contribuição.[10] O culto dos santos foi de início o de modelos a seguir (apóstolo, mártir) ou de intercessores espirituais, e essa função perduraria pelos séculos; a função sociológica (proteção material da comunidade e culto das relíquias controlado pelo bispo) valorizada por Brown foi mais tardia (a partir do fim do século IV), mas ela desempenha então um papel muito importante.[11]

O grande interesse referente ao personagem do *holy man* há trinta anos prova a fecundidade da intuição de Peter Brown quanto à importância desse tipo de personagens na sociedade e no imaginário da Antiguidade tardia.

---

7 Brown, The Saint as Exemplar in Late Antiquity, *Representations*, n.2, 1983, p.1-25.

8 Cf. Elm; Janowitz, Charisma and Society: The 25th Anniversary of Peter Brown's Analysis of the Late Antique Holy Man, *Journal of Early Christian Studies*, n.6, 1998, p.343-539.

9 Rapp, "For next to God, you are my salvation": reflections on the rise of the holy man in Late Antiquity. In: Hayward; Howard-Johnston, op. cit., p.63-81.

10 Van Uytfanghe, L'origine, l'essor et les fonctions du culte des saints: quelques repères pour un débat rouvert, *Cassiodorus*, n.2, 1996, p.143-196.

11 Beaujard, *Le culte des saints en Gaule*.

Cristianismo e vida privada

Se o cristianismo não foi o único fator de transformação do mundo antigo, ele todavia modificou de modo irreversível as maneiras de conceber a vida pessoal. Peter Brown enunciou essa ideia em no capítulo sobre a Antiguidade tardia para a coleção *História da vida privada*,[12] e a retomou em *Corpo e sociedade*, no qual mostrou quanto as concepções dos cristãos antigos sobre a sexualidade eram estranhas a nossos saberes e a nossos valores, e quanto variaram de acordo com os tempos, os lugares e os meios sociais. Essas riquíssimas investigações lembram que não podemos na Antiguidade, mesmo tardia, isolar a vida pessoal da pública, que lhe dá sentido. Portanto, é preciso compreender como a vida das pessoas foi transformada desde que o contexto social mudou, desde que se passou de uma forma de comunidade, a cidade (com sua distinção cidadãos/não cidadãos) a uma outra, a Igreja (com sua distinção ricos/pobres). Brown reconheceu que essas problemáticas deviam muito a Michel Foucault, que ele encontrou em Berkeley, para a história da sexualidade, a Paul Veyne, que o convidara a participar da redação da *História da vida privada*, e a Evelyne Patlagean, por suas análises sobre a pobreza em Bizâncio.

Esses dois estudos de Brown também utilizaram e inspiraram de volta muitos trabalhos, principalmente anglo-saxões, sobre as mulheres, a sexualidade e os *genders*. Mas foram objeto de uma crítica importante: já que a literatura antiga é antes de tudo uma retórica dos ideais, podemos nos perguntar que valor ela pode ter como fonte para uma história da vida privada e da sexualidade, se os personagens das vidas dos santos são construídos e não descritos. Passaríamos assim de uma avaliação sociológica das fontes à análise das criações textuais.[13] Brown, que tinha aceitado essa crítica a respeito da função social do patrão rural do *holy man* na Síria, marcou contudo suas reservas[14] sobre essa abordagem que, aplicada sistematicamente, quebraria o laço entre texto e contexto histórico em benefício unicamente da intertextualidade literária.

12 Brown, Antiquité tardive. In: Ariès ; Duby (coords.), *Histoire de la vie privée*, I, p.224-299.

13 Clark, Holy Women, Holy Words: Early Christian Women, Social History and the "Linguistic Tour", *Journal of Early Christian Studies*, n.6, 1998, p.413-430 e Cameron, On Defining the Holy Man. In: Hayward; Howard-Johnston, op. cit., p.27-43.

14 Hägg, op. cit., p.77.

Esses dez últimos anos, Peter Brown analisou o cristianismo antigo em suas palestras[15] dedicadas à cristianização do Império romano, e em um livro de síntese em que abordou o futuro do cristianismo no fim da Antiguidade e no início da Idade Média, *Ascensão do cristianismo no Ocidente*.

Em suas conferências, Brown abordou o delicado problema da evolução do cristianismo nos séculos IV e V e da progressiva identificação entre o cristianismo e a autoridade de Estado. A apresentação tradicional do cristianismo do império romano apoia-se em três postulados: o paganismo desapareceu de modo bastante rápido, de Constantino a Teodósio II, de 312 a 450; o triunfo do monoteísmo deve-se ao apoio do Estado romano à Igreja, e, segundo alguns, a uma evolução interna do paganismo em direção a certa unificação teológica; o século IV, de Constantino a Teodósio I, de 312 a 392, foi a época do grande conflito entre paganismo e cristianismo. Segundo Brown, essa concepção, que é a dos cristãos vitoriosos do início do século V, mascara a existência de processos mais complexos e mais incertos. Contra os que pensam que a evolução para a intolerância era necessária, pois ligada a uma lógica interna do cristianismo ou da época, Brown constata que a cristianização foi, na verdade, um processo lento e incompleto. Ele sugere entender a evolução da nova religião para seu estatuto oficial como a passagem de uma forma introspectiva do cristianismo no início do século IV, quando bastava separar-se do mundo impuro, a uma forma aberta da religião cristã do fim do século IV, em que o mundo impuro deveria desaparecer.[16] Suas análises sociológicas permitem valorizar o problema delicado da função do discurso e do exercício do poder em um tempo no qual foi preciso redefinir os papéis do Estado romano, das elites locais e dos bispos, esses novos atores políticos.[17] Mas se os clérigos obtiveram a primazia nas cidades, não puderam no século V impor uma prática intolerante do poder aos imperadores cristãos. Assim, a retórica do conflito entre cristianismo e paganismo e a afirmação da vitória cristã no início do século V dão lugar a um quadro muito mais nuançado, em que se desenha um novo equilíbrio. Da mesma forma,[18] o discurso dos bispos sobre os pobres aparece no sé-

15 Brown, *Power and Persuasion in Late Antiquity*; Id., *Authority and the Sacred* e Id., *Poverty and Leadership in the Later Roman Empire*.

16 Id., *Authority and the Sacred*.

17 Id., *Power and Persuasion in Late Antiquity*.

18 Id., *Poverty and Leadership in the Later Roman Empire*.

culo IV como um meio de justificar os privilégios concedidos à Igreja e ao imperador como uma maneira de limitar o papel da Igreja na sociedade a atividades de proteção dos mais fracos.

Em *Ascensão do cristianismo no Ocidente*, Brown insiste principalmente na evolução dos modelos cristãos em um mundo ainda estruturalmente pagão durante a Antiguidade tardia, na divergência das cristandades ocidental e bizantina, na difusão do cristianismo na Ásia e sua evolução nos países sob dominação muçulmana, e na adaptação dos modelos mediterrâneos às condições locais da Europa do norte, que levaram essa região a se conceber como uma cristandade. Brown escreveu, portanto, uma história do cristianismo que é a dos cristãos em seu ambiente sociopolítico e não a da Igreja. Assim, ele descreve a cristianização do império romano e da Europa sem quase nunca falar de dogmatismo teológico ou das instituições eclesiásticas. Ele utiliza textos religiosos para deles extrair as estruturas de mentalidades e mostra como esses esquemas de discursos estavam também a serviço de finalidades políticas e sociais.

A crítica estilística: como escrever a História?

O estilo "impressionista" de Peter Brown, baseado em exemplos dispersos (ao usar uma argumentação pontilhista e não narrativa) e sobre assuntos variados (com uma abordagem que mescla a arte, a religião, a cultura, a sociedade), às vezes, foi criticado por ser mais brilhante que demonstrativo. Na realidade, é preciso distinguir entre as publicações. Em seus trabalhos de tipo acadêmico (*Santo Agostinho* e *Corpo e sociedade*) ou os artigos de *Religion and Society in the Age of Saint Augustine*, as numerosas referências fazem a demonstração conclusiva. Em compensação, a maior parte dos outros trabalhos são *essays*, um gênero literário em que os acadêmicos anglo-saxões testam suas ideias a partir de dossiês menos exaustivos. Mais acessíveis que livros especializados, esses *essays* muito evocadores de Brown não podem esperar ser igualmente demonstrativos. Mas isso não pode fazer esquecer nem seu domínio das fontes latinas, gregas, sírias e judaicas, nem sua excepcional curiosidade intelectual, ligada a uma cultura poliglota e a um conhecimento do campo baseado em inúmeras viagens, da Irlanda ao Irã.

O debate ideológico: como explicar a História?

Em sua introdução à tradução francesa *The Making of Late Antiquity*, Peter Brown interessa-se pela natureza da mudança histórica. Para ele, as ideias novas que se exprimiram na Antiguidade tardia não eram respostas a causas (por exemplo, modificações políticas ou sociais ligadas à "crise do século III"), mas tinham funções próprias em contextos sociais novos. Era preciso então compreender os *styles* das relações entre os humanos e o divino, a fim de ultrapassar os universais (o Poder, o Cristianismo) para compreender a irredutibilidade de uma situação histórica (as maneiras de agir do poder imperial ou dos bispos em determinada época). No prefácio que escreve para a mesma edição francesa, Veyne observava que Brown, ao privilegiar os detalhes reveladores, explicitava o singular mais do que explicava o passado. A História seria então um relato autossuficiente no qual a compreensão dos diferentes *styles* criaria uma segunda inteligibilidade ao lado daquela, analisada por Ricoeur, produzida unicamente pela intriga narrativa do relato.

Essa análise explica a impressão de riqueza intelectual produzida por um livro de Brown. Sem postulados demonstrativos exteriores nem causas anteriores, ele deve encontrar novas explicações para justificar as fontes, o que faz frequentemente com o auxílio de ferramentas antropológicas. Mas seria falso acreditar que assim ele estaria mais próximo do crítico de arte ou do exegeta que do historiador. De fato, sua erudição e sua cultura o não o confinam em dada época, mas permitem-lhe apreender uma sucessão de *styles* ligados a contextos diversos. Assim, em *Poverty and Leadership*, ele pensa que o desenvolvimento do discurso cristão sobre a pobreza não significa que tenha havido um aumento dessa última, portanto, para ele, é preciso explicar de outro modo a evolução do discurso do clero. Paul Veyne regozijava-se de tal atitude que rejeitava, segundo ele, a causalidade e a explicação histórica. Mas outros historiadores, como Andrea Giardina,[19] são muito menos entusiastas ante uma história das mentalidades que recusa a explicação pelas causas em nome unicamente da descrição dos *styles*.

---

19 Giardina, Esplosione di tardoantico, *Studi Storici*, v.40, n.1, 1999, p.157-180.

Definição de Antiguidade tardia

Peter Brown interessa-se antes de tudo pelos aspectos sociológicos e antropológicos das evoluções religiosas e culturais. Isso o levou a definir uma Antiguidade tardia "longa", que iria do fim do século II ao século VIII, e que seria um bloco temporal que permitiria compreender a passagem de uma mentalidade identitária cívica a uma mentalidade identitária religiosa. Brown é um medievalista de formação, o que o fez sensível aos embriões das evoluções futuras, e explica seu interesse pelos aspectos culturais e religiosos que persistiram em seguida e que se desenvolveram ao longo dos séculos. Essa abordagem regressiva não pode ser qualificada de teleológica sem injustiça, mas é verdade que ela leva necessariamente a conceber a Antiguidade tardia como a matriz das transformações por vir. Entretanto, isso inclui um julgamento de valor positivo, que se aplica igualmente ao cristianismo, principal força de continuidade e de mudança daquela época.

A teoria das transformações utilizada por Brown, que recusa em princípio qualquer julgamento de valor, afasta bem as concepções negativas (declínio, decadência), mas insiste de fato nas criações inovadoras da época, prometidas a um longo futuro. Essa abordagem foi objeto de um recente ataque em regra. Andrea Giardina, no já citado artigo "Esplosione di tardianico", rejeita esse prejulgamento otimista, que, para recusar a noção de decadência, julga insignificantes os graves acontecimentos políticos e militares que culminaram com o desaparecimento do Império no Ocidente; depois disso, critica a periodização longa da Antiguidade tardia e denuncia o desinteresse pelo estudo das estruturas políticas, institucionais e sociais em benefício de uma abordagem que privilegia quase exclusivamente a história da cultura e das mentalidades; por fim, preconiza uma retomada dos estudos que se apoiariam nos historiadores que, como Santo Mazzarino, recusavam o conceito de decadência, mas que analisavam as formas concretas da crise do império do Ocidente no século V.

Portanto, duas concepções enfrentam-se claramente: a primeira privilegia os aspectos já medievais do mundo antigo tardio e relativiza as perturbações militares e políticas ante a permanência das mentalidades; a segunda insiste nas continuidades estruturais com as tradições anteriores, minimiza o impacto do cristianismo sobre as evoluções do mundo antigo e privilegia as rupturas do século V no Ocidente e do século VII no Oriente.

Os romanistas, sensíveis ao desaparecimento das heranças antigas e trabalhando a partir de fontes clássicas sobre temas institucionais (políticos, militares, cívicos, econômicos, sociais, religiosos), concebem de preferência uma Antiguidade tardia curta (séculos IV e V) que às vezes aceitam estender a uma parte do século III ou do IV. Peter Brown, sensível às mutações que fundaram a história futura e analisando principalmente fontes cristãs segundo problemáticas novas (antropológica, sociológica, história das mentalidades), prefere conceber uma Antiguidade tardia longa (fim do século II – século VIII). Alguns historiadores[20] tentam superar essa oposição metodológica, a fim de matizar um debate que corre o risco de tornar-se retórico. Assim, "o otimismo", fundamentado para o século IV, seria menos evidente em seguida no Ocidente. A Antiguidade tardia apareceria então mais como um enquadramento de estudo que como uma época em si. O caráter plural do mundo romano tardio proibiria todas as generalizações, pessimistas ou otimistas.

A periodização: Baixo-Império ou Antiguidade tardia?

Existe um laço estreito entre os temas abordados e a cronologia mantida, entre as problemáticas e a periodização. A Antiguidade tardia deve ser concebida como uma época específica e autônoma (e então, a partir de quais critérios?) ou como uma época de transição (e então como justificar sua autonomia em relação à Antiguidade clássica e sua extensão cronológica abrangendo uma parte ou a totalidade da Idade Média?). Peter Brown justificava o início da periodização (em torno de 150-200) por causa da existência de uma transformação das mentalidades dos pagãos e dos cristãos, ao mesmo tempo religiosa (a focalização do sagrado se faria sobre um pequeno grupo de santos personagens, vivos ou mortos) e sociopolítica (passaríamos, para as elites, de uma época de paridade cívica a uma era de ambição individual e de hierarquia), e o fim da periodização (cerca de 750-800) por causa da persistência de elementos religiosos (cristãos), culturais (gregos),

20 Essa controvérsia foi analisada por Lepelley, La controverse historiographique sur l'Antiquité tardive entre Andrea Giardina et Peter Brown, *Rivista storica Italiana*, v.2, 2002, p.368-376.

e mediterrâneos (urbanos) até o deslocamento da capital do califado muçulmano de Damasco para Bagdá. Mas outros critérios justificariam outros limites: a evidente continuidade da vida das cidades italianas, africanas ou sírias, entre o século II e o IV leva a contestar a ideia de uma genuína autonomia da Antiguidade tardia, que suporia uma ruptura franca com a época clássica; os primórdios da Antiguidade tardia podem ser facilmente adiados em um século, ou até de um século e meio após Marco Aurélio, se nos prendermos a critérios institucionais ligados à reorganização do Estado romano a partir de Galiano, Diocleciano ou Constantino; finalmente, para os especialistas da Síria, do Egito, da África do Norte, da Espanha, a conquista árabe-islâmica constitui uma ruptura evidente, apesar da manutenção de uma herança cultural antiga e cristã durante os primeiros tempos da era muçulmana.

Brown, consciente do problema, propôs recentemente[21] definir uma *spätere Spätantike*, e foi seguido por Liebeschuetz que fala de uma *later Late Antiquity*. Isso remete a distinguir uma primeira Antiguidade tardia, fim do século II ao século V, e uma Antiguidade tardia final aos séculos VI-VIII (segundo as datas de Brown, mas Liebeschuetz para em torno de 650). Mas essa distinção entre duas vertentes (primeira e terminal) da Antiguidade tardia reconsidera a própria ideia de autonomia e de unidade do período. Pois como definir o que ainda é antigo na *spätere Spätantike*? E por que então não voltar à antiga divisão entre o Baixo-Império (termo conservado por André Chastagnol ou Roland Delmaire) e a Alta Idade Média (pronto a conservar a expressão "Antiguidade tardia", para lutar contra a depreciação longamente ligada ao termo "Baixo-Império", mas mantendo uma periodização breve)?

Chegamos, portanto, a um problema historiográfico essencial: a periodização é científica, remetendo a realidades observáveis, ou é apenas pedagógica, variando de acordo com os interesses dos historiadores? O debate sobre a utilização de "Baixo-Império" e de "Antiguidade tardia" levanta o problema dos critérios de uma periodização que pretende explicar o essencial ou a totalidade do período considerado. De outro lado, admitir a coexistência de dois termos, enquanto suas definições cronológicas e temáticas diferem, também não é mais satisfatório.

21 Cf. Hägg, op. cit.

Atualidade de Peter Brown

A influência de Brown deve ser apreciada segundo três critérios diferentes. O primeiro é o da repercussão intelectual: é evidente que após a *Retractatio* de Marrou em 1949, Brown é o que mais fez refletir sobre a Antiguidade tardia.[22] O segundo critério é o do impacto institucional: seus trabalhos permitiram reunir grupos que trabalham sobre o fim da Antiguidade e o início da Idade Média sob uma bandeira comum. A Antiguidade tardia era um conceito, ela se tornou uma disciplina universitária, com suas cadeiras, suas revistas, seus colóquios; o talento de Brown tem muito a ver com isso. Essa revolução historiográfica fez-se sem grandes choques, com antiquistas e medievalistas "tradicionais" aceitando a emergência de uma época intermediária, apesar de seus contornos cronológicos discutidos. O terceiro critério é o do impacto metodológico: a abordagem temática e cronológica da Antiguidade tardia por Brown influenciou historiadores que trabalham sobre as mentalidades, o ascetismo, os bispos ou a cultura, mas isso ficou limitado. No mundo anglo-saxão, se Averil Cameron está próximo das perspectivas de Brown, Fergus Millar, Peter Garnesey ou Henry Chadwick continuaram a escrever uma história tradicional, institucional, social ou religiosa. Na França, se Aline Rousselle retomou algumas abordagens de Brown, Charles Piétri para os aspectos religiosos, André Chastagnol e Roland Delamaire, para os campos institucionais e sociais, não foram muito influenciados. O mesmo acontece na Itália, com Lellia Cracco-Ruggini, Andrea Giardina e Mario Mazza, ou na Alemanha, como Alexandre Demandt.

O problema das fontes é essencial aqui. Os textos dos autores pagãos, a epigrafia cívica, o direito romano quase não foram perturbados pela cristianização da sociedade romana. Fora dos campos religiosos, culturais, artísticos, as ideias de Brown aparecem, portanto, menos decisivas, pois os embriões das evoluções futuras parecem com frequência limitados, até mesmo ausentes. Assim, certos historiadores pensam sempre poder apreciar algumas evoluções em termos de declínio e não de transformações criadoras.[23] A divergência de apreciação, já atestada no século XVII, apenas reproduz

22 Cameron, op. cit.

23 MacMullen, *Corruption and the Decline of Rome* e Liebeschuetz, *The Decline and Fall of the Roman City*.

uma dicotomia presente nas fontes antigas. Com efeito, a maior parte das fontes clássicas é conservadora e favorece uma leitura em termos de permanência e mesmo de declínio ou de desaparecimento, ao passo que as fontes cristãs são antes portadoras de temas inovadores (para quem conhece o desdobramento) e permitem um leitura em termos de modernidade e de desenvolvimento. Assim, a existência de fontes diferentes implica que, desde o início do século XX, as duas abordagens paralelas e antinômicas tenham podido se elaborar. Entretanto, se Brown desenvolveu suas ideias, ele não engajou o debate com os defensores da história tradicional daquela época.[24]

Peter Brown, ao repensar a Antiguidade tardia depois de 1960 foi *the right man at the right time*. Provocou, quase sempre seduziu e às vezes irritou, mas não podemos criticá-lo seriamente por ter tido ideias demais: ele fez todo mundo refletir, progredir as pesquisas sobre um período que permanecia marginal, chamou a atenção para aspectos desprezados, como o lugar da pessoa sagrada, e renovou temas clássicos, como o da cristianização. As pesquisas de seus colegas, que delimitam e às vezes corrigem suas intuições, sempre lhe são gratas. Contudo, os trabalhos de Brown deixam em suspenso três problemas essenciais, que eles contribuíram para ressaltar. Para começar, o progresso da pesquisa não pode se reduzir a uma sucessão de temáticas: será preciso um dia propor uma síntese entre a abordagem tradicional da Antiguidade tardia e a de Brown, o que sem dúvida tornará necessária uma hierarquização dos critérios utilizados; entretanto, os últimos volumes da *The Cambridge Ancient History* [A História Antiga de Cambridge], a saber, The Late Empire (A. D. 337-425) [O Baixo-Império 337-425 d.C.] e Late Antiquity (A. D. 425-600) [A Antiguidade tardia 425-600 d.C.] contentam-se em justapor os capítulos sem comprometer o debate. Em seguida, o método descritivo de Brown, a compreensão dos diferentes *styles*, traz a questão do fundamento da explicação causal em História; dispensá-lo, ainda que em nome de uma crítica de concepções reducionistas de origem marxista, não é uma obviedade. Enfim, falar de Antiguidade tardia não é suficiente nem para defini-la, nem para estabelecer sua existência, pois, para retomar um adágio escolástico, "toda distinção de

24 Ver, no prefácio de *La genèse de l'Antiquité tardive*, sua recusa aos aspectos institucionais do Estado romano e da Igreja, qualificados de "fantasmas sem consistência", longe de "a história de carne e de sangue" do historiador das religiões.

nome não é uma distinção real"; o problema da definição da Antiguidade tardia e de sua periodização continua inteiro.

Em meio século, a queda do império romano do Ocidente passou do estatuto de acontecimento central que funda a periodização histórica e de acontecimento paradigmático do declínio de qualquer civilização, como em Toynbee, ao de epifenômeno secundário. Passamos de uma concepção em termos de acontecimento-ruptura a uma abordagem que insiste nas continuidades de longa duração. Essa contestação radical dos conceitos de declínio e de decadência aplicados a Roma trouxe uma definição da Antiguidade tardia segundo os critérios religiosos e culturais, distinta da do Baixo-Império, definido, quanto a ele, segundo critérios sociopolíticos, administrativos e militares. Essa nova apresentação, que foi devida essencialmente a Peter Brown, é um grande desafio historiográfico e intelectual.

Hervé Inglebert

Obras de Peter Brown[25]

BROWN, Peter. *Augustine of Hippo*: a Biography. London: Faber & Faber, 1967. [Ed. Bras.: *Santo Agostinho*: uma biografia. Rio de Janeiro: Record, 2005.]

______. The Later Roman Empire. The Economic History Review, v.20, n.2, 1967, p.327-343.

______. The Rise and Function of the Holy Man in Late Antiquity. *Journal of Roman Studies*, v.61, 1971, p.80-101.

______. *The World of Late Antiquity* from Marcus Aurelius to Muhammad. Londres, 1971.

______. *Religion and Society in the Age of Saint Augustine*. London: Faber & Faber, 1972.

______. *The Making of Late Antiquity*. Cambridge, MA: Harvard University Press, 1978.

______. The Cult of the Saints: *Its Rise and Function in Latin Christianity*. Chicago: University of Chicago Press, 1981.

______. Dalla "Plebs Romana" alla "Plebs Dei": aspetti della cristianizzazione di Roma. In: BROWN, Peter et al. *Governanti e intellettuali*: popolo di Roma e popolo di Dio (I-VI secolo). Torino: Giappichelli, 1982, p.93-121.

25 Não indicamos os textos que foram em seguida retomados em trabalhos mais importantes.

BROWN, Peter. Society and the Holy in Late Antiquity. Berkeley: University of California Press, 1982.

______. The Saint as Exemplar in Late Antiquity. *Representations*, n.2, 1983, p.1-25.

______. *Genèse de l'Antiquité tardive*. Paris: Gallimard, 1983.

______. Antiquité tardive, In: ARIÈS, Philippe; DUBY, Georges (coords.). *Histoire de la vie privée*: de l'empire romain à l'An mil. Paris: Seuil, 1985, p.224-299.

______. *The Body and Society*: Men, Women and Sexual Renunciation in Early Christianity. New Yok: Columbia University Press, 1988. [Ed. Bras.: *Corpo e sociedade*: o homem, a mulher e a renúncia sexual no início do cristianismo. Rio de Janeiro: Jorge Zahar, 1990.]

______. *Power and Persuasion in Late Antiquity*: Towards a Christian Empire. Madison: University of Wisconsin Press, 1992.

______. *The Rise of Western Christendom*: Triumph and Diversity (200-1000 A.D.). Oxford: Blackwell, 1997. [Ed. Bras.: *Ascensão do cristianismo no Ocidente*. Lisboa: Presença, 1999.]

______. *Authority and the Sacred*: Aspects of the Christianisation of the Roman World. Cambridge, UK: Cambridge University Press, 1995.

______. Arbiters of Ambiguity: a Role of the of Late Antique Holy Man. *Cassiodorus*, v.2, 1996, p.123-142.

______. Ascetism. *The Cambridge Ancient History*, v.13, 1998, p.601-631.

______. Christianization and Religious Conflict. *The Cambridge Ancient History*, v.13, 1998, p.632-664.

______. Holy Men. *The Cambridge Ancient History*, v.14, 2000, p.781-810.

______. *Poverty and Leadership in the Later Roman Empire*. Hanover: University Press of New England, 2002.

Referências bibliográficas

AGULHON, M. *La République*. Paris: Hachette, 1990.

ALLIX, A. *Un pays de haute montagne*: l'Oisans – étude géographique. Paris: Armand Colin, 1929.

ALTHUSSER, L. La reproduction des rapports de production. In: ______. *Sur la reproduction*. Paris: 2000. [Ed. Bras.: *Sobre a reprodução*. São Paulo: Vozes, 2008.]

AMALVI, C. *Le goût du Moyen Âge*. Paris: La Boutique de l'Histoire, 2002.

ARIÈS, P.; DUBY, G. (Org.). *Histoire de la vie privée*. Paris: [s.n.], 1986.

ARON, R. Comment l'historien écrit l'épistémologie: à propos du livre de Paul Veyne. *Annales*: économies, sociétés, civilisations, Paris, v.26, n.6, p.1319-1354, nov./dez. 1971.

______. *Le grand schisme*. Paris: Gallimard, 1941.

ARTIFONI, E. Georges Duby e la storia delle parole. In: ROMAGNOLI, D. (Org.). *Medioevo e oltre*: Georges Duby e la storiografia del nostro tempo. Bologna: CLUEB, 1999, p.181-197.

ASCHHEIM, S. E. George Mosse at 80: a Critical Laudatio. *Journal of Contemporary History*, London, v.34, n.2, p.295-312, abr. 1999.

AUDOIN-ROUZEAU, S. George L. Mosse: réflexions sur une méconnaissance française. *Annales:* histoire, sciences sociales, Paris, v.56, n.1, p.183-186, jan./fev. 2001.

______. Prèface. In: MOSSE, G. *De la grande guerre au totalitarisme.* Paris: Hachette, 1999, p.I-XVII.

______. BECKER, A. *Retrouver la guerre*. Paris: Gallimard, 2000.

AYMARD, M. One Braudel or several? *Review*, [S.l.], v.24, n.1, p.13-24, 2001.

______. Prèface. In: BRAUDEL, F. *Autour de la Méditerranée*. [S.l.: s.n.], [s.d.]. p.III. (Les écrits de Fernand Braudel, v.1).

BARBIER, F. Postface. In: FEBVRE, L.; MARTIN, H.-J. *L'apparition du livre*. Paris: Albin Michel, 1999.

BARTHÉLEMY, D. *La mutation de l'an mil, a-t-elle eu lieu?*: servage et chevalerie dans la France des Xe et XIe siècles. Paris: Fayard, 1997.

BARTHÉLEMY, D. La mutation féodale a-t-elle eu lieu?: note critique. *Annales*: économies, sociétés, civilisations, Paris, v.47, n.3, p.767-777, maio/jun. 1992.

______. *La société dans le comté de Vendôme de l'an mil au XIVème siècle*. Paris: Fayard, 1993.

BARTHES, R. *Michelet par lui-même*. Paris: Seuil, 1954.

BARTOV, O. *L'armée de Hitler*: la Wehrmacht, les nazis et la guerre. Paris: Hachette, 1999.

BAUMONT, M. *La faillite de la paix (1918-1939)*. Paris: Presses Universitaires de France, 1945.

BAYLIN, B. Braudel's Geohistory: a Reconsideration. *The Journal of Economic History*, New York, v.11, n.3, p.277-282, 1951.

BEAUJARD, B. *Le culte des saints en Gaule*: d'Hilare de Potiers à la fin du VI siècles. Paris: Cerf, 2000.

BEAUVALET-BOUTOYRIE, S. *Être veuve sous l'Ancien Régime*. Paris: Belin, 2002.

BECKER, A. Barbarie de la Grande Guerre. *L'Histoire*, Paris, n.241, p.23, mar. 2000.

BECKER, J.-J. *1914, comment les français sont entrés dans la guerre*: contribution à l'étude de l'opinion publique printemps-été 1914. Paris: Presses de la Fondation Nationale des Sciences Politiques, 1977.

BENICHOU, P. *Le temps des prophètes*: doctrines de l'âge romantique. Paris: Gallimard, 1977.

BERR, H. [Apresentação]. *Revue de Synthèse Historique*, Paris, v.33, n.7, p.1-2, 1921.

BESANÇON, A. Histoire et psychanalyse: à propos de Metabletiea. *Annales*: économies, sociétés, civilisations, Paris, v.19, n.2, p.237-249, mar./abr. 1964.

BLANC, Louis. *Révolution française*: histoire de dix ans (1830-1840). Paris: Pagnerre, 1841-1846. 12 v.

BLANCHARD, R. *La Flandre*: étude de géographie de la plaine flamande, en France, Belgique et Hollande. Paris: Armand Colin, 1906.

BLOCH, C. Bibliothèque et musée français de la guerre. *Revue de Synthèse Historique*, Paris, v.33, n.7, p.37-50, 1921.

BLOCH, M. *Écrits de guerre*: 1914-1918. Paris: Armand Colin, 1997.

BOCK, F. *Un parlementarisme de guerre*: 1914-1919. Paris: Belin, 2002.

BOHLER, D. Je n'ai pas entrevu que des ombres flottantes, insaisissables...: le travail de l'écriture. *Clio*: histoire, femmes et société, Toulouse, n.8, p.45-63, 1998.

BONNASSIE, P. Le rapport de l'homme à la terre ou les deux sens du mot "culture". In: BLETON-RUGET, A.; PACAUT, M.; RUBELLIN, M. (Coord.). *Georges Duby, regards croisés sur l'oeuvre*: femmes et féodalités. Lyon: Presses Universitaires de Lyon, 2000. p.87-102.

BOUCHERON, P. Représenter l'espace féodal: un défi à relever. *Espaces Temps*, Paris, v.68-70, p.59-66, 1998.

BOURDIEU, P. *La distinction*: la critique social du jugement. Paris: Minuit, 1979.

______. *Méditations pascaliennes*. Paris: Seuil, 1997.

BOUTRY, P. Assurances et errances de la raison historienne. In: BOUTIER, J.; JULIA, D. (Org.). *Passés recomposés*: champs et chatiers d l'histoire. Paris: Autrement, 1995. p.56-68.

BRAUDEL, F. *Civilisation matérielle, économie et capitalisme.* Paris: Armand Colin, 1967. [Ed. Bras.: *Civilização material, economia e capitalismo.* São Paulo: Martins Fontes, 2009.]

BUCHEZ, P.; ROUX, P. *Histoire parlementaire de la révolution français, ou, Journal des assemblées nationales depuis 1789 jusqu'en 1815.* Paris: Paulin, 1834-1838. 40 v.

BURGUIÈRE, A. *Dictionnaire des sciences historiques.* Paris: Presses Universitaires de France, 1986.

______. Histoire d'une histoire: la naissance des Annales. *Annales:* histoire, sciences sociales, Paris, v.34, n.6, p.1347-1359, nov./dez. 1979.

______. Le changement social: brève histoire d'un concept. In: LEPETIT, B. *Les formes de l'expérience*: une autre histoire sociale. Paris: Albin Michel, 1995.

CABANES, B. Du Baroque au nazisme: une histoire religieuse da la politique. *Revue Européenne d'Histoire,* Paris, v.1, n.2, p.247-252, 1995.

______. Les deux guerres de George Mosse. *L'Histoire,* Paris, n.199, p.13-14, maio 1996.

CALDER, W. M.; CORMACK, J. M. R. *Monumenta Asiae Minoris Antiqua.* Manchester: Manchester University Press, 1962. v.8.

CAMERON, A. On Defining the Holy Man. In: HAYWARD, P. A.; HOWARD--JOHNSTON, J. (Org.). *The Cult of the Saints in Late Antiquity and the Middle Ages*: Essays on the Contribution of Peter Brown. New York: Oxford University Press, 1999. p.27-43.

CARMIGNANI, P. *Autour de F. Braudel.* Perpignan: Presses Universitaires de Perpignan, 2002.

______.; REVEL, J. (Org.). *Histoire de la France.* Paris: Seuil, 1989-1990.

CASANOVA, A. Histoire sociale et histoire des mentalités. *La Nouvelle Critique,* Paris, n.215, p.11-19, 1970.

______.; HINCKER, F. *Aujourd'hui l'histoire.* Paris: Éditions Sociales, 1974.

CHARTIER, R. L'histoire entre géographie et sociologie. *Actes de la recherche en sciences sociales,* Paris, v.35, p.27-36, 1980.

______. *Lectures et lecteurs dans la France d'Ancien Régime.* Paris: Seuil, 1987.

CLARK, E. A. Holy Women, Holy Words: Early Christian Women, Social History and the "Linguistic Tour". *Journal of Early Christian Studies,* Baltimore, v.6, n.3, p.413-430, 1998.

DALARUN, J. L'abîme et l'architecte. In: DUBY, G.; DUHAMEL-AMADO, C.; LOBRICHON, G. (Coord.). *L'écriture de l'histoire.* Bruxelles: De Boeck, 1996.

______. L'oeuvre critique: à propos de la poétique de l'histoire dans l'oeuvre de Georges Duby. In: BLETON-RUGET, A.; PACAUT, M.; RUBELLIN, M. (Coord.). *Georges Duby, regards croisés sur l'oeuvre*: femmes et féodalités. Lyon: Presses Universitaires de Lyon, 2000. p.19-32.

DANIEL, G. *Histoire de France depuis de l' etablissement de la monarchie françoise dans les Gaules.* Paris: [s.n.], 1713.

DAVIS, N. Z. Rabelais among the Censors (1940s, 1540s). *Representations,* Berkeley, n.32, p.1-32, 1990.

DEBUY, G. *La société aux XIe et XIIe siècles dans la régions mâconnaise*. Paris: EHESS, 1953.

DELACROIX, C.; DOSSE, F.; GARCIA, P. *Les courants historiques en France*: 19ème-20ème siècle. Paris: Armand Colin, 1999.

DÉLÉAGE, A. *La vie rurale en Bourgogne jusqu'au début du onzième siècle*. Mâcon: Protat, 1941. 2 v.

DEMANGEON, A. *La Picardie et les régions voisines*: Artois, Cambrésis, Beauvaisis. Paris: Armand Colin, 1905.

DOSSE, F. *L'histoire en miettes*: des Annales à la nouvelle histoire. Paris: Découverte, 1987.

DRESCHER, S. et al. (Org.). *Political Symbolism in Modern Europe*: Essays in Honor of George Mosse. New Brunswick: Transaction, 1982.

DUBY, G. *Histoire de la France.* Paris: Larousse, 1970.

______. *La société aux et siècles dans la région mâconnaise.* Paris: EHESS, 1953.

DUINDAM, J. *Myths of Power*: Norbert Elias and the Early Modern European Court. Amsterdan: [s.n.], 1994.

DUROSELLE, J.-B. *Études d'histoire des relations internationales.* Paris: Presses Universitaires de France, 1966.

______. *L'histoire diplomatique de 1919 à nos jours.* Paris: Armand Colin, 1953.

______. Pierre Renouvin (1893-1974). *Revue d'Histoire Moderne et Contemporaine*, Paris, v.22, p.497-507, out./dez. 1975.

______. Pierre Renouvin et la science politique. *Revue Françoise de Science Politique*, Paris, v.25, n.3, p.561-574, 1975.

______.; KASPI, A. *L'histoire diplomatique de 1919 à nos jours.* Paris: Armand Colin, 2001. 2 v.

EHALT, H. C. *Ausdruckformen absolutischer Herrschaft*: Der Wiener Hof im 17. und 18. Jahrhundert: Wien-München, 1980.

ELM, S.; JANOWITZ, N. (Org.). Charisma and Society: The 25th Anniversary of Peter Brown's Analysis of the Late Antique Holy Man. *Journal of Early Christian Studies*, Baltimore, v.6, n.3, p.343-539, 1998.

ENGELS, F. *As origens da família e da propriedade privada.* São Paulo: Global, 1984.

FAUCHER, D. *Plaines et bassins du Rhône moyen entre Bas-Dauphiné et Provence.* Paris: Armand Colin, 1927.

FAVIER, J. (Org.). *Histoire de France.* Paris: Fayard, 1984.

FEBVRE, L. *Combats pour l'histoire.* Paris: Armand Colin, 1992. [Ed. Port.: *Combates pela história.* Lisboa: Presença, 1989.]

______. *Michelet et la Renaissance.* Paris: Flammarion, 1992.

FELLER, L. Statut de la terre et statut des personnes: l'alleu paysan dans l'historiographie depuis Georges Duby. *Études rurales,* Paris, n.145-146, p.147-164, 1997.

FERRO, M. *La révolution de 1917*: la chute du tsarisme et les origines d'Octobre. Paris: Aubier, 1967.

FERRO, M. *La révolution de 1917*: octobre, naissance d'une société. Paris: Aubier, 1976.

FEUERBACH, L. *A essência do cristianismo*. São Paulo: Vozes: 2007.

FLACH, J. *Les origines de l'ancienne France*. Paris: Larose et Forcel, 1886-1917. 4 v.

FLANDRIN, J.-L. Enfance et société. *Annales*: économies, sociétés, civilisations, Paris, v.19, n.2, p.322-329, mar./abr. 1964.

FRAZER, J. *The Golden Bough*: a Study in Magic and Religion. London: Macmillan, 1890. 2 v. [Ed. Bras.: *O ramo de ouro*. Rio de Janeiro: Guanabara, 1982.]

FREUD, S. *Mal-estar na civilização*. Rio de Janeiro: Imago, 1997.

FURET, F. *La Révolution en débat*. Paris: Gallimard, 1999.

______. *Penser la Révolution*. Paris: Gallimard, 1978. [Ed. Por.: *Pensar a revolução francesa*. Lisboa: Edições 70, 1988.]

FUSTEL DE COULANGES, N. D. *Histoire des institutions politiques de l'ancienne France*. Paris: Hachette, 1875-1889. 3 v.

______. *La cité antique*. Paris: Durant, 1864. [Ed. Bras.: *A cidade antiga*. São Paulo: Martins Fontes, 2004.]

GAUCHET, M. (Org.). *Philosophie des sciences historiques*: le moment romantique. Paris: Seuil, 2002.

GAUTHIER, P. *Les cités grecques et leurs bienfaiteurs*. Paris: Boccard, 1985.

______. Symbola: les étrangers et la justice dans les cités grecques. *Annales de l'Est*, Nancy, n.42, 1972.

GAUTIER, L. *La chevalerie*. Paris: Victor Palmé, 1884.

GENTILE, E. *Le religioni della politica*: fra democrazie e tolitarismi. Roma: Laterza, 2001.

GIARDINA, A. Esplosione di tardoantico. *Studi Storici*, Roma, v.40, n.1, p.157-180, 1999.

GIESEY, R. *Cérémonial et puissance souveraine*: France XVème-XVIIème siècles. Paris: EHESS, 1987.

GINZBURG, C. *Le fromage et les vers*: l'univers d'un meunier du XVIème siècle. Paris: Aubier, 1980. [Ed. Bras.: *O queijo e os vermes*. São Paulo: Cia das Letras, 1987.]

GODELIER, M. *L'idéel et le matériel*. Paris: Fayard, 1984.

GORDON, D. *Citizens without Sovereignty*: Equality and Sociability in French Thought, 1670-1789. Princeton: [s.n.], 1994.

GOURDON, V. *Histoire des grands-parents*. Paris: Perrin, 2001.

GRENIER, J.-Y.; GRIGNON, C.; MENGER, P.-M. (Coord.). *Le modèle et le récit*. Paris: MSH, 2001.

GROPPI, A. (Org.). *Il lavoro delle donne*. Roma: Laterza, 1996.

GRUZINSKI, S. Les mondes mêlés de la Monarchie catholique et autres "connected histories". *Annales:* histoire, sciences sociales, Paris, v.56, n.1, p.85-117, jan./fev. 2001.

GUENÉÉ, B. *Entre l'Église et l'État*: quatre vies de prélats français à la fin du Moyen Âge. Paris: Gallimard, 1987.

GUERREAU, A. *Le féodalisme*: un horizon théorique. Paris: Sycomore, 1980.

GUILHIERMOZ, P. E. *Essai sur les origines de la noblesse en France au moyen âge*. Paris: Halphen, 1902.

GUIZOT, F. *Histoire de la civilisation en France*: depuis la chute de l'Empire Romain. Paris: Pichon et Didier, 1829-1832. 4 v.

GURVITCH, G. (Coord.). *Traité de sociologie*. Paris: Presses Universitaires de France. 1958-1960.

______.; NORA, P. (Coord.). *Faire de l'histoire*: nouveaux problèmes, nouvelles approches, nouveaux objets. Paris: Gallimard, 1974.

HÄGG, T. (Org.). So Debate: The world of late antiquity revisited. *Symbolae Osloenses*, Oslo, v.72, p.5-90, 1997.

HARRIS, H. A. Notes on Three Athletic Inscriptions. *Journal of Hellenic Studies*, London, v.82, p.19-24, 1962.

HAYWARD, P. A.; HOWARD-JOHNSTON, J. (Org.). *The Cult of the Saints in Late Antiquity and the Middle Ages*: Essays on the Contribution of Peter Brown. New York: Oxford University Press, 1999.

HERSKOVITS, M. J. *Economic Anthropology*: a Study in Comparative Economics. Nova York: Krnopf, 1952.

HISTOIRE et sciences sociales: un tournant critique? *Annales*: économies, sociétés, civilisations, Paris, v.43, n.2, p.291-293, mar./abr. 1988.

HOBSBAWM, E. Histoire et illusion. *Le Débat*, Paris, n.89, p.128-138, mar./abr. 1996.

HOLTZMANN, B. L. R. *Encyclopaedia Universalis*. Paris: Encyclopaedia Universalis France, 1986.

IOGNA-PRAT, D. L'atelier de l'historien. In: DUBY, G. *Qu'est-ce que la société féodale?* Paris: Flammarion, 2002. p.VII-XXXIII.

ISAAC, J. *Un débat historique*: le problème des origines de la guerre. Paris: Rieder, 1933.

JAURÈS, J. *Histoire socialiste de la Révolution française*. Paris: Auteur, 1901-1904.

JEANNIN, P. Une histoire planétaire de la civilisation matérielle. *Annales:* histoire, sciences sociales, Paris, v.27, n.1, p.71-79, jan./fev. 1972.

JONES, A. H. M. *The Decline of the Ancient World*. London: Longman, 1966.

______. *The Later Empire, 284-602*: a Social, Economic and Administrative Survey. Oxford: Blackwell, 1964.

KLAPISCH-ZUBER, C. Avant-propos. *Clio: histoire, femmes et société, Toulouse, n.*8, p.11-14, 1998.

KNOEPFLER, D. Louis Robert (1904-1985). *SNR*, [S.l.], n.65, p.265-271, 1986.

LABROUSSE, E. *La crise de l'économie française à la veille de la Révolution*. Paris: Presses Universitaries de France, 1944.

LAMARTINE, A. de. *Histoire des girondins*. Bruxelles: Wouters Frères, 1847.

LANGLOIS, C.-V.; SEIGNOBOS, C. *Introduction aux études historiques*. Paris: Hachette, 1848. [Ed. Bras.: *Introdução aos estudos históricos*. São Paulo: Renascença, 1946.]

LASSERRE, P. *Le romantisme français*: essai sur la révolution dans les sentiments et dans las idées au XIXe siècle. Paris: Mercure de France, 1907.

LE GOFF, J. (Coord.). *La Nouvelle Histoire*. Paris: Retz, 1978.

______. Georges Duby (1919-1996). *Cahiers de civilisation médiévale*, Poitiers, v.40, n.158, p.199-209, 1997.

______. Il Medioevo di Georges Duby. In: ROMAGNOLI, D. (Org.). *Medioevo e oltre*: Georges Duby e la storiografia del nostro tempo. Bologna: CLUEB, 1999. p.11-31.

______. *La civilisation de l'Occident Médiéval*. Paris: Arthaud, 1964. [Ed. Bras.: *A civilização do Ocidente medieval*. Florianópolis: Edusc, 2005.]

______.; NORA, P. (Org.). *Faire l'Histoire*. Paris: Gallimard, 1974.

LE LANNOU, M. *Notice sur la vie et les travaux de Pierre Renouvin (1893-1974)*. Paris: Institut de France, 1977.

LE ROY LADURIE, E. *Saint-Simon ou le système de la cour*. Paris: [s.n.], 1997.

LECOY DE LA MARCHE, A. *Les manuscrits et la miniature*. Paris: Quantin, 1884.

LEPELLEY, C. La controverse historiographique sur l'Antiquité tardive entre Andrea Giardina et Peter Brown. *Rivista storica Italiana*, Napoli, n.2, p.368-376, 2002.

LEPETIT, B. (Coord.). *Les formes de l'expérience*: une autre histoire sociale. Paris: Albin Michel, 1995.

LEVI, G. *Le pouvoir au village*: histoire d'un exorciste dans le Piémont du XVIIème siècle. Paris: Gallimard, 1989.

LÉVI-STRAUSS, C. *Anthropologie structurale*. Paris: Plon, 1958.

LÉVY-BRUHL, L. *La mentalité primitive*. Paris: Alcan, 1922. [Ed. Bras.: *A mentalidade primitiva*. São Paulo: Paulus, 2008.]

LEWIN, M. Illusion communiste ou réalité soviétique? *Le Monde Diplomatique*, Paris, v.513, n.12, p.17-18, 1996.

LIEBESCHUETZ, J. H. W. G. *The Decline and Fall of the Roman City*. Oxford: Oxford University Press, 2001.

LIMAN VON SANDERS, O. *Cinc ans de Turquie*. Paris: Payot, 1921.

LIVINGSTONE, A. Pour une révision du mâle Moyen Âge de Georges Duby. *Clio*: histoire, femmes et société, Toulouse, n.8, p.139-154, 1998.

LOMBARD, D. De la vertu des aires culturelles. In: REVEL, J.; WACHTEL, N. (Org.). *Une école pour l'EHESS*. Paris: Le Cerf, 1996. p.115-125.

______. *Le carrefour javanais*: essai d'histoire globale. Paris: EHESS, 1990.

MACMULLEN, R. *Corruption and the Decline of Rome*. New Haven: Yale University Press, 1988.

MAITLAND. F. W. *Domesday Book and Beyond*. Cambridge: Cambridge University Press, 1897.

MANDROU, R. *Introduction à la France moderne, 1500-1640*: essai de psychologie historique. Paris: Albin Michel, 1961.

MARCEL, D. Sur la société médiévale. *Annales*: économies, sociétés, civilisations, Paris, v.10, n.3, p.381-390, jul./set. 1955.

MAROU, H.-I. *De la connaissance historique*. Paris: Seuil, 1954.

MATHIEZ, A. *Mouvement social et vie chère sous la Terreur*. Paris: Payot, 1927.

MAURRAS, C. *Dictionnaire politique et critique*. Paris: Cité des livres, 1932.

______. *Œuvres capitales*. Paris: Flammarion, 1952.

MAUSS, M. Essai sur le don: forme et raison de l'échange dans les sociétés archaïques. In: ______. *Sociologie et anthropologie*. Paris: Presses Universitaires de France, 1993. p.143-279.

MAZON, B. *Aux origines de l'École des Hautes Études en Sciences Sociales*: le rôle du mécenat américain (1920-1960). Paris: Cerf, 1988.

MENNELL, S. *All Manners of Food*: Eating and Taste in England and France from the Middle Ages to Present. Oxford: [s.n.], 1985.

MERLEAU-PONTY, M. *Humanisme et terreur*. Paris: Gallimard, 1967. [Ed. Bras.: *Humanismo e terror*. Rio de Janeiro: Tempo Brasileiro, 1968.]

MEZERAY, F. E. *Histoire de France depuis Pharamond jusqu'à la paix de Vervin sous Henri VI em 1598*. Paris: [s.n.], 1643-1651. 3 v.

MICHELET, J. *Histoire de la révolution française*. Paris: Hetzel, 1847-1853.

MIGEOTTE, L. *L'emprunt public dans les cités grecques*. Paris: Belles Lettres, 1984.

______. *Les souscriptions publiques dans les cités grecques*. Genève: Droz, 1992.

MITZMAN, A. *Michelet ou la subversion du passé*: quatre leçons au Collège de France. Paris: Boutique de l'Histoire, 1999.

______. *Michelet, Historian*: Rebirth and Romanticism 19th Century France. New Haven: Yale University Press, 1990.

MORIN, E. *L'homme et la mort devant l'histoire*. Paris: [s.n.], 1951. [Ed. Bras.: *O homem e a morte*. Rio de Janeiro: Iamgo, 1997.]

MORINEAU, M. Un grand dessein: Civilisation matérielle, économie et capitalisme (Xvème-XVIIIème siècle) de Fernand Braudel. *Revue d'Histoire Moderne et Contemporaine*, Paris, v.28, p.624-668, out./dez. 1981.

MOUTOUKIAS, Z. Réseaux personnels et autorité coloniale: les négociants de Buenos Aires au XVIIIème siècle. *Annales*: économies, sociétés, civilisations, Paris, v.47, n.4-5, p.889-915, 1992.

MUCHEMBLED, R. *L'invention de l'homme moderne*. Paris: [s.n.], 1988.

______. *La société policée*: politique et politesse en France du XVIème au XXème siècle. Paris: [s.n.], 1998.

______. *Le temps des supplices*: de l'óbéissance sous les rois absolus. Paris: [s.n.], 1992.

NEALE, W. *Les systèmes économiques dans l'histoire et dans la théorie*. Paris: Larousse, 1974.

NOIRIEL, G. *Sur la crise de l'histoire*. Paris: Belin, 1996.

NORA, P. (Coord.). *Les lieux de mémoire*. Paris: Gallimard, 1984-1992.

______. (Org.). *Les lieux de mémoire*. Paris: Gallimard, 1997.

______. (Org.). *Ensaios de ego-história*. Lisboa: Edições 70, 1989.

NORTH, D. C. *Institutions, Institutional Change and Economic Performance*. Cambridge: Cambridge University Press, 1990.

PAINLEVÉ, P. *Comment j'ai nommé Foch et Pétain*: la politique de guerre de 1917, le commandement unique interallié. Paris: Alcan, [s.d.].

PARAVICINI, W. Un grand historien allemand du Moyen Âge français: Karl Ferdinand Werner a 70 ans. *Documents*: Revue des questions allemandes, Paris, v.49, n.1, p.100–101, 1994.

PEEK, W. *Griechische Vers-Inschriften*. Berlin: Akademie, 1955.

PERNOUD, R. *La femme au temps des cathédrales*. Paris: Stock, 1980.

PEYRAT, N. Histoire de France au XVIe siècle. *Bulletin de la Société de l'histoire du protestantisme français*, Paris, n.5, p.232-244, [s.d.].

______. *Histoire des pasteurs du désert depuis la révocation de l'Édit de Nantes jusqu'à la Révolution Française*. Montpellier: Les presses du Languedoc, 2002.

PIRENNE, H. *Souvenirs de captivité en Allemagne (mars 1916-novembre 1918)*. Bruxelles: Maurice Lambertin, 1920.

PLANHOL, X. de. *De la plaine pamphylienne aux lacs pisidiens*: nomadisme et vie paysanne. Paris: Maisonneuve, 1959.

POLANYI, K. *The Great Transformation*: the Political and Economic Origins of our Time. New York: Farrar & Rinehart, 1944. [Ed. Bras.: *A grande transformação*: as origens da nossa época. Rio de Janeiro: Campus, 2000.]

______. *The Livelihood of Man*. New York: Academic Press, 1977.

PROCHASSON, C. Les mots pour le dire: Jean Norton Cru, du témoignage à l'histoire. *Revue d'Histoire Moderne et Contemporaine*, Paris, v.48, n.4, p.160-189, out./dez. 2001.

PROST, A. *Les anciens combattants et la société française, 1914-1939*. Paris: PFNSP, 1977.

______. The Impact of War on French and German Political Cultures. *The Historical Journal*, Cambridge, v.37, n.1, p.209-217, 1994.

QUINET, E. *La révolution*. Paris: Lacroix, 1865.

______. *Le christianisme et la révolution française*. Paris: Fayard, 1984.

QUINET, H. A. *Cinquante ans de amitié, Michelet-Quinet*: 1825-1875 par Mme Edgar Quinet. Paris: A. Colin, 1899.

RAPP, C. For Next to God, You Are my Salvation: Reflections on the Rise of the Holy Man in Late Antiquity. In: HAYWARD, P. A.; HOWARD-JOHNSTON, J. (Org.). *The Cult of the Saints in Late Antiquity and the Middle Ages*: Essays on the Contribution of Peter Brown. New York: Oxford University Press, 1999. p.63-81.

REMAUD, O. *Michelet, la magistrature de l'Histoire*. Paris: Michalon, 1998.

REVEL, J. *Fernand Braudel et l'histoire*. Paris: Hachette, 1999.

______. Histoires et sciences sociales: les paradigmes des Annales. *Annales:* histoire, sciences sociales, Paris, v.34, n.6, p.1360-1376, nov./dez. 1979.

______. *Jeux d'échelles*: la micro-analyse de l'expérience. Paris: Le Seuil-Gallimard, 1996.

______. L'homme des Annales? In: ______.; SCHMITT, J.-C. (Org.). *L'ogre historien*: autour de Jacques Le Goff. Paris: Gallimard, 1998. p.33-54.

REVEL, J. *La cour*. In: NORA, P. (Org.). *Les lieux de mémoire*. Paris: [s.n.], 1993. v.3.

______. Lucien Febvre et les sciences sociales. *Historiens et Geographes*, Paris, n.272, p.427-442, 1979.

RICOEUR, Paul. *Temps et récit*. Paris: Seuil, 1983-1985. 3 v.

ROTTERDÃ, E. *A civilidade pueril*. Lisboa: Estampa, 1978.

ROUSSEAU, P. Ascetics as Mediators and as Teachers. In: HAYWARD, P. A.; HOWARD-JOHNSTON, J. (Org.). *The Cult of the Saints in Late Antiquity and the Middle Ages*: Essays on the Contribution of Peter Brown. New York: Oxford University Press, 1999. p.45-59.

ROUSSET, J. *La littérature de l'âge baroque en France*: Circé et la paon. Paris: J. Corti, 1953.

RUSSO, D. L'oeuvre d'art et ses significations: autour de la notion de paysage dans l'oeuvre de Georges Duby. In: DUHAMEL-AMADO, C.; LOBRICHON, G. *Georges Duby*. Bruxelles: Boeck, 1996. p.37-49. (Bibliothèque du Moyen Âge, v.6).

SAMARAN, C. (Org.). *L'Histoire et ses méthodes*. Paris: Gallimard, 1961.

SCHMITT, J.-C. Représentations. In: DUBY, G.; DUHAMEL-AMADO, C.; LOBRICHON, G. (Coord.). *L'écriture de l'histoire*. Bruxelles: De Boeck, 1996. p.267-278.

SCOTT, J. F. *The Surge of Public Opinion on the Eve of Great War*. New York: John Day, 1927.

SÉE, H. *Les classes rurales et le régime domanial en France au Moyen Âge*. Paris: Giard et Brière, 1901.

SILLS, D. (Org.). *International Encyclopedia of the Social Sciences*. New York: Macmillan, 1968.

SIMIAND, F. Compte-rendu de Demangeon, Blanchard, Vallaux, Vacher et Sion. *L'Année Sociologique*, Paris, v.11, *p.723-732, 1906-1909*.

SMITH, L. Jean Norton Cru, lecteur des livres de guerre. *Annales du Midi*, Toulouse, v.112, n.232, out./dez. 2000.

SOBOUL, A. *Les sans-culottes parisiens en l'an II*: mouvement populaire et gouvernement. Paris: Libraire Clavreuil, 1958.

SOLNON, J.-F. *La cour de France*. Paris: [s.n.], 1987.

STENGERS, J. July 1914: Some Reflections. *Annuaire de l'Institut de Philologie et d'Histoire Orientales et Slaves*, Bruxelles, v.17, p.105-148, 1963-1965.

STERN, F. Les historiens de la Grande Guerre, vécu personnel, récit public. In: ______. *Grandeurs et défaillances de l'Allemagne du XXème siècle*: le cas exemplaire d'Albert Einstein. Paris: Fayard, 2001.

SUBRAHMANYAM, S. Du Tage au Gange au XVIème siècle: une conjoncture millénariste à l'échelle eurasiatique. *Annales:* histoire, sciences sociales, Paris, v.56, n.1, p.51-84, jan./fev. 2001.

TAINE, H. *Les origines de la France contemporaine*. Paris: Hachette, 1889.

TALMON, J. *Origins of totalitarian democracy*. New York: Praeger, 1952.

THIERS, A. *Histoire de la révolution française*. Paris: Lecointe et Duret: 1823-1827.

TOUBERT, P. Georges Duby, un héritage scientifique. In: BLETON-RUGET, A.; PACAUT, M.; RUBELLIN, M. (Coord.). *Georges Duby, regards croisés sur l'oeuvre*: femmes et féodalités. Lyon: Presses Universitaires de Lyon, 2000. p.13-15.

_______. *Les structures du Latium médiéval*: le Latium méridional et la Sabine du XIe à la fin du XIIe siècle. Roma: École Française de Rome, 1973.

_______. Prefáce. In: BLOCH, M. *Les caractéres originaux de l'histoire rurale française*. Paris: Armand Colin, 1988. p.5-41.

TRAVERSO, E. De l'anticommunisme: l'histoire du XXe siècle relue par Nolte, Furet et Courtois. *L'homme et la société*, Paris, n.140-141, p.169-194, abr./set. 2001.

URAN, S. George Mosse, un chercheur de réputation internationale. *Le Monde*, Paris, 31 jan. 1999. p.11.

VAN UYTFANGHE, M. L'origine, l'essor et les fonctions du culte des saints: quelques repères pour un débat rouvert. *Cassiodorus*, Soveria Mannelli, n.2, p.143-196, 1996.

VAUCHEZ, A. La rose et le réséda: Georges Duby historien du christianisme médiéval. In: DUBY, G.; DUHAMEL-AMADO, C.; LOBRICHON, G. *L'écriture de l'histoire*. Bruxelles: De Boeck, 1996.

VEBLEN, T. *The Theory of the Leisure Class*: an Economic Study of Institutions. New York: Macmilliam, 1899. [Ed. Bras.: *A teoria da classe ociosa*: um estudo econômico das instituições. São Paulo: Thomson Pioneira, 2001.]

VELCIC-CANIVEZ, M. Histoire et intertextualité: l'écriture de Georges Duby. *Revue Historique*, Paris, v.302, n.1, p.187-206, 2000.

VERNANT, J.-P. *Les origines de la pensée grecque*. Paris: Presses Universitaires de France, 1962.

_______. *Mythe et pensée chez le Grecs*. Paris: Maspero, 1965.

VIALLANEIX, P. *Michelet, les travaux et les jours 1798-1874*. Paris: Gallimard, 1998.

VIGARELLO, G. *Le propre et le sale*: L'hygiène du corps depuis le Moyen Âge. Paris: Seuil, 1985.

VILLE, G. *La gladiature en Occident*: des Origines à la mort de Domitien. Roma: École Française de Rome, 1981.

WACHTEL, N. *La foi du souvenir*: labyrinthes marranes. Paris: Seuil, 2002.

WALCH, J. *Les maîtres de l'histoire 1815-1850*: Augustin Thierry, Mignet, Guizot. TAINE, H. *Essais de critique et d'histoire*. 3.ed. Paris: Hachette, 1898.

WERNER, M.; ZIMMERMANN, B. Penser l'histoire croisée: entre empirie et réflexivité. *Annales*: économies, sociétés, civilisations, Paris, v.58, n.1, p.7-34, jan./fev. 2003.

WESSEL, M. Les combats pour l'histoire de Lucien Febvre: une relecture. *Rivista di Storia della Storiografia Moderna*, Roma, v.16, p.75-96, 1995.

WINTER, J.; LEFEBVRE, F. De l'histoire intellectuelle à l'histoire culturelle: la contribution de George L. Mosse. *Annales*: histoire, sciences sociales, Paris, v.56, n.1, p.177-181, jan./fev. 2001.

WONG, R. B. Entre monde et nation: les régions braudéliennes en Asie. *Annales:* histoire, sciences sociales, Paris, v.56, n.1, p.5-41, jan./fev. 2001.

Sobre os autores

Alain Boureau, diretor de estudos na École des Hautes Études en Sciences Sociales, é especialista em História intelectual da Idade Média. Entre seus últimos trabalhos, destacamos *Le droit de cuissage* (1995), *Théologie, science et censure au XIIIème siècle* (1999) e *La loi du royaume* (2001).

Alain Bresson é especialista em Economia e Antropologia da Grécia antiga. Relacionado a esse campo de pesquisa, publicou recentemente *La cité marchande* (2000) e prepara um livro sobre a Rhodes helenística, assim como um trabalho sintético sobre a economia da Grécia antiga. Atualmente é professor na Universidade Michel de Montaigne-Bordeaux III.

Annette Becker é professora de História Contemporânea na Universidade de Paris X-Nanterre e codiretora do centro de pesquisa do Historial de la Grande Guerre em Péronne. Dentre suas publicações, podemos citar *Oubliés de la Grande Guerre* (1988); *1914-1918: retrouver la guerre* (2000, em colaboração com Stéphane Audoin-Rouzeau) e *Maurice et Jeanne Halbwachs en guerres mondiales, entre mémoire et oubli* (no prelo).

Denis Crouzet é professor de História moderna na Universidade de Paris IV. Seus trabalhos versam sobre o imaginário religioso no tempo da ruptura da unidade da fé. Publicou, entre outros, *Michel de l'Hospital* (1998).

Dominique Barthélemy é professor na Universidade de Paris-Sorbonne e diretor de estudos na École Pratique des Hautes Études. Após um estudo sobre o senhorio de Coucy (*Les deux âges de la seigneurie banale*, 1984), estudou a chamada sociedade "feudal" no oeste da França (*La société dans le comté de Vendôme*, 1993). Propõe algumas perspectivas novas sobre a cavalaria, a servidão e o papel social da Igreja, em *La mutation de l'an Mil a-t-elle eu lieu?* (1997) e *L'an Mil et la Paix de Dieu* (1999). Em português, tem o título *A cavalaria* (2010) publicado.

François Lebrun, licenciado em História, é professor emérito de História Moderna na Universidade de Haute-Bretagne e membro do comitê de redação de *L'Histoire*. Entre suas principais publicações, podemos citar *Les hommes et la mort en Anjou au XVIIème et XVIIIème siècles* (1971); *La vie conjugale sous l'Ancien Régime (1975)*; *Se soigner autrefois* (1983); e *Croissances et cultures dans la France de l'Ancien Régime* (2001). Publicou em português *As grandes datas do cristianismo* (1990).

Hervé Inglebert é professor de História romana na Universidade de Paris X-Nanterre. Estuda as evoluções religiosas e culturais no Império romano e na Antiguidade tardia. Publicou *Les Romains chrétiens face à l'histoire de Rome* (1996) e *Interpretatio christiana* (2001).

Jacques Poloni-Simard é professor associado na École des Hautes Études en Sciences Sociales. Especialista na América espanhola colonial, é atualmente secretário dos *Annales*. É autor de *La Mosaïque indienne* (2000).

Jacques-Olivier Boudon é professor de História Contemporânea na Universidade de Rouen e diretor do Groupe de Recherche d'Histoire (equipe associada) dessa instituição. É também presidente do Institut Napoléon e diretor de publicação da *Revue de l'Institut Napoléon*. Dentre suas publicações, destacamos: *Le Consulat et l'Empire* (1997), *Histoire du Consulat et de l'Empire (1799-1815)* (2000) e *Napoléon et les cultes* (2002). Além disso, colaborou em *Le XIXème siècle. Science, politique et tradition* (1995) e no *Dictionnaire du XIXe siècle européen* (1997).

Jean-Jacques Becker é dotor em humanidades (*L'opinion publique française et les débuts de la Première Guerre Mondiale-printemps-automne*, 1914). Sua carreira acadêmica desenvolveu-se nas universidades de Clermont-Ferrand II e de Paris X-Nanterre. Atualmente é professor emérito em várias universidades e presidente do Centre de Recherches de l'Historial de la Grande Guerre em Péronne. Seus trabalhos versaram principalmente sobre três temas: a vida política francesa na segunda metade do século XX, o comunismo e principalmente a Primeira Guerra Mundial, privilegiando as questões de opinião e de representação.

Maurice Sartre, conselheiro sênior do Institut Français d'Archéologie du Proche-Orient, em Beirute, é professor de História Antiga na Universidade de Tours. Publicou, entre outros, *Trois études sur l'Arabie romaine et byzantine* (1982); *L'Orient romain. Provinces et sociétés provinciales en Méditerranée orientale d'Auguste aux Sévères (31 av. J.-C. – 235 ap. J.-C.)* (1991); *L'Asie Mineure et l'Anatolie d'Alexandre à Dioclétien* (1995); *D'Alexandre à Zénobie* (2001).

Michel Parisse, especializado em História lorena, História da Igreja e do Império, foi professor na Universidade de Nancy II de 1975 a 1993, depois professor na Universidade de Paris I-Panthéon-Sorbonne. Dirigiu a missão histórica francesa na Alemanha de 1985 a 1991. Recentemente, publicou *Allemagne et Empire au Moyen Âge* (2002).

Michel Vovelle lecionou na Faculdade de Letras de Aix-en-Provence antes de ser nomeado professor de História da Revolução e diretor do Institut d'Histoire de la Révolution na Universidade de Paris I-Panthéon-Sorbonne. Professor emérito, presidiu a Comissão de Pesquisas Científicas do Centre National de Recherche Scientifique para o Bicentenário da Revolução Francesa. Interessou-se particularmente pela História das mentalidades, e em especial pelas representações diante da morte (*La mort et l'Occident*, 1983), assim como pela História da Revolução Francesa em seus aspectos religiosos e culturais (*La Révolution contre l'Église*, 1988; *La mentalité révolutionnaire*, 1986; e *La découverte politique*, 1999). A Editora Unesp publicou os títulos *As almas no purgatório* (2010) e *A revolução francesa explicada à minha neta* (2007).

Mona Ozouf, diretora de pesquisa emérita no Centre National de Recherche Scientifique, dedicou seus trabalhos à História da escola na França

(*L'École, l'Église et la Republique*, 2007), à história da Revolução Francesa (*La Fête révolutionnaire*, 1988) à História das relações entre o discurso histórico e discurso romanesco (*Les Aveux du roman*,2002). Publicou, em português, o livro *Varennes* (2009).

Patrick Boucheron é professor associado em História da Idade Média na Universidade Paris I-Panthéon-Sorbonne. Suas pesquisas versam sobre a História política e urbana da Itália medieval: é nessa perspectiva que ele publicou, notadamente, *Le pouvoir de bâtir* (1998). Também é autor de vários estudos sobre a escrita da História, especialmente sobre a questão da individuação, do gênero biográfico ou das relações entre intriga histórica e ficção romanesca.

Patrick Cabanel é professor de História Contemporânea na Universidade de Toulouse-Le Mirail. Além disso, é diretor do laboratório "Diásporas" do Centre National de Recherche Scientifique. Publicou, notadamente, *La question nationale au XIXème siècle* (1997), *Les protestants et la République de 1870 à nos jours* (2000) e *La République du certificat d'études* (2002).

Patrick Le Roux, professor na Universidade de Rennes II, lecionou anteriormente na Universidade de Paris X-Nanterre (1973-1983) e na Universidade de Toulouse II (1983-1996). Alocado no Centre National de Recherche Scientifique como diretor de pesquisas (1992-1994), foi encarregado de cursos na École Normale Supérieure de Ulm (1990-1994). Colaborador desde 1974 da redação de *L'Année Épigraphique*, é especialista no alto império romano e na península ibérica da época romana.

Pauline Schmitt Pantel, professora de História Antiga na Universidade Paris I-Panthéon-Sorbonne, publicou, notadamente, *La cité au banquet* (1992); em colaboração com Louise Bruit Zaidamm, *La religion grecque* (3.ed., 2002) e organizou o primeiro volume de *Histoires de femmes, L'Antiquité* (1991, este último traduzido para o português (*A antiguidade*).

Philippe Salvadori é professor associado em História moderna na Universidade de Bourgogne. Em *La chasse en France sous l'Ancien Régime*

(1996), tentou aplicar as concepções de Norbert Elias sobre o processo de civilização às relações entre o homem e a natureza.

Stéphane Audoin-Rouzeau é professor de História Contemporânea na Universidade de Picardie-Jules Verne, e codiretor do centro de pesquisa do Historial da Grande Guerra (Péronne-Somme). Especialista na Primeira Guerra, publicou, notadamente, *14-18, Les combattants des tranchées* (1986); *1870, La France dans la Guerre* (1989); *La Guerre des enfants (1914-1918)* (1993) e prefaciou *Écrits de guerre, 1914-1918* de Marc Bloch (1995). Também é autor de *L'enfant de l'ennemi* (1996) e, com Annete Becker, *1914-1918: retrouver la guerre* (2000).

SOBRE O LIVRO

Formato: 16 x 23 cm
Mancha: 27,5 x 49,0 paicas
Tipologia: Horley Old Style 11/15
Papel: Offset 75 g/m^2 (miolo)
Cartão Supremo 250 g/m^2 (capa)
1ª edição: 2011
432 páginas

EQUIPE DE REALIZAÇÃO

Edição de texto
Dalila Pinheiro (Copidesque)
Silvio Nardo (Preparação de original)
Frederico Ventura e Maria Alice da Costa (Revisão)

Capa
Estúdio Bogari

Editoração Eletrônica
Studio Lume

Impressão e Acabamento
FARBE DRUCK
gráfica e editora ltda.